초점화된 가계도

– 상담 현장에서의 적용 –

Rita DeMaria · Gerald R. Weeks · Markie L. C. Twist 공저

임춘희 · 김수정 · 김향은 공역

학지사

Focused Genograms: Intergenerational Assessment of Individuals, Couples, and Families, 2nd Edition
by Rita DeMaria, Gerald R. Weeks and Markie L. C. Twist

역자 서문

이 책이 처음 나왔을 때 상담 현장에서 기본적으로 사용하는 가계도와 다른, 특정한 주제에 집중한 '초점화된 가계도(Focused Genogram)'라는 책의 제목에 흥미가 생겼다. 전문가가 아니더라도 원가족에서의 성장 경험이 다음 세대에까지 영향을 미친다는 것은 요즘에는 많은 일반인도 알고 있다. 그러나 개인, 부부, 그리고 가족에서 민감하면서 드러내놓고 논의되지 않는 특정한 주제에 초점을 맞춘 가계도를 통해 개인과 가족의 문제를 집중적으로 파악하고 평가해 본다는 이 책의 접근이 신선하게 와 닿았다. 번역을 해 보면 좋겠다고 생각만 하다가 시간이 흘러 2017년에 제2판이 출간되었다는 것과 그 내용이 최근 가족상담 분야와 오늘날의 사회적 상황의 중요한 이슈들을 중심으로 수정 · 보완되었음도 알게 되었다. 이제 가계도는 상담이나 치료의 임상 현장에서 개인/가족의 문제를 파악하는 데 기본적인 평가 도구로 대중화되었다고 해도 과언이 아니다. 가계도는 일찍이 Bowen이나 Minuchin, 혹은 Satir와 같은 가족치료자들이 강조하였으며, 지금도 상담 현장에서 원가족에서의 정서적 관계나 양육 방식, 혹은 의사소통 유형을 나타내기 위해 조금씩 다르게 표시된 기호를 사용해 오고 있다. 그러나 가족관계의 복잡한 역동을 고려할 때 기본적인 개념을 중심으로 특정한 주제에 초점을 두면 세대로 이어지는 관계의 핵심을 더 분명하게 파악할 수 있다. 이러한 점에서 저자들은 책 제목인 '초점화된 가계도'의 부제를 개인, 부부, 가족의 세대 간 평가(사정)로 하였을 것이다.

이 책은 기본적으로 애착 이론에 근거해서 다양한 분야, 예를 들면 발달심리학과 가족학, 그리고 가족치료에서의 접근들을 통합적이고 전체적인 틀인 체계 간 접근을 통해 내담자 개인의 개인과 결혼, 가족에서의 주요 행동 및 특정 관계 영역을 종합적으로 평가하는 방법으로서 가계도를 제시하고 있다.

책을 번역하면서 이 책이 상담 전공자뿐만 아니라 상담 및 치료 현장의 임상가 자신 그리고 내담자나 일반인들에게도 도움이 될 수 있을 것이라 생각하였다. 애착, 공정성, 젠더, 성 그리고 학대, 폭력 및 트라우마와 같은 주제들은 인간의 기본적인 욕구, 개인의 성장과 발달, 그리고 오늘날 결혼생활과 가족관계에서 중요한 이슈들이라고 할 수 있다. 그러나 지금까지 이러한 주제 각각에 초점화된 가계도의 개발과 구성에 관한 책은 거의 찾아보기 힘들었다. 특히, 각 장에서 특정 가계도 작성을 위해 제시된 질문들은 매우 구체적이고, 정곡을 찌르는 통찰력 있는 내용들로 독자들이 자신과 자신의 가족을 분석하거나 실제 상담 현장에서 상담자가 적용하는 데 큰 도움이 될 것이라고 생각한다. 무엇보다 초점화된 특정 가계도에 대해 관련 주제에 대한 학문적 접근과 기초 개념, 그리고 그에 관한 최근의 연구 결과와 상담 현장에서의 적용에 이르는 내용을 종합적이면서도 압축적으로 제시하고 있다는 점에서 저자들의 노고와 열정을 느낄 수 있다. 그리고 이 책은 단순히 가계도를 구성하고 적용하는 데 국한된 것이 아니라 상담 현장에서 가계도를 사용하는 치료자의 자세, 곧 치료적 자세에 대해 다시 한번 돌아보게 한다. 책을 번역하면서 상담자가 내담자보다 우위에서 단순히 내담자 개인과 가족을 평가한다는 생각을 버리고 상담자 자신이 애착이나 성, 공정성, 젠더, 학대와 같은 이슈들에 대한 자신의 초점화된 가계도 작성을 통해 자기 분석을 객관적으로 먼저 해 보는 것도 좋으리라는 생각이 들었다. 무엇보다 이 책은 이제까지 발달심리나 가족치료 분야, 가족학 이론 등 다양한 분야에서 분산되어 있던 중요한 개념들을 연결하여 통합하였다는 점에서 의미를 갖는다. 특히, 아동기 애착과 성인기 애착을 가족 체계 모델과 결부시킨 가족 연결 지도의 구성은 매우 의미 있는 창의적인 시도라고 할 수 있다.

이 책은 크게 세 부분으로 구성되어 있다. 먼저 제1부는 체계 간 접근과 애착 이론의 통합에 대해, 제2부에서는 초점화된 가계도와 치료적 자세에 대해, 그리고 제3부는 새롭게 확장된 애착에 초점화된 가계도에 대해 다루고 있다. 제1부 제1장에서는 초점화된 가계도의 이론적 토대인 체계 간 접근에 대해 설명하면서 체계 간 접근과 애착 이론의 통합과 임상적 실무 현장에서의 적용 방법에 대해 언급하고 있다. 제2장에서는 애착 방식의 세대 간 전이에 대한 평가를 다루고 있는데 애착에 초점화된 가계도가 체계 간 접근으로 애착 방식을 평가하는 효율적인 방법의 하나임을 강조하고 있다. 이 장에서는 또한 다양한 애착 용어로 인한 딜레마들에 대해서도 설명하고 있다. 제2부 제3장에서는 초점화된 가계도의 임상적 도구들, 즉 초점화된 가계도들과 지도들, 연대표 등을 소개하고 있다. 특히, 아동기의 애착과 관련하여서 내적 모델 지도로 그리고 부부의 상호작용을 보기 위한 부부 상호작용 지도로 설명하고 있다. 그리고 애착 이론과 Olson의 가족 기능의 Circumplex 모델을 종합하여 16가지 가족 애착 각본 유형에 따른 가족의 역동을 기술하기 위한 평가 도구로 가족 연결 지도를 제시하였다. 이러한 다양한 가계도 도구들은 내담자의 정서적 · 행동적 강점과 약점을 이해하는 방식으로 강조되었다. 제4장에서는 내담자와 애착에 근거한 치료적 동맹을 촉진시키기 위한 접근으로서 상담자와 내담자와의 유대인 치료적 자세에 대해 설명하고 있다. 특히, 치료적 자세라는 용어를 사용하게 된 이론적 배경과 애착 유형에 따른 치료적 자세의 네 가지 치료 방식에 대해 제시하고 있다.

제3부는 특히 책의 초판과 가장 많이 달라진, 그야말로 새롭게 확장된 부분으로 제5장부터 제9장까지 해당한다. 제5장은 애착에 초점화된 가계도에 관한 것으로 애착 이론의 기초를 소개하고 애착과 관련된 기질, 접촉, 유대, 낭만적 사랑과 공감적 공명, 가족 구조 등의 구체적인 주제들을 설명한다. 특히, 개인의 아동기 애착이 성인기 애정관계, 부부간 애착과 연결되고 나아가 가족에서 이루어지는 애착 각본과 애착의 세대 간 전이로 이어짐을 강조한다. 제6장은 공정성에 초점을 둔 가계도를 소개하고 있다. 맥락 이론의 중요 개념인 관계 윤리의 핵심인 공정성에 초점을 맞춘 가계도의 구성을 위해 먼저 맥락 이론의 기본 개념들을 소개하고서 애착과 맥락 이론의 중심 개념들을 연결 짓는다. 가족에서 불공정한 관계는 애착의 와해와 분열된 충성, 그리고 가족 충성심과 유대의 약화를 초래하며 애착과 공정성의 문제가 세대 간 전이가 된다는 것을 구체적으로 한 가족의 사례를 들어 설명하고 있다. 제7장은 젠더에 초점화된 가계도에 관한 내용으로 젠더가 체계 간 애착에서 중요하다는 관점에서 젠더와 관련된 개념과 주제들, 예를 들면 정체성 · 애착 · 역할 · 권력과 영향력 · 젠더와 관련된 가족 형태 등에 대해 설명하고, 그와 관련된 질문들을 제시하면서 젠더 가계도를 구성하는 것을 보여준다. 제8장은 성에 초점화된 가계도를 다루면서 애착 이론과 성생활에 관한 주

제들을 통합하여 설명하고 있다. 오늘날 다양화되고 있는 개인의 성적 취향과 성 생활 그리고 성에 대한 가치관의 세대 간 전이와 성에 초점화된 가계도의 역사를 요약하여 제시하고 내담자의 성적 발달에 관한 정보들을 수집하기 위한 지침과 임상적 사례들을 제시하고 있다. 마지막으로, 제9장은 학대, 폭력, 그리고 트라우마에 초점화된 가계도와 관련된 내용이다. 이 장에서는 애착 형태와 애착 각본이 어떻게 가족 내에서의 학대와 폭력, 그리고 트라우마에 영향을 미치며 어떻게 세대 간 전이가 이루어지는지 설명한다. 특히, 와해된 애착의 네 가지 가족 유형을 가족 연결 지도와 관련지어 설명하면서 학대, 폭력, 그리고 트라우마에 초점화된 가계도를 사용하여 궁극적으로, 부정적으로 형성된 과거의 정서적 경험이 치료과정에서 재교정되도록 도와줄 수 있음을 강조한다.

책의 1~3장은 임춘희가, 4~6장은 김향은이 그리고 7~9장은 김수정이 각각 맡아서 번역하였다. 참고로 원서의 원래 제목과 부제는 '초점화된 가계도: 개인, 부부, 가족의 세대 간 평가'이지만 부제를 '상담 현장에서의 적용'으로 바꿨으며, 상담 분야에서 assessment는 흔히 '사정' 혹은 '측정'으로 번역되기도 하지만 본 역서에서는 상담 전 이루어지는 종합적인 사전 평가의 의미로 '평가'로 번역하였다. 책의 제목에 이끌려 번역을 시작하였으나 가족상담에서의 다양한 주제와 분야의 이론들과 상담 현장에서의 적용을 포함한 폭넓은 범위와 깊이 있는 수준의 내용을 접하면서 여러 사람들에게 소개하고 싶어졌다. 종전에 알고 있던 가계도와 다른 시각과 접근으로 깊이를 더하고 가계도의 지평을 넓힌 이 책을 번역하면서 역자들에게도 많은 공부가 되었다. 이 역서가 개인, 부부, 그리고 가족상담에 관심이 있는 사람, 상담 관련 전공자, 상담 현장의 전문가들이 새롭게 가계도를 분석하고 적용하는 데 도움이 되길 바란다.

무엇보다 가계도에 대해 새롭고 유용한 내용의 책을 저술해 준 세 명의 원저자들에게 감사드린다. 아울러 어려운 상황 속에서도 이 역서의 출판을 맡아 애써 주신 학지사의 김진환 사장님과 편집부 관계자 여러분께도 깊은 감사의 마음을 전한다.

2019년 4월

역자 일동

저자 서문

인생은 정원과 같다.
완벽한 순간이란 기억을 제외하고는 존재할 수 없다.
– Lonard Nimony(2015. 2. 23.)

저자들의 『Focused Genograms: Intergenerational Assessment of Individuals, Couples, and Families』 제1판(DeMaria, Weeks, & Hof, 1999)이 나온 이후 문헌들이 갱신되었으며, 임상 현장에서도 가계도의 유용성이 경험적으로 지지를 받았다. 그러므로 제2판에서는 경험적 연구뿐만 아니라 이론적이고 실제적인 지식을 더 크게 강조하고자 한다.

가계도는 내담자 체계를 측정하기 위한 대중적이고 보편적인 응용 기술이다(가령, 개인, 부부, 가족, 관계 체계 등). 가족치료 이론과 실천, 특히 Bowen의 체계 이론(Bowen, 1980)은 가계도를 대중화하였다. 그러나 왜 그런가? 우리는 여러분이 잠시 여러분 자신이나 학생들과 동료들에게 다음과 같은 질문을 자문해 보기를 바란다. 가계도의 목적은 무엇인가? 가계도가 개인이나 가족원 혹은 다른 관계 체계에 대한 사실을 얻게 해 주는가? 가계도가 치료 목표를 정하는 데 방법을 제공하는가? 가계도가 내담자와 동맹을 맺는 것을 강화시켜 주는가? 이 책은 이러한 질문들과 그 이상에 대해 "그렇다"라고 고개를 끄덕이게 해 준다.

사실상 이 책은 제1판인 『Focused Genograms(FGs)』를 포함하여 가계도 발달에서 비약적인 발전을 가져왔다. 지난 40년간 가계도는 경험적인 지지를 더 얻었을 뿐만 아니라 임상적인 발달과 정교화와 적용에서 더 많은 주목을 받았다. 예를 들면, 지금까지 모든 가계도의 내용은 원래 Bowen 접근에 주로 입각해서 측정의 이론적 기반을 제공했으나 전체적인 임상 분야로서 현재나 미래의 이론적 위치에 대한 성찰은 부족했다. 이것이 왜 저자들이 제2판에서 가계도의 발달을 제공하고 임상적 치료를 향상하기 위해 경험적 근거뿐 아니라 새로운 이론적 진전에 초점을 두려고 하는가에 대한 이유의 일부다.

이 책에서 우리는 내담자의 독특한 배경과 인생 경험의 특별한 측면을 탐색하는 중요성을 강조하기 위해 '초점화된 가계도(focused genogram)'라는 말을 사용한다. 우리는 애착 이론에서의 가계도 발달에 철저히 근거하여 가계도 측정을 위한 실제적이고 종합적이며 전체적인 틀을 개발하였으며 이는 통합적인 구성개념으로 체계 간 접근(Intersystem Approach: IA)에 내장되어 있다. 이 책에서는 제1판에서 소개되었던 도식과 연대표 외에 초점화된 가계도가 상당히 강화되었고 확장되었다. 우리는 개인과 더 광범위한 체계의 기능의 주요 영역에서 정보를 수집하는 임상적으로 유용하고 실제적이며 종합적인 방식을 제공한다(제3장).

애착 이론과 임상적 적용은 내담자 체계의 평가와 치료에서 중요한 패러다임의 변화를 가져왔다. 우리들은 개인, 부부, 세대 간, 그리고 가족 행동과 상호작용의 상황적 패턴의 네 가지 영역을 기술적으로 분화하는 구체적인 방법을 제공할 뿐만 아니라(제2장), 임상가와 내담자 체계 간의 애착 중심의 치료적 동맹을 어떻게 세우는지 개념화하기 위한 방법을 제공한다(제4장).

치료적 동맹의 중요성은 확실히 자리매김 되었다. 이 책에서 우리는 내담자 체계가 어떻게 애착 스타일을 드러내며 치료자는 어떻게 더 강력한 동맹을 형성하기 위해 내담자 체계에 자신의 접근법을 가장 잘 맞출 수 있는지를 이해하기 위한 개념적 틀을 제안한다. 이러한 지식은 치료적 동맹 특히 치료적 유대의 발달에 강력한 영향을 줄 수 있다. 진실로 치료적 자세(Therapeutic Posture: TxP)는 치료자들이 선택하는 기본적인 전략과 특정 종류의 기법들의 수행을 결정한다. 우리는 이러한 개념이 치료의 시작부터 끝까지 어떻게 효과적으로 강력한 치료적 동맹을 유지하고 내담자 체계에서 안전한 애착 패턴을 촉진시키는지를 이해하는 다음 단계를 보여 줄 것으로 믿는다.

비록 애착 이론이 개인과 가족 체계를 연결시킬지라도 한 세대에서 다음 세대로 전달되는 메시지 또한 보다 큰 문화적 맥락에서 고려되어야만 한다. 도전은 이러한 메시지들을 확인하고 어떤 메시지가 도전받을 필요가 있거나 변화될 필요가 있는지를 결정하는 것이다. 우리가 치료에서 그러한 결정들을 평가하고 결정하는 기제는 바로 체계 간 접근(IA)을 사용하는 것이다. 체계 간 접근은 세대 간 전달 과정을 이해하고 어떻게 그것들이 현재 관계에서 작용하는지를 이해하기 위한 개념들을 포함하는 통합적인 상위의 개념 틀이다. 초점화된 가계도와 도표 그리고 연대표를 통해 치료자는 내담자에게 교정적인 정서적 경험을 제공하는데 내담자의 관심을 촉진시키는 내담자 체계를 위한 보다 건강한 정서적 연결을 증진시킬 수 있다.

'다초점화된 가족' 가계도라는 용어는 개인, 가족, 그리고 공동체에 적용될 때 '초점화된 가계도'로 대체되었다. 모든 초점화된 가계도는 제1판에서 개정되어 이번 판에서 제시되었다. 몇 가지 새로운 초점화된 가계도들은 내담자 체계에서 핵심적인 기능에서 두드러진다. 초점화된 가계도는 개인과 부부, 가족, 그리고 관계 체계와 그들을 묶는 저변의 상호적인 요인들을 이해하는 데 전혀 새로운 패러다임을 보여 준다는 것이 저자들의 생각이다. 애착에 초점화된 가계도(제5장)는 특히 어떻게 개인의 초기 애착이 부부관계로 이어지며 다시 자녀들에게로 이어지는지에 집중한다. 공정성에 초점화된 가계도(제6장)는 완전히 새로우며 어떻게 특전의식, 부채의식, 그리고 공정성의 패턴이 애착 안정/불안정에 영향을 미치는지를 강조한다. 덧붙여 공정성에 초점화된 가계도를 통해 우리는 어떻게 상황 이론이 애착 이론과 통합되어 설명력과 변형적인 힘을 증가시킬 수 있는지를 보여 준다. 이 책에서 우리는 젠더(gender) · 성(sexuality)의 초점화된 가계도를 별도의 장으로 분리했다. 젠더에 초점화된 가계도(제7장)를 통해 우리는 젠더와 관련된 현대의 주제를 기술하였고, 어떻게 애착과 성이 불가분하게 얽혀 있는지를 논의했다. 성에 초점화된 가계도(제8장)는 어떻게 성적인 정체성, 매력, 그리고 성적 문제들이 최소한 원가족에서의 불안정한 애착에서 파생되었는지를 묘사한다. 내담자 체계 도처에 있는 학대, 폭력, 그리고 트라우마(AVT)에 초점화된 가계도(제9장)에서 우리는 독특하게 여러 영역과 공동체에서 애착에 미치는 AVT의 영향에 초점을 두었는데, 특히 와해된 애착의 발달에 주목했다.

우리는 개인이나 광범위한 관계 체계에 대해 배우는 학생이나 초보 치료자들, 그리고 노련한 전문가들이 가계도에 대한 이러한 접근이 설명도구로서 매우 강력하다는 것을 발견할 것이라고 믿는다. 내담자 체계를 보다 심층적이고 광범위하게 평가한다면 치료자는 보다 종합적인 치료계획을 발달시킬 수 있을 것이다. 그 어떤 가계도에 관한 문헌도 이처럼 다양한 애착에 초점화된 평가 도구를 기술하지는 않았다. 사실상 이러한 '도구 상자'는 너무 크고 복잡해서 우리는 조만간 활동서를 저술할 것이다.

숙련된 임상가나 교육자, 슈퍼바이저들은 우리들의 책이 학생들을 가르치거나 치료자로서의 자신을 더 잘 이해하는 데 도움이 된다는 것을 알게 될 것이다. 예를 들면, 제4장은 치료자들이 자신과 치료적 자세를 이해하는 바를 가르치는 데 애착 이론이 어떻게 중심적인 역할을 하는지 알려 주는 것에 주력했다. 효과적인 치료적 자세를 발달시키기 위해 치료자들은 자신들과 내담자의 애착 스타일을 이해해야만 한다. 이 책은 초보 치료자들이 사용하기에도 유용할 뿐 아니라 노련한 임상가들이 슈퍼바이저와 슈퍼바이지 관계에서 나타나는 애착 역동을 이해하는 데에도 도움이 된다.

실로 이 책은 처음으로 방대한 애착 이론에 대한 연구들이 어떻게 인간 기능의 기저로 침투하는가에 대한 일관성 있고 종합적인 그림을 보여 준다.

우리는 모든 훈련 수준에 있는, 다양한 배경의 치료자들이 현대적 이론에 기반을 둔 가계도에 대한 이러한 새로운 접근을 통해 과거의 한 가지 이론에 주로 기초한 전통적인 개념화를 넘어선 중대한 진전을 이루었음을 확인하기를 희망한다.

참고문헌

Bowen, M. (1980). Key to the use of the genogram. In E. A. Carter & M. McGoldrick (Eds.), *The family life cycle: A framework for family therapy* (p. xxiii). New York: Gardner Press.

DeMaria, R., Weeks, G., & Hof, L. (1999). *Focused genograms: Intergenerational assessment of individuals, couples, and families*. Philadelphia, PA: Brunner/Mazel.

Nimoy, L [TheRealNimoy]. (2015, February 23). A life is like a garden. Perfect moments can be had, but not preserved, except in memory. LLAP: [Tweet] Retrieved from https://twitter.com/therealnimoy/status/569762773204217857

약어

IA: 체계 간 접근

FG: 초점화된 가계도

TxP: 치료적 자세

IMM: 내적 모델 지도

IWM: 내적 작동 모델

CIM: 부부 상호작용 지도

The Loop: 부부 상호작용의 무한 순환고리

FCM: 가족 연결 지도

AG: 애착 가계도

AVT: 학대, 폭력, 그리고 트라우마

IPV: 친밀한 파트너의 폭력

CSA: 아동기 성적 학대

차례

part 2 | 초점화된 가계도와 치료적 자세의 재소개

part 3 | 애착에 초점화된 가계도의 새로운 확장

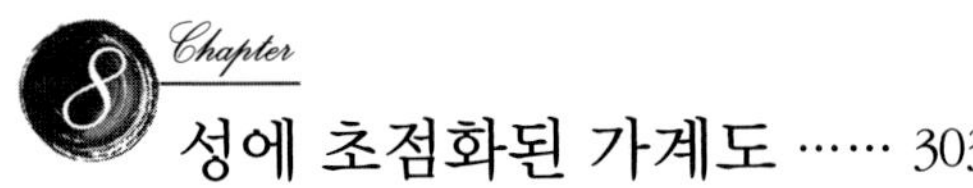

Chapter 8 성에 초점화된 가계도 …… 303

Chapter 9 학대, 폭력, 그리고 트라우마(외상)에 초점화된 가계도 …… 347

도입

많은 묘사가 하나의 묘사보다 낫다.

-G. Bateson(1979)

『초점화된 가계도(Focused Genograms: Intergenerational Assessment of Individuals, Couples, and Families)』(DeMaria, Weeks, & Hof, 1999) 제1판이 출간된 이후 약 20년간 가계도 평가는 문헌에서 많은 주목을 받았으며, 임상적인 실천에서 경험적으로 근거한 지지를 더 많이 받았다. 그러나 가계도 발달에 영향을 미쳤던 이론적 · 임상적 혁신의 방식은 주목을 덜 받았다. 이것이 『초점화된 가계도』 제2판에서 우리가 왜 상위 틀과 체계 간 접근(Intersystem Approach: IA)이라는 통합적인 이론을 사용하며 보다 구체적으로 급격히 발달되고 경험적으로 지지된 애착 이론을 사용하게 되었는가에 대한 이유 중 일부다. 더욱이 거시적인 문화적 맥락은 지난 20년 동안 훨씬 다양해졌으며, 이는 보다 광범위하고 포괄적이며 문화적으로 민감한 가계도의 사용을 필요로 하게 되었다.

『초점화된 가계도』 제2판의 형식은 제1판과 유사하다. 예를 들면, 각 초판과 개정판은 모두 세 부분으로 이루어져 있고, 각 부분의 구성도 비슷하다. 그러나 제2판인 이 책에서 장의 수와 각 장 내용의 비중은 역사적인 Bowen 시각에서 보다 현대적 이론으로 옮겨 갔다(〈표 1〉 참고).

〈표 1〉 제1판과 제2판의 비교

제1판	제2판(이 책)
제1부 개요	제1부 체계 간 접근과 애착 이론의 통합
제1장 다초점 가족 가계도에 대한 소개	제1장 체계 간 접근 세대 간 평가와 임상적 실무
제2장 실무에서 초점화된 가계도	제2장 초점화된 가계도와 애착의 세대 간 전이의 평가
제2부 다초점 가족 가계도의 기본 구성요소	제2부 초점화된 가계도와 치료적 자세의 재소개
제3장 기본 가계도	제3장 초점화된 가계도, 지도들, 그리고 연대표에 대한 안내
제4장 가족 지도	제4장 치료적 자세 애착에 기초한 개인, 부부, 가족과의 치료적 동맹
제5장 연대표	
제3부 초점화된 가계도	제3부 애착에 초점화된 가계도의 새로운 확장
제6장 애착 가계도	제5장 애착에 초점화된 가계도: 기본 가계도의 확장
제7장 정서 가계도	제6장 공정성에 초점화된 가계도: 맥락 이론 관점(기여자 B. Janet Hibbs)
제8장 분노 가계도	제7장 젠더에 초점화된 가계도
제9장 젠더, 성, 낭만적 사랑 가계도(Ellen Berman이 저술)	제8장 성에 초점화된 가계도
제10장 문화 가계도	제9장 학대, 폭력, 그리고 트라우마에 초점화된 가계도
제11장 결론 다초점 가족 가계도의 실무적 이용	

현재 이 책 제1부는 제1장과 제2장으로 구성되어 있다. 제1장에서 Weeks는 체계 간 접근이 왜 초점화된 가계도의 유용한 새로운 이론적 토대인지를 설명한다. 가계도 발달은 가장 최근의 이론적 · 경험적 발달과 분리되어 있다. 현장의 상황과 급속하게 변하는 사회와 관련을 갖기 위해서는 가계도가 발전해야만 한다. 제2장에서 DeMaria는 애착의 세대 간 전이의 다양한 차원들에 대한 초점을 설명한다.

제2부는 제3장과 제4장으로 구성되었다. 제3장은 초점화된 가계도의 로드맵을

제공하는데 그것은 임상가가 초점화된 가계도들, 도표화, 그리고 체계 간 접근의 각 영역에서의 연대표 그리고 도표 간의 관계에 대해 이해할 수 있도록 돕는다. 제4장에서 우리는 내담자 체계와 애착에 근거한 치료적 동맹을 촉진시키기 위한 접근의 필요성과 발달에 대해 자세하게 설명한다. 임상가와 내담자 체계 간의 이러한 유대를 우리는 치료적 자세(Therapeutic Posture: TxP)라는 용어로 사용했다.

제2판의 제3부는 제5장에서 제9장까지의 내용이다. 몇몇 새로운 장들이 포함되었는데 기본 가계도를 확장한 애착에 초점화된 가계도, 공정성 가계도, 학대, 폭력, 그리고 트라우마 가계도다. 우리는 이 책에서 두 가지 초점화된 가계도 주제를 확대하였는데 젠더 가계도와 성(sexuality) 가계도다. 이러한 각각의 장들에서 상이한 초점화된 가계도가 제시되었는데 그것은 이러한 두 가지 영역에서 애착의 역할에 초점을 둔다. 각각의 초점화된 가계도에 대한 설명은 각각의 초점화된 가계도의 발달, 평가 질문, 그리고 독특한 측면을 묘사하는 정보를 담고 있을 뿐만 아니라 각각의 특수한 초점화된 가계도에 포함된 기본적인 이론적 · 경험적 개념들을 다루고 있다. 독자는 이러한 장들을 어떠한 특별한 초점화된 가계도를 자기 방식대로 구성하는 지침으로 사용할 수 있다.

1. 체계 간 접근

체계 간 접근(Intersystem Approach: IA)은 개인, 부부, 가족, 그리고 관계 체계의 치료를 위한 평가와 개입에 대한 이론적으로 통합된 상위 틀을 제공한다. 체계 간 접근의 상위 이론 틀은 임상가가 각 내담자 체계를 평가하고 차별적인 혹은 특수한 치료적 접근들의 체계적인 통합에 근거한 개입 전략을 개발하는 데 지침이 되는 발견적인 도구다.

상위 틀(meta-framework)/상위 이론(meta-theory)이란 하나의 개념적 모델이다. 그것은 임상가가 어떻게 그리고 언제 다양한 치료 이론과 기법들이 사용될 수 있는지를 조직하는 데 안내하는 하나의 구조/틀이다. 체계 간 접근은 개인, 부부, 세대 간 가족, 그리고 맥락/환경 영역의 네 가지의 기본적인 영역들을 갖는다. 또한 체계 간 접근은 많은 통합적인 구성개념을 갖는다. 이러한 것들은 세 가지 행동 영역들에 영향을 미치며 이들을 묶어 주는 이론적 · 경험적 근거를 갖는 아이디어들이다. 이러한 구성개념은 우리가 어떻게 다양한 핵심 경험과 패턴들을 드러내고 한 영역에서 다른 영역으로 전이되는지를 이해하도록 도와준다.

가족심리학과 부부 · 가족치료 분야에서 통합 모델에 대한 관심은 지난 40년간 문헌들의 주제였다(Brown, 2010; Dimidjian, Martell, & Christensen, 2002; Gurman & Frankel, 2002; Lebow, 1997; Wheeler, & Christensen, 2002). Gurman과 Frankel(2002)은 체계 간 접근을 당시 가장 야심찬 통합적인 모델 중 하나로 언급한 바 있다. 치료에서 통합된 접근에 대한 관심은 계속해서 커졌고, 기술적인 절충주의와는 점점 더 차별화되고 있다.

2. 애착 이론과 체계 간 접근

제2판인 이 책에서 체계 간 접근은 확장되었으며, 체계 간 접근은 애착 이론을 핵심으로 모든 것을 포함하는 통합적인 구성개념으로 본다. DeMaria는 제1판에서 애착 이론을 사용하여 예비적인 토대를 마련했으며, 제2판에서는 애착 이론을 보다 종합적이고 체계적으로 적용하였다. 우리는 애착 이론이 개인, 부부, 가족, 그리고 지역사회 역학을 탐색하고 이해하는 데 세대 간 렌즈를 제공한다고 주장했다.

Byng-Hall(1995)은 애착 이론이 가족치료에 체계적인 개념을 제공했다고 주장했으며 그 결과 이 책에서 통합적인 구성개념으로 사용되었다. 결과적으로 애착 이론은 체계 간 접근 내에서 세대 간 과정에 대한 중요한 통합적인 구성개념을 제공한다. 애착 이론가들은 애착 스타일은 친밀한 성인 커플/부부관계에 의해 변할 수 있고 중재된다고 주장한다(Cowan & Cowan, 2005). 그들은 부부관계의 두 가지 중심적인 역할을 강조했는데 하나는 부정적인 패턴을 끊는 것과 또 하나는 자녀의 적응을 높이는 것이다. 그러므로 부부관계는 세대 간 애착 각본과 패턴의 전이를 조정한다.

3. 애착 이론과 초점화된 가계도

초점화된 가계도 도구들은 발달적, 부부, 세대 간, 그리고 다문화적 패턴과 함께 내적 작동 모델과 관계 도식들을 통합하는 방식으로 내담자 체계를 평가하기 위한 과정을 제공한다. 모든 초점화된 도구들은 종종 간과되기 쉬운 외부 영향력까지 포함한 체계 간 접근의 모든 영역들 내에서, 그리고 영역들에 걸쳐 있는 애착을 탐색하는 보다 정교하고 강력한 방법을 만든다.

애착 구성개념의 추가는 개인들의 관계의 내적 작동 모델 발달에 중요한 많은 부모 같은 인물들의 역할을 강조하는데 그 개인들은 궁극적으로 누군가와 파트너 관계를 맺어서 서로에게 새로운 중요한 애착 인물이 된다. 두 명의 부모가 있는 가족에서 부모는 자녀에게 중요하다. 만일 한 명의 부모가 부모로서 안전 기지를 제공하는 데 영향을 주고, 다른 한 명의 부모가 정서적 · 신체적 · 정신적으로 장애가 있거나 트라우마를 갖고 있다면, 한 명의 부모는 보다 안정된 애착을 강화하고 탐색과 개인적 성장을 위하여 자녀에게 안전한 곳과 안정적인 정서적 · 신체적 기지를 제공할 수 있는 '중재적인 부모(mediating parent)'가 될 수 있다(Hollander-Goldfein, Isserman, & Goldberg, 2012).

4. 치료적 자세의 발달

아동기 애착 패턴, 성인기 애착 스타일 그리고 가족 애착 각본(관계적 유산으로 생각할 수 있음)을 둘러싼 세대 간 전이 과정과 이러한 관계 패턴들이 내담자 체계에 미치는 많은 영향들을 탐색하는 일은 많은 실무자들에게 도전적인 과제다. 가계도는 매우 대중적이며 널리 사용되고 있지만 대부분의 가계도 노력은 가족 패턴들이 체계 내에서 변하고자 하는 어떠한 욕구와 관련되어 있을 때 가족 패턴을 탐색하는 그 이상을 넘지 못한다. 내담자 체계 성원 각각의 애착 스타일을 이해하는 것은 우리가 그 체계의 역동을 풀어내는 것뿐만 아니라 내담자 체계가 치료자에게 반응하기 쉬운 방식을 밝히는 데도 도움이 된다. 이러한 관점은 어떻게 효과적인 치료적 동맹, 즉 특히 DeMaria가 치료적 자세라고 명명한(DeMaria et al., 1999) 초점화된 애착을 어떻게 세울지에 대해 시사점을 갖는다.

이 책의 제1판에서는 치료적 자세의 개념을 소개했다. 제2판에서는 치료적 자세의 개념은 훨씬 더 상세해졌고, 주로 치료적 동맹의 유대 차원으로 정교화되어 제시되었다. 내적 모델 지도는 치료에 온 개인들의 욕구와 경험에 맞춘 임상적 개입을 위한 지침을 제공한다. 애착 이론과 특히 성인 애착 연구는 치료적 동맹 내에서 목표를 정하고 효과적인 과제를 제공하는 것을 촉진시키는 효율적인 유대를 위한 분명한 지침을 제공한다. 그러므로 이 책에서 치료적 자세는 애착 이론의 통합에서 나오는 핵심적인 실무 전략이 되며 이는 치료적 관계로 이어진다.

참고문헌

Bateson, G. (1979). *Mind and nature: A necessary unity.* New York: Bantam Books.

Brown, J. (2010). Psychotherapy integration: Systems theory and self-psychology. *Journal of Marital and Family Therapy, 36*, 472–485.

Byng-Hall, J. (1995). Creating a secure base: Some implications for attachment theory for family therapy. *Family Process, 34*, 45–58.

Cowan, C., & Cowan, P. A. (2005). Two central roles for couple relationships: Breaking negative intergenerational patterns and enhancing children's adaptation. *Sexual and Relationship Therapy, 20*(3), 275–288.

DeMaria, R., Weeks, G., & Hof, L. (1999). *Intergenerational assessment of individuals, couples, and families: Focused genograms.* Philadelphia, PA: Brunner/Mazel.

Dimidjian, S., Martell, C. R., & Christensen, A. (2002). Integrative behavioral couple therapy. In A. Gurman & N. Jacobson (Eds.), *Clinical handbook of couple therapy, Third edition* (pp. 251–277). New York: Guilford.

Gurman, A., & Frankel, P. (2002). The history of couple therapy: A millennial review. *Family Process, 41*, 199–260.

Hollander-Goldfein, B., Isserman, N., & Goldberg, J. (2012). *Transcending trauma: Survival, resilience, and clinical implications in survivor families.* New York: Routledge.

Lebow, J. (1997). The integrative revolution in couple and family therapy. *Family Process, 36*, 1–17.

Wheeler, J., & Christensen, A. (2002). Creating a context for change: Integrative couple therapy. In A. L. Vangelisti, H. T. Reis, & M. A. Fitzpatrick (Eds.), *Stability and change in relationships* (pp. 285-305). Cambridge, UK: Cambridge University Press.

체계 간 접근과 애착 이론의 통합

체계 간 접근: 세대 간 평가와 임상적 실무

체계 간 모델은 지금까지 가장 야심찬
통합적인 부부치료 모델로 자리한다.
-Gurman & Frankel(2002, p. 237)

1. 개요

저자들의 『초점화된 가계도(Focused Genograms: Intergenerational Assessment of Individuals, Couples, & Families)』의 제1판(DeMaria, Weeks, & Hof, 1999)은 특별한 임상적 쟁점을 위해 초점화된 가계도를 포함한 가계도를 개발한 종합적인 모델을 제시하였으며 애착에 초점을 둔 가계도를 도입하였다. 가족 지도, 연대표 그리고 내적 모델 지도 등도 평가(assessment)를 위한 통합적인 접근의 부분으로 도입되었다. 당시 제2 저자(Weeks)는 개인과 부부[1] 그리고 가족의 평가와 치료를 위한 통합 모델인 체계 간 접근(Intersystem Approach: IA)의 사용을 명료화하고 확장시키기 시작했다(Weeks & Fife, 2014; Weeks & Hof, 1994; Weeks & Treat, 2001). 체계적인 상위 틀(meta-framework)의 중요한 부분으로서 가계도는 단순히 가족 평가에서뿐만 아니라 개인이나 부부 혹은 가족 등 어떠한 치료 단위에서든 유용하다. 이제부터 저자[2]들은 개인이나 부부 혹은 가족이든 어떠한 치료 단위든지 내담자 체계라는 용어를 사용할 것이다.

이 장의 목적은 독자에게 이 책의 개념적 틀인 체계 간 접근을 개관할 수 있도록 하며, 특히 체계 간 접근을 세대 간 영역에 적용할 때 새로운 구성개념으로서 애착 이론(Ainsworth, 1973; Bowlby, 1969, 1973)의 통합에 대해 소개하기 위한 것이다. 실무에서 체계 간 접근은 개인, 부부, 그리고 가족치료에 적용하는 통합적인 상위 틀을 제공하는 체계적 접근이다. 이 장은 임상가가 내담자 체계를 이해하고 치료할 때 많은 이론을 하나로 모을 수 있게 하는 하나의 통합적 접근인 체계 간 접근의 주요 발달과 개념들을 요약한다. Gurman과 Frankel(2002)은 그들의 2000년 문헌고찰에서 체계 간 접근은 "지금까지 제안된 가장 야심적인 통합 부부치료 모델 중 하나에 속한다."(p. 237)고 언급했다.

더 나아가 체계 간 접근 내에서 애착 이론을 개인, 부부, 그리고 가족에 영향을 미치는 세대 간 관계 경험으로 통합한 것은 『초점화된 가계도(Focused Genograms)』 제2판인 이 책에서 가장 주목할 만하고 중요하며 흥미진진한 공헌이다. 애착 이론을 세대 간 구성개념으로 포함시킨 것은 내담자 체계를 이해하는 데 중요하다(Gold, 2001). 치료에서 통합적 접근을 개발하기 위한 현재의 접근들은 애착 이론을 통합적인 모델들의 구성요소로 애착 이론의 가치를 강조한다(Connors, 2011). 예를 들면, Fitzgerald(2014)는 애착 이론은 어떠한 이론적 모델이 사용되는지에 상관없이 평가와 치료를 이해하기 위한 네 가지 차원을 제공한다고 지적했다. 사실상 그는 도식, 단기역동, 대인 간, 정서적으로 초점화된 치료들과 다른 치료들에서 애착 이론의 유용성을 입증했다. 애착 이론을 통해 부가된 네 가지 차원은 다음 네 가지를 포함한다. ① 애착 체계의 표현으로서 증상에 대한 이해 증진, ② 정서와 조절의 중요성, ③ 치료의 수단이자 목적이 되는 초인지(변화 가능한 구성개념으로서 자신의 사고와 감정에 대해 성찰)의 형성, ④ 내담자 인생에서 안정 애착의 조성이 그것들이다. 정서적으로 초점화된 부부치료에 대한 결과를 검토한 연구들(Johnson, 2009)은 부부간에 보다 안정적인 연결을 세움으로써 관계 스트레스가 줄어듦을 보여 주었다.

비록 애착 초점화된 가계도들이 제1판에서도 제시되었으나 애착 이론은 개인, 부부, 그리고 세대 간의 세 가지 영역을 가로지르는 체계 간 접근에서 새로운 통합적인 개념이다. 체계적 접근의 세대 간 영역은 보통 3세대를 넘어 가족 역사, 즉 과거 세대까지 올라가 중요한 주제와 유산들이 드러나기 시작하는 가족 각본으로 확대된다. 종종 가족 이야기들(family narratives), 특히 애착 각본을 강조하는 이야기들은 임상적 실무에서 중요하게 탐색되어야 한다. 어떠한 내담자 체계(외부의 변증법)에서든 맥락적 측면은 네 번째 영역으로, 이것은 외부적 영향력에 주의를 기울이며 탈근대주의 가족 형태 · 문화 · 역사 · 종교 그리고 지리 · 정치 · 기후와 자연재해와 같은 물리적 환경에 초점을 두는 것이다. 탈근대적인 가족이란 교회공동체 가족이나 비혈연 가족, 선택한 가족, 사교모임의 가족같이 서로에게 매우 헌신하며 서로의 생활에 관여하는 사람들의 집단을 말한다. 체계 간 접근의 종합적인 상위 틀은 Riegel의 변증법 이론과 Wachtel(1997)의 통합적인 이론의 개념과 일치한다. 이러한 모델들은 체계 간 접근의 통합 구조에서 중요하다(체계 간 접근 치료의 상위 틀에 대해서는 〈표 1-1〉 참고).

체계 간 접근은 치료에 대한 통합적인 접근으로 임상가가 내담자의 다중적인 측면에 초점을 맞추고 인간 발달의 모든 측면에 애착의 세대 간 전이 과정에 초점을 맞춤으로써 어떠한 개인치료나 관계치료 모델을 초월한다. 각각의 특정한 내담자 체계를 위해 체계 간 접근은 개인, 부부 및 파트너, 세대 간 측면(다세대를 포함하여)뿐만 아니라 문화, 역사, 그리고 물리적 환경 같은 광범위한 맥락적 요인들을 탐색한다. 체계 간 접근이 제공하는 임상적 모델은 종합적인, 즉 초이론적인 치료 패러다임에 입각해 있다. 이 책에서 우리는 많은 개념을 추가했다. 이러한 것들은 체계 간 접근과 애착의 세대 간 전이를 설명하는 제1장과 제2장에서 모두 설명할 것이다. 그러고 나서 제3장과 제4장에서 우리는 초점화된 가계도의 로드맵, 애착에 초점화된 도표화와 연대표, 그리고 치료적 자세(치료적 동맹 내에서 애착에 초점화된 유대)를 설명한다. 이러한 장들은 애착에 초점화된 평가와 개입을 개입하기 위한 종합적인 토대를 제공한다.

애착 이론을 체계 간 접근에 새롭게 적용하는 것은 애착에 초점화된 치료적 동맹을 사용하는 일로, 이는 치료 시작 단계에서 개발하는 목표와 과제, 그리고 유대에 주의를 기울임을 말한다. 치료적 유대를 발달시키는 데 애착 이론을 적용하는 것을 치료적 자세(Therapeutic Posture: TxP)라고 명명하였다. 임상가의 역할은 치료적 자세를 사용하는 독특한 방식으로 내담자 체계에 합류하고 적응하는 것이다(Asay & Lambert, 1999; Minuchin, 1974). 대부분의 치료적 접근들에서 내담자 체계는 임상가뿐만 아니라 치료자의 대인관계 역학에 의해서 제공되는 치료적 양식에 대해서도 맞추어야만 한다. 치료자가 체계 간 접근의 초이론적 틀을 사용할 때 치료는 내담자 체계에 맞추어질 수 있다. 임상가는 제시되는 문제에 관계없이 각 영역에서 특히 어떻게 이러한 애착 패턴들이 치료자와 내담자 체계와의 관계에 영향을 미치는지를 포함해 세대 간 전이되는 애착 패턴에 초점을 둔다.

치료적 자세는 내담자의 애착 스타일과 부부의 애착 상호작용 패턴, 그리고 세대 간 애착 각본을 평가하는 것으로 시작된다. 임상가는 치료에 온 개인들에게 독특한 치료적 자세를 수립하면서 합류와 적응을 통해 치료 초기부터 이러한 패턴에 적응한다. 치료적 자세의 사용을 통해 확고한 치료적 동맹의 형성이 매우 쉽게 이루어진다. 이는 치료자가 애착 스타일의 평가에 근거해서 내담자 체계와 적절한 관계를 즉시 맺을 수 있기 때문이다. 요약하면 임상가는 체계 간 접근을 통해 내담자 체계의 관계 욕구에 맞추는 융통성을 발휘하게 된다. 우리는 이러한 조율된 치료적 자세를 제4장에서 자세히 설명한다. 동시에 치료자가 선택하는 다양한 이론들과 특수한 치료 모델들이 상위 이론의 원리를 따르는 특수한 내담자 체계에 맞추어 각색되었다. 체계 간 접근은 치료자가 통합적인 구성개념을 통해 내담자 체계를 이해하는 데 특히 관심을 갖고 각 행동 및 영향력의 영역을 평가하는 데 관심을 갖도록 한다. 이러한 정보는 치료자가 문제의 원인과 어떻게 종합적인 방식으로 문제를 치료할 것인가를 이해할 수 있게 해 준다. 다음 단계는 변화를 촉진시키기 위해 특별한 치료 접근을 채택하는 것이다.

1) 체계 간 접근의 발달

초기 체계 사상가들은 자신들을 인간을 체계 내의 개인으로 보는 것을 완전히 포기하는 정신 내적 치료적 접근과 분리시키는 데 열중했다(Weeks & Hof, 1994; Weeks & Treat, 2001). 초기 체계적 접근들은 관계 패턴과 체계적 과정에 초점을 맞추었는데 이는 혁신적이기는 했지만 자아 체계를 탐색하는 데는 소홀했다(Brown, 2010). 개인의 중요성에 대한 이러한 초기의 근시안에 대한 최초의 반박은 1980년대에 Marriage Council of Philadelphia(현재의 'Council for Relationships')에서 등장했다. 이러한 논문은 역동적 · 체계적 접근뿐만 아니라 성인 발달을 종합하려는 예비적 시도였던 '결혼 상호작용 모델'을 개발한 Berman, Lief, 그리고 Williams(1981)의 정신역동적 개념에 강하게 근거하고 있다. 그들은 절충적인 구조를 제안하였는데, 그것은 개인 기능에 대한 정신역동적 모델, 부부관계 기능과 관계 발달에 대한 계약 이론, 세대 간 전이 과정에서 도출한 것이다. 그러나 이러한 모델은 철학적 토대가 부족하고 종합된 양식들을 연결하는 통합적인 구성개념이 필요했기 때문에 통합 이론으로서 자격을 갖추지 못했다(Van Kaam, 1969).

진정한 통합적 접근에 대한 요구에 부응하기 위해 Weeks는 『Treating Couples: The Intersystem Model of the Marriage Council of Philadelphia』(Weeks, 1989)

에서 체계 간 모델(현재의 '체계 간 접근')의 개념화를 처음으로 제시했다. Weeks는 그 책을 편집하면서 자신이 체계 간 모델에 대해 저술한 장을 포함시켰다. 그 장은 수년간 그가 정교화했던(Bopp & Weeks, 1984; Weeks, 1977, 1986; Weeks & Wright, 1979) 통합적 접근의 기초를 마련했다. Weeks는 현장에서 이론적 파편화를 넘어설 필요가 있으며 순수한 치료 모델에 대해 지나치게 강조되었다고 주장했다. 이론적 구성개념에 입각한 통합적 접근을 할 때 상이한 접근들이 체계적으로 혼합될 수 있으며, 다층적인 수준에 있는 내담자 체계의 개념화가 가능해진다(Brown, 2010; L'Abate, 2012, 2013; Lebow, 1997).

Weeks는 그가 편집한 책 『부부관계치료 사례집: 체계 간 모델의 이론과 적용(The Marital-Relationship Therapy Casebook: Theory and Application of the Intersystem Model)』(Weeks & Hof, 1994)에서 처음으로 그의 체계 간 접근을 완전하게 제안하였다. 이러한 제안은 1989년 책에서 발전시킨 생각과 개념을 확장시킨 것이다. 그는 1987년과 1999년 사이에 일련의 책들을 출간하였는데, 즉 DeMaria(1999)나 Hof(1987, 1994), 그리고 Treat(1992)와 함께 저술하였다. 이러한 연구들은 Weeks가 저술하고 계속 확장한 일련의 다른 책들, 장들과 학술지 논문의 일부였다. 가령 이론의 또 다른 반복은 Weeks와 Gambescia(2015)가 저술한 성치료에 대한 새로운 패러다임에 관한 장에서도 발견된다. 1995년 Howard Protinsky는 다섯 가지의 이러한 자료들을 검토했으며 1989년과 1994년의 자료가 다음과 같이 제시했다는 것에 주목했다.

> 종합적인 이론적 모델의 창조에 필요한 근본적이고 통합적인 구성개념에 대한 매우 타당한 설명은…… 사회심리학에서 나온 통합적인 개념을 사용함으로써…… Weeks는 …… 절충적인 접근이라기보다는 진정으로 통합적인 모델을 개발할 수 있었다. 그러한 창작은 우리 분야(부부 상호작용의 종합 모델)에서 독특하다.
>
> (Protinsky, 1995, p. 373)

Weeks는 체계 간 접근의 철학적 기초를 Basseches(1980, 2005)와 Riegel(1976), 그리고 van Kaam(1969)이 발전시킨 개념들에서 도출했다. 이러한 개념들은 체계들 간의 역동적인 관계를 이해할 수 있게 하는 변화의 상위 이론, 인간 발달의 상위 이론, 변증법적 개념 과정들을 포함하는 기본적인 구성개념의 필요성에 관심을 둔다. 그러나 체계 간 접근은 이러한 기본적인 구성개념 이상을 필요로 했다. Weeks는 접근의 기본적인 영역들을 정교화하여 개인(생물학적 · 심리학적 측면), 부부, 세대 간 혹은 다세대, 그리고 맥락적 측면을 포함시켰다. 이미 이론의 일부가 된 통합적인 구성개념에 덧붙여 DeMaria는 애착 이론의 첨가를 주장했다. 이 책의 대부분은 특히 내담자 체계와의 동맹 발달과 행동의 각각 영역에서 애착의 역할을 이해하는 데 애착 이론이 중요함을 설명할 것이다.

과거 몇몇의 치료적 접근은 통합보다는 절충주의 과정을 통해 두 가지 '순수한' 접근들을 조합하였다. 이러한 방식으로 단순히 접근들을 조합하는 것은 우선 혼종 이론에 대한 필요성이 야기하는 단점들, 즉 가족 체계의 다차원적인 성격에 대한 불완전한 개념화에 대해 고심하지 않는다. 효과적인 이론들은 내담자 체계가 세대 간 체계의 산물인 개인들로 이루어져 있다는 것을 인식해야만 하며 몇 가지 치료 양식에서 나온 광범위한 기법들에서 도출되어야만 한다(Gurman & Frankel, 2002). 개인 지향적인 연구자들은 문제의 맥락적/체계적 성격을 인지하지 못하며 체계 이론가들은 체계들이 자아방어, 귀인 스타일, 애착 스타일, 개인적 정신병리 등과 같은 독특한 속성을 가진 개인들로 이루어져 있음을 인식하지 못한다. 체계 간 접근에서는 개인 행동, 부부 및 파트너 행동, 보다 큰 맥락에서의 세대 간 행동의 영역을 포함하는 폭넓은 렌즈가 사용된다. 각각의 행동 영역에서는 이론적 · 치료적 개념들이 풍부하다. 달리 말해 우리는 과잉의 개인, 부부 그리고 가족치료 접근을 갖고 있고, 이러한 접근들은 종종 '순수한' 형태나 절충적으로 사용되지만 통합적이라고 규정할 만한 치료적 접근은 매우 드물다. 그러므로 우리의 접근을 사용하는 치료자들은 모든 체계 영역을 인식하게 될 것이며 널리 퍼져 있는 특수한 치료적 접근들을 통합하는 능력을 갖게 될 것이다.

이론적으로 종합적인, 즉 통합된 접근을 개발하기 위해서는 세 가지의 모든 행동 영역(맥락적 영역은 배제한다. 왜냐하면 그것은 행동의 영역이 아니라 영향력의 영역이기 때문이다.)이 포함되어야 하며 통합적인 구성개념으로 그들을 체계적인 방식으로 묶을 필요가 있다. Weeks는 처음에 통합적 구성개념으로 Strong과 Claiborn(1982)의 연구에서 나온 개념을 선정했다. 이러한 초기의 통합적 개념들에는 해석, 정의, 예측, 일치, 상호 의존, 그리고 귀인 등이 포함되었다. 이러한 개념들은 나중에 설명할 것이다.

상위 이론 틀과 통합적 구성개념들은 광범위한 치료 양식들이나 특정한 치료 이론들을 체계적으로 통합할 수 있게 한다. 전형적으로 개인치료에 적용되었던 인지-행동 중심이나 정서 중심 혹은 정신역동적 모델 같은 치료적 접근들은 체계 간 접근에 통합될 수 있으며 그리고 그것은 내담자 체계의 체계적 관점의 일부가 된다. 이러한 개념들은 개인의 기능과 사회적 · 지적 · 정서적 발달을 포함해서 개인적으로 지향된 현상에서 나오는 문제들을 개념화하는 데 사용될 수 있다. 같은 식으로 전형적으로 정적 · 부적 피드백 순환고리, 호혜적 상호작용으로 표현되는 상호작용 패턴에 초점을 맞추어 부부와 가족을 치료하는 데 적용되었던 가족이나 체계적 접근의 치료 모델들은 행동의 체계적 패턴에 주의를 기울이는 체계 간 접근으로 통합된다. 이 책에서 우리는 애착 이론을 개인, 부부 및 파트너 그리고 세대 간 가족 체계의 세 가지 상호 연관된 주요 행동 영역 내에서의 관계적 경험을 탐색하고 이해하는 데 새롭고 본질적인 통합적인 구성개념으로 통합한다.

2) 체계 간 접근과 세대 간 구성개념들

체계 간 접근은 치료자들에게 문제의 원인과 관련된 변화와 모든 맥락 속에서의 개인의 심리적 기능을 촉진시키는 데 사용될 수 있는 통합적인 구성개념을 제공함으로써 광범위한 스펙트럼을 갖는 인간의 기능에 주목할 수 있게 한다. 체계 간 접근의 각 영역(개인, 부부 및 파트너, 세대 간 그리고 맥락적/외부 영향력)은 특별한 초점을 가지고서 치료자가 탐색과 변화를 촉진하고 성장을 증진시킬 수 있는 방안을 제공한다. 예를 들면, 만일 원가족 문제의 정서적 탐색으로 개인이 치료 중에 자신의 파트너에게 다르게 접근한다면 치료자는 그들이 자신들의 관계에서 원가족에서 반복되는 것을 이해할 수 있도록 하는 행동적 과제를 부과할 수 있다. 그러므로 접근들의 조합은 어떤 한 가지 접근이 단독으로 사용될 때 보다 더 큰 영향력을 갖는다. 가령, 통합적인 구성개념을 사용하여 검토된다면 개인들은 그들의 심리적 · 생물학적 측면에서 시작하여 다른 영역들까지 행동의 모든 영역에서 동시에 조망될 수 있다.

체계 간 접근은 개인, 부부 및 파트너 혹은 세대 간과 같은 상이한 치료적 초점을 나타내며 나아가 인지, 정서, 그리고 행동에 대한 강조점이 다른 잠재력을 갖는 많은 치료 양식들과 접근들을 통합한다. 체계 이론가들은 항상 체계의 한 측면의 변화는 체계의 다른 측면을 변화시킬 것이라고 가정한다. 체계 간 접근에서도 이와 같은 것은 동일하지만 변화가 고려되는 틀이 이제는 훨씬 더 넓다. 개인의 변화는 부부와 가족을 변화시키며 부부에서의 변화는 개인과 가족을 변화시킬 수 있으며 가족에서의 변화는 개인과 부부를 변화시킬 수 있다. 체계 간 접근에서 치료 과정은 수직적인 동시에 수평적이다. 수평적이라는 것은 몇몇의 상이한 치료적 접근들이 여기 지금의 개인, 부부, 그리고 세대 간 영역 내에서 통합될 수 있다는 의미다. 그리고 수직적이라는 것은 치료가 같은 내담자 체계 내에서도 역사나 발달의 측면을 고려하는 데 초점을 둔 접근들을 통합한다는 의미다.

Strong과 Claiborn(1982)은 Weeks에게 상이한 치료 이론들에 영향을 미치는 초기의 통합적인 구성개념의 일부를 제공하여 체계적 접근이 많은 영역에 개입하는 데 사용할 수 있는 일련의 도구들을 쓸 수 있도록 했다. Strong과 Claiborn은 자신들의 사회적 상호작용 모델에서 정신 내적이고 대인관계적 측면들을 강조했는데 두 가지 측면 각각은 체계적 접근에서 세 가지 특별한 통합적인 구성개념을 갖고 있다. 이러한 요소들은 ① 어떻게 우리가 사건을 해석하고 사건에 의미를 부여하는가, ② 어떻게 개인들은 관계를 정의하고 관계는 개인을 정의하는가, ③ 우리가 타인의 행동을 예측할 수 있다는 믿음의 중요성이다. 그들은 또한 세 가지의 대인관계 요소들을 주장했는데 그 요소들은 ① 개인들 간에 사건의 의미를 정의하는 데 있어서 일치의 정도, ② 개인들 간의 상호 의존의 수준, ③ 그들의 귀인 전략이다. 가령, 그들이 주장한 해석적인 구성개념은 개인이 가진 정신적 여과기(mental filter) 혹은 심리적 성향으로 이는 개인들이 전형적인 인지적 관점과 일치하는 식으로 사건을 보고 해석하는 데 사용한다. 그러나 이러한 현상은 개인들 내에서만 발견되는 것이 아니라 모든 영역에서 나타난다. 문화 전체, 종교, 세대 등도 그러하듯 부부와 가족 체계도 그들이 세계를 지각하는 독특한 여과기를 갖고 있다. 이러한 구성개념의 초점을 개인에서 확장시켜 모든 영역을 설명함으로써 체계 간 접근은 효과적으로 내담자 체계의 모든 부분을 더 잘 다룰 수 있다. 정의, 예측, 일치, 상호 의존, 그리고 귀인 전략 각각은 많은 영역에 같은 영향력을 미치며 임상가의 설명력을 증진시킬 수 있다.

체계 간 접근의 세 가지 주요 행동 영역인 개인, 부부 및 파트너 그리고 세대 간 영역은 서로 맞물려 있어서 서로에게 영향력을 행사한다. 예를 들면, 모든 개인들은 가족 속에서 발달한다. 가족은 개인에게 정체성을 부여하고, 개인은 가족의 영향력에서 온 일련의 내면화된 생각들을 획득한다. 그러고 나서 두 명의(혹은 그 이상의) 개인들은 애정을 느끼며 파트너가 되고 장기적이고 헌신적인 관계를 가지며 새로운 가족을 형성하는 능력을 갖는다. 새로운 개인들은 다음 세대에서 계속해서 그들의 부모로부터 물려받은 정체성과 내면화된 생각들의 일부를 영속시킨다. 이러한 영향력들은 배우자 선택과 그들이 의미 있는 타자들과 맺는 관계, 그리고 만일 자녀가 있다면 자신의 자녀들과 맺는 관계에서도 발휘되며 반복된다. 이 책에서 설명되는 개정된 체계 간 접근은 세대 간 과정과 그것이 개인과 부부에서 결국 드러나게 되는 것들에서 애착 이론을 사용해야 함을 강조함으로써 세대 간 전이를 둘러싼 중요한 개념들을 다룬다.

애착 이론은 애착의 세대 간 전이 과정의 복잡성을 설명하는 실제적 · 경험적으로 지지받은 이론을 제공한다. 가령, 한 아이가 아동기에는 양육자와 회피(avoidant) 애착을, 성인기에서는 거부적(dismissive) 애착 스타일이라고 부르는 애착(Hesse, 1999)을 경험했다고 가정해 보자. 이런 경우에 개인의 욕구는 부모의 잘못으로 계속해서 무시되거나 압도당하게 되어 그 결과 성인이 되었을 때 타인과 거부적인 애착 상호작용을 하게 된다. 결과적으로 그들은 해석적인 관계 도식을 통해 정서적 위안과 안전을 위해 타인에게 의지할 필요가 없다는 것을 배운다. 그다음 그들은 타인과 안정적인 정서적 · 신체적 연결을 맺는 데 관심이 없는 것으로 관계를 정의한다. 마침내 누적된 (해석된) 경험의 결과 그들은 자신이 자기의 욕구를 충족시킬 수 있을 것으로 예상하며 타인과 감정을 나누고 싶지 않다는 생각으로 기울게 된다. 그러므로 그들은 무의식적으로 타인을 거부하는 식으로 행동하며 그 결과 종종 타인과 정서적으로 상호 의존적인 관계를 만들지 못한다.

애착 이론은 가족치료 문헌에서 익숙한 고전적인 쫓아가는 사람(추격자)과 거리를 두려는 사람(도망자)의 관계역동을 설명한다. 체계 간 접근을 인도하는 구성개념으로서 애착 이론에서는 고전적인 쫓아가는 사람-거리를 두려는 사람 패턴을 다음과 같은 식으로 설명할 수 있다. 가령, 불안정/거부적 애착 스타일(거리를 두려는 사람)의 사람은 불안정/몰두적 애착 스타일의 사람(쫓아가는 사람)과 관계를 형성한다. 명백히 몰두적인 파트너는 분리 경험을 피하기 위해 열심히 추격한다. 이 파트너는 버려짐에 대한 두려움 때문에 분리에 대한 두려움을 자신들의 관계 역동의 부분으로서 연결과 유대를 위한 기회로 삼기보다 '분리 저항'을 경험한다. 몰두적인 파트너는 상대방을 자신과 소원하거나 분리되었다고 비난하곤 한다. 그들은 결국에 자신들이 정서적 · 신체적으로 버려지는 고통에 대해 자신들을 보호하기 위한 방식으로 행동한다. 그들은 상대방과의 관계를 쫓아가는 것으로 친밀감을 찾으려 하는 한편, 무의식적으로 결국에 자신이 버려지리라고 믿는다.

반대로 거부적인 파트너는 자기 의존을 강화시키고 양육자들이 정서적 · 신체적으로 예측 가능하게 곁에 있지 않았던 아동기 경험에 기반해서 상대 파트너를 '밀어낸다'. 이와 동시에 그들은 연결되는 것을 꺼리기 때문에 방어적 태도와 정서적 무관심으로 파트너를 거부한다. 거리를 두려는 파트너는 상대방을 정서적으로 의지할 수 없는 사람으로 해석하고, 이는 정서적 연결에 대해 파트너로서의 태도와 행동을 강화한다.

쫓아가는 사람-거리를 두려는 사람들은 불가능한 딜레마에 갇힌다. 그들은 필사적으로 서로의 관심과 애정을 원하며 정서적 활성과 비활성 전략으로 서로 관계를 맺는다. 동시에 그들은 서로 파트너가 정서적으로 신뢰할 만하지 못하다고 예상한다. 그래서 쫓아가는 사람-거리를 두려는 사람 역동은 각각의 파트너가 서로 진정한 애착을 이루기 어렵다는 생각으로 밀기와 당기기를 하는 끝없는 순환이다. 통합적인 구성개념으로서 애착 이론을 추가시킨 것과 함께 이론의 세대 간 영역의 중요성은 훨씬 필수적이다. 한 세대에서 다음 세대로의 애착 스타일의 전이는 무시될 수 없다. 많은 치료적 접근들이 '지금' 순간의 경험에 초점을 둔다. 하지만 과거의 정서적 유대는 분명히 현재 관계, 그리고 어떻게 부모나 양육자들이 다음 세대에 애착 스타일을 전달하는지에 영향을 준다(Cowan & Cowan, 2005). 다행히도 부모가 행한 덜 긍정적인 애착 스타일이 반드시 자녀에게 전이되지는 않는다. 교정적인 경험들이 일어난다. 애착 스타일은 적절한 대인관계 경험으로 변할 수 있다. 특히, 이러한 변화들은 부부 및 파트너 관계 안에서, 그리고 치료 중에 일어날 수 있다. 『초점화된 가계도』의 일차적인 목적은 세대 간 전이 과정이 개인 · 부부 및 파트너 · 가족, 즉 치료에 오는 내담자 체계에 영향을 주는 무수한 방식들을 강조하는 것이다.

3) 애착 구성개념과 치료적 동맹

애착 스타일의 개념은 매우 강력한 구성개념으로 그것은 세대 간 전이의 깊이를 설명하는 능력 때문에 체계 간 접근에 통합되었다. 체계 간 접근은 세대 간 과정이 치료자/내담자 관계에 영향을 주는 방식을 고려한다. 실무자들은 내담자 체계의 애착 스타일과 각본들이 치료적 관계 형성, 특히 치료적 동맹 형성의 중요한 부분이라는 점도 인식해야만 한다. 내담자 체계는 관계가 친밀해질수록 치료자와의 관계에서 애착 스타일을 수행할 것이다. 애착 스타일이 치료적 동맹의 일부인 치료적 유대에 미치는 중요한 역할에 대해 특별히 알지 못한다면 스스로 안정 애착이 부족한 치료자들은 자신의 불안정 때문에 치료적 유대를 잘 이루지 못할 위험이 있다.

더욱이 슈퍼비전을 받는 치료자는 슈퍼비전을 받는 관계에서 자신들의 애착 스타일을 드러낼 수 있다. 마찬가지로 슈퍼비전을 하는 사람 또한 자신의 애착 스타일을 드러낼 수 있고, 자신들이 슈퍼비전을 하는 사람의 애착 스타일에 반응할 수도 있으며(Zala, 2012), 그들의 애착 스타일 또한 슈퍼비전을 하는 관계에 영향을 미칠 수 있다. 이것은 거미줄과 매우 유사하다. 하나의 부분이 건드려지면 다른 부분이 반응하는데 치료자와 치료자의 슈퍼바이저, 다른 공동작업자와 치료자들의 관계도 그러하다. 이 점은 매우 최근까지도 그 어느 심리치료 문헌에서도 완전히 밝혀지지 않았다. 그러나 우리는 소수의 제한된 연구와 우리 연구의 논리적 확장에 입각해서 이제 치료자가 어떻게 내담자 체계의 애착 스타일에 적응해야만 하는지를 형식화할 수 있게 되었다. 제4장에서 우리는 치료적 자세의 개념을 사용하여 애착 스타일이 치료적 동맹에 미치는 영향에 대해 초점을 맞출 것이다. 치료자가 선택한 치료기법과 접근들은 염두에 두고 있는 내담자 체계의 애착 패턴, 애착 스타일, 그리고 그에 수반되는 애착 각본과 함께 이루어져야 한다. 예를 들어, 각자가 거부적인 애착 스타일을 가지고 있는 부부에게 정서적 대화를 나누라고 요구하는 것은 치료 초기에 실패하기 쉽다. 정서적으로 분리하기 쉬운 이러한 거부적인 파트너들에게는 친밀한 상호작용을 위해 지나치게 많은 대화와

〈표 1-1〉 체계 간 접근의 상위 틀

<table>
<tr><td colspan="6">체계 간 접근: 내부 · 외부 영역들
통합적 변증법적 모델</td></tr>
<tr><td colspan="6">내부 영역
자아와 타인들</td></tr>
<tr><td colspan="6">애착 이론 구성개념
애착의 세대 간 전이</td></tr>
<tr><td colspan="6">애착 패턴, 애착 스타일, 그리고 각본</td></tr>
<tr><td colspan="2">개인 영역
내적 모델 지도:
아동기 애착 패턴
애착 연대표</td><td colspan="2">부부 영역
부부 상호작용 지도:
성인 애착 스타일
관계 연대표</td><td colspan="2">가족 체계 영역
가족 연결 지도:
가족 애착 각본
가족 연대표</td></tr>
<tr><td colspan="2">아동기 애착 패턴
• 안정(secure)
• 불안-양가(anxious-ambivalent)
• 불안-회피(anxious-avoidant)
• 와해(disorganized)</td><td colspan="2">성인 애착 스타일
• 안정(secure)
• 몰두(preoccupied)
• 거부(dismissive)
• 혼란/두려움(disoriented/fearful)</td><td colspan="2">가족 애착 각본
• 균형(balanced)
• 밀착(enmeshed)
• 분리(disengaged)
• 혼란, 경직, 지나친 관여, 무관심(chaotic, rigid, overinvolved, uninvolved)</td></tr>
<tr><td colspan="6">상호작용 구성개념: 관계 속의 자아</td></tr>
<tr><td colspan="3">심리 내적(자아)
• 자신과 타인에 대한 정의
• 자신과 타인의 예측
• 자신과 타인의 해석</td><td colspan="3">대인관계(타인과의 관계)
• 타인과의 일치
• 타인과의 상호 의존
• 타인에 대한 귀인</td></tr>
<tr><td colspan="6">외부 영역-맥락적 영향력들
문화, 종교, 정치 등을 포함</td></tr>
</table>

참고: 이 표는 내부와 외부의 변증법과 개인, 부부, 세대 간, 그리고 맥락적 영역의 네 가지 영역을 탐색하는 체계 간 접근의 상위 틀을 나타낸다.

정서적 친밀감을 유도하는 과제를 부여하는 것은 적절하지 않다. 한편, 보다 몰두적인 애착 스타일을 보이는 부부를 상담할 때 치료자는 상담실에서 부부가 실연하게 하거나 과제 부여를 통해 보다 친밀한 상호작용을 처방할 수 있다. 몰두적인 애착 스타일, 상호작용, 그리고 대화 방식을 가진 그런 파트너들을 위해서는 치료적 자세가 안심시키고 안내하는 자세일 때 개입이 보다 효과적일 것이다. 애착 스타일에 대한 그러한 지식은 치료자가 취하는 치료적 자세와 치료기법의 선택과 어떻게 기법들을 실행할 것인가를 확인하는 데 중요하다. 제2장에서 우리는 애착 스타일의 세대 간 전이를 설명하고 체계 간 접근의 모든 영역을 탐구할 것이다.

2. 현재 실무에서의 체계 간 접근

체계 간 접근을 기술한 첫 번째 저서들 중의 하나는 『부부관계치료 사례집: 체계 간 모델의 이론과 적용(The Marital-Relationship Therapy Casebook: Theory and Application of the Intersystem Model)』(Weeks & Hof, 1994)과 『부부치료(Couples in Treatment)』로 제1판(Weeks & Treat, 1992)에서 시작하여 2판(Weeks & Treat, 2001), 그리고 제3판(Weeks & Fife, 2014)에서 설명되었다. 이러한 책들에서 체계 간 접근의 각 영역을 어떻게 평가할 것인가에 대한 제안과 평가 형식을 포함한 사례형식화 형식이 제시되었다. 사례형식화(case formulation, 사례개념화의 의미−역자 주)는 이론적 틀에서 도출되었으며 그것은 정보를 수집하고 치료계획의 전개를 안내한다. 그것은 전형적인 상담 초기의 접수 평가 형식과는 다르며 어떤 특정한 이론과 관련되지 않는다. Strong과 Claiborn(1982)의 사회적 상호작용 모델은 세대 간 구성개념의 처음 기초를 제공하였으며 임상가들이 정신 내적 · 대인관계적 관점에서 내담자 체계의 각 영역을 탐색하도록 해 주었다. 원래의 사례형식화는 모든 이러한 구성개념들을 내담자 체계의 평가에 포함시켰다.

이론의 네 가지 영역들과 체계 간 접근의 많은 세대 간 구성개념들은 누가 치료에 오는지, 혹은 제시된 문제의 성격이 어떠한지에 상관없이 내담자 체계의 종합적인 평가에 기여한다. 일종의 안내로 사례형식화를 사용하여 내담자 체계를 철저히 평가하는 것이 가장 먼저 이루어져야 할 것이다. 이러한 정보에 입각해서 임상가는 그다음에 각 문제 영역을 확인하고 그 문제를 다루는 데 최적의 기법과 치료적 접근들을 열거할 수 있을 것이다. 치료자가 내담자나 제시되는 문제를 다루는 데 있어 치료자의 강점과 약점 같은 존재 방식에 대해 질문하는 사례형식화 형태 외에 더해진 부가적인 질문들이 있었다. 우리(RD & GW)는 그 당시에는 이러한 질문들이 나중에 애착 이론을 접근과 통합하는 데 '치료적 자세'의 개념으로 발전된다는 것과 치료에 관련된 당사자들 간의 관계와 관련하여 그것이 의미하는 바를 이해하지 못했다.

이 책에서 우리는 치료적 동맹의 개념을 더욱 정교화하기 위해 이론, 연구. 그리고 실무에서의 고려사항들을 모두 정리하였다. 치료적 동맹 내에서 유대에 초점을 둔 것은 이 책의 제1 저자(RD)가 어떻게 애착 이론이 내담자 체계와 치료자 간 관계에 스며드는지 관심을 둔 것에 근거하여 발전시킨 것이다. DeMaria의 1980년대 이후의 연구는 애착에 초점을 둔 치료적 자세라는 새롭고 정교한 개념의 발달을 가져왔다(DeMaria et al., 1999). 처음으로 치료적 자세를 적용한 이후에 개념은 더욱 발전하였고, 이제는 평가 과정과 사례형식화의 필수적인 부분이다. 애착에 초점을 둔 치료적 자세를 취하는 것은 제4장에서 깊이 논의할 것이다.

체계 간 접근의 정교화가 더 이루어지게 된 것은 『체계적 성치료(Systemic Sex Therapy)』(Hertlein, Weeks, & Gambescia, 2009; Hertlein, Weeks, & Gambescia, 2015)라는 편저와 Weeks, Gambecsia, 그리고 Hertlein(2016)이 쓴 『체계적 성치료에 대한 임상가의 지침(The Clinician's Guide to Systemic Sex Therapy)』이라는 책에서다. 이러한 책들은 체계 간 접근의 렌즈를 통하여 모든 중요한 성적 역기능의 치료에 초점을 맞추었다. 성적 역기능을 치료할 때는 반드시 체계 간 접근의 모든 영역에 관심을 두어야만 한다. 체계 간 접근의 모든 영역을 다루는 접근은 성치료에서 유용하다. 그것은 파트너십은 각자 독특한 생체의학적 배경을 가진 개인들의 조합임을 강조하기 때문이다. 파트너 각자의 생물학은 서로 다르므로 관계에 대한 개인 각자의 생물학의 영향과 의학적 관심이 고려되어야만 한다. 예를 들면, 성적 기능에 영향을 미치는 의학적 조건, 호르몬, 그리고 약물과 관련하여 질문할 필요가 있다. 게다가 임상가는 성격 · 정신병리 · 지능 · 기질 · 발달 단계, 그리고 결함 · 성적 태도와 가치 · 신체상 · 방어기제 등을 포함한 심리학적 구성개념에 초점을 둠으로써 개인 영역 내에서 내담자 각각의 개인적 · 심리적 역학을 탐색해야만 한다.

부부 및 파트너 관계 영역을 탐색하는 것은 개인적 패턴이 갈등관리, 대화, 친밀감의 두려움, 그리고 더 깊은 무의식적인 공모의 측면에서 관계 안에서 나타나는 방식에 주의를 기울이는 것이다. 관계 문제는 쉽게 성적 관계로 번진다. 버려지는 것에 대한 두려움이나 통제력 상실의 수준이 높은 부부는 성적 친밀감을 피하려고 할지 모른다. 성생활에서 고통을 겪는 신체적 성과 사회적 성이 일치하는 여성은 그녀의 파트너가 자신의 숨겨진 두려움을 감추기 위해 자신은 더 이상 성에 흥미가 없다고 말하는 것을 볼 수 있다. 그 부부는 그들의 관계의 온전함을 방해하는 성적인 문제에서 자신들을 보호하기 위해 공모하여 행동할지 모른다.

성에 대한 세대 간 메시지는 공개적이기도 하고 은밀하기도 하며, 내면화되고 관계 속에서 표현되며, 개인이 자신을 성적으로 표현하는 방식에 영향을 미친다. 세대 간 영역도 문화적 믿음과 규범, 종교적 · 신앙적 믿음, 정치적 소속, 경제 가치관 등과 같은 사회문화적 사고의 전이를 포함한다. 가족 체계에 미치는 역사적 트라우마와 정치적 · 경제적 · 환경적 비극들, 건강, 다른 거시적인 영향력도 중요하게 고려해야 한다. 세대 간 렌즈를 3세대를 넘어 4세대 그 이상으로 확대할 때 임상가는 이러한 중요한 영향력들에 대해 보다 근거 있는 관점을 발달시킬 수 있다. 3세대 가계도는 현재 개인과 관계 기능에 대한 세대 간 전이의 중요성과 영향력을 밝히기에 불충분하다.

요약

수년간의 정교화와 적용, 그리고 고찰을 거친 결과 체계 간 접근은 이제 체계적 평가와 치료를 위해 발전하는 통합적인 패러다임이다. 이 책에서 밝힌 체계 간 접근 상위 틀에 대한 이러한 개요는 지금까지 개정된 이론의 가장 종합적인 설명이다. 『초점화된 가계도(Focused Genograms)』의 내용은 특히 애착 이론(Bowlby, 1969, 1973)과 애착 스타일(Ainsworth, 1973)을 새로운 통합적인 구성개념으로 추가하여 접근의 세대 간 영역에 대한 초점으로 크게 확장시켰다. 『초점화된 가계도』는 독특하게 치료적 자세를 수립하고 그것에 기반을 두는 동안 치료에서 내담자 체계가 보여 주는 독특한 애착 스타일과 각본에 대한 세부적인 정보와 세대 간 전이 과정에 대한 포괄적인 정보 모두를 수집하기 위한 복잡한 방법론이다.

체계 간 접근은 임상가가 광범위한 상위 이론적 렌즈를 통해 내담자 체계 기능의 모든 측면들을 고려할 수 있게 한다. 일단 체계 간 접근 평가가 시작되면 치료는 통합적인 구성개념의 사용을 통해 각 영역을 살펴보면서 획득한 정보를 사용하여 단계적으로 진행된다. 이러한 정보는 임상가가 내담자 체계와 그들의 문제에 어떠한 기법들 혹은 상이한 접근들이 가장 최적인가를 결정하는 데 지침으로 사용된다. 상이한 접근들이란 단순히 치료자가 내담자 체계를 치료하는 데 사용할 수 있는 광범위한 치료 이론들의 나열을 말한다. 통합적인 구성개념은 상이한 이론들의 사용을 제한하지 않으며, 이러한 이론들의 체계적인 통합을 허용한다. 예를 들면, 앞서 지적했듯 애착 스타일은 인지적 도식들에 영향을 미칠 수 있고 그러한 인지적 도식들은 부부의 상호작용에서 표출될 수 있다. 그러므로 부부를 치료할 때 임상가는 쉽게 부부와의 작업에는 체계적 접근을, 부부 각자에게는 인지적 접근을 결합시킬 수 있다(Dattilio, 2010). 일단 기본 원리를 이해하면 조합과 치환의 수는 무한하게 된다.

독자는 이 책이 이론에서, 특히 치료를 위한 몇 가지 아이디어를 포함한 특수한 가계도까지 다룬다는 사실을 알게 될 것이다. 내담자 체계가 치료에 오면 임상가는 문제를 평가하기 위해 초점화된 가계도 중의 하나를 택하거나 기본적인 가계도로 시작할 수 있다. 내담자는 기본적인 가계도나 초점화된 가계도를 개발하는 데 적극적으로 관여한다. 일단 임상가가 충분한 정보를 얻으면 그들은 자신의 이해를 위해 그 사례에 대해 사례형식화를 개발한다. 처음에 세부적인 평가 질문들이 주어지면 내담자 체계는 치료받기 위해 가져온 문제들이 목표로 겨냥되고 있다고 느낄 것이다(DeMaria et al., 1999; Hertlein & Blumer, 2013; Papaj, Blumer, & Robinson, 2011). 연구는 치료 결과가 내담자 체계의 욕구와 목표에 대한 관심에 의해 영향을 받는다는 것을 보여 준다(Crits-Christoph, Gibbons, & Hearon, 2006; Mahaffey & Lewis, 2008; Werner-Wilson, Michaels, Thomas, & Thiesen, 2003).

결론적으로 이 장의 목적은 독자에게 체계 간 접근의 개요에서 특히 이 접근 내에서 애착 이론이 더 많이 통합되었다는 것을 제시하고자 하는 것이었다. 덧붙여 이 장은 체계 간 접근의 발달뿐만 아니라 접근과 관련된 실무 현장의 현재 상태에 대해서도 살펴보았다. 우리는 체계 간 접근과 그 이론적 파생물을 설명하였다. 후속되는 장들에서 우리는 초점화된 가계도의 사용으로 이동할 것이다. 이러한 것들은 어떻게 내담자 체계가 기능하며 치료를 위해 문제들이 드러나는 영역을 겨냥하는지 그 핵심적인 부분들을 탐구하기 위해 사용되는 특별한 도구들이다. 마지막으로, 우리는 그다음 장들에서 치료적 자세의 갱신된, 보다 종합적인 사용에 대해 서술할 것이다.

주

1. 이 책 전반에 걸쳐 '부부(couple)'라고 할 때는 특별한 언급이 없는 한 한 명의 파트너나 복수의 파트너 관계와 이성 부부나 동성 부부 모두를 지칭한다.
   본 역서에서는 couple을 부부로 번역하였는데 법률혼이나 사실혼 모두를 포함하여 이성 부부와 동성 부부 모두를 포함하는 의미로 사용한다.
2. 특별한 언급이 없는 한 '우리'는 이 책의 저자 세 사람, 즉 Rita DeMaria(RD), Gerald Weeks(GW), 그리고 Markie L. C. Twist(MLCT)를 말한다.

참고문헌

Ainsworth, M. (1973). The development of infant-mother attachment. In B. M. Caldwell & H. N. Ricciuti (Eds.), *Review of child development research*, *3* (pp. 1-94). Chicago, IL: University of Chicago Press.

Asay, T. P., & Lambert, M. J. (1999). The empirical case for the common factors in therapy: Quantitative findings. In M. A. Hubble, B. L. Duncan, S. D. Miller, & B. E. Wampold (Eds.), *The heart and soul of change: Delivering what works in therapy* (2nd ed.) (pp. 23-55). Washington, DC: American Psychological Association.

Basseches, M. (1980). Dialectical schemata: A framework for the empirical study of the development of dialectical thinking. *Human Development*, *23*, 400-421.

Basseches, M. (2005). The development of dialectical thinking as an approach to integration. *Integral Review*, *1*, 47-63.

Berman, E., Lief, H., & Williams, A. M. (1981). A model of marital interaction. In G. P. Sholevar (Eds.), *The handbook of marriage and marital therapy* (pp. 3-34). New York: S. P. Medical and Scientific Books.

Bopp, M. J., & Weeks, G. R. (1984). Dialectical metatheory in family therapy. *Family Process*, *23*(1), 49-61.

Bowlby, J. (1969). *Attachment and loss: Volume 1. Attachment.* New York: Basic Books.

Bowlby, J. (1973). *Attachment and loss: Volume 2. Separation: Anxiety and anger.* New York: Basic Books.

Brown, J. (2010). Psychotherapy integration: Systems theory and self-psychology. *Journal of Marital and Family Therapy, 36*, 472-485.

Connors, M. E. (2011). Attachment theory: A "secure base" for psychotherapy integration. *Journal of Psychotherapy Integration, 21*, 348-362.

Cowan, C., & Cowan, P. (2005). Two central roles for couple relationships: Breaking negative intergenerational patterns and enhancing children's adaptation. *Sexual and Relationship Therapy, 20*, 275-288.

Crits-Christoph, P., Gibbons, M. B. C., & Hearon, B. (2006). Does the alliance cause good outcome? Recommendations for future research on the alliance. *Psychotherapy: Theory, Research, Practice, Training, 43*(3), 280-285.

Dattilio, F. M. (2010). *Cognitive-behavior therapy with couples and families: A comprehensive guide for clinicians.* New York: Guilford Press.

DeMaria, R., Weeks, G. R., & Hof, L. (1999). *Focused genograms: Intergenerational assessment of individuals, couples, and families.* New York: Brunner-Routledge.

Fitzgerald, G. (2014). Applying attachment theory to psychotherapy practice. *Psychotherapy in Australia, 20*, 12-21.

Gold, J. (2011). Attachment theory and psychotherapy integration: An introduction and review of the literature. *Journal of Psychotherapy Integration, 21*(3), 221-231.

Gurman, A., & Frankel, P. (2002). The history of couple therapy: A millennial review. *Family Process, 41*, 199-260.

Hertlein, K. M., & Blumer, M. L. C. (2013). *The couple and family technology framework: Intimate relationships in a digital age.* New York: Routledge.

Hertlein, K. M., Weeks, G. R., & Gambescia, N. (Eds.). (2009). *Systemic sex therapy.* New York: Routledge/Taylor & Francis.

Hertlein, K. M., Weeks, G. R., & Gambescia, N. (Eds.). (2015). *Systemic sex therapy* (2nd ed.). New York: Routledge.

Hesse, E. (1999). The adult attachment interview: Historical and current perspectives. In J. Cassidy & P. Shavers (Eds.), *Handbook of attachment: Theory, research and clinical application* (pp. 395-433). New York: Guilford Press.

Johnson, S. M. (2009). Emotionally focused couple therapy. In H. Reis & S. Sprecher (Eds.), *Encyclopedia of human relationships*. Thousand Oaks, CA: Sage Research Publications.

L'Abate, L. (2012). *Paradigms in theory construction* (1st ed.). New York: Springer-Verlag.

L'Abate, L. (2013). *Beyond the systems paradigm: Emerging constructs in family and personality psychology*. New York: Springer.

Lebow, J. (1997). The integrative revolution in couple and family therapy. *Family Process, 36*, 1–17.

Mahaffey, B., & Lewis, M. (2008). Therapeutic alliance directions in marriage, couple, and family counseling. In G. Walz, J. Bleurer, & R. Yep (Eds.), *Compelling counseling interventions* (pp. 59–69). Ann Arbor, MI: Counseling Outfitters.

Minuchin, S. (1974). *Families and family therapy*. Cambridge, MA: Harvard University Press.

Papaj, A. K., Blumer, M. L. C., & Robinson, L. D. (2011). The clinical deployment of therapeutic frameworks and genogram questions to serve the servicewoman. *Journal of Feminist Family Therapy: An International Forum, 23*, 263–284.

Protinsky, H. (1995). Book review. *American Journal of Family Therapy, 23*, 4.

Riegel, K. (1976). The dialectics of human development. *American Psychologist, 31*, 689–700.

Strong, S., & Claiborn, C. (1982). *Change through interaction: Social psychological processes of counseling and psychotherapy*. New York: John Wiley.

Van Kaam, A. (1969). *Existential foundations of psychology*. New York: Basic Books.

Wachtel, P. (1997). *Psychoanalysis, behavior therapy, and the relational world*. Washington, DC: American Psychological Association.

Weeks, G. R. (1977). Toward a dialectical approach to intervention. *Human Development, 20*, 277–292.

Weeks, G. R. (1986). Individual-system dialectic. *American Journal of Family Therapy, 14*, 5–12.

Weeks, G. R. (Ed.). (1989). *Treating couples: The intersystem model of the Marriage Council of Philadelphia*. New York: Brunner/Mazel.

Weeks, G. R., & Fife, S. (2014). *Couples in treatment: Techniques and approaches for effective practice* (3rd ed.). New York: Brunner-Routledge.

Weeks, G. R., & Gambescia, N. (2015). Toward a new paradigm in sex therapy. In K. M. Hertlein, G. R. Weeks, & N. Gambescia (Eds.), *Systemic sex therapy* (pp. 32-50). New York: Routledge.

Weeks, G. R., Gambescia, N., & Hertlein, K. M. (2016). *A clinician's guide to systemic sex therapy* (2nd ed.). New York: Routledge.

Weeks, G. R., & Hof, L. (Eds.). (1987). *Integrating sex and marital therapy: A clinical guide.* New York: Routledge/Taylor & Francis.

Weeks, G. R., & Hof, L. (Eds.). (1994). *The marital-relationship therapy casebook: Theory and application of the intersystem model.* New York: Brunner/Mazel.

Weeks, G. R., & Treat, S. (1992). *Couples in treatment: Techniques and approaches for effective practice* (1st ed.). New York: Brunner-Routledge.

Weeks, G. R., & Treat, S. (2001). *Couples in treatment: Techniques and approaches for effective practice* (2nd ed.). New York: Brunner-Routledge.

Weeks, G. R., & Wright, L. (1979). Dialectics of the family life cycle. *The American Journal of Family Therapy*, *7*(1), 85-91.

Werner-Wilson, R., Michaels, M., Thomas, S., & Thiesen, A. (2003). Influence of therapist behaviors on therapeutic alliance. *Contemporary Family Therapy: An International Forum*, *25*(4), 381-390.

Zala, S. (2012). Clinical supervision: Three frameworks for the exploration of shame and anxiety. *Psychotherapy in Australia*, *18*(3), 12-21.

초점화된 가계도와 애착의 세대 간 전이의 평가

가족생활은 다음 세대를 위한 예행연습이다…….

– Byng-Hall(1995, p. 41)

1. 개요

이 책『Focused Genograms』은 제1장에서 서술한 영역들을 가로지르는 애착 이론을 통합함으로써 체계 간 접근을 확장한 것이다. 우리는 아동기 애착 패턴들과 성인 애착 스타일, 그리고 가족 애착 각본들이 별개인 동시에 서로 연결되어 있음을 보였다. 가장 광범위한 의미에서 현재 장은 체계 간 접근과 애착 이론과 임상적인 실천 사이의 연관을 설명한다. 이 장은 체계 간 접근과 애착의 세대 간 전이(IA and the Intergenerational Transmission of Attachment)라는 새로운 약어를 사용하여 애착과 체계 간 접근과의 통합에 대한 소개로 시작한다. 그다음에 우리는 치료적 자세를 발달시키기 위한 종합적인 방법론에 대해 소개할 것이다. 그러고 나서 우리는 아동기 애착과 성인 애착 그리고 세대 간 가족 각본을 설명하기 위해 존재하는 용어들의 사용에 대해 살펴볼 것이다. 이후 임상가들이 체계 간 접근을 포괄적으로 적용할 수 있도록 돕기 위해 이러한 다양한 용어들을 사용하는 명확한 모델을 제시할 것이다.

이 책의 중요한 목표는 애착의 세대 간 전이를 강조하는 것으로 이 책 전반에 걸쳐 제시될 것이다. 이 장은 일차적으로 이 책의 나머지 부분에 나오는 이론적 · 실제적 논의의 기초로서 애착 이론에 대해 실행 가능한 이해를 발달시키는 것에 초점을 둔다. 이러한 상위 틀의 이론적 기초에 입각해서 우리는 독자들이 이 책에서뿐만 아니라 현장에서 애착에 대한 기초와 보편적인 관련성을 상기하도록 하기 위해 애착 이론과 연구를 검토한다.

2. 애착 이론과 체계 간 접근

애착 이론 연구와 실무, 그리고 다양한 심리치료 모델들 내에서의 통합과 부부 · 가족치료는 광범위하게 널리 사용되고 있다(Diamond et al., 2010; Greenman & Johnson, 2013; Schwartz, 1997, 2015; Siegel, 2001). 가족치료 모델이 가족원들 간의 정서적 관계의 질에 주목하였지만 그 어느 것도 애착 이론을 통합적인 구성개념으로 사용하여 종합적인 통합적 접근을 하지 않았다. Bowen(1985)이 가족관계 내에서의 불안을 언급했지만 그는 Bowlby(1969, 1973)의 애착, 분리, 상실에 대한 연구를 통합하지 않았다. Bowen은 가족 체계에서 분화의 부족을 조장하고 다소 미분화된 가족 자아군의 원인이 되는 것이 가족 내 불안이라고 가정했다. 또 다른 예는 Satir의 연구로 그녀는 어떻게 사람들이 건강한 자존감을 발달시키는가에 대한 관계적 맥락을 강조했다. 그녀는 가족원들이 일치형의 의사소통과 명확한 경계를 세우도록 돕기 위해 인본주의적이고 정서에 초점을 둔 이론들로부터의 개념들을 사용했다(Satir, 1967). 반면에 Nagy(1973, 1984, 1986)는 특히 정의, 충성 그리고 공정성의 문제를 강조함으로써 가족원 간에 그리고 세대 간의 관계에 초점을 맞춘 관계적인 면에서 가족 체계를 탐색했다. 우리가 제1장에서 설명한 통합적인 상위 이론 혹은 상위 틀인 체계 간 접근은 독특하게 애착 이론을 통합시켰다. 애착 패턴을 특히 강조하는 체계 간 접근은 초점화된 가계도들의 새로운 이론적 기초로 사용된다.

애착 이론은 이제 심리치료와 부부 · 가족치료 이론에 광범위한 영향을 미치고 있다. 지금은 애착 이론과 애착 패턴을 지지하는 상당한 양의 경험적 문헌들이 있다. 이 장에서는 애착 스타일에 대한 두 가지 일반적인 모델에 초점을 맞출 것이다. 그 한 가지 모델은 아동 발달에 대한 초기 연구들에서 나왔으며 다른 모델은 성인 발달에 관심을 둔 사회심리학에서 나온 것들이다. 우리는 아동과 성인 애착 연구에 적용하기 위한 하나의 틀을 서술할 것이다. 체계 간 접근의 최신 설명으로 애착 패턴을 이해하는 것은 개인, 부부, 그리고 가족을 이해하는 데 핵심적인 부분이며, 가족원 간의 대인관계 역동에 중요한 시사점을 갖는다. 이 장에서 저자들은 체계 간 접근 영역들 내에서 애착 패턴들이 작용하는 상호적인 힘들과 애착 패턴을 바꿀 수 있는 역동을 보여 줄 것이다. 다음 장에서 자세히 설명할 초점화된 가계도 평가 도구들을 사용하게 된다면 우리는 다양한 관점에서 네 가지 영역 모두를 검토해 보는 방법을 알게 될 것이며, 임상적 개입을 위한 새로운 방향을 정하는 데도 도움을 받을 것이다. 여기에는 세 가지의 행동적인 영역과 문화적 · 지리적 · 환경적 · 사회적 요인들과 같은 맥락적 영향력을 다루는 영역이 있다.

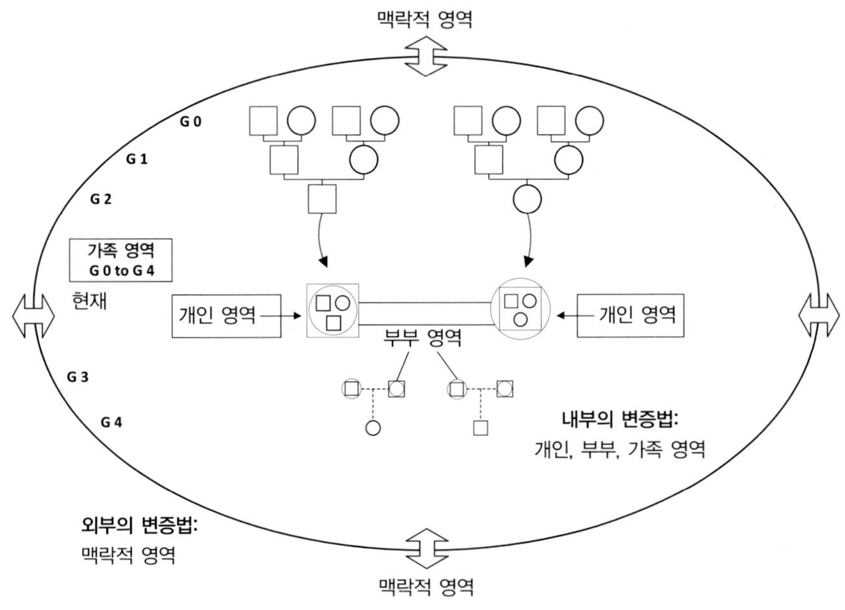

[그림 2-1] 체계 간 접근과 애착의 세대 간 전이

이 그림은 내담자 체계에서 개인, 부부, 그리고 가족 영역 간의 관계를 보여 준다. 각 세대(G0에서 G4로 표시됨)는 내부에는 침투 가능한 경계로 외부의 맥락적 영역과는 변증법적으로 표시되어 있다. 우리는 모든 영역은 애착 유대로 연결되어 있다고 가정하는데 그 유대는 애착에 초점화된 가계도 도구로 관찰될 수 있고 이해될 수 있다.

1999년 『초점화된 가계도(Focusesd Genograms)』의 제1판이 출판되었을 때 신경과학자들과 심리학자들은 대인관계의 신경생물학과 애착에 대해 획기적으로 새롭게 이해할 즈음이었다. 애착 이론에 대한 관심과 흥미는 그 이후 기하급수적으로 증가해서 신경과학 내의 많은 분야–정서 신경과학, 대인관계 신경생물학, 마음챙김 연구, 정신신경면역학, 신경전달물질과 정서 체계 등(Cappas, Andres-

Hyman & Davidson, 2005)에서 알려졌다. 거울 신경세포, 정서지능, 정서의 신경망, 명상과 기도의 영향, 애착과 유대의 역할, 그리고 많은 다른 주제가 연구의 중요한 영역이 되었으며 이는 체계적 실무에 광범위한 시사점을 갖는다. 이러한 연구 결과들로 이번 『Focused Genograms』 제2판에서는 애착 이론에 대해 관심과 통합을 강화하였으며 정서, 젠더, 분노, 성(sexuality), 중독, 가정 폭력, 다문화적 고려와 외부 영향력에 대한 초점화된 가계도를 수행하는 맥락에서 애착에 더 특별하고, 정교한 관심을 두게 되었다.

시간에 따른 세대 간 애착 패턴을 수직적 · 수평적으로 탐색하는 것은 개인이나 부부간에, 그리고 가족 간에 관계적으로 표현되는 현재와 과거 애착 패턴과 스타일을 확인하는 데 있어 중요한 부분이다. 체계 간 접근은 세대 간 애착 유대 전이의 세 가지 행동 영역인 개인, 부부, 그리고 세대 간 가족 역동에 초점을 맞추기 위한 구조를 제공한다. 체계 간 접근은 또 외부의 변증법, 즉 다문화적 고려 사항 같은 가족 체계에서의 애착 패턴에 미치는 외부의 영향력에도 관심을 기울인다. 이러한 이론의 네 번째 영역은 종교나 젠더, 나이, 성적 지향, 민족성, 사회경제적 지위, 그리고 정치적 · 물리적 환경 같은 맥락적 요인에 광범위하게 관심을 갖는다. 우리는 이러한 외부 요인들이 가족 체계 내의 내적 요인들과 마찬가지로 애착 패턴과 스타일에 영향을 미칠 수 있다고 믿는다.

애착 이론은 또한 Riegel(1976)의 변증법적 시각에서 본 변동 이론과 일치하는데 현재 가족 내에서뿐만 아니라 세대에 걸친 발달적 진행을 평가하는 것의 중요성을 강조한다. 변증법적 사고란 다층적인 수준에 있는 현상을 이해하고 겉보기에 반대로 보이는 현상이 어떻게 통합되는지를 '아는' 것을 말한다. 치료자는 내담자 체계 내에서 성장(형태 발생)과 안정성(항상성) 모두를 보는 방법을 탐색할 수 있다. 가령 우리는 행동, 인지, 그리고 정서를 같은 기저 현상의 상이한 측면이나 상이한 현상으로 볼 수 있다. 내담자 체계는 이 세 가지의 동시적이고 자연적인 종합을 나타낸다. 임상적으로 부부 · 가족 과정은 근본적으로 변증법적이다. 배우자와 가족원들의 강점과 약점은 애착 안정성으로 유도하거나 심각한 애착 불안정을 초래할 수 있는 자연적인 변증법적 긴장을 만든다. Satir(1965)는 특히 개인의 욕구와 가족의 욕구에 동시에 특별한 관심을 두고 가족 체계 내의 성장과 역기능 사이의 긴장을 탐색한 최초의 가족치료자였다.

체계 간 접근에서 변증법은 치료계획 안에서 다른 모델들의 통합을 위한 길을 열어 준다. 치료의 초기 단계에서 치료자의 역할은 체계 간 접근의 변증법적인 틀을 사용하는 것이다. 그러한 틀 속에서는 문제들은 다면적인 것으로 간주된다. 현재 문제는 체계 간 접근 이론의 네 가지 영역의 관점에서 탐색된다. 그다음 치료계획이 만들어지는데 이것은 내담자 체계의 특별한 욕구와 애착 패턴의 발견들과 일치한다. 더욱이 안정적인 치료적 자세를 개발하는 것은 내담자 체계가 계속 치료에 오는 것을 보장하는 데 중요한 요소다. 애착 이론 렌즈는 아동기에 발달된 애착 패턴의 불안정한 작동 모델이 시간이 지남에 따라 성인 관계를 통해 완화될 수 있는 가능성에 초점을 둔다(Mikulincer & Florian, 1998). 애착 이론은 안정되고 친밀한 성인 관계들이 불안정한 아동기 애착 패턴을 가진 개인이라도 부부 역동 안에서 치유와 성장의 가능성을 가질 수 있다고 가정한다. 이와 비슷하게 안정적인 성인 가족과 친족관계는 또한 관계에 대한 가족 애착 각본을 수정하는 관계적 맥락(Byng-Hall, 1995a)과 세대에 걸쳐 내려오는 파괴적인 가족 유산과 특전의식(Boszormenyi-Nagy & Framo, 1965, 1985)을 제공한다.

안정적인 성인 애착 경험은 그것이 애정관계에서든 치료에서든 정서적 · 인지적 · 행동적 안전을 조성하는 잠재력을 갖는다. 신체적 그리고 정서적 안정과 이용 가능하고 반응적인 정서적 지지를 받는 경험은 개인의 불안정한 애착 스타일을 성인 파트너와의 안정되고 애정적인 유대로 전환시킬 수 있다.

3. 치료적 자세의 개발

아동기 애착 패턴과 가족 애착 각본(관계적 유산으로 생각하면 됨)을 둘러싼 세대 간 전이 과정과 이러한 관계적 패턴들이 내담자 체계에 미치는 다면적인 영향을 탐색하는 것은 많은 실무자들에게 도전적인 과제다. 가계도는 대중적으로 매우 널리 사용되었지만 대부분 가계도를 사용하는 노력은 체계 내에서 변화를 위해 가족 패턴이 어떤 욕구와 관련 있을 때 가족 패턴을 탐색하는 것 이상으로 나아가지 못한다. 초점화된 가계도를 사용하는 것은 애착 렌즈를 통해 치료자가 독특한 역할을 탐색하도록 안내하는 저자들의 접근에서 새로운 방법이다. 이러한 시각은 어떻게 보다 효과적인 치료적 동맹을 맺을 것인가, 그리고 특히 DeMaria가 치료적 자세(Therapeutic Posture: TxP)라는 용어를 사용(DeMaria, Weeks, & Hof, 1999)한 초점화된 애착 기반의 치료적 동맹에 대해 시사점을 갖는다. 우리는 임상가가 안정적인 치료적 동맹을 만드는 것은 건강한 대인관계 기능과 가족 내에서의 개인적인 수행을 촉진시킨다는 점을 제안한다.

가족 체계의 중심에는 내담자 체계의 각 성원 내에서 내면화된 애착 작동 모델이 있다. '내적 작동 모델(Internal Working Model: IWM)'이라는 용어는 Bowlby(1969)가 최초로 자신과 타인을 이해하기 위해 인지적이고 정서적인 부모상에 대한 애착의 정신적 표상을 묘사하기 위해 개발한 것으로 이는 타인과의 관계에도 영향을 미친다(Bretherton & Mulholland, 1999). 내적 작동 모델은 하나의 정신적 표상으로 이는 전형적으로 암묵 기억(implicit memory, 의식하거나 자각하지는 못했지만 이후의 행동이나 학습 등에 영향을 주는 기억을 의미–역자 주) 체계 안에 있으며 개인의 믿음과 다른 사람과의 정서적 유대를 유도한다. 예를 들어, 어떤 여성은 안정감을 얻고 싶을 때 정서적 · 신체적으로 자신의 엄마에게 접근하기 어려웠던 아동기 경험 때문에 내면화된 작동 모델을 가지게 되어 그 결과 아동기 회피 애착 패턴을 가질 수 있다. 인지적이고 정서적인 이러한 내적 작동 모델은 바꿀 수 있다(Dweck, 2008). 우리는 임상가들이 내담자 체계 내에서 각 개인의 내적 작동 모델을 평가할 수 있도록 돕는 몇 가지 독특한 도구들을 개발했다.

체계 간 접근은 치료적 동맹을 강화하기 위해 개념적으로 통합되고 종합적인 상위 틀을 제공한다. 그럼으로써 애착에 초점을 둔 개입에 길을 열어 주었다. 효과적인 치료적 동맹은 내담자 체계의 모든 세 가지 행동적 '내부' 영역들, 즉 개인, 부부 및 파트너들, 가족을 다루는 확인된 초점이 있는 목표와 과제뿐만 아니라 치료 관계 내에서의 정서적 유대에도 초점을 맞추는 것이 필요하다. 문화 같은 '외부' 영역도 치료적 동맹을 세울 때 반드시 고려해야만 한다. 조율된 애착에 초점화된 치료적 관계를 이루기 위해서 임상가는 각 개인의 내적 작동 모델에 근거한 내담자의 밑바닥에 있는 욕구들에 주의를 기울이는 감정이입적이고 관계적이며 융통성 있는 방식으로 내담자에게 접근해야 한다. 달리 말하면 치료자는 내담자 체계의 각 성원의 애착 패턴과 그들이 체계 내에서 어떻게 상호작용하는지를 평가할 필요가 있다. 그러고 나서 치료자는 자신의 치료적 자세와 각 개인에 대한 다양한 개입들을 조율한다. 개입들은 특정하게 정서적이거나 혹은 행동적이거나 인지적인 임상 전략이 될 것이며, 그러한 전략은 초점화된 가계도가 제공하는 종합적인 평가에 의한 결정에 따라 결합될 수 있다.

각 개인의 애착 패턴과 스타일, 그리고 각본에 근거해서 각기 독특한 내담자 체계에 합류하고 맞추고 조율하는 과정에는 인식되지 못하는 복잡성이 있다. Wallin(2007)의 연구는 어떻게 치료자가 자신의 내적 작동 모델을 임상적인 맥락에 가져오는지 그 중요성을 강조한다. 결론적으로 치료자들은 자신의 애착 패턴에 주의를 기울이는 것이 중요하다. 치료자의 매우 중요한 목표는 내담자의 애착 욕구에 반응하는 것이다. 만일 실무자들이 자신의 애착 패턴과 어려움을 충분히 탐색하고 유의함으로써 자신의 개인적 가족 체계 내에서 자신의 불안정한 애착을 완화할 수 없다면(Shorey & Snyder, 2006), 그들은 종종 내담자에게 조율된 애착 초점의 치료적 관계를 맺을 수 없거나 관계를 맺는 데 심각한 도전을 받을 것이다. 궁극적인 목적이 안정된 치료적 관계를 제공하는 것이지만 우리는 치료의 초기 단계에서 치료자는 그들의 친밀감에 대한 밑바닥에 깔린 두려움을 조율하는 특별한 방식으로 내담자와 유대를 맺어야만 한다고 주장한다(Diener & Monroe, 2011; Marmarosh et al., 2014). 우리는 이러한 임상 과정을 제5장에서 더 자세히 설명할 것이다.

치료적 자세라는 개념은 대단히 중요한 치료적 동맹 내에서의 '유대'를 나타내는 독특한 용어다. 치료적 자세란 특히 치료적 동맹의 부분인 관계적 유대를 말한다. 치료적 자세(유대)는 종합적인 사례형식화 과정에 근거하고 있는 체계 간 접근 내에서의 발달과 과제들을 안내한다(제5장에서 설명한다). 유대의 중요성을 강조하면서 치료적 동맹의 세 가지 측면을 설명하는 문헌(Horvath & Luborsky, 1993)이 있음에도, 우리는 치료적 자세라는 용어가 이제까지 문헌에서 거론되지 않은 치료에 초점을 둔 필수적이면서도 새롭게 정교화된 개념이라고 믿는다. 우리는 제4장에서 실제로 자세하게 치료적 자세의 새로운 개념에 대해 설명할 것이다.

치료자가 내담자의 개인, 부부, 가족의 행동적 영역 내에서의 '이야기'를 알게 될 때, 이 책에서 개발하고 설명한 초점화된 가계도 도구를 사용하고 내담자의 맥락적 환경에 주의를 기울이게 될 때 치료적 동맹은 강화될 것이다. 임상가와 내담자 체계 간에 독특한 치료적 유대가 발달하면 그로 인해 임상가는 치료의 초기부터 마지막까지 임상적 개입 전략으로 치료 과정을 이끌게 되며, 임상가는 그러한 과정에서 내담자 개인의 아동기의 애착 내적 작동 모델을 이해하고 주의를 기울이게 된다. 내적 작동 모델은 특히 내적 모델 지도(Internal Model Map: IMM) 같은 초점화된 가계도 도표화 도구를 사용하여 도표화된다. 내담자 체계는 충분히 이해된다고 느끼기 시작하며 나아가 우리가 '치료적 자세'라고 말한 치료적 유대를 강화한다.

치료적 자세는 치료적 동맹을 강화하는 개인 · 부부 · 가족치료에 대한 실제적인 접근이다. 개인치료에서 치료적 자세는 임상가와 보다 안정된 애착 유대의 발달을 유도하고 강화한다. 비슷하게 부부치료에서 치료적 자세는 임상가와 각각의 파트너와의 유대를 유도하고 강화한다. 부부치료자는 각 파트너의 내적 작동 모델에 근거한 애착 상호작용 패턴에서의 변화를 유도할 수 있다. 가족치료에서 치료자는 여전히 각 가족원을 위한 개별화된 치료적 자세에 계속 초점을 맞추고 치료적 자세를 발달시킬 것이다. 그러나 가족의 세대 간 애착 각본은 가족원들이 가족원 간에 보다 안정적인 유대를 강화하고 발달시키도록 돕는 더 광범위한 맥락을 제공한다. 가족 체계의 치료에서는 고전적인 형제 경쟁과 편애, 삼각관계, 그리고 정서적 단절들을 애착 렌즈를 통해 탐색하여 보다 안정된 가족 기초를 위한 독특한 기회를 만들 수 있다.

체계 간 접근과 애착에 초점화된 사례형식화는 치료자가 치료적 자세와 다차원적이고 세대 간적이고 체계적인 개입을 발달시키는 데 도움이 될 것이다 (Weeks, Gambescia, & Hertlein, 2016). 우리는 또한 집중적이고 지속적인 치료를 할 때 사례형식화를 개정하기를 바란다. 가계도의 주제들과 개인, 부부, 그리고 가족을 위한 지도들 그리고 연대표 등 이 모든 것을 포함한 초점화된 가계도 도구의 사용은 '통찰력'과 변증법적 사고 과정들을 강화하는 데 기여한다. 초점화된 가계도는 치료자가 체계 간 접근의 네 가지 영역 내 문제들을 해결하기 위한 전략과 기법들을 체계적으로 조직화하도록 돕는 종합적인 평가에 대한 접근이다. 불행히도 많은 임상적 평가는 제시된 문제를 진단하고 이해하는 데만 편협하게 초점을 둔다. 보통 평가는 내담자 체계의 단지 한 가지 영역, 즉 개인이나 부부 및 파트너 또는 세대 간 가족 체계 중의 하나에만 초점을 둔다.

이 책은 일차적으로 치료가 아니라 평가(assessment)에 대한 것이다. 어떤 책도 이러한 상위 틀을 사용하여 통합할 수 있는 치료에 대한 모든 상이한 접근들을 망라할 수는 없다. 개인, 부부, 그리고 가족에 초점을 둔 치료에 대한 접근들을 검토하거나 충분히 기술한 책들은 많다. 우리는 독자들이 한 접근이 다른 접근보다 우월하다는 일반적인 편견 없이 가능한 한 많은 치료적 접근에 대해 배울 것이라고 가정한다. 치료를 내담자 체계에 맞추는 것에 대해 진지한 치료자는 체계간 접근을 상이한 치료적 접근들을 체계적으로 통합하는 틀로 사용할 것이다. 그렇지 않다면 불행히도 치료자는 치료에 대해 더 편협한 시각을 키울 것이다. 대안적으로 치료자는 기술적인 절충주의의 입장에서 작업할 수도 있는데 이는 체계적으로 조직된 평가나 치료계획이 없다는 것을 의미한다. 기본적으로 기술적인 절충주의란 치료 순간에 '적당할 것'으로 보이는 기법이나 이론은 무엇이든지 직관적으로 사용하는 것을 말한다. 그것은 이론으로 안내된 것도 이론에 근거한 개입도 아니다. 학력 수준과 훈련, 그리고 많은 상이한 개입 이론들을 묶어서 변증법적 사고를 하는 능력은 매우 도전적일 수 있다.

4. 애착 용어 딜레마의 탐색

치료자들이 초점화된 가계도를 평가와 치료의 일부로 사용하기 시작할 때 임상에서 아동기 애착 패턴들과 성인 애착 스타일에 대해 개념적·관계적으로 통달하는 것이 중요하다. 애착 이론가들은 유아기에서 성인기까지의 애착 패턴을 기술해 왔다. 아동기의 부모와의 유대가 점차 약해지고 아이들이 성장함에 따라 초기 형성되었던 애착 패턴은 서서히 다음 사람들에게 옮겨 가서 결국 친밀한 파트너나 돌봄 공동체로 옮겨 간다. 심리학의 많은 분야에서 애착을 연구했기 때문에 애착 패턴을 설명할 때 사용하는 두 가지 종류의 용어가 있다. 그 결과 임상가들이 체계적 실무 내에서 애착 이론을 통합시키려고 할 때 그들은 종종 다양한 애착 용어를 사용하는 데서 혼란을 느낀다.

아동 중심의 발달심리학자들(Bartholomew & Horowitz, 1991; Main, Kaplan, & Cassidy, 1985)과 성인 중심의 사회심리학자들(Fraley, 2002; Fraley & Shaver, 2000; Hazan & Shaver, 1987; Jackon, 1991, 1993)에 의해 안정 애착과 불안정 애착의 광

범위한 범주에 대해 합의가 있지만 양측은 각기 다른 방법론을 사용하며, 특별한 애착 스타일에 대해 상이한 용어들을 개발했다. 아동심리학 내에서 아동기 애착 패턴은 **안정**(secure), (불안) **양가**(ambivalent), (불안) **회피**(avoidant), **와해**(disorgarnized)의 네 가지 애착 유형을 주장한다(Ainsworth, Blehar, Waters, & Wall, 1978; Bartholomew & Horowitz, 1991; Main et al., 1985). 성인 · 사회심리학 내에서 성인 애착 스타일들은 한 가지 차원의 모델을 통해 조망되며(Brennan, Clark, & Shaver, 1998; Fraley & Waller, 1998), 이는 **안정**(secure), **몰두**(preoccupied), **거부**(dismissive), **혼란 또는 두려움**(disoriented or fearful)(Hesse & Main, 2000)으로 묘사되었다.

이러한 모델들은 이론적으로는 양립 가능하지만 이러한 개념들을 체계적으로 초점을 둔 임상적 실무에서 평가와 개입에 사용하기 위한 실제적인 방법은 아직 정교화되지 못했다. 실무자들은 종종 아동과 성인에 대한 애착 패턴/스타일 용어상의 차이에 대해 의문을 갖거나 때로는 혼란스러워한다(〈표 2-1〉 참고). 많은 논문과 책, 그리고 책의 장들이 애착 패턴을 설명하고, 어떻게 이러한 용어와 범주들이 발달되어 왔는지의 역사를 제시한다. 하지만 그들은 이러한 정보를 통합적인 방식으로 적용하는 실제적인 방식을 제공하지 못한다. 뒤의 장들에서는 임상가들이 도표화 도구들이 애착 용어와 구분하여 사용되는 것을 명확히 하도록 하기 위해 그 도구들이 어떻게 체계 간 접근의 상이한 영역에서 나타나는가 하는 것뿐만 아니라 각 영역에서 특수한 도표화 도구들에 대해 설명할 것이다.

〈표 2-1〉 체계 간 접근과 애착 스타일

체계 간 접근 영역	개인	부부	가족	문화적/맥락적
애착 용어 (각 영역에서의 차별화된 용어)	아동기 애착 패턴	성인 스타일	부모의 경우 성인 스타일, 자녀들의 경우 아동기 패턴	사회적 유대

아동기에 초점을 둔 애착 연구는 위에서 설명한 아동기 용어를 개발했다. 이러한 용어들은 개인 영역을 설명할 때 사용될 것이다. 반대로 성인에 초점을 둔 연구는 성인 용어를 사용했는데 이는 부부 영역에서 성인 애착 도식을 설명하기 위

해 사용할 것이다. 마지막으로, 가족 영역 내에서 우리는 가족 내 성인(부부/부모)에 대해서는 성인 용어를, 자녀들에 대해서는 아동 용어를 사용한다. 우리가 문화적/맥락적 영역을 논할 때는 애착 틀을 넓혀서 여기서는 사회적 유대라고 부른다. 사회적 유대는 공동체와 문화적 유대의 일부로서 맥락적 영역을 탐험하기 위한 또 다른 초점화된 애착 렌즈를 제공한다. 사회적 유대는 공동체와 문화적 유대를 가치 있게 여기며 그러한 유대들이 중요하고 만족감을 준다고 믿는 가족 체계에서 일어난다(Hirschi, 1969).

1) 아동기 애착 패턴

애착 이론과 애착 연구에 익숙한 사람들은 철사 '엄마'나 헝겊 '엄마'에게 가까이 가는 새끼 원숭이에 관한 Harlow와 Zimmerman(1958)의 연구를 알 것이다. Harlow의 연구는 오늘날까지도 논란이 많지만 그의 결과는 다양한 학술 잡지에 실렸고 전문적인 발표로도 알려졌다. Harlow의 연구는 Ainsworth의 어린아이들을 대상으로 한 낯선 상황(Strange Situation) 실험의 토대였다. Ainsworth 등(1978)은 낯선 상황에 대한 아이들의 반응, 분리가 아동들에게 미치는 영향을 보고했다. 그들의 연구는 아이들은 세 가지 가능한 애착 패턴, 즉 안정 애착, 불안-양가 애착, 그리고 불안-회피 애착을 갖는다고 주장한다. 주 양육자가 아이들에게 믿을 수 있는 정서적 반응(온정, 개방성, 연민, 신뢰)과 예측 가능한 신체적 가용성(일관성, 애정, 관심)을 제공할 때 안정 애착 패턴을 발달시킨다. 만일 아이들이 '충분히 좋은' 부모의 양육을 받지 못한다면(Scarr, 1992), 불안정(insecure) 애착 패턴이 될 가능성이 크다.

불안정 애착에 대한 이러한 초기 결과로는 두 가지 유형이 있다. 이러한 두 가지 유형의 불안정 애착[불안 애착(anxious attachment)이라고도 불린다]은 양가적인 애착을 초래하는 일관적이지 못한 감정적 가용성과 온정에 의해 생기거나 혹은 회피 애착을 초래하는 무반응의 감정과 최소의 온정에 의해 생긴다. 불안-양가 애착 패턴을 가진 아이들은 특히 정서적 반응성에서 일관적이지 않는 양육자를 둔 경향이 있다. 이러한 아이들은 짜증을 잘 내며 부적절하게 요구적으로 될 수 있다. 그러나 아이들이 갖는 흥분의 원인이 반드시 불안정 애착 패턴은 아니며 상호작용의 질이 중요하고 반드시 탐색되어야 한다. 한편 회피 애착 패턴을 가진 아이들은 높은 수준의 신체적 접촉을 제공하지 않고 표현성이 낮은 양육자를 둔 경우가 많다. 이러한 아이들은 집에서는 공격적이고 집 밖에서는 수동적인 경향이 있다.

불안정 애착 패턴의 가장 보편적인 원인 중의 하나는 아동 정신과의사인 Selma Fraiberg가 '보육원에서의 유령'이라고 부른 사랑하는 사람에 대한 부모의 미해결된 애도(Fraiberg, Adelson, & Shapiro, 1975)로 이는 Fraiberg가 '과거로부터 초대받지 않은 손님'이라고 불렀다(p. 387). 정신역동적 시각에서 이러한 '초대받지 않은 손님'(즉, 유령)은 부모가 현재 부모 역할을 하는 능력에 영향을 미친다. 대신에 부모의 아동기 정서적 취약성은 자기 자녀와의 관계에서 재현된다. 어떤 엄마가 자기 엄마와의 관계에서 결코 풀지 못한 양가감정의 애착 유대를 가졌었다면 그 엄마는 자녀와의 관계에서, 특히 딸과의 관계에서 집착하는 애착 패턴을 반복하기 쉽다. 제4장에서 제시할 내적 모델 지도는 어떻게 치료자가 내담자 체계가 모든 관계에 가져오는 복잡한 내적 관계 세계를 도표화할 수 있는지를 보여 줄 것이다. 이러한 '유령들'의 흥미로운 예는 〈우리 이야기(The Story of Us)〉라는 제목의 영화로도 볼 수 있다. 영화에서 부부가 결혼생활에서 화해하려고 시도하고 있었는데 한 사람씩 부모의 모습이 부부 침대에 나타나더니 결국 갈등과 단절로 귀결되었다.

Main과 동료들은 네 번째 애착 패턴, 즉 와해 애착(disorganized attachment)을 확인했는데 이는 학대하는 부모를 둔 아이들이 인식하는 애착 유형이다(Hesse & Main, 2000; Main & Hesse, 1990; Main & Solomon, 1990; Main & Weston, 1981). 와해 애착의 특징은 특히 임상가들이 이해하는 데 중요하다. 많은 내담자 체계는 심각한 스트레스와 트라우마를 갖고 치료에 온다. 미해결의 애도 또한 와해 애착 패턴의 한 요인이며 Bowlby 연구(1969, 1973)의 중요한 초점이었다. 만일 내담자 체계가 역기능적 가족관계의 역사를 가지고 있었다면 임상가가 트라우마, 혼란, 그리고 가족 체계 내 학대의 수준에 대해 평가하는 것이 중요하다. 이러한 가족에서 성장한 아이들은 종종 와해된 불안정 애착을 발달시키며 분명한 애착 행동이 부족함을 보인다. 그들의 행위와 양육자에 대한 반응은 종종 회피와 저항을 포함한 행동의 혼합이다. 이러한 아이들은 때로 양육자가 나타날 때 외견상 혼란스러워하거나 두려워하는 것처럼 어리둥절해하는 행동을 보이는 것으로 묘사된다.

Main과 Solomon(1990)은 부모의 일관적이지 못한 행동은 이러한 애착 스타일을 만드는 한 가지 요인일 수 있음을 제안했다. Main과 Hesse(1990)는 아이에게 두려움과 안심을 주는 인물로 행동하는 부모는 자녀의 와해 애착 패턴을 만든다고 주장했다. 아이는 부모에 대해 편안함과 동시에 두려움을 동시에 느끼기 때문에 혼란이 생긴다. Gubman(2004)은 와해 애착의 개념을 혼란스러운 관계 패턴을 보이는 개인들의 치료를 위한 '나침반'으로 기술한다. 치료자는 내담자와 연결되었다고 느꼈는데 내담자가 침묵하거나 논쟁적이 되거나, 치료 회기를 빠지는 등 갑작스러운 내담자의 후퇴를 경험할 수 있다.

2) 성인 애착 스타일

Main 또한 애착 패턴이 다음 세대에 전수되는 방식을 연구했다. George, Kaplan, 그리고 Main(1985)은 부모들과 그들의 6세 자녀의 내적 작동 모델을 평가하기 위해 잘 알려진 Berkeley 성인 애착 인터뷰를 고안했다. 그들의 연구는 세 가지 분류를 도출했는데 안정-자율 애착, (불안정) 회피 애착, 그리고 (불안정) 몰두 애착이며, 이러한 애착은 나아가 성인 애착 스타일과 아동기 애착 패턴을 구분한 것이다. Hazan과 Shaver(1987)는 또한 이러한 분류를 낭만적 사랑과 애착 경험 분류에 사용했다.

안정 애착을 가진 성인들은 다음과 같은 특징을 보인다. 자기기만이 적고, 외견상 타인에게 의존하며, 관계에서 자신의 역할에 대해 균형 잡힌 견해를 갖고 자신이 다양한 면에서(모두 긍정적인 것은 아니지만) 부모와 닮았다는 것을 인식하고 전반적으로 생활에서 관계의 중요성을 받아들인다. 그들의 자녀의 대부분도 안정 애착을 보이는 것으로 나타났다.

애착 문제를 심각하게 고려하지 않거나 꺼리는 모습은 회피 애착을 보이는 성인들의 특징이다. 이러한 애착 스타일의 성인들은 질문에 방어적으로 대답하고, 깊이 고려하지 않으며, 종종 자신의 아동기를 기억하는 데 어려움이 있고 부모에 대해 반감을 보이거나 부모에 대해 모호하게 이야기하며 자주 자신을 이상화하는 말로 묘사한다. 그러나 그러한 묘사를 설명할 수 있는 사건에 대해 추궁 받을 때 부정적인 사실이 그들의 이야기(narratives) 속으로 스며들어 가면서 그들의 기억은 자신들의 평가와 모순된다. 이러한 성인들은 어렸을 때 받은 상처의 영향을 경시하거나 그것들을 수용하여 자신의 성격으로 만든다.

몰두형(preoccupied) 애착 스타일을 가진 성인은 마치 양가감정을 가진 아이가 성장한 것처럼 보인다. 상처와 분노의 감정이 뚜렷하고, 이러한 성인은 아동기에 종종 부모를 기쁘게 하기 위해 열심히 노력했었다는 특징을 갖는다. 그들은 상당한 분노와 실망, 심지어 자녀가 성인의 부모 노릇을 하는 역할 반전을 경험했을 수 있다. 기억은 혼란스럽게 표현되고 일관성이 없어서, 마치 그들에게 어떤 일이 일어났는지 파악하거나 그것을 하나의 종합된 그림으로 통합할 수 없는 것처럼 보인다. 이러한 몰두형의 부모들은 자신들의 관계상 어려움에서 자신의 역할에 대한 감각이 없는 것으로 보이며 때로는 압도된 감정에 빠진다. 그들의 자녀들 대부분은 그들에게 양가적으로 애착된다. 잇따른 연구에서 Ainsworth 등(1978)과 Fonagy, Steele과 Steele(1991)은 임산부와의 인터뷰에 근거해서 사례들의 75%에서 유아의 낯선 상황 분류를 정확하게 예측할 수 있었다. 더욱이 안정 애착 성인과 불안정 애착 성인을 구분하는 가장 중요한 특징은 자신들과 타인들을 이해하고 자신의 내적 갈등과 부모가 왜 그렇게 행동했는지에 대한 감각을 인지하는 능력이었다.

안정-자율형(secure-autonomous)의 애착을 가진 성인에게 중요한 것은 그들이 안정 애착을 가졌다는 것이 아니라 자신들의 애착에 대해 성찰하는 개방적이고 일관된 방식을 가졌다는 것이다. 분류 체계에는 내재적 한계가 있다. Ainsworth의 범주들은 특정한 관계들을 명명했다(즉, 모와의 애착관계, 부와의 회피 관계). Main 등(1985)은 하나의 애착 패턴으로 각각의 성인들을 확인했다. 그러나 한 명의 부모와의 한 가지 관계 스타일은 성인의 관계 경험의 다양성을 파악하는 데 충분하지 않다. 앞서 지적했듯이 내부의 내적 작동 모델은 개인의 생의 초기에 중요한 양육자에 대해 각각 만들어졌다. 내적 모델 지도(제4장에서 설명할)는 이러한 각각의 관계들을 상징적으로 도표화할 것이다.

낭만적 사랑은 많은 관심과 연구의 주제다. Fisher(1992, 2016)의 획기적인, 지금은 고전이 된 『사랑의 해부학(The Anatomy of Love)』은 연구자들과 임상가들이 인류학적이고 비교문화적인 관점에서 낭만적 사랑의 역할에 대해 탐색하고 재고할 수 있는 새로운 양식과 기회를 제공했다. Hazan과 Shaver(1987) 또한 성인 애착 스타일을 처음으로 탐색한 사람들이다. 성인 사랑 관계에 대한 연구들은 종종 낭만적인 애착 스타일을 평가하기 위해 단순한 질문지를 사용하며, 이것으로 다시금 성인 관계에서 애착의 내적 작동 모델의 표현을 안정형, 몰두형, 회피형으로 분류한다. 또 다른 모델인 **친밀한 관계 경험**(Experiences of Close Relationships: ECR-R) **질문지**(Fraley, Walker, & Brennan, 2000)[1]는 성인 관계들을 탐색하지만 그것은 '와해형(disorganized)' 대신에 '두려워하는 유형(fearful)'이라는 용어를 사용한다. 친밀한 관계 경험(ECR)은 애착 스타일의 분류를 위해 범주적인 모델보다는 하나의 차원적 모델을 사용한다. 친밀한 관계 경험은 불안과 회피가 높고 낮음의 두 차원을 포함한다. Fraley의 애착 스타일 평가를 위한 애착 관련 링크들은 체계 간 접근과 초점화된 가계도 도표 도구들을 사용하는 임상가들에게 유용한 자원이다. **관계 구조 질문지**(Relationship Structure Questionnaire: ECR-RS)는 특히 부모와 현재 관계를 맺는 파트너에 대한 내적 모델을 도표화하는 데 유용하다. 우리는 다음에 이어지는 장들에서 이러한 모델들의 적용을 제시한다.

3) 가족 애착 각본: 체계적 관점에서의 애착

가족 체계 접근들은 또한 Bowlby(1969)가 말한 가족(애착) 각본을 확인했다. Byng-Hall(1995b)은 개인, 부부 및 파트너들 그리고 가족 역학의 상호작용을 강조하는 데 중요한 단계였던 자녀, 파트너, 부모, 가족들을 위한 애착 각본과 관계들의 특징을 기술했다. 가족치료 문헌 내에서 몇 가지 모델들은 가족 애착 각본과 패턴들을 기술하는 데 유용한 개념들을 제공했다. 가족 애착 각본은 아마도 가족기능의 Circumplex 모델을 통해 가장 쉽게 탐색될 수 있는데 그 모델은 많은 가족 기능에 대한 가족치료 모델들과 일치한다. 그 모델에서는 가족 패턴을 적응형(adaptable), 밀착형(enmeshed) 혹은 분리형(disengaged)으로 기술한다(Byng-Hall, 1995b). Olson과 동료들(Olson, 2011; Olson, Russell, & Sprenkle, 1979, 1983)은 Circumplex 모델에 대한 광범위한 연구를 수행했는데 그 모델은 가족지도(Family Maps)의 일부로 가족 각본을 설명하고 묘사하는 유용하고도 실용적인 방식이다. **가족 평가와 응집성 평가 척도**(Family Evaluation and Cohesive Evaluation Scale: FACES-IV)(Olson, 2011)는 가족 애착 패턴을 타당화하고 어떻게 가족 스타일이 가족생활주기에 따라 조정되는지를 도표화하기에 유용한 접근을 제공한다(Olson et al., 1983). 비록 애착 스타일과 Circumplex 모델을 탐색한 연구는 없지만 Demaria와 Haggerty(2010)는 저소득층 아버지와 부부를 위한 관계 교육과정에서 이 모델을 사용하여 애착에 근거한 가족 스타일을 설명했다. 제4장에서 우리는 가족 기능의 Circumplex 모델에 대한 연구에 부분적으로 근거한 **가족 연결 지도**(Family Connections Map: FCM)를 제시한다.

가족 체계 이론들은 또한 많은 면에서 애착 이론과 양립 가능하다. 왜냐하면 체계 이론가들도 문제가 있고 덜 긍정적인 상호작용 패턴의 초기 조건화와 학습된 패턴의 기본적인 토대가 초기 조건화와 학습된 패턴에 달려 있다는 점을 제시했기 때문이다. Satir(1964, 1967, 1983, 1986)의 접근은 부부의 역할을 부부 개인의 정서적 관계 경험에 의해 영향을 받는 가족의 '건축가'로 강조했다. Satir(1967)는 수년 동안 가족원 모두의 건강한 발달과 자아존중감을 위한 안전 기지로서 가족의 중요성에 대해 저술하고 이야기해 왔다. Bowen(1985)의 이론은 건강한 경계를 세우고 불안을 줄이며 정서적으로 성숙한 관계 패턴을 촉진하기 위한 중요한 가족 과업으로 분화의 중요한 역할을 강조했다. Nagy(1973, 1984, 1986)의 맥락 이론(contextual theory)은 다양한 형태로 세대에 걸쳐 반복되는 가족 유산을 부채질하는 파괴적인 특전의식의 패턴을 강조하였다. White와 Epston(1990)의 이야기 치료(narrative therapy) 모델은 개인과 가족에게 변형된 개인과 가족 이야기의 주도적인 개정을 옹호한다. 이러저러한 모델들은 독특하게 중요한 가족의 관계적 경험을 만드는 강력한 세대 간 전이 과정을 강조하며 이것을 우리는 애착 각본(attachment script)이라고 부른다. 애착 각본은 소통되고 변형되며 가족 애착 이야기에 내장되게 된다(Dallos & Vetere, 2009).

애착 이론은 생의 초기 아동기 애착을 가족 발달 내에서 경험하는 패턴뿐만 아니라 친밀한 성인 관계와 현재 가족 체계와도 연결 짓는 모델을 제공한다. Wachtel(1982)와 Woolf(1983)는 무의식적인 가족 과정들이 세대로 내려간다는 생각을 일찍이 주창한 사람들이다. 가족 각본은 행동을 유도하고 태도에 영향을 미치며 특정한 정서적 반응을 하게 하는 세대 간, 그리고 대인 간 내면화된 모델에 근거해 전개된다. 이러한 각본들은 타인과의 친밀한 관계에 대한 경험, 감정, 그리고 믿음을 조직하는 일련의 의식적 혹은 무의식적 규칙이다. 가족 내 믿음 체계 특히 부정적인 믿음과 인지 구조들은 불안정 애착 패턴과 가족 각본의 전이에서 중요하다(Dattilio, 2005; Fitzgerald, 2014). 또한 어린 아동기 경험에 의해 영향받는 관계 도식(relational schema)은 어떻게 개인이 타인과의 관계 속에서 자신을 인지적 · 정서적 · 행동적으로 규정하는가를 나타낸다. 관계 도식의 요소들은 상호작용에 대한 대인관계에서의 각본과 자신이 대인관계 맥락에서 어떻게 경험되는지에 대한 자기 도식과 상호작용에서 타인에 대한 도식을 포함한다(Baldwin, 1992). 이러한 개념들은 모두 초점을 둔 치료적 동맹을 세우는 것의 중요성을 강조한다. 예를 들면, Safran과 Muran(2006)은 내담자가 치료에 가지고 오는 '특이한 관계 도식'이 어떻게 치료적 동맹에 영향을 미치는지 그와 같은 질문을 다루기 위해 치료적 동맹의 개념이 탐색되어야만 한다고 제안했다.

5. 애착의 세대 간 전이

애착 이론은 가족 내 대인관계 행동의 정서적 · 인지적 · 행동적 토대를 만드는 것뿐만 아니라 가족 체계 내에서 개인을 이해하기 위한 모델을 제공한다. 애착 이론 렌즈는 특히 체계적 임상에서 유용하다. 그것이 내적 작동 모델의 세대 간 전이를 검토하게 하기 때문인데, 이는 가족 체계 이론가들이 수년 동안 설명하기 위해 분투해 온 복잡한 과정이다(Feeney, 2003; Marvin, 2003). Rovers(2006)는 다음과 같이 강조했다.

> 부부 · 가족치료는 치료자들이 파트너들의 상처들의 춤을 포함한 부부들의 관계 역학을 관찰하고 지속적인 변화가 촉진될 수 있도록 목표와 개입을 형식화하는 데 유용한 설득력 있고 통합적인 관계 이론이 필요하다(p. 11).

부모 애착과 가족 역학 모두 자녀의 안정과 불안정 애착에 영향을 미친다는 인식은 임상가들이 애착 패턴과 가족 과정을 평가하는 것이 중요함을 강조한다(Mikulincer & Florian, 1998). Mikulincer와 Florian(1998)은 애착 패턴에 대한 "부모들과 자녀들의 보고 간의 관계는 부모와 자녀가 동성인 경우 유효했다."(p. 1)고

밝혔다. 우리는 부모 애착, 가족 역학, 그리고 성인 애착 스타일의 주요한 시사점을 다음 장에서 제시되는 도표화 도구들, 즉 초점화된 가계도에 대한 안내, 도표들, 그리고 연대표로 설명할 것이다.

자녀의 발달 동안 재현되는 부모의 아동기 애착 경험을 통한 애착 스타일의 전이는 발달심리학 문헌에서도 입증되었다(Bernier & Dozier, 2003). 애착 이론 연구는 애착 스타일은 친밀한 성인 부부 및 파트너 관계에 의해 조정되고 변할 수 있음을 보여 주었다. Cowan과 Cowan(2005)은 어떻게 '파트너들이 부모가 되는지'를 연구하였는데 이들은 부부 및 파트너 관계의 두 가지 역할, 즉 부정적인 세대 간 패턴을 깨트리는 역할과 자녀의 적응을 향상시키는 역할을 주장했다. 이 분야의 많은 사람들이 주장해 왔듯이 부부 및 부모 역할 관계는 부모에서 자녀로 내려가는 세대 간 애착 각본의 전이를 중재한다(Byng-Hall, 1995a; Cowan & Cowan, 2009). 부부 및 파트너 관계는 또 파트너들이 신뢰와 유대, 친밀감을 강화하는 신뢰할 만한 토대 위에서 서로에게 정서적인 가용성을 제공하는 교정적인 정서 경험을 줄 수 있다. Bowlby(1969, 1973)의 관계에 대한 내적 작동 모델의 개념은 불안정 애착 유대가 점차 안정적인 애착이 되어 지속되는 과정을 탐구하는 기반을 제공한다. 타인과의 관계, 특히 건강한 부부의 심리치료적 관계는 학대를 포함하여 어느 정도 불운했던 아동기 경험의 해로운 영향을 수정해 준다(Cowan & Cowan, 2005, 2009; Jackson, 1991, 1993; Johnson & Zuccarini, 2010).

애착 스타일이 부부 및 파트너 관계에서 수정될 수 있음을 밝힌 초기 연구는 Jackson(1991)에서 발견되는데, 그의 연구는 Main 등(1985)과 Jacobvitz와 Sroufe(1988)의 결론과도 일치한다. Jackson은 부부 및 파트너 관계가 애착 패턴을 중재할 수 있다고 주장했는데, 즉 회피와 양가감정의 패턴이 친밀감을 통해 정서적 신뢰성과 가용성의 경험으로 안정적인 스타일로 변형되어 보다 안전한 기지를 만들 수 있다는 것이다. Jackson(1991)의 결혼과 애착에 대한 탐구는 애착 행동이 인생주기를 거치면서 변화될 수 있고, 아동기에 경직적으로 고착된 것은 아니라는 점을 시사한다. 부부관계 내에서의 변화와 부모와 자녀 관계에서의 변화뿐만 아니라 통찰력은 그녀가 발견한 애착 행동에서의 변화를 설명할 수 있는 주요 요인 가운데 일부였다. Dweck(2008)은 인지적 · 관계적 경험에서의 약간의 변화들이 중요한 영향을 미칠 수 있다고 주장했다. 가족치료 결과 연구들도 이와 비슷하게 인지적 · 정서적 · 행동적 경험에서의 변화가 갖는 잠재적인 영향을 입증했다(Dattilio, 2010; Diamond, Brendiali, Diamond, Siqueland, & Isaacs, 2002; Johnosn, Ketring, Rohacs, & Brewer, 2006; Jones-Smith, 2011; Weeks & L'Abate, 1982; Wolpe, 1958). 이러한 결과들은 치료 과정에 매우 중요하다. 특히, 치료의 도움으로 현재 관계에서 애착 패턴이 수정될 수 있음을 아는 것은 치료자들이 가족의 이러한 측면에 주의를 기울이고 관계 형성과 부부 및 파트너 역학에 주의를 기울이도록 방향을 제공해 준다.

최근의 연구들도 부부 및 파트너 관계가 결혼 만족도를 증진시키고(Hirschberger, Srivastava, Marsh, Cowan, & Cowan, 2009), 양육을 맡지 않던 아버지가 보다 적극적인 공동 부모 역할을 하게 하는 것(Cowan, Cowan, Pruett, & Pruett, 2007)뿐만 아니라 트라우마를 준 인생 경험을 완화시키는 데 중요한 역할(Johnson, 2002)을 한다고 밝히고 있다. 이러한 문헌은 어떻게 친밀한 관계가 안정 애착 스타일로 치유하거나 혹은 만드는지에 대한 초기 주장들을 뒷받침해 준다. 부부 및 파트너 관계의 개념을 관계 영향력을 치유하거나 저해하는 것으로 개념화하는 데 주목할 만한 기여는 '중재적인 부모 관계(mediating parental relationship)'의 개념이다. 이러한 개념은 유대인 대학살 생존자의 2세대에 대해 연구한 Hollander-Goldfein, Isserman과 Goldenberg(2012)의 질적 연구의 일부로 밝혀졌다. 한 명의 부모가 자녀와 정서적으로 가용하고 신뢰할 수 있는 관계를 맺을 수 없을 때 다른 한쪽의 부모가 자녀가 안정 애착을 발달시키도록 '중재'할 수 있고 도울 수 있다.

어머니와 아버지, 조부모들은 후에 관계와 개인적 기능에 영향을 미치는 복잡한 애착 패턴에 기여한다. 일반적으로 애착 연구는 계속해서 부부 및 파트너 영역 내에서, 그리고 보다 큰 가족 체계나 선택된 가족 체계 내에서의 전체적인 부모나 양육 하위체계보다는 일찍이 Bowlby(1969, 1973)가 주장한 일차적인 부모와의 관계에 초점을 둔다(Byng-Hall, 1995a; Hazan & Shaver, 1987). 애착 패턴은 단순히 한 명의 주 양육자와의 관계에 매여 있는 것이 아니라 보다 전형적으로 가족 구조에 따라 두 명 그 이상의 가족원과의 관계에 매여 있다. 만일 한쪽 부모가 우울증이나 다른 형태의 심리적 스트레스를 겪는다면 또 다른 한 명의 부모나 가족, 가상의 가족원이 자녀의 안정적인 내적 작동 모델로서 자녀의 그러한 관계의 상실을 '보완'해 주거나 매개해 줄 수 있다(Hollander-Goldfein et al., 2012). 다음 장에서 우리는 임상적 예들을 보면서 세대 간 전이 과정을 보여 주는 이러한 특별한 도표화 기법을 제시할 것이다(Cowan & Cowan, 2005).

6. 맥락에서의 애착 이론

치료자들이 애착 이론을 내담자 체계와의 작업과 통합하기 위해서 중요하게 고려해야 할 점은 애착이 비교문화적으로 놓여지는 방식이다. 예를 들면, 우리는 Ainsworth와 Bell(1970)의 연구를 특징적으로 거부적인 독일 가족에 대해 복제했을 때, 부모들이 문화적 규범에 따라 행동한다는 단순한 사실이 반드시 자녀들에게 피해를 주지 않는 것은 아니라는 점을 시사한 결과(Grossman & Grossman, 1991)에 주목한다. 아마도 애착에 대한 이러한 비교문화적 연구 결과보다 더 의미 있는 것은 그러한 결과들이 대체로 범문화적인 구성개념으로 애착에 대해 나타난다는 것이다. 이러한 연구들은 애착이 횡문화적 개념이라는 것을 보여 주는 것 같다. 사실상 연구자들은 특정한 문화적 맥락 내에서 특정 경험이 얼마나 해로울 수 있는지를 보여 주는 것이 아니라 안정 애착 스타일이 특히 횡문화적으로 유익하다는 점을 더 많이 보여 주었다. 예를 들면, 연구자들은 안정 애착관계는 지구상의 다양한 사회에서 일어나지만 그러한 안정 애착관계는 전형적으로 우세한 미국 문화의 사례(Morelli & Rothbaum, 2007)에서처럼 단지 한 명이나 두 명의 부모보다는 가족과 공동체가 안전 기지로 사용되는 사회에서 더 흔한 경향이 있다는 것을 보여 주었다. 콩고 공화국의 에페(Efe)족 공동체에 대한 한 연구에서 양육자와 아동 애착관계는 이러한 관계의 80% 이상이 안정 애착 패턴을 보이는 것으로 나타났다(Morelli & Rothbaum, 2007). 이와 대조적으로 미국의 양육자와 아동 관계에 대한 연구에서는 이러한 관계의 50~75%까지가 안정 애착 패턴의 특징을 갖는 것으로 해석되었다(Main & Solomon, 1990).

비록 애착 행동이 비교문화적으로 발견되었다고 해도(van Ijzendoorn & Sagi-Schwartz, 1999), 연구자들은 애착의 평가 도구가 종종 문화에 기초해 있으며 편파적으로 관련되었다고 주장한다(Rothbaum, Weisz, Pott, Miyake, & Morelli, 2000). 예를 들면, 미국에서 수행된 연구를 일본에서 수행된 연구와 비교할 때 그 결론은 애착 도구가 서구식 사고방식, 특히 개인주의적 개념을 반영하기 때문에 일본 사람들의 생활방식에서 애착을 정확하게 평가하지 못하는 것이었다(Rothbaum et al., 2000). '민감성, 유능함, 안전 기지, 자율성, 개별화, 그리고 탐색' 같은 개념들은 모두 서구적인 사고방식을 반영한다. 그 대신에 일본인들의 세계관에서 '애착'이란 이러한 개별화된 측면보다는 사람의 관계적 측면을 반영한다. 예를 들면, '유능함'과 '정서적 표현'을 평가하는 대신에 일본의 애착 평가 도구는 '상호 의존'과 '정서의 억압'을 평가할지 모른다.

치료자가 애착 이론을 실무에서 통합하고자 할 때 중요하게 고려해야 할 또 다른 점은 애착 패턴이 인지적 관계 치료뿐만 아니라 가족치료나 사회심리학, 정신분석, 대상관계 문헌에서 사용되는 또 다른 용어로 비교될 수 있다는 것이다. 가령, 회피와 양가감정의 애착 패턴은 가족치료자들에게서 널리 사용되는 용어인 Lerner와 Galambos(1985)가 말한 거리를 두려는 사람(distancer)과 쫓아가는 사람(pursuer)의 관계 역학과도 비슷하다. 이러한 역학에서 쫓아가는 파트너는 관계에서 더 많이 상대방과 함께 있고자 함으로써 불안에 반응한다. 그들은 대화하고 감정을 표현하는 것에 높은 가치를 두며 상대방도 똑같이 해야 한다고 믿는다. 만일 자신들과 가까운 누군가가 혼자만의 시간과 공간을 더 많이 갖고자 한다면 거부당했다고 느끼고 그것을 개인적으로 받아들이거나 관계를 떠난다. 그들은 또한 열심히 상대방을 쫓아다니는 경향이 있으며 만일 자신에게 중요한 사람이 거리를 두려고 한다면 냉정하게 위축되는 경향이 있다. 그들은 자기 자신을 관계에서 '지나치게 의존적'이라거나 '너무 요구적'이라고 부정적으로 낙인찍으며, 자신의 파트너는 감정을 처리하지 못하거나 혹은 친밀감을 견디지 못하는 사람이라고 비난한다. 반대로 거리를 두려는 사람은 만일 스트레스가 높아지면 정서적 거리나 물리적 공간을 추구하며 자신을 독립적이고 사생활을 중시하는 사람으로 간주하며 '도움을 구하기'보다는 '스스로 알아서 해결하는' 편으로 생각한다. 그들은 취약하고 의존적인 측면을 보이는 것에 어려워하며 그 결과 '정서적으로 나눌 수 없는' 사람이라는 낙인을 받는다. 거리를 두려는 사람들은 개인적 관계에서의 불안을 일과 관련된 작업을 더 열심히 함으로써 처리하며 만일 상황이 안 좋아지면 그 상황을 견디거나 해결하기보다는 관계를 완전히 끊어버릴 수도 있다.

Hazan과 Shaver(1987)는 애착과 낭만적 사랑과의 관계를 최초로 탐색한 사람들이었다. 그들은 안정 관계가 더 행복하고, 그러한 관계에 있는 사람들은 자신들의 파트너를 선하고 신뢰하는 친구로 보며 서로의 단점을 받아들일 수 있음을 발견했다. 이러한 관계들이 더 오래 지속되는 경향이 있으며 이혼은 거의 없었다. 한쪽이나 양쪽 모두가 불안정한 아동기 애착 패턴을 가진 부부 및 파트너들은 불안정 성인 애착 패턴을 보이는 관계를 갖는 경향이 있으며 그 결과 관계에서 전형적으로 좇아가는 사람과 거리를 두려는 사람, 좇아가는 사람과 좇아가는 사람, 거리를 두려는 사람과 거리를 두려는 사람의 패턴을 낳는다. 거리를 두려는 사람인 파트너들은 전형적으로 회피적 내적 작동 모델을 가지고 있어서 갈등 회피적 부부가 되는 경향이 있으며 반면에 좇아가는 사람인 파트너들은 전형적으로 몰두적인 내적 작동 모델을 가지고 있어서 그들의 갈등은 격화되고 불안하게 된다. 좇아가는 사람-거리를 두려는 사람의 파트너십은 만일 갈등이 심하지 않다면 보다 안정적인 관계가 될 수 있다. 그러나 시간이 감에 따라 이러한 파트너십은 보다 경직되거나 혹은 불안해지거나 갈등을 회피하게 될 수 있다.

Casriel(1972)의 수용자(acceptor)와 거부자(rejecter) 도식의 정신역동 모델은 회피와 양가감정 애착 패턴을 검토하는 또 다른 방식이다. Casriel에 의하면 적응적 정신역동(Rado, 1980)에 대한 경험에 근거할 때 거부자인 사람들은 관계에서 즐거움보다는 고통을 더 느끼는 사람들로, 그래서 그들은 애정 욕구를 억제하고 정서적 관계에서 거리를 둔다. 그들은 정서적 연결의 부족으로 고통을 받지만 그것을 자부심과 자만심의 겉모습에 침잠하는 것으로 방어한다(Komatinsky, 1997). 반대로 수용자인 사람들은 관계에서 받는 기쁨은 어떠한 것이든 대가를 치르더라도 가치가 있다고 무의식적으로 느낀다. 수용자에게 관계는 자신의 정체성과 자기존중을 희생하더라도 생존을 위해 필요한 것이다.

대상관계 이론은 Bowlby가 초기에 Melanie Klein과 Freud와의 연결에서 애착 이론으로 나아가게 되는 데에 중요한 다리 역할을 했다. 대상관계 이론가들은 부모와 자녀 간의 심리적 유대의 중요성을 강조했다. Balint(1968)는 일찍이 1937년에 모와 유아 관계의 중요성을 강조했는데 그는 이러한 초기 유대, 즉 기본적인 사랑의 중요성을 강조했다. 그는 우리에게 "모든 인간이 분투하는 목적은 자신의 환경의 모든 것을 아우르는 조화를 세우고 다시 세워서 편안하게 사랑할 수 있도록 하기 위해서다."(p. 65)라고 말한다.

요약하면 임상적 실무에서 애착 이론의 보편성에 대한 적용은 논리적인 동시에 논쟁적이다. 가족치료자들이 이미 친숙하고 계속해서 임상적으로 적용하는 관계 유형과 역학에 대한 많은 이론적 개념화와 유사하기 때문에 그런 면에서 애착 이론의 적용은 논리적이다. 그러므로 애착 이론을 실무와 통합하는 것은 임상적으로 중요한 방식으로 실천한다는 것을 의미한다는 논거가 입증된다. 그러나 실무에서 애착 이론의 보편성은 논쟁적이다. 왜냐하면 애착 패턴을 평가하는데 사용된 평가 도구들이 서구적인 사고방식에 기반하고 있으며 따라서 비서구 사회의 개인들의 애착 패턴을 반드시 평가하지는 못한다(Rothbaum et al., 2000). 그러므로 비록 애착이 횡문화적인 개념이라 해도 애착 개념을 이해하고 평가하고 궁극적으로 적용하는 방식은 애착이 관찰되는 문화적 맥락 내에 위치할 필요가 있다. 이것은 비주류이면서 다양한 배경을 가진 내담자 체계에 대해 임상적인 실무를 진행할 때 반드시 명심해야 한다. 정말로 임상가들은 종종 다양한 문화적 배경을 가진 광범위한 내담자 체계를 만난다. 애착 이론이 이러한 내담자 체계를 치료할 때 사례형식화와 관련된 치료적 실무를 고려하는 데는 유용할 수 있지만 이러한 이론은 임상가가 신중하게 내담자의 보다 큰 문화적 맥락을 고려하여 적용할 때만 유용하다고 할 수 있다.

요약

이 장에서 우리는 애착 패턴의 세대 간 전이에 대한 초점의 기초를 놓기 시작했다. 체계 간 접근은 이제 애착 패턴과 스타일을 개인, 부부 및 파트너 관계 그리고 세대 간 가족 체계 내에서 관찰되고 평가될 수 있는 통합적인 구성개념으로 통합하였다. 이 책에서 가계도, 특히 애착에 초점화된 가계도와 도표화 도구는 이러한 애착 패턴과 스타일을 평가하는 가장 효과적인 방법 중 하나다. 후속의 장에서 우리는 이러한 도구들에 대한 논의를 통해 어떻게 애착 과정이 개인적으로 내면화되고 부부 및 파트너 역학에서 표현되며 가족 각본의 일부가 되는지를 밝히게 될 것이다. 치료자는 이러한 평가 자료에서 어떻게 애착에 초점화된 치료적 자세를 개발해야 하는지를 배우게 될 것이다. 나중에 우리는 애착 개념을 통해 특별한 쟁점과 문제를 더 깊이 탐색하는 방법을 제공하는 많은 초점화된 가계도에 대해 설명할 것이다. 모든 초점화된 가계도들은 애착 패턴과 애착 스타일, 그리고 그러한 것들이 적용되고 현재 연구에 근거해 있는 각본들을 통합할 것이다.

주

1. http://www.web-research-design.net/cgi-bin/crq/cer.pl. Online Attachment Questionnaire(CRQ/ECR-R)과 http://www.yourpersonality.net/relstructures/ Information about the Experiences in Close Relationships-Relationship Structures(ECR-RS)questionnaire(Fraley)에서 허락받았다.

참고문헌

Ainsworth, M. D. S., & Bell, S. M. (1970). Attachment, exploration, and separation: Illustrated by the behavior of one-year-olds in a strange situation. *Child Development, 41*, 49–67.

Ainsworth, M. D. S., Blehar, M. C., Waters, E., & Wall, S. (1978). *Patterns of attachment: A psychological study of the strange situation*. Hillsdale, NJ: Erlbaum.

Baldwin, M. (1992). Relational schemas and the processing of social information. *Psychological Bulletin, 112*, 461–484.

Balint, M. (1968). *The basic fault: Therapeutic aspects of regression*. London, UK: Tavistock.

Bartholomew, K., & Horowitz, L. M. (1991). Attachment styles among young adults: A test of a four-category model. *Journal of Personality and Social Psychology, 61*, 226–244.

Bernier, A., & Dozier, M. (2003). Bridging the attachment transmission gap: The role of maternal mind-mindedness. *International Journal of Behavioral Development, 27*(4), 355–365.

Boszormenyi-Nagy, I., & Framo, J. (Eds.). (1965). *Intensive family therapy: Theoretical and practical aspects*. New York: Harper & Row.

Boszormenyi-Nagy, I., & Framo, J. (Eds.). (1985). *Intensive family therapy: Theoretical and practical aspects* (2nd ed.). New York: Brunner/Mazel.

Bowen, M. (1985). *Family therapy in clinical practice*. Northvale, NJ: Jason Aronson Inc.

Bowlby, J. (1969). *Attachment and loss: Volume 1. Attachment.* New York: Basic Books.

Bowlby, J. (1973). *Attachment and loss: Volume 2. Separation: Anxiety and anger.* New York: Basic Books.

Brennan, K. A., Clark, C. L., & Shaver, P. R. (1998). Self-report measurement of adult romantic attachment: An integrative overview. In J. A. Simpson & W. S. Rholes (Eds.), *Attachment theory and close relationships* (pp. 46–76). New York: Guilford Press.

Bretherton, I., & Munholland, K. A. (1999). Internal working models in attachment: A construct revisited. In J. Cassidy & P. Shaver (Eds.), *Handbook of attachment: Theory, research and clinical application* (pp. 89–111). New York: Guilford Press.

Byng-Hall, J. (1995a). Creating a secure family base: Some implications of attachment theory for family therapy. *Family Process*, *34*, 45–58.

Byng-Hall, J. (1995b). *Rewriting family scripts: Improvisation and systems change.* New York: Guilford Press.

Cappas, N., Andres-Hyman, R., & Davidson, L. (2005). What psychotherapists can begin to learn from neuroscience: Seven principles of a brain-based psychotherapy. *Psychotherapy: Theory, Research, Practice, Training*, *42*(3), 374–383.

Casriel, D. (1972). *A scream away from happiness.* New York: Grosset & Dunlap.

Cowan, C. P., & Cowan, P. A. (2005). Two central roles for couple relationships: Breaking negative intergenerational patterns and enhancing children's adaptation. *Sexual and Relationship Therapy*, *20*(3), 275–288.

Cowan, C. P., Cowan, P. A., Pruett, M. K., & Pruett, K. (2007). An approach to preventing co-parenting conflict and divorce in low-income families: Strengthening couple relationships and fostering fathers' involvement. *Family Process*, *46*, 109–121.

Cowan, P. A., & Cowan, C. P. (2009). Couple relationships: A missing link between adult attachment and children's outcomes. *Attachment & Human Development*, *11*(1), 1–4.

Dallos, R., & Vetere, A. (2009). *Systemic therapy and attachment narratives:*

Applications in a range of clinical settings. London, UK: Routledge.

Dattilio, F. (2005). The restructuring of family schemas: A cognitive-behavioral perspective. *Journal of Marital and Family Therapy, 31*(1), 15–30.

Dattilio, F. (2010). *Cognitive-behavioral therapy with couples and families: A comprehensive guide forclinicians*. New York: Guilford.

DeMaria, R., & Haggerty, V. (2010). *Reversing the ripple effect-healthy relationships, healthy children: A curriculum for fathers, facilitators guide*. Philadelphia, PA: Council for Relationships.

DeMaria, R., Weeks, G., & Hoff, L. (1999). *Focused genograms: Intergenerational assessment of individuals, couples, and families*. New York: Brunner-Routledge.

Diamond, G. S., Brendali, F. R., Diamond, G. M., Siqueland, L. & Isaacs, L. (2002). Attachment-based family therapy for depressed adolescents: A treatment development study. *American Academy of Child & Adolescent Psychiatry, 41*(10), 1190–1196.

Diamond, G. S., Wintersteen, M. B., Brown, G. K., Diamond, G. M., Gallop, R., Shelef, K., & Levy, S. (2010). Attachment-based family therapy for adolescents with suicidal ideation: A randomized controlled trial. *Journal of the American Academy of Child & Adolescent Psychiatry, 49*(2), 122–131.

Diener, J., & Monroe, J. (2011). The relationship between adult attachment style and therapeutic alliance in individual psychotherapy: A meta-analytic review. *Psychotherapy: Theory, Research, Practice, and Training, 48*(3), 237–248.

Dweck, C. S. (2008). Can personality be changed? The role of beliefs in personality and change. *Current Directions in Psychological Science, 17*, 391–394.

Egeland, B., Jacobvitz, D., & Sroufe, L. A. (1988). Breaking the cycle of abuse. *Child Development, 59*(4), 1080–1088.

Feeney, J. A. (2003). The systemic nature of couple relationships: An attachment perspective. In P. Erdman & T. Caffery (Eds.), *Attachment and family systems: Conceptual, empirical, and therapeutic relatedness* (pp. 139–164). New York: Brunner-Routledge.

Fisher, H. E. (1992). *Anatomy of love: The natural history of monogamy, adultery, and divorce*. New York: Norton.

Fisher, H. E. (2016). *Anatomy of love: The natural history of monogamy, adultery, and divorce* (2nd ed.). New York: Norton.

Fitzgerald, G. (2014). Applying attachment theory to psychotherapy practice. *Psychotherapy in Australia, 20*(3), 12-21.

Fonagy, P., Steele, H., & Steele, M. (1991). Maternal representations of attachment during pregnancy predict the organization of infant-mother attachment at one year of age. *Child Development, 62*(5), 891-905.

Fraiberg, S., Adelson, E., & Shapiro, V. (1975). Ghosts in the nursery: A psychoanalytic approach to the problems of impaired infant-mother relationships. *Journal of the American Academy of Child Psychiatry, 14*(3), 387-421.

Fraley, R. C. (2002). Attachment stability from infancy to adulthood: Meta-analysis and dynamic modeling of developmental mechanisms. *Personality and Social Psychology Review, 6*(2), 123-151.

Fraley, R. C., & Shaver, P. R. (2000). Adult romantic attachment: Theoretical developments, emerging controversies, and unanswered questions. *Review of General Psychology, 4*(2), 132-154.

Fraley, R. C., & Waller, N. G. (1998). Adult attachment patterns: A test of the typological model. In J. A. Simpson & W. S. Rholes (Eds.), *Attachment theory and close relationships* (pp. 77-114). New York: Guilford Press.

Fraley, R. C., Waller, N. G., & Brennan, K. A. (2000). An item response theory analysis of self-report measures of adult attachment. *Journal of Personality and Social Psychology, 78*(2), 350-365.

George, C., Kaplan, N., & Main, M. (1985). *Adult Attachment Interview.* Unpublished manuscript, University of California, Berkeley.

Greenman, P. S., & Johnson, S. M. (2013). Process research on emotionally focused therapy (EFT) for couples: Linking theory to practice. *Family Process, 52*(1), 46-61.

Grossmann, K. E., & Grossmann, K. (1991). Attachment quality as an organizer of emotional and behavioral responses in a longitudinal perspective. In C. M. Parkes, J. Stevenson-Hinde & P. Marris (Eds.), *Attachment across the life cycle* (pp. 93-114). London/New York: Tavistock/Routledge.

Gubman, N. (2004). Disorganized attachment: A compass for navigating the confusing behavior of the "difficult-to-treat" patient. *Clinical Social Work Journal, 32*(2), 159-169.

Harlow, H. F., & Zimmermann, R. R. (1958). The development of affectional responses in infant monkeys. *Proceedings of the American Philosophical Society, 102*(5), 501-509.

Hazan, C., & Shaver, P. (1987). Romantic love conceptualized as an attachment process. *Journal of Personality and Social Psychology, 52*, 511-524.

Hesse, E., & Main, M. (2000). Disorganized infant, child, and adult attachment: Collapse in behavioral and attentional strategies. *Journal of the American Psychoanalytic Association, 48*(4), 1097-1127.

Hirschberger, G. Srivastava, S., Marsh, P., Cowan, C. P., & Cowan, P. A. (2009). Attachment, marital satisfaction, and divorce during the first fifteen years of parenthood. *Personal Relationships, 16*(3), 401-420.

Hirschi, T. (1969). *Causes of delinquency*. Berkeley, CA: University of California Press.

Hollander-Goldfein, B., Isserman, N., & Goldenberg, J. (2012). *Transcending trauma: Survival, resilience, and clinical implications in survivor families.* New York: Routledge.

Horvath, A. O., & Luborsky, L. (1993). The role of the therapeutic alliance in psychotherapy. *Journal of Consulting and Clinical Psychology, 61*(4), 561-573.

Jackson, A. (1991). Marriage and attachment: The inner worlds of 10 happily married couples. *Dissertation Abstracts International, 52*, 06A.

Jackson, A. (1993). Marriage and attachment: An exploration of ten long-term marriages. *Journal of Couples Therapy, 4*, 13-30.

Johnson, S. M. (2002). *Emotionally focused couple therapy with trauma survivors: Strengthening attachment bonds.* New York: Guilford Press.

Johnson, L. N., Ketring, S. A., Rohacs, J., & Brewer, A. L. (2006). Attachment and the therapeutic alliance in family therapy. *The American Journal of Family Therapy, 34*, 205-218.

Johnson, S., & Zuccarini, D. (2010). Integrating sex and attachment in emotionally focused couple therapy. *Journal of Marital and Family Therapy, 36*, 431–445.

Jones-Smith, E. (2011). *Theories of counseling and psychotherapy: An integrative approach*. New York: Sage.

Komatinsky, P. (1997). *The inability to accept love.* American Society for the New Identity Process Newsletter.

Lerner, J. V., & Galambos, N. L. (1985). Mother role satisfaction, mother-child interaction, and child temperament: A process model. *Developmental Psychology, 21*(6), 1157–1164.

Main, M., & Hesse, E. (1990). Parents' unresolved traumatic experiences are related to infant disorganized attachment status: Is frightened and/or frightening parental behavior the linking mechanism? In M. T. Greenberg, D. Cicchetti, & E. M. Cummings (Eds.), *Attachment in the preschool years: Theory, research and intervention* (pp. 161–182). Chicago, IL: University of Chicago Press.

Main, M., Kaplan, N., & Cassidy, J. (1985). Security in infancy, childhood, and adulthood: A move to the level of representation. *Monographs of the Society for Research in Child Development, 50*(1–2), 66–104.

Main, M., & Solomon, J. (1990). Procedures for identifying infants as disorganized/disoriented during the Ainsworth Strange Situation. In M. Greenberg, D. Cicchetti & M. Cummings (Eds.), *Attachment in the preschool years: Theory, research and intervention* (pp. 121–160). Chicago, IL: University of Chicago Press.

Main, M., & Weston, D. (1981). The quality of the toddler's relationship to mother and to father: Related to conflict behavior and the readiness to establish new relationships. *Child Development, 52*(3), 932–940.

Marmarosh, C. L., Kivlighan, D. M., Jr., Bieri, K., LaFauci Schutt, J. M., Barone, C., & Choi, J. (2014). The insecure psychotherapy base: Using client and therapist attachment styles to understand the early alliance. *Psychotherapy, 51*(3), 404–412.

Marvin, R. S. (2003). Implications of attachment research for the field of family therapy. In P. Erdman & T. Caffery (Eds.), *Attachment and family systems: Conceptual, empirical, and therapeutic relatedness* (pp. 3–27). New York: Brunner-Routledge.

Mikulincer, M., & Florian, V. (1998). The relationship between adult attachment styles and emotional and cognitive reactions to stressful events. In J. Simpson & S. Rholes (Eds.), *Attachment theory and close relationships* (pp. 143–165). New York: Guilford.

Morelli, G. A., & Rothbaum, F. (2007). Situating the child in context: Attachment relationships and self-regulation in different cultures. In S. Kitayama & D. Cohen (Eds.), *Handbook of cultural psychology* (pp. 500–527). New York: Guilford Press.

Nagy, I. (1973). *Invisible loyalties: Reciprocity in intergenerational family therapy.* New York: Harper & Row.

Nagy, I. (1984). *Invisible loyalties: Reciprocity in intergenerational family therapy* (2nd ed.). New York: Brunner/Mazel.

Nagy, I. (1986). *Between give & take: A clinical guide to contextual therapy.* New York: Brunner-Routledge.

Olson, D. (2011). FACES IV and the circumplex model: Validation study. *Journal of Marital and Family Therapy*, *37*(1), 64–80.

Olson, D. H., Russell, C. S., & Sprenkle, D. H. (1979). Circumplex model of marital and family systems cohesion and adaptability dimensions, family types, and clinical applications. *Family Process*, *18*, 3–28.

Olson, D. H., Russell, C. S., & Sprenkle, D. H. (1983). Circumplex model of marital and family systems: VI. Theoretical update. *Family Process*, *22*(1), 69–83.

Rado, S. (1980). *Adaptational psychodynamics: Motivation and control.* New York: Jason Aronson Publishers.

Riegel, K. F. (1976). The dialectics of human development. *American Psychologist*, *31*(10), 689–700.

Rothbaum, F., Weisz, J., Pott, M., Miyake, K., & Morelli, G. (2000). Attachment and culture: Security in the United States and Japan. *American Psychologist*, *55*(10), 1093–1104.

Rovers, M. W. (2006). Overview of attachment theory: A continuous thread. *Family Therapy Magazine*, *5*(5), 8–11.

Safran, J., & Muran, J. (2006). Has the concept of the therapeutic alliance outlived its usefulness? *Psychotherapy: Theory, Research, Practice, Training*, *43*, 286–291.

Satir, V. (1964). *Conjoint family therapy*. Palo Alto, CA: Science and Behavior Books.

Satir, V. (1965). The family as a treatment unit. *Confinia Psychiatrica, 8*, 37–42.

Satir, V. (1967). *Conjoint family therapy: A guide to theory and technique*. Palo Alto, CA: Science and Behavior Books.

Satir, V. (1983). *Conjoint family therapy*. Palo Alto, CA: Science and Behaviour Books, Inc.

Satir, V. (1986). A partial portrait of a family therapist in process. In C. Fishman & B. Rosman (Eds.), *Evolving models for family change* (pp. 278–293). New York: Guilford Press.

Scarr, S. (1992). Developmental theories for the 1990s: Development and individual differences. *Child Development, 63*, 1–19.

Schwartz, R. (1997). *Internal family systems therapy*. New York: Guilford Press.

Schwartz, R. (2015). Some forms of self-compassion are harder than others. *Psychotherapy Networker, 39*(5), 18–23, 42.

Shorey, H., & Snyder, C. (2006). The role of adult attachment styles in psychopathology and psychotherapy outcomes. *Review of General Psychology, 10*(1), 1–20.

Siegel, D. J. (2001). Toward an interpersonal neurobiology of the developing mind: Attachment relationships, "mindsight," and neural integration. *Infant Mental Health Journal, 22*(1–2), 67–94.

van Ijzendoorn, M. H., & Sagi-Schwartz, A. (1999). Cross-cultural patterns of attachment: Universal and contextual dimensions. In J. Cassidy & P. R. Shaver (Eds.), *Handbook of attachment: Theory, research, and clinical applications* (pp. 713–734). New York: Guilford Press.

Wachtel, E. F. (1982). The family psyche over three generations: The genogram revisited. *Journal of Marital and Family Therapy, 8*(3), 335–343.

Wallin, D. J. (2007). *Attachment in psychotherapy*. New York: Guilford Press.

Weeks, G., & L'Abate, L. (1982). *Paradoxical psychotherapy: Theory and practice with individuals couples and families*. New York: Brunner/Mazel.

Weeks, G., Gambescia, N., & Hertlein, K. M. (2016). *A clinician's guide to systemic sex therapy* (2nd ed.). New York: Routledge.

White, M., & Epston, D. (1990). *Narrative means to therapeutic ends.* New York: W. W. Norton.

Wolpe, J. (1958). *Psychotherapy by reciprocal inhibition*. Stanford, CA: Stanford University Press.

Woolf, V. (1983). Family network systems in transgenerational psychotherapy: The theory, advantages, and expanded applications of the genogram. *Family Therapy, 10*(3), 219–237.

초점화된 가계도와 치료적 자세의 재소개

제3장 초점화된 가계도, 지도들, 그리고 연대표에 대한 안내

제4장 치료적 자세: 애착에 기초한 개인, 부부, 가족과의 치료적 동맹

초점화된 가계도, 지도들, 그리고 연대표에 대한 안내

부모가 미해결된 혹은 불완전한 자신의 개인적 과거를 서성이는 것은
때로 그(녀)의 비합리적 부모 역할의 일부가 된다.
- Virginia Satir(Hart, 1987 인용)

1. 개요

우리가 앞의 장들에서 논의했듯이 체계 간 접근(Intersystem Approach: IA)의 중요한 임상적 목표는 내담자 체계에서 애착 패턴의 세대 간 전이를 이해하는 데서 도출된 통합적 치료를 위한 지침으로 애착 이론을 사용하는 것이다. 이 장에서 우리는 독자들이 애착 이론 시각에서 내담자 체계를 이해하기 위한 더 큰 맥락을 보여 주기 위해 초점화된 가계도 로드맵을 제시하고자 한다. 초점화된 가계도 로드맵은 초판에서 발전시킨 새로운 자료들을 종합하여 소개한다. 체계 간 접근에 애착 이론을 포함시킨 것은 애착에 초점을 둔 도구의 발달과 초점화된 가계도의 새로운 주제들의 발달을 가져왔다. 초점화된 가계도 도구들은 이제 특화된 주제를 가진 가계도와 애착에 초점화된 지도들, 그리고 연대표를 포함한다. 이제 독자들이 특화된 도구들 간의 연결과 평가의 범위를 이해할 수 있도록 초점화된 가계도 로드맵의 구성요소들의 연결을 아우르는 관계를 논의하고자 한다. 그다음에 임상 현장에서 초점화된 가계도를 사용하는 이론적 근거와 이론을 설명하고자 한다. 이 장의 나머지 부분은 애착 이론을 내담자 체계의 평가에서 사용할 수 있는 독특하고 혁신적인 도표화와 연대표 도구에 초점을 둘 것이다.

2. 초점화된 가계도에 대한 소개

초점화된 가계도들을 사용하는 과정과 그에 맞는 평가도구에 대해 설명하기 위해서 초점화된 가계도 로드맵([그림 3-1])의 삽화를 제시한다. 이러한 로드맵은 임상가들이 어떻게 제시된 도구들이 체계 간 접근 내에서 연결되어 있는지를 생생하게 시각화하는 데 도움이 된다. 초점화된 가계도 로드맵은 간결하게 다음과 같은 구성요소들을 포함하고 있다.

영역	지도들	지도들과 연대표
개인	내적 모델 지도	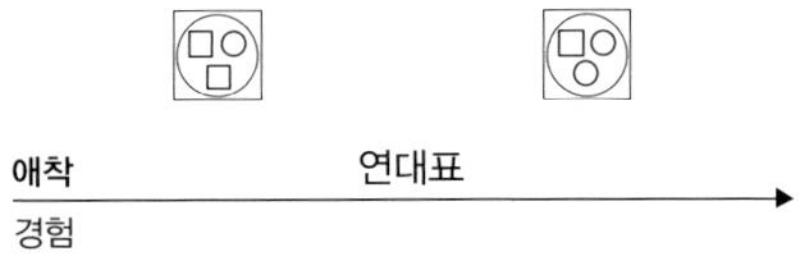 애착 경험 연대표
부부	부부 상호작용 지도	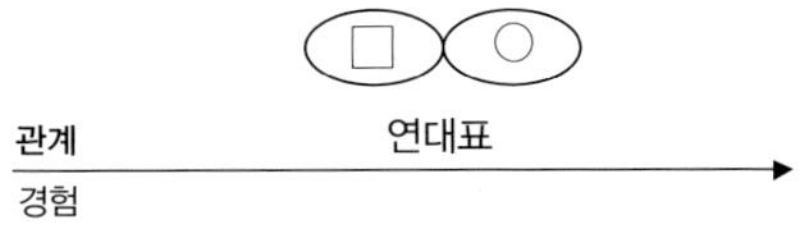 관계 경험 연대표
세대 간	기본 + 초점화된 가계도	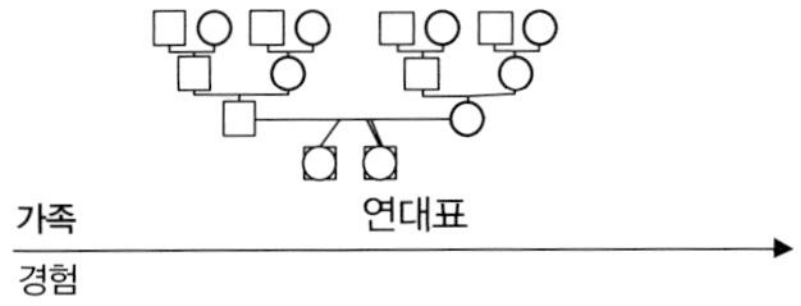 가족 경험 연대표
맥락	생태도	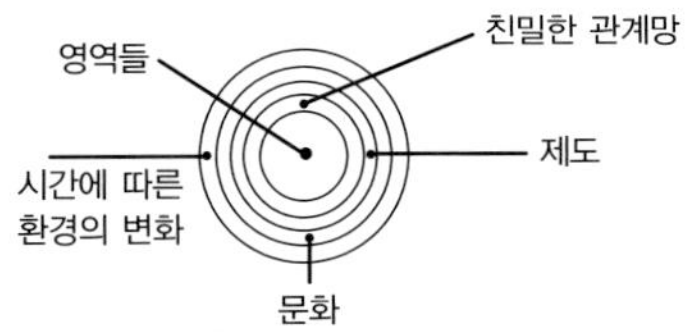 영역들, 친밀한 관계망, 제도, 시간에 따른 환경의 변화, 문화

초점화된 가계도

- 기본
- 애착
- 공정성
- 기타
- 젠더
- 성(sexuality)
- 중독
- 학대, 폭력, 그리고 트라우마
- 치유되는 감정
- 치료자의 자아

[그림 3-1] 초점화된 가계도 로드맵

이 그림은 초점화된 가계도 로드맵, 즉 체계 간 접근의 사례형식화의 일부로 초점화된 가계도 도구들을 사용하기 위한 개념적 틀을 시각적으로 나타낸다.

- 지도들: 내적 모델 지도(Internal Models Map: IMM), 부부 상호작용 지도(Couple Interaction Map: CIM)[1], 가족 연결 지도(Family Connections Map: FCM)
- 연대표: 개인적 발달, 관계 경험, 가족연대표
- 기본 가계도와 애착 가계도–과정의 시작
- 사례형식화 평가와 치료계획: 역사, 기본 가계도, 지도들, 그리고 연대표[2]
- 초점화된 가계도들: 공정성, 젠더, 성(sexuality), 학대, 폭력, 그리고 트라우마

초점화된 가계도 접근은 체계 간 접근과 애착의 세대 간 전이의 평가를 적용할 수 있도록 조작화한다. 초점화된 가계도 도구들(세 가지 도표화 도구와 세 가지 연대표 도구들)은 임상가들이 애착 패턴, 스타일과 체계 간 접근의 세 가지 내부 영역을 가로지르는 내담자 체계의 각본을 확인할 수 있는 능력을 촉진시킨다. 애착 가계도는 애착 개념을 통해 도표화와 연대표 도표에 적용하는 것을 기술한다. 마지막으로, 임상가들이 주제를 가진 초점화된 가계도를 선택하는 것은 내담자 체계 내의 주제들을 부각시켜 줄 것이다. 모든 도구를 임상가들의 스타일과 선호에 따라 융통성 있게 사용할 수 있음을 아는 것이 중요하다.

1) 초점화된 가계도란 무엇인가

초점화된 가계도란 세대 간 역동뿐만 아니라 가족, 다문화적, 그리고 맥락적 주제들을 탐색하기 위한 하나의 방법이다. 초점화된 가계도를 실시하는 무엇보다 중요한 목적은 치료자와 내담자 체계 도구가 현재 문제와 그들이 충분히 인식하지 못한 인생의 다른 측면들 간의 연결을 볼 수 있도록 돕는 것이다. 미해결된 원가족의 태도, 신념, 그리고 행동들은 현재 성인으로서의 기능에까지 이어진다. 가족 전통과 이야기들을 탐색하는 것은 특히 가족으로부터 물려받은 것들(legacies)을 둘러싼 애착 개념을 통해 조망될 수 있다.

다섯 가지의 특별한 초점화된 가계도가 이 책에서 자세하게 제시되었는데, 즉 ① 애착 ② 공정성 ③ 젠더 ④ 성(sexuality), ⑤ 학대, 폭력, 그리고 트라우마다. 다음의 장들에서 이러한 초점화된 가계도들을 차례로 서술하였다. 초점화된 가계도들은 내담자 체계의 공통적인 문제들을 겨냥한다. 예를 들면, 최근의 임상

워크숍과 출판에서 책의 제3 저자(MLCT)는 초점화된 가계도가 부부 · 가족 기술 관련 문제뿐만 아니라(Blumer & Hertlein, 2015; Hertlein & Blumer, 2013), 군대 트라우마와 같은 문제를 치료할 때 유용하다는 것을 보여 주었다(Papaj, Blumer, & Robinson, 2011). 진실로 임상가는 중요한 가족 애착 이야기(attachment narrative)를 명심한다면 어떠한 내담자나 문제에서도 초점화된 가계도를 항상 구성할 수 있다.

하나의 초점화된 가계도를 전개하고자 한다면 어떤 종이에라도 8.5×11인치 표로 시작한다. [그림 3-2]는 (초판에서 가져온) 기본적인 가계도에 입각한 모든 초점화된 가계도를 위한 형식을 보여 준다. [그림 3-2]의 오른쪽은 세대 간 가족 가계도를 기술하는 데 4세대를 선호한다. 왼쪽은 평가가 진행될 때 주제별 형식으로 각각의 초점화된 가계도를 위한 주제들을 요약한다. 연대표는 페이지 하단에 있는데 중요하고 의미 있는, 그리고 트라우마가 된 사건들을 표시하기 위한 방법을 제공한다. 도표화 도구들은 별도의 페이지로 작성하는 것이 가장 좋다.

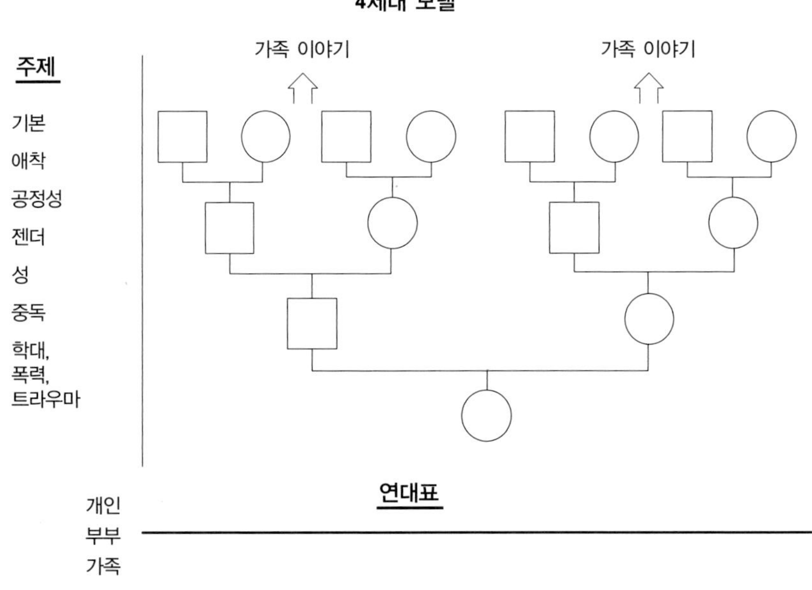

[그림 3-2] 초점화된 가계도 기본 설계

이 그림은 권장되는 4세대 접근과 우리가 이 책에서 강조하는 다섯 가지 주제의 초점화된 가계도의 원형을 보여 준다.

가족 역사, 유산, 강점, 그리고 도전에 대한 내담자 체계의 이야기를 확인하는 것은 체계 간 접근의 세대 간 초점의 중요한 측면이다. 개인적인 이야기들은 가족 체계 내에서의 초기 관계 경험뿐만 아니라 초기 생의 경험을 통해 배우게 된 기본적인 신념의 표현이다(Hollander-Goldfein, Isserman, & Goldenderg, 2012; White & Epston, 1990). 내담자가 어떤 영역에서 현재 문제를 갖고 있는지 상관없이 초점화된 가계도는 내담자가 문제를 외현화하고 모든 영역에서 이야기를 건강하게 다시 구성하도록 돕는 데 중요한 도구다. Vetere와 Dallos(2008, 2014)는 가족 애착 이야기치료(family attachment narrative therapy) 접근에서 애착 이론과 체계적 사고, 그리고 이야기치료 간의 상호작용을 논의했다. 가족 이야기는 가족의 생활과 상호작용의 체계적인 요소들을 포함할 뿐 아니라 애착 이론에 근거해서 자신들의 관계와 사랑의 의미를 포함한다. 그들은 어떻게 부모나 관계적 선택이 애착과 잇따른 감정적 과정이 세대를 통해 전수되는지에 대한 이야기를 하기 위해 Byng-Hall(1995)의 복제적이고 교정적인 각본에 의존한다. 또 다른 독특한 예는 '변형적 이야기(transformative narrative)'로 이는 중요한 가족 스토리나 사건에 새로운 의미를 부여하는 것이다(Hollander-Goldfein, 2005; Hollander-Goldfein et al., 2012).

기본적인 가계도와 애착 초점화된 가계도, 그리고 다른 초점화된 가계도들을 전개하는 것은 치료자가 내담자의 역사와 스토리를 알도록 도움을 주는 데 필수적이다. 이러한 모든 정보는 각 내담자에게 적합한 치료적 자세를 발달시키는 데 도구적이며 이것은 제4장에서 자세히 기술하였다. 애착에 기반한 이야기들은 종종 내담자 체계 도처에 있는 친밀감과 단절, 분리, 혼란, 그리고 밀착의 패턴에 영향을 미친다. 임상가는 제시된 문제와 내담자 체계의 독특한 인생 경험에 대해 존중심을 보여야 하고, 먼저 그것에 초점을 두고 다음으로 내담자에게 그들이 영향력을 갖지 못했거나 제한적인 영향력을 가졌던 맥락에서 문제가 전개되었다는 것을 보여 주어야 한다.

초점화된 가계도들은 초점화된 가계도에 따라 특별한 문제나 영역에 초점을 둔 일련의 문제들을 제시한다. 초점화된 가계도 질문들은 가족생활의 중요한 영역, 즉 애착 패턴, 젠더, 성(sexuality) 그리고 가정 폭력을 더 깊이 탐색하게 하여 어떤 가능성들을 제안한다. 문제 행동의 각 영역에 대한 질문들은 많은 추후 질문들의 출발점으로 사용될 수 있다.

2) 왜 초점화된 가계도인가

Butler(2008)가 주장했듯이 가족 도식(family diagram)[3]과 가계도들은 "동의어가 아니며 오히려 그 둘은 가족을 평가하는 분명히 다른 방법들이다"(p. 169). Bowen은 가족 도식을 가족과 감정적 연결을 평가하기 위해 사용했다. Satir와 Minuchin, 그리고 다른 가족치료의 선구자들도 가족 도식을 평가를 위해 사용했다. 전통적인 가계도는 세대 간 가계 구성원을 확인하기 위해 족보 형식을 사용하는 방식이다.

Bowen의 족보 형식의 가계도는 처음에 '도식(diagram)'이라고 불렸으며(Bowen, 1980), 나중에 McGoldrick에 의해 가계도라고 불렸는데 이는 Minuchin(1974)이 세대 간 경계와 하위체계를 도표화하면서 제시한 관계 패턴을 보여 주는 '가족 지도'와는 다른 것이다. Ackerman(1984)도 개방적이거나 혹은 균형잡힌 관계 패턴을 확인하기 위해 3인 가족 체계 내에서 교류 패턴을 도표화했다. 이외에 Stanton이 1992년 논문에서 가족역동을 가족 연대표와 결합시킨 도표화에 초점을 맞추었는데 이후 도표화는 학술 문헌에서 거의 주목을 받지 못했다.

비록 임상가들이 종종 가계도를 만들 때 단절, 밀착, 그리고 갈등적인 관계를 확인하곤 했지만 이러한 명명들은 전체적인 평가가 되는 경향이 있으며 항상 관계 패턴과 세대 간 유산의 복잡성을 드러내지 못했다. Bowen식의 가계도 모델은 개인과 부부, 세대 간, 그리고 외부 영향력의 복잡성을 기술하는 데 충분한 융통성을 보여 주는 형식이 아니다. 그 결과 우리는 임상가들이 다양한 렌즈로 가족체계를 평가할 수 있도록 돕기 위해 부가적인 도구를 개발했다.

초점화된 가계도, 지도들, 그리고 연대표 도구들은 수년간의 임상 경험, 특히 제1저자(RD)의 경험을 통해 개발된 것이며 다른 모델들의 영향을 받은 것이다. Hartman과 Laird(1983)뿐 아니라 Minuchin(1974)은 가족 체계 내에서 경계와 교류 과정을 자세히 기술하기 위해 도표화를 사용했다. 부모와 형제 하위체계 간의 행동 패턴들을 강조하면서 Minuchin(1974)은 처음으로 도표화(mapping)를 가계도와는 분리된 과정으로 구분하였다. Hartman(1978)은 사회복지 시각에서 가족 체계와 가족 체계와 외부 자원, 조직 그리고 서비스 제공 기관과의 관계에 대한 정보를 나타내기 위한 방법으로 생태도(Ecomap)를 개발했다. 이 시기에 Olson과 그의 동료들은(1979) 가족 기능의 Circumplex 모델을 개발했으며 Satir(1967)의 가족 지도화는 역사적인 가족 관점과 연대표를 통합했다. Stanton(1992)은 계속해서 행동적 관계를 강조한 구조적 도표와 세대에 걸친 생물학적 관계와 법적 관계를 통합한 Bowen의 가계도를 구별했다.

내담자 체계 내에서 관계 패턴을 '도표화'할 때 두 가지 중요하게 고려해야 할 점이 있다. 첫 번째로 가계도 상징에 필요한 기준으로 사용된 그 어떤 정의된 체계도 없다. 비록 McGoldrick과 Gerson(1985, 1999, 2008)이 가독성을 위해, 그리고 기본적인 가족구성원, 구조 그리고 상호작용을 기술하기 위해 가장 보편적으로 사용된 상징들을 만들었지만 그들은 가계도에 대해 계속해서 최소한도로 상세하게 할 것을 촉구했다. 둘째로 도표화 상징들은 전형적으로 가계도 선 위에 직접적으로 표시하는데 이는 특히 내담자 체계에서 혼란스럽다. 지리학자들이 다양한 지도—위상, 정치, 기후, 위성, 주제를 가진 지도—를 가지고 있듯이 체계적 치료자들도 가족치료를 위한 지도가 필요하다. 지도들은 정보를 기록하고 소통하는 필수적인 도구이며 가계도와는 다르다.

별도의 초점화된 가계도 도표화 도구들을 사용하는 것은 내담자 체계의 심리적 시각화를 촉진한다. Minuchin의 상징들은 그 좋은 예다. 구조적 가족 하위체계, 경계, 그리고 교류 패턴을 도표화하는 것은 따르기 쉽고 초점화된 가족 지도(Family Map)의 유용한 부분이다. 흥미로운 것은 Minuchin의 초기 작업은 가족 지도를 그리는 데 융통성이 필요했던 복잡한 가족 구조를 가진 비행 청소년에 초점을 맞추었다(Minuchin & Montalvo, 1967). 유사하게 Hartman과 Laird(1983)는 연결을 강하거나 약하거나 또는 스트레스를 받는 것으로 그리고 에너지나 자원의 흐름이 가족 체계의 안팎으로 가는 것을 기술하기 위해 상징을 사용했다. Hardy와 Laszloffy(1995) 역시 상징의 매력을 더 포괄적으로 만들기 위해 가계도 위에 다인종적 그리고 문화 간 결혼의 상징적 표시를 옹호했으며, Lewis(1989)는 가계도를 채색하여 부호화할 것을 주장했다. Belous와 동료들(2012)은 내담자들을 성별 혹은 젠더 지향이나 성적 정체성에서의 소수자들(트랜스젠더, 남성동성애자, 여성동성애자, 양성애자 등)로 확인하기 위해 가계도에 보다 더 정확한 상징적 표시를 할 것을 추천했다.

가족 도식(family diagram)과 가계도를 작성하는 데에는 많은 다양한 방법이 있다. 우리의 방법론이 가장 포괄적이며 복잡하고 애착 이론을 중심으로 연구에 기반한 것임에는 의심의 여지가 없다. 연구자들은 이러한 접근을 탐구할 필요가 있다. 예를 들어, Rohrbaugh와 Rogers, 그리고 McGoldrick(1992)에 따르면 Bowen 가계도를 읽은 전문가들 간의 가장 높은 신뢰도 계수는 정서적 단절, 갈등적 관계, 그리고 세대 간에 반복된 관계 패턴의 영역들이었다. Coupland와 Serovich, 그리고 Glenn(1995)과 박사 과정생들은 이름, 날짜, 나이를 기록하는 데는 매우 정확했으나 이름이 드러나지 않은 사람이나 직업, 관계 설명어, 의료적 문제, 개인적 문제, 서술적 문구, 다른 의미 있는 상징들에 대해서는 보통 수준으로 정확했다. 이러한 연구들은 Bowen식의 가계도의 사용이 매우 광범위한 영역을 아우를 수 있으나 아직은 역사적으로 정서적 단절, 갈등, 밀착 같은 매우 협소하고 특징적인 패턴에 초점을 두어 온 경향이 있다고 주장했다.

3. 도표화와 연대표 도구들에 대한 개요

초점화된 가계도 로드맵에서 보았듯이 초점화된 가계도 도구들은 체계적 접근의 영역을 위해 다양한 초점화된 가계도와 그와 관련된 지도들과 연대표를 포함한다. 이 장의 나머지 부분에서는 각 지도와 연대표에 대해 개별적으로 초점을 맞추어 이론적 배경을 설명하고 그것을 내담자 체계에서 어떻게 사용할 것인지를 논의할 것이다. 먼저 네 가지 영역에서 평가를 안내하는 지도들에 대한 애착 용어들을 미리 개관할 것이다.

지도들 각각은 서로 초점이 달라서 임상가들이 개인, 부부, 가족, 그리고 맥락적 영역을 탐색하는 데 애착 개념을 사용할 수 있도록 도와준다.

- 내적 모델 지도(IMM)는 내담자의 애착의 내적 작동 모델을 종합적으로 이해하는 열쇠다. 모든 각각의 가족원이 내적 모델 지도를 발달시키는 것은 치료적 동맹을 높이는 데 중요한 지침을 제공한다. 가족원들 각 개인의 애착 패턴이

일단 확인되면 치료자가 내담자 체계를 위한 치료적 자세를 개발하는 데 도움이 된다. 치료적 자세는 다음 장에서 자세히 기술할 것이다.

- 부부 상호작용 지도(CIM)는 아동기와 성인기 애착 스타일의 상호작용을 보여 주며 기본적인 부부관계의 스타일들은 부정적인 감정의 무한 순환고리(the Loop)를 드러내는데, 이것은 성인 애착 상호작용 패턴이 내담자 체계 내에 존재한다는 것을 묘사한다. 이러한 지도는 우리가 파트너의 애착 스타일의 상호작용을 이해할 수 있도록 해 준다. 이러한 상호작용은 독특한 부부 역동을 만들어 내며 그들의 대인 간 스트레스의 원천을 드러내는 데 도움이 될 수 있다.

〈표 3-1〉 체계 간 접근, 애착 패턴, 그리고 초점화된 가계도 도표화 도구들

초점화된 가계도 도구	내적 모델 지도	부부 상호작용 지도	가족 연결 지도	생태도
각각의 영역에서 애착을 도표화함	아동기 패턴	성인 스타일	부모에게는 성인, 자녀들에게는 아동기	사회적 유대

주: 이 표는 제2장의 애착 용어표와 한 쌍을 이룬다. 이 표에서 애착 용어는 모든 네 가지 영역 각각의 도표화 도구와 짝을 이룬다.

- 가족 지도(Family Map)는 현재 가족 체계 내에서 대인 간의 역동을 표시하면서 관계 패턴을 세대 간의 주제와 유산과 분리시킨다. 가족 연결 지도(FCM)는 가족 애착의 각본과 스타일을 확인하는데 이는 중요한 내담자 체계 이야기를 제공한다.
- 뿐만 아니라 가족 지도는 친족, 기타 사회적 · 지역적 결연 같은 관계적 자원을 탐색하기 위한 생태도의 변형으로 확장될 수 있다(Bronfenbrenner, 1977; Hartman, 1978; Hartman & Laird, 1983). 생태도는 소시오그램과 비슷하지만 생태도는 가족관계와 더 큰 사회와 지역사회 관계망과의 연결에 초점을 둔다.

연대표는 치료자들이 인생주기에 걸친 발달적이고 전환적이며 트라우마를 준 인생 사건의 영향력을 탐색하는 데 도움을 주는 발달적이고 교차적인 사건에 주목하도록 하는 실제적이고 유용한 도구다. 초점화된 가계도는 ① 개인 ② 부부 ③ 가족의 세 가지 연대표를 제공한다. 모두가 하나의 연대표로 통합될 수 있고 분리될 수도 있다. 대안적으로 가족 연대표는 가족에 적합한 정보를 위한 가족

연대표와 사회문화적으로, 환경적으로, 보다 넓게는 역사적 맥락에 적합한 정보를 얻기 위한 맥락적 연대표로 분리할 수 있다. 임상가들은 연대표들을 통해 치료 과정에서 더 많이 고려해야 할 생활주기상의 문제들에 충분히 주목할 수 있다. 임상가들은 도표의 경우처럼 특별히 초점화된 가계도를 작성하듯 일련의 연대표들을 선택하거나 작성할 수 있고, 하나의 중요한 연대표를 선택하여 유지할 수 있다. 예를 들면, 임상가들은 아동기와 청년기, 성인기의 친밀한 관계, 또는 세대 간 가족 체계를 변화시키는 관계 패턴에 초점을 둔 특정한 애착 연대표를 선택해서 발전시킬 수 있다. 다른 연대표들은 이후의 장에서 제시할 것이다.

4. 도표화 도구

1) 애착 상징의 도표화

종합적인 내담자 체계 세대 간 지도는 현재 가족 체계를 묘사하며 개인, 부부, 그리고 가족 지도를 포함한다. 이러한 각각의 영역들은 변형되어 특별한 영역 내에서 각기 구별할 수 있다. 아동기 애착 패턴은 제2장에서 강조했듯이 내적 작동 모델(IWM)로 도표화했다. 내담자 개인의 애착의 내적 작동 모델에 대한 임상가의 평가는 치료의 시작, 그리고 심지어 새로운 내담자와의 사전 접촉에서부터 시작된다. 우리는 모든 부모와 같은 애착 대상에 대한 아동기 애착 경험을 탐색한다는 것을 독자들이 알기 바란다.

안정(Secure)	믿을 수 있고 가까이 갈 수 있는(Reliable & Available)
불안-양가(Anxious-Ambivalent)	믿을 수 없지만 가까이 갈 수 있는(Unreliably Available)
불안-회피(Anxious-Avoidant)	믿을 수 있지만 가까이 갈 수 없는(Reliably Unavailable)
와해(Disorganized)	믿을 수도 없고 가까이 갈 수도 없는(Unreliable Unavailable)
와해(Disorganized)	정서적/신체적 학대(Emotional/Physical Abuse)

[그림 3-3] 애착 도표화 상징들: 아동기 애착 패턴들

내적 모델 지도는 도표화 도구의 중요한 요소이며 애착 패턴과 동일시된 부모상을 확인하기 위한 방법을 제공한다. 내적 모델 지도는 부부 상호작용 지도에도 통합되어 있다.

네 가지 애착 패턴, 애착 스타일과 각본의 도표화 상징은 ① 안정(secure) ② 양가(ambivalent) ③ 회피(avoidant) ④ 와해(disorganized) 유형이다. 우리는 먼저 아동기 애착 상징들을 제시하고, 그다음에 성인기 애착 상징을 제시할 것이다.

이러한 아동기 애착 상징들은 아동기 애착 경험을 나타내는 애착 패턴을 드러내기 위해 개발되었다. 각각의 애착 패턴은 특징적인 감정적 신호를 가지고 있다. 안정 애착은 융통성 있고 적응적이며, 양가적 애착은 불안하고 불확실하며 종종 애정에 굶주려 있다. 회피 애착은 독립적이며 때로 무관심하며 외관상 자신감이 있어 보인다. 와해 애착은 까다롭거나 무반응적일 수 있는 혼란된 관계 스타일을 나타낸다.

아동기 애착 패턴이 어린아이들에서 관찰될 수 있는 반면 성인기 애착 스타일을 확인하기 위해서 자기보고에 근거한 설문지가 개발되었다(Collins & Read, 1990; Hazen & Shaver, 1987). 우리는 이러한 성인 애착 스타일들은 치료자나 파트너, 그리고 다른 가족원이나 의미 있는 타자들과의 상호작용에서 관찰할 수 있는 상호작용 패턴이라고 부를 수 있음을 제안한다. 성인 애착 상호작용 패턴을 위한 도표화 상징은 아동기 도표화 상징과 똑같은 네 가지 유형으로 표시한다.

Cowan과 Cowan(2006, 2009)은 다른 사람들의 연구를 확장시키는 방식으로(Dinero, Conger, Shaver, Widaman, & Larsen-Rife, 2011; Fraley, Heffernan, Vicary, & Brumbaugh, 2011; Gallo & Smith, 2001; Holland et al., 2012) 세대 간 가족 체계에서 아동기 애착 패턴, 성인 상호작용 패턴, 그리고 가족 애착 각본을 인식하고 작업해야 하는 중요성을 강조했다. 특히, Cowan과 Cowan(2005)의 연구는 부부관계를 세대 간 애착 각본, 패턴 그리고 스타일의 전이에 중심적인 역동이자 매개 변수로서 강조했다. 더 나아가 부부 역동은 불안정한 가족 애착 각본을 강화시키거나 가족 애착 각본을 세대 간 다리를 놓는 안정된 애착 각본으로 변형시키는 능력을 갖는다.

자아 체계와 다문화적 영향을 받는 세대 간 가족 체계의 상호작용은 종합적인 부부 상호작용 지도의 일부로 묘사될 수 있다. 부부 상호작용 지도는 치료를 위한 통합적인 체계적 접근에서 중요하다. 비록 개인이 부부의 일부가 되는 것을 경험하지 못했거나 현재 부부의 일부이거나 혹은 부부관계에서 실패를 경험했다 하더라도 개인은 여전히 부부 · 가족 상호작용을 통해 보다 큰 체계적 애착 각본에 기여한다.

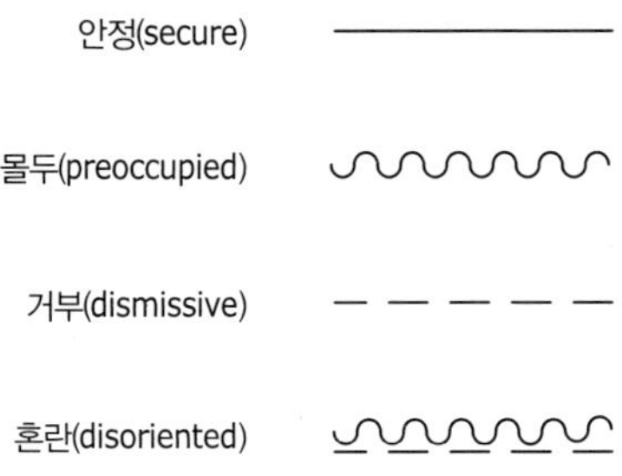

[그림 3-4] 애착 도표화 상징들: 성인기 애착 스타일

여기 제시된 성인기 애착 상징들은 부부 역동과 가족 안팎의 관계 상호작용 패턴에서의 성인 상호작용 패턴을 묘사하는 데 사용될 수 있다. 가족 연결 지도는 아동기와 성인기 애착 상징들의 변형을 활용한다.

2) 내적 모델 지도

내적 모델 지도(Internal Models Map: IMM)는 제1판에서 개발한 도표화 도구로 이것은 각 개인이 자신의 중요한 아동기 애착 인물과의 독특한 애착 패턴을 보여 준다. 아동기의 애착 인물은 전형적으로 어머니, 아버지, 그리고 종종 조부모와 같은 중요한 가족원을 포함한다. 내적 모델 지도는 자녀와 부모 간의 애착 패턴을 묘사하는 독특한 방법이다. 개인의 아동기 애착 패턴들은 종종 부모나 부모 같은 인물들에서도 각기 다르다. 부와 모 두 사람과의 애착 패턴의 형상은 개인마다 복잡하고 독특하다.

젠더는 내적 모델 지도의 중요한 부분으로 제5장의 애착 가계도와 제7장의 젠더 가계도에서 자세히 논의될 것이다. 애착 연구들은 동성 부모와의 애착 유대가 부모 애착과 가족 역동 모두에 영향을 미침을 주장했다(Mikulincer & Shaver, 2005). 동성 부모와 이성 부모와의 애착의 내적 모델은 아동기 애착 패턴에 젠더

화된 방식으로 영향을 미치며 이것은 성역할 발달의 기초를 이룬다.[4]

또 다른 내적 모델 지도의 가치는 그것이 내면화된 부부 혹은 파트너 관계의 애착 패턴을 보여 준다는 것이다. 아동기 애착 패턴에 더하여 자녀들은 이와 비슷하게 부와 모의 관계를 목격함으로써 친밀한 관계의 성격에 대한 내적 작동 모델을 발달시킨다. 아동기부터 학습된 패턴들과 행동들은 그들이 부모가 될 가능성이 있거나 부모가 되었을 때 현재 시점의 부부관계 안에서 상호작용한다. 이러한 현재 패턴은 현재 가족 속의 부모나 자녀 모두에게 안정적인 애착 패턴을 중재하거나 불안정하거나 와해된 애착을 초래하게 될 것이다. 그러므로 우리의 주제는 성인으로서 개인들은 자신들의 부부관계나 파트너 관계에서 아동기 애착 패턴을 행동으로 보여 줄 수 있고, 동시에 현재 관계에서 자기 부모의 부부관계를 재현하고 있을 수 있다는 것이다.

[그림 3-5]은 아버지와는 회피적 관계를, 어머니와는 양가적 관계를, 할머니와는 안정적인 관계를 나타내는 Margaret의 사례를 보여 준다. 다섯 살 때 아버지에게서 버림받은 Margaret은 스물셋이 될 때까지 아버지를 보지 못했다. 아버지와 친밀했었던 약간의 기억에도 불구하고 아버지에 대한 그녀의 느낌은 전체적으로 상실감과 버려짐뿐이었다. 아버지가 떠났을 때 그녀의 어머니는 하루 종일

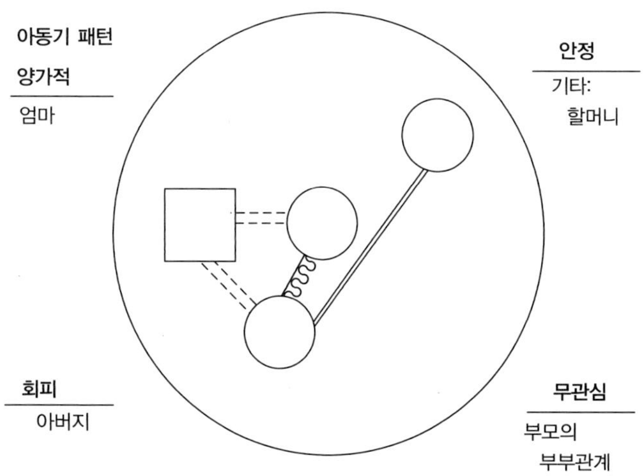

[그림 3-5] Margaret의 내적 모델 지도

Margaret의 내적 모델 지도는 그녀의 아동기 애착 패턴을 보여 준다.

밖에서 일했으며 그녀가 가장 사랑하고 친절하다고 생각한 할머니가 그녀를 돌보았다. 이러한 관계들을 더 깊이 탐색하였을 때 Margaret이 성인이었을 때 할머니와의 애착은 안정적이었으나 어머니와는 다소 몰두하는 애착이었던 반면 아버지와의 애착은 회피적이었음이 밝혀졌다. Margaret은 자신이 일상생활에서 나이 든 여자 동료와 있을 때 편안함을 느끼고, 동료와는 더 조심하며, 남편과의 관계는 소원하다는 것을 알았다.

3) 부부 상호작용 지도

애착 이론은 아동기에 발달된 불안정한 애착 패턴들은 성인기의 애정 관계에서 바로잡을 수 있다고 주장한다. 헌신하는 낭만적 관계는 정서적 치유와 성장을 위한 환경이 될 수 있다(Cowan & Cowan, 2006). 부부가 친밀한 관계를 시작할 때 애착 경험과 정서적 · 신체적 양육 반응성의 질이 강력한 한 쌍으로서의 결합을 만든다. 낭만적 사랑의 화학적 결합이 이루어질 때 독특한 성적 유대가 나타나고 이것에서 더 나아가 돌봄의 애착 유대가 강화된다. 건강하고 헌신하며 유대를 갖는 낭만적이며 성적인 관계는 부부가 자신들의 애착 유대를 강화시키며 보다 안정적인 애착 유대로 나아가도록 한다.

성인 관계에서 안정적인 애착의 기초는 어려움에 처했을 때 서로 신체적 · 정서적 연결을 추구하는 파트너들에게 있다. 최초의 애착 이론가들은 애착이 스트레스를 받을 때 돌보는 사람들에게 가까이 가려고 하거나 친밀감과 연결감을 추구하기 위해 행동하는 것이라고 주장했다(Ainsworth, 1979). 우리는 이제 애착 안정성이 이러한 연결들에 기반해 있으며, 이러한 것들이 스트레스를 받았을 때 포옹을 요구하고 파트너를 포옹해 주려 한다거나, 신체적 애정의 다른 신호와 같은 행동들을 통해 가속화되고 유지될 수 있다는 것을 이해한다. 스트레스를 받았을 때 가까이 가려고 하는 욕구는 애착의 특징이며, 반면에 감정이입과 지지에 대한 욕구(심지어 놀이에서조차)는 돌봄의 특징이다. 돌봄은 부부 유대의 또 다른 차원으로 어려움에 상관없이 시간이 갈수록 일관되게 위안과 애정을 제공하는 양육적인 신체적이고도 정서적인 유대라고 정의할 수 있다.

스트레스를 받을 때 불안정한 내적 작동 모델이 종종 우세하며 파트너들은 정서적, 신체적으로 안전한 관계를 세우는 데 필요한 신체적 · 정서적 · 언어적 수단들을 전형적으로 사용할 수 없다. 파트너 각각의 불안정한 애착 스타일은 감정이입의 실패, 오해, 차이점에 대한 갈등 경험을 격화시킨다. 더욱이 성인기에 충분한 정서적 지지가 없는 심각한 트라우마는 안정적인 애착에 부정적인 영향을 미치거나 불안정한 애착을 강화한다. 각 파트너들의 불안정한 내적 작동 모델은 상호적으로 태도와 감정 그리고 행동에 영향을 미친다. 비록 두 파트너들이 서로 안정적인 애착 스타일을 가지고 있다고 해도 갈등이 고조되면 대부분의 부부들은 그들의 내적 작동 모델의 불안정성이 애착 불안정성의 행동적인 표현을 통해 실행되면서 '부정적인 감정의 무한 순환고리'에 휘말리게 된다(DeMaria & Hannah, 2003; Gordon, 1994). 우리는 우리가 부부 상호작용의 무한 순환고리, 또는 순환고리(the Loop)라고 부르는 '부정적인 감정의 무한 순환고리'를 포함하는 방어적인 상호작용을 평가하기 위해 부부 상호작용 지도(Couple Interaction Map: CIM)를 개발했다.

부부 상호작용 지도는 [그림 3-6]에서 보는 바와 같이 이 책에서 소개하는 것으로 2004년 이 책의 제1 저자(RD)에 의해 최초로 개발되었다.

부부 상호작용 지도는 순환고리(the Loop)의 진행을 보여 주는데 순환고리 안에서 파트너 각각의 내적 작동 모델이 이 장의 바로 앞부분에서 소개했던 내적 모델 지도로 설명되었다. 우리는 정서적 스트레스가 순환고리의 행위를 격화시킬 때 관찰된 성인 애착 스타일에서 아동기 애착 패턴으로 옮겨 가는 순환고리의 10단계를 설명하였다. 부부 상호작용 지도의 목적은 임상가들이 각각의 파트너의 애착 불안정에 의해 내몰려 순환고리에서 관찰되는 방어적 상호작용 패턴을 확인하고 탐색하도록 돕는 것이다.

부부 상호작용 지도는 불안정한 애착 스타일이 어떻게 순환고리의 형성을 초래하는지를 개념화하기 위한 실제적인 방법이다. 이러한 과정이 부부들에게는 복잡하고 독특하더라도 부부 상호작용 지도는 애착 불안정에 의해 내몰린 정서적 단절의 10단계 모델을 제시한다.

우리는 여기서 10단계 목록을 소개하고 나중에 자세히 설명할 것이다. 순환고리는 임상가들이 순환고리상의 각 단계를 확인하여 순환고리를 끊는 기회를 조성하는 일을 돕는다. 이때 치료자들은 부부가 재연결을 위해 노력하도록 도울 수 있다.

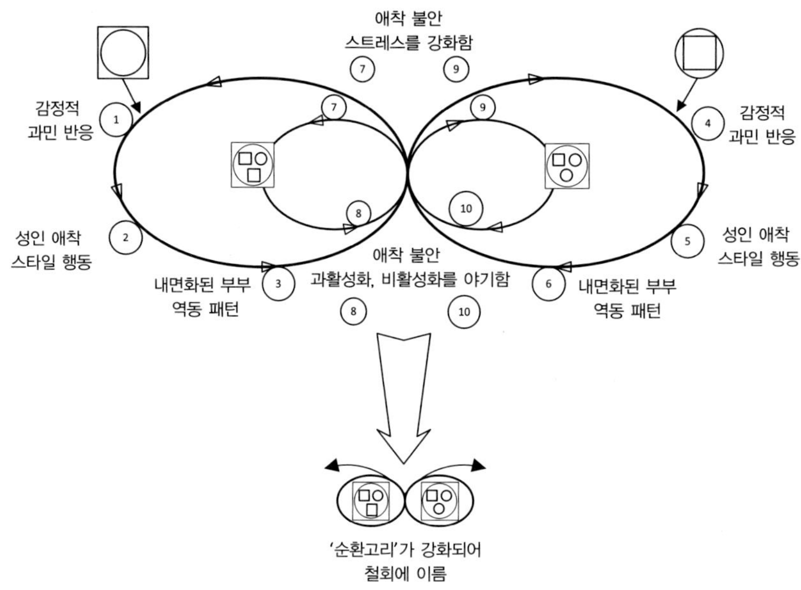

정서적 단절과 불안정 애착의 10단계

[그림 3-6] 부부 상호작용 지도: '순환고리'

이 그림은 부부 상호작용 지도를 나타내는데 이는 부부들의 정서적 · 행동적 · 인지적 방어 패턴에 영향을 미쳐서 순환고리를 만들게 되는 각 파트너의 내적 모델 지도를 보여 준다.
부부 상호작용 지도는 '정서적 단절과 불안정 애착'의 단계를 묘사한다.

부부 상호작용 지도의 10단계는 다음과 같다.

1. 최초의 감정적 과민 반응(emotional allergy)을 확인한다(파트너 1).
2. 감정적 과민 반응에 대한 성인 애착 행동의 반응을 확인한다(파트너 1)
3. 파트너 1이 갖고 있는 내면화된 부부 역동의 패턴을 확인한다.
4. 파트너 2를 겨냥한 감정적 과민 반응을 확인한다.
5. 감정적 과민 반응에 대한 성인 애착 행동적 반응을 확인한다(파트너 2).
6. 파트너 2가 갖고 있는 부부 역동의 내면화된 패턴을 확인한다.

순환고리가 깊어지고 팽팽해짐: 아동기 애착으로 전환

7. 파트너 1의 정서적 취약성과 두려움의 깊은 경험을 확인한다.
8. 잠재적인 정서적 취약성을 완화시키기 위해 파트너 1의 아동기 내적 작동 모델을 확인한다.

9. 파트너 2의 심화된 정서적 취약성과 두려움의 경험을 확인한다.
10. 잠재적인 정서적 취약성을 완화시키기 위해 파트너 2의 아동기 내적 작동 모델을 확인한다.

순환고리는 계속해서 팽팽해져서 (만일 중단되지 않는다면) 적대감과 분리로 끝남

1단계에서 파트너는 최초의 감정적 과민 반응(emotional allergy)을 경험한다. 감정적 과민 반응은 정서적 '홍수'를 야기하는 '방아쇠'라고 말할 수 있다. 이러한 감정적 과민 반응은 생리적으로 그리고 애정적으로 동기화되었으며 행동적으로 그리고 인지적으로 표현되어서 '순환고리'(부정적인 감정적 무한 순환고리) 자극을 만든다. 그러나 감정적 과민 반응이라는 용어의 사용은 '방아쇠'라는 용어보다 더 묘사적이다. 왜냐하면 감정적 과민 반응이라는 말은 신체적 알레르기와 비슷하게 과민한 생리적 반응을 야기하기 때문이다. 감정적 과민 반응은 정서적 반응을 활성화시키는데 이 또한 특수한 항체를 가진 신체적 자극에 대한 과민 반응인 신체적 알레르기와 비슷하다. 뇌의 변연계 내에서 충동과 본능은 행동적으로 신체적 안정과 보호를 지향한다. 애착 용어로 감정적 과민 반응은 개인의 생활에서 일차적인 안전의 근원인 애착 유대에 대한 위협이다(Ainsworth, Bell, & Stayton, 1971). 고통스럽고 트라우마를 주는 의식적/무의식적인 정서적 기억들은 최초의 트라우마와 고통에 근거한 과민한 반응을 야기할 수 있는 유발점으로 감정적 과민 반응 발달을 자극한다.

2단계에서 감정적 과민 반응은 Ainsworth가 그녀의 낯선 상황 실험(Ainsworth et al., 1971)에 기록했던 것과 매우 흡사한 불안이 생겼을 때 탐색을 방해한 반응을 유도한다. 아동의 애착 패턴에 따라 접근 추구 혹은 회피 행동들이 관찰되었다. 이와 유사하게 부부 상호작용 지도에서 2단계는 파트너의 성인 애착 스타일을 개시함으로써 나타나는 행동적 반응으로 그것은 안정, 몰두, 거부, 혼란의 애착 스타일일 수 있으며 그 결과 파트너에게 연결, 과민, 단절, 혼란을 초래할 수 있다. 우리는 순환고리가 나중에 6단계에서 더 깊어질 때 각각의 파트너 또한 부모의 부부 애착 역동에 기반한 내면화된 기억 경험에 접근할 것이며 그렇게 함으로써 일차적인 부모 상과 관련된 아동기 애착 경험이 활성화될 것이라고 제안한

다. 그러나 2단계에서 시작하는 파트너는 1단계, 즉 최초의 감정적 과민 반응에 대한 반응으로 자신의 성인 애착 스타일을 행동으로 나타낸다.

3단계에서는 전형적으로 주 양육자(파트너 1의 부모 중에서)와의 내면화된 기억 경험에 근거한 무의식적인 인지적 관계도식의 순환고리가 시작하는 또 다른 부분이 되는데 이는 파트너 1의 부모의 부부 역동의 경험에 의해 작동된 것이다. 이와 동시에 파트너 1은 자신들의 현재 관계에서 내면화된 부부 역동의 이해를 활용하는데 이를 통해 때때로 어떻게 파트너 2가 반응할 것인가에 대해 가정을 할 수 있다. 이 점에서 파트너 2는 활성화되며 파트너 1로 인해 생긴 스트레스, 방어적 태도, 거리두기의 정서적 · 행동적 · 인지적 표현을 알아채고 경험하게 된다. 파트너 1에 대한 파트너 2의 정서적 반응과 곧 다가올 감정적 과민 반응은 순환고리의 4단계를 구성한다.

4단계는 파트너 2가 파트너 1에 의해 나타난 정서적 · 행동적 · 인지적 게슈탈트가 진행될 때 시작된다. 건강한 상호작용에서 파트너 2는 파트너 1에게 감정이입을 하는데 아마도 파트너 1의 연결을 위한 시도를 반영하고 재연결됨을 느끼게 하기 위해 파트너 1이 필요한 것을 물어볼 것이다. 이와 반대로 만일 파트너 2가 파트너 1의 행동으로 인해 촉발된다면 파트너 2 자신의 감정적 과민 반응이 발생하기 쉽다.

힘들 때 불안정한 파트너는 전형적으로 몰두하거나 회피적인 애착 스타일로 순환고리의 시작을 자극할 것이다. 다른 파트너의 반응은 동정적(돌봄)이거나 신체적 편안함을 표현하거나(가까이에 있어 주는 것) 혹은 거부하거나(회피적 반응– "내일 아침이면 좋아질 거야"), 몰두하는(양가적 반응–"네가 ~하게 하면 내가 이 문제를 고쳐 줄게"라는 식의) 것일 수 있다. 다른 파트너가 보이는 반응은 순환고리의 상승이나 하강을 결정한다. 전형적으로 파트너들은 순환고리가 언제 시작하는지, 그리고 자신들의 반응들이 그 순환고리의 형성을 어떻게 강화하고 심화시키는지를 깨닫지 못한다.

5단계는 감정적 과민 반응에서 기인하는 성인 애착 행동으로 이때 파트너 2는 자신의 성인 애착 스타일로 행동한다.

6단계에서 파트너 2는 부부 상호작용의 내면화된 기억을 활성화시키는데 여기에는 이러한 관계나 다른 관계들, 그리고 부모의 부부 역동에서의 과거 경험을 포함한다.

7단계에서는 순환고리가 심화되고 격화되기 시작한다([그림 3-6]에서 보이는 바와 같이 보다 큰 순환고리 안에 더 작은 순환고리가 있다.). 순환고리가 계속해서 진행됨에 따라 유기나 휘말림에 대한 무의식적인 두려움이 파트너 양측에게서 증가한다. 파트너 2의 불안정한 애착 반응은 전형적으로 파트너 1의 취약성과 스트레스의 경험을 심화시키는데, 이것을 순환고리의 7단계에서 확인하는 것이다.

단계에서 이러한 취약한 입장에 있는 파트너 1은 자신의 내적 작동 모델에서 애착 불안정의 유형에 따라 정서적으로 과활성화되거나 비활성화된다. 파트너 1의 취약성과 반응성의 복잡성은 다시금 더욱 확고한 거리두기나 갈등 패턴의 상승을 초래한다.

8단계부터 10단계에 이르기까지 순환고리가 팽팽해짐에 따라 각 파트너는 전형적으로 불안정한 파트너의 경우 그 파트너의 내적 작동 모델은 동성 부모와 같은 것이기 쉽다(Mikulincer & Florian, 1998). 예를 들어, 이성 부부의 경우 여성은 자신의 파트너의 철회를 알고 자신의 부모 가운데 아버지가 철회하는 것을 본 상호작용을 떠올리며 부부 상호작용에서 반응할 수 있다. 제2장과 이 장에서 강조했듯이 우리는 성인기에 경험하는 애착 유대의 복잡성을 이해하기 위해 체계적인 렌즈를 제공한다. 순환고리는 부부관계가 조각나고 쪼개져서 단절과 불안정한 애착에 이르는 과정을 보여 준다. 감정적 과민 반응과 부적응적 성인 애착 행동과 불안정한 내적 작동 모델의 조합은 부부 유대 안에 작동하는 애착의 세대간 전이를 드러낸다. 순환고리가 팽팽해지고 정서적 격화가 계속 나타날수록 두 파트너의 아동기 애착 패턴들이 노출되고 단절을 초래한다.

9단계에서는 파트너 2의 아동기 애착 패턴이 드러남에 따라 정서적 취약성과 유기, 휘말림에 대한 두려움이 더욱 활성화된다.

그때 파트너 2는 10단계에서 상승시키는 행동이나 거리두기 행동을 통해 이러한 욕구들을 표현하는데 이는 다시 파트너 1의 감정적 과민 반응 취약성, 유기에 대한 두려움을 촉발시킨다. 10단계에서는 계속해서 서로 더욱 팽팽하게 얽히고 반응적이 되는 방어적인 상호작용 패턴을 강화하는 과정을 시작된다. 결국 이러한 과정은 불안정한 연결과 소원함이나 적대감으로 이어진다.

(1) 단절과 불안정한 애착으로의 10단계에 대한 요약

이러한 논의를 통해 우리는 순환고리 내에 일차적인, 그리고 이차적인 방어적 상호작용 패턴이 있다고 가정한다. 순환고리는 종종 한쪽의 파트너가 정서적/신체적 욕구를 가지고 있을 때 시작되는데 이에 따라 취약성의 수준이 정해진다. 취약한 파트너가 위안을 받기 위해 다른 파트너에게 향할 때 자신과 상대방, 그리고 그들의 애착 스타일이 표현될 것이다. 만일 안정형의 파트너라면 위로를 청할 것이다. 만일 몰두형이라면 위로를 받기 위해 주장하거나 요구적이기 쉽다. 만일 거부형의 파트너라면 그 파트너는 위로를 요청하지 않으며 심지어 정서적으로 철회하고 다른 파트너가 신경 쓰도록 내버려둘 것이다. 이러한 일차적인 방어적 상호작용 패턴은 전형적으로 파트너 각자의 성인기 애착 스타일을 반영한다(1~3단계 그리고 4~6단계). 이차적인 방어적 상호작용 패턴(7~10단계)은 불안정한 애착 스타일의 상승이 취약성을 심화시키고 양가감정, 회피나 와해와 같은 아동기 애착 패턴을 겨냥할 때 일어난다. 그때 파트너들은 자신들의 아동기 애착 패턴으로 내모는 그들의 내적 작동 모델에서 단서를 해석하고 반응하기 시작할 수 있다.

내적 모델 지도를 확인하고 그에 반응하는 것은 보다 효과적인 유대를 촉진시키고 안정 애착을 강화하기 위해 부부 상호작용의 무한 순환고리를 푸는 데 중요하다. 스트레스가 증가하거나 갈등이 격화될수록 이차적인 방어적 상호작용 패턴이 8단계에서 10단계에서 실행되기 시작할 것이다. 이러한 이차적인 방어적 상호작용 패턴들은 애착 이론가들에 의해 과활성화나 비활성화하는 애착 전략으로 정의될 수 있으며 그것은 연결에 대한 욕구에 반응하지 못한 것에서 비롯된 것이다(Mikulincer & Shaver, 2005). 과활성화하는 전략들은 자신들의 현재 중요한 애착 대상으로부터 연결, 친밀감, 인정, 지지를 구하는 애착 불안이 높은 사람들에게 흔하게 나타난다. 이와 대조적으로 비활성화하는 전략은 회피적 애착 불안이 높은 사람들에게서 보편적이다. 회피 애착이 심한 사람들은 연결, 친밀감, 재확인과 격려를 위해 자신들의 일차적인 애착 대상에 더 다가가기보다 오히려 더 멀리 떨어진다. 와해된 애착 패턴은 기저에 있는 트라우마 때문에 빨리 고조되기 쉽다는 것을 고려해야 한다. 어려움에 처한 와해형 애착을 가진 파트너는 연결감과 안정감을 얻기 위해 전형적으로 요구적이면서 동시에 거부적인 행동을 시작한다. 상대 파트너의 반응은 종종 와해형 애착 파트너를 진정시키지 못할 것이다. 이러한 부부들은 만성적이며 풀기 어려우며 임상 경험이 많은 다수의 임상가들에게도 도전이 되는 높은 수준의 갈등을 가졌다는 특징이 있다. 전반적으로 제시된 애착 스타일의 형태에 상관없이 순환고리는 매우 비생산적이 되고 [그림 3-6]에서 보는 바와 같이 중단되지 않는다면 경직성이 단단해지는 결과를 초래한다.

(2) 부부 몰입의 발달

전형적으로 안정된 부부는 나눔과 연민, 문제해결의 감정적 몰입(emotional flow)의 수준을 유지할 수 있다. 불안이 높은 불안정한 부부들은 고조될 수 있는 부정적인 대화 패턴을 갖기 쉽다. 회피가 높은 불안정한 부부는 소통과 연결을 최소화한다. 그리고 안정-불안정 부부가 있는데 이들은 순환고리의 다른 변형을 경험한다. 일반적으로 이러한 패턴들은 몰두형, 거부형 그리고 미해결된 애착 스타일이 섞인 것이다.

어려움에 처한 안정적인 내적 작동 모델을 가진 파트너가 접촉을 개시하고 다른 파트너가 연민으로 반응한다면 이러한 부부는 부부 몰입(couple flow)을 경험하게 될 것이다. 부부 몰입이란 보살핌과 지지, 애정과 반응성의 계속적인 순환고리라고 정의할 수 있다.

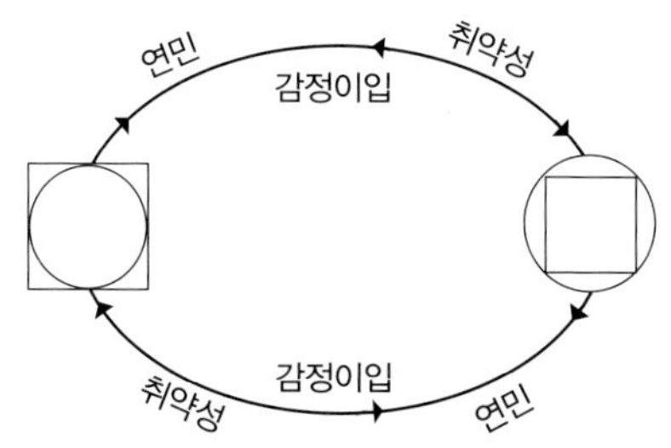

[그림 3-7] 부부 몰입

부부 몰입은 공유와 감정이입, 연민의 열린 과정으로 나타난다.

(3) 부부 상호작용 지도와 부부 몰입의 요약

부부 상호작용 지도를 사용하는 것은 임상가들에게 두 가지 중요한 기능이 있다. 첫째, 부부 상호작용 지도는 부부관계 역동을 각 파트너의 부모 애착 대상에 대한 내적 작동 모델과 현재 애착관계에 의해 영향을 받는 것으로 묘사한다. 둘째, 부부 상호작용 지도는 보다 안정적인 연결을 조장하는 감정이입, 연민 그리고 지지를 억제하는 방어적인 상호작용 패턴에 초점을 맞춘다. 각 파트너의 내적 작동 모델은 여기서 언급했던 과거와 현재 관계 경험에 영향을 주고 영향을 받는다. 부부 상호작용 지도는 아동기와 성인기 애착 패턴과 애착 스타일이 내담자 체계 내에서 어떻게 서로 뒤섞이는지 그 상호작용을 보여 주기 때문에 독특하고 복잡하며 강력한 도구다. 어떻게 아동기와 성인기 애착 패턴과 애착 스타일이 정신 내적 그리고 상호작용적 역동과 애착의 작동 모델에 영향을 주는지를 이해하는 것은 치료자가 세대 간에 전이되는 애착 패턴을 확인하고, 가장 중요하게는 치료자가 성인이 된 자녀가 새로운 부부 역동의 일부가 될 때 나타내는 부정적인 패턴을 차단시킬 수 있도록 돕는다.

4) 기본적인 가족 지도

초점화된 가계도의 일부로서 개발된 도구들은 치료자들이 내담자들의 애착 각본의 세대 간 전이를 탐색할 때 새로운 사고를 할 기회를 준다. 가계도는 가계도를 개발하기 위해 전형적인 족보 형태를 사용한다는 점에서 가족 지도(Family Map)와는 다르다. 가족 지도를 기본적인 가계도와 구분하는 것은 임상가에게 대인관계와 현재 가족 체계의 위계를 도표화하는 데 융통성 있는 방법을 제공한다.

기본적인 가족 지도는 정서적 단절과 과잉 밀착, 분리 그리고 다양한 기타 가족 역동을 묘사하는 용어를 포함하는 전통적인 가족 평가로 내담자 체계 성원들 간의 관계 패턴을 묘사하는 상징을 사용한다. 가족 지도는 작동 중인 역동을 포착하는 생생한 슬라이드 같아서 현재 가족 체계 성원들과 그들의 관계 역동을 생생하게 묘사한다. 가족 지도는 구조적 가족치료에서 가장 보편적으로 사용되었다.

5) 새로운 추가: 가족 연결 지도

체계 간 접근 내에서 애착 이론의 통합과 그에 따른 다양한 초점화된 가계도의 일부로서 또한 도표화 도구의 확장으로 특정한 애착 중심의 가족 연결 지도(Family Connecting Map: FCM)가 나왔으며 이는 도표화 도구들에 새롭게 추가된다. 가족 연결 지도는 Circumplex 모델의 기본적인 연구에 근거해 있다. Circumplex 모델은 Olson과 그의 동료들(1979, 1989, 2000)에 의해 1979년 처음 소개되었으며 Olson(2011)에 의해 갱신되었다. Olson의 모델은 부부와 가족의 '관계적 진단'을 강조하고 있기 때문에 체계 간 접근의 가족 및 세대 간 영역을 탐색하는 데 유용한 접근을 제공한다. Circumplex 모델은 어떻게 가족구성원들이 임의의 시점에서 가족 체계 내에서 연결과 융통성의 감각에 근거해서 자신들의 관계를 파악하는지를 확인하는 유동적인 모델이다(Olson, 2011). 지난 30년간 이 모델과 그 적용에 대해서는 1,200편 이상의 연구가 있다(Olson, 2011).

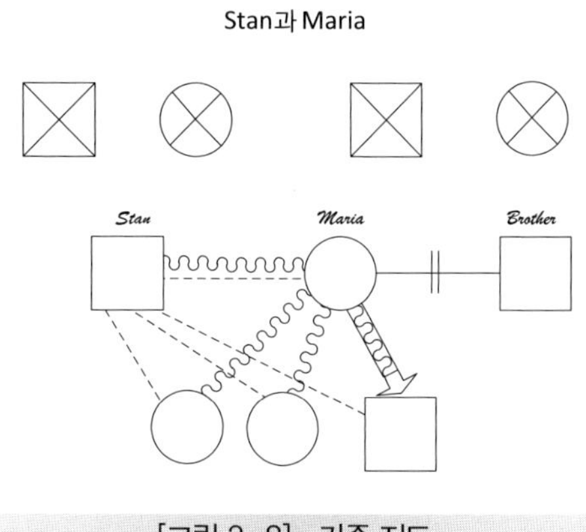

[그림 3-8] 가족 지도

이 가족 지도는 Stan과 Maria의 부부관계와 자녀와의 관계를 나타낸다. Maria는 자신의 남동생과 단절되어 있으며, Stan은 자신의 세 자녀에게는 모두 거부적이다. Maria는 자신의 딸들과는 몰두적인 관계인 반면 아들과는 학대적이고 와해된 관계를 맺고 있다.

Circumplex 모델에는 두 가지 차원, 응집성(Cohesion, 원래는 연결성이라고 명명했었음)과 융통성(Flexibility, 원래는 적응성이라고 불렀음)이 있는데, 다른 가족 평가 모델과는 비교되었다. Olson은 '응집성'은 타당화, 애정, 애정적인 관여 그리고 소속 같은 용어에 해당한다고 주장했다. 반면에 융통성은 적응성, 상호의존성, 변화 능력, 지배 및 복종, 문제해결 같은 용어에 해당한다고 하였다. Byng-Hall(1995)은 처음으로 Bowlby의 애착 이론을 그가 '각본'이라고 부른 세대 간 가족 패턴에 적용하였다. 그는 안정적인 가족 기지의 중요성을 강조하고 애착 스타일에 근거해서 안정적인 가족과 불안정한 가족의 특징을 기술하고 이러한 패턴들을 '애착 각본(attachment scripts)'이라고 불렀다. 애착 각본들은 때로는 현재 가족원이 알지도 못하고 이해하지 못하는 가운데 시간이 감에 따라 나타나며 가족에 중요하게 영향을 미치는 세대 간 패턴이다. 애착 스타일의 세대 간 전이는 발달심리학에서 계속해서 밝혀지고 있다(Bernier & Dozer, 2003).

가족 연결 지도(<표 3-2>)는 Circumplex 모델의 차원과 용어들을 효과적으로 애착 이론과 스타일들을 통합하면서 애착 용어로 재형식화하였다. 우리는 이미 어떻게 내적 모델 지도가 일차적인 애착 대상에 대한 애착 도식에 기초한 개인들의 내적 작동 모델을 포착했는지 설명하였다. 유사하게 가족 연결 지도는 가족구성원 각각에게 가족 내에서 융통성과 연결성의 경험을 파악하고 그러한 경험들을 애착 각본 용어로 옮긴다. 애착 패턴들은 부모-자녀의 유대를 기술할 뿐만 아니라 가족 내에서 한 세대에서 다음 세대로 전수되는 세대 간 애착의 일차적인 수단인 부모의 부부간 유대도 서술한다(Cowan & Cowan, 2005). 우리는 각 유형의 가족 내에서 애착 각본으로 적합하다고 믿는 애착 용어들을 추가했다. 우리는 융통성(flexibility)을 신뢰성(reliability)이라는 애착 용어와 같으며 연결성(connection)은 반응성(responsiveness)이라는 애착 용어와 같은 것으로 간주했다. 대체로 연결성은 가족 내에서 밀착이나 분리의 정도를 말하는 반면 융통성은 가족 내에서 경계나 역할 그리고 규칙의 경직성을 말한다.

더욱이 가족 연결 지도는 <표 3-3>에서 보는 바와 같이 16가지 유형의 가족 애착 각본을 제시한다. 표의 중앙에는 우리가 안정형으로 확인한 네 가지의 균형 잡힌 가족 유형이 있다. 안정형으로부터 밖으로 뻗어 나가면서 여덟 가지의 중간 범위의 가족 애착 각본이 있다. 이러한 유형들은 몰두형이나 거부형의 애착 각본으로 갈 것이다. 그러나 연속체의 양극단으로 가지는 않을 것이다. 마지막으로, 중요한 유형으로는 네 모서리에 네 가지의 와해형의 애착 각본이 있는데 이는 서로 다른 극단의 조합을 나타낸다. 다음으로 우리는 임상가들이 이러한 유형들을 빨리 알 수 있도록 각 유형들을 자세히 설명할 것이다.

이러한 유형들을 확장하기 위해 우리는 네 가지의 안정적인 가족 애착 각본에서 시작한다. 안정적인 가족들은 그들의 연결성과 융통성에서 균형 잡힌 가족으로 압력이나 발달적 스트레스하에서 하나나 두 가지 차원에서 잠재적인 변화를 갖는다. 안정적인 가족에서 대부분의 개인들은 또한 안정적인 내적 작동 모델을 가지고 있다. 반면에 여덟 가지의 중간 범위 가족은 지배적인 가족 애착 각본으로 불안정한 애착 패턴의 다양한 반복을 보여 준다. 보다 세부적으로 먼저 네 가지의 거부형 가족 애착 각본이 있는데 이는 회피적인 아동기 애착 패턴을 보이며 전형적으로 부모가 자녀의 정서적 표현과 신체적 애정을 거부하거나 최소화하거나 자녀의 신호를 제대로 읽지 못한다. 이와 반대로 양가적인 아동기 애착 패턴을 반영하며 전형적으로 물리적으로 언제든 부모를 볼 수 있으나 정서적 관심을 예측할 수 없는 패턴을 통해 발달된 네 가지의 몰두형 가족 애착 각본이 있다.

〈표 3-2〉 가족 연결 지도(FCM)

		낮음	연결성(connection)		높음
		분리된 (disengaged)	소원한 (distant)	연결된 (connected)	밀착된 (enmeshed)
융통성 (flexibility)	높음 혼란스러운 (chaotic)	예측 불가 (unpredictable) 와해형	거부형	몰두형	지나친 관여 (overinvolved) 와해형
	융통성 있는 (flexible)	거부형	안정형	안정형	몰두형
	구조화된 (structured)	거부형	안정형	안정형	몰두형
	경직된(rigid) 낮음	무관심 (uninrolved) 와해형	거부형	몰두형	통제 (controlling) 와해형

주: 이 표에서 보듯 가족 연결 지도는 융통성과 연결성 연속체를 묘사한다.

네 가지의 거부형(dismissive) 가족 애착 각본은 다음과 같다.

- 분리된-융통성 있는 가족들은 극단적으로 단절되어 있으며 매우 융통적이다.
- 분리된-구조화된 가족들은 극단적으로 단절되어 있으며 매우 비융통적이다.
- 소원한-혼란스러운 가족들은 매우 단절되어 있으며 매우 융통적이다.
- 소원한-경직된 가족들은 매우 단절되어 있으며 매우 비융통적이다.

네 가지의 몰두형(preoccupied) 가족 애착 각본은 다음과 같다.

- 밀착된–융통성 있는 가족들은 극단적으로 연결되어 있으며 매우 융통적이다.
- 밀착된–구조화된 가족들은 극단적으로 연결되어 있으며 매우 비융통적이다.
- 연결된–혼란스러운 가족들은 매우 연결되어 있으며 극단적으로 융통적이다.
- 연결된–경직된 가족들은 매우 연결되어 있으며 매우 비융통적이다.

마지막으로, 연결과 단절 그리고 융통성과 비융통성의 극단에 해당되는 가족 연결 지도의 네 곳의 모서리에 있는 네 가지의 와해형 가족 애착 각본이 있다. 우리는 Circumplex 모델의 기술적 용어를 새로운 애착 용어들로 재정의했는데 예측 불가(Unpredictable), 무관심(Uninvolved), 지나친 관여(Overinvolved), 통제(Controlling)다. 와해된 가족 스타일의 유형을 결정하는 것은 치료적 자세를 발달시키는 데 중요한 측면이다. 왜냐하면 이러한 가족들은 복잡하고 분산적인 애착 스타일을 보이기 때문이다. 와해된 애착은 만성적인 트라우마의 결과일 수 있다. 제9장에서 가족 연결 지도의 이러한 측면에 대해 자세히 언급할 것이다.

〈표 3-3〉 애착 초점화된 가족 유형들을 적용한 가족 연결 지도(FCM)

	낮음	연결성		높음
높음	예측 불가형 (Unpredictable) 분리된 혼란스러운	거부형 (Dismissive) 소원한 혼란스러운	몰두형 (Preoccupied) 연결된 혼란스러운	지나친 관여형 (Overinvolved) 밀착된 혼란스러운
융통성	거부형(Dismissive) 분리된 융통적인	안정형(Secure)	안정형(Secure)	몰두형 (Preoccupied) 밀착된 융통적인
	거부형(Dismissive) 분리된 구조화된	안정형(Secure)	안정형(Secure)	몰두형 (Preoccupied) 밀착된 구조화된
낮음	무관심형 (Uninvolved) 분리된 경직된	거부형(Dismissive) 소원한 경직된	몰두형 (Preoccupied) 연결된 경직된	통제형 (Controlling) 밀착된 경직된

주: 이러한 가족 연결 지도는 어떠한 특정한 가족이라도 융통성과 연결성의 수준에 따른 열여섯 가지 가족 유형으로 묘사하기 위해 용어를 붙인 것이다.

〈표 3-3〉에 나와 있는 Circumplex 모델의 응용에 근거한 네 가지의 와해형(disorganized) 애착 각본은 다음과 같다.

- 예측 불가능한 가족들은 극단적으로 단절되어 있고 극단적으로 융통적이어서 가족원들은 불분명한 규칙과 역할 때문에 자신을 스스로 건사한다.
- 무관심한 가족들은 극단적으로 단절되어 있고 극단적으로 경직되어 있어서 가족원들은 계속해서 고립되어 있고 지나치게 독립적이다.
- 지나치게 관여하는 가족들은 극단적으로 연결되어 있고 극단적으로 융통적이어서 불분명한 규칙과 역할 때문에 가족원들은 서로에 대해 숨 막혀 한다.
- 통제적인 가족들은 극단적으로 연결되어 있고 극단적으로 비융통적이어서 가족원들은 자율성과 자립성을 갖는 것이 어렵다.

치료자가 내적 모델 지도와 부부 상호작용 지도, 그리고 가족 연결 지도를 사용하기 시작할 때 분리적이고 갈피를 잡지 못하는 애착 스타일은 개인 · 부부 · 가족치료에서 분명하게 드러난다. 우리는 또한 부부 및 부모 관계가 세대 간의 관계를 중재한다는 것을 강조했다. 만일 한쪽이나 양쪽의 부모가 뚜렷하게 분리된 애착 스타일이라면 가족 애착 각본은 가족 연결 지도에 의해 확인된 네 가지의 와해형의 가족 가운데 하나일 것이다. 예를 들어, 부부치료 사례에서 한 파트너가 와해형 애착 스타일을 보였다. 그녀는 친구들과 잘 알지 못하는 사람들 앞에서 두려움을 느꼈다. 그녀는 아동기와 청소년기 동안에 부모에게서 신체적 · 정서적으로 학대를 받았기 때문에 그 누구도 믿지 않았다. 그러나 학대는 혼란스럽지도 않고 예측 불가능하지도 않았다. 그녀 부모의 종교적 성향은 학대를 합리화했으며 더 엄격한 구조를 조장했다. 만일 종교적인 가르침을 따르지 않는다면 내담자는 수치심을 느껴야 했고 체벌을 받아야 했다. 우리가 통제형이라고 부르는 이렇게 경직되고 밀착된 가족에서 그녀는 두려움과 동시에 부모와 연결되고 싶다는 바람을 갖는다. 이와 동시에 내담자는 기상시간이나 가정생활, 허용되는 일에 대한 규칙 같은 자신의 생활방식에서도 엄격하다. 그 결과 그녀는 규칙을 깨는 일이나 신체적 친밀감에 대해 두려워한다. 이러한 짧은 예시는 어떻게 원가족 경험이 통제형 가족 애착 각본을 발달시키는 세대 간 전이 과정에 직접적으로 영향을 미치고 조장하는지를 보여 준다. 그것은 또한 내적 모델 지도와 가족 연결 지도의 상호작용을 보여 주는데, 그러한 상호작용은 더 나아가 와해된 애착 경험을 초래한다.

가족 연결 지도는 부분적으로 안정형, 몰두형, 거부형, 와해형의 애착 각본의 내력과 현재의 모습을 구별하기 위한 역사적인 가족 체계를 이해하는 데 유용하다. 절차상 가족 연결 지도는 단순해서 일반적인 평가의 한 방법으로 완성할 수 있다. 이 장의 맨 뒤 페이지에서 보듯이 각 개인에게는 열 개의 질문 문항이 주어진다. 다섯 개의 질문은 융통성, 다른 다섯 개의 질문은 연결성에 관한 것으로 내담자는 채점한 점수를 가족 연결 지도 표 위에서 표시를 할 수 있다. 각 가족원의 점수는 표의 한 영역에 모여지며 그것은 가족의 지배적인 관계 역동을 보여 준다. 가령 세 명의 가족원이 **밀착–융통성**(enmeshed-flexible) 범주에, 그리고 다른 한 명은 **균형**(balanced) 범주에, 또 다른 한 명은 **연결–혼란**(connectd-chaotic) 범주에 있다고 하면 그 가족의 역동은 일차적으로 **밀착–융통성** 가족으로 간주되며 이는 몰두형의 가족 애착 각본이 지배적임을 시사한다. 가족 연결 지도 질문지는 추정되는 가족 애착 각본을 가진 가족 역동을 탐색하기 위한 방법을 제공한다.

Byng-Hall(1995)은 이러한 유형의 가족 애착 각본의 범주화를 시도했다. 그러나 초점화된 가계도 지도들은 부부와 가족 유형론에 대한 실재적인 연구에 근거한 구조화된 방법을 제시한다.

〈표 3-4〉 가족 연결 지도(FCM) 질문지 채점표

		연결성			
		분리된 (5~10)	소원한 (11~15)	연결된 (15~20)	밀착된 (20~25)
융통성	혼란 (5~10)	예측 불가 와해형	거부형	몰두형	지나친 관여 와해형
	융통성 (10~15)	거부형	안정형	안정형	몰두형
	구조화 (16~20)	거부형	안정형	안정형	몰두형
	경직 (20~25)	무관심 와해형	거부형	몰두형	통제 와해형

가족 연결 지도가 가족 애착 각본을 묘사하고 있지만 개인적 애착 패턴은 가족 애착 각본과는 다르다. 앞의 예에서 보듯이 만일 한 사람의 가족 연결 지도 점수가 다른 가족원과 다르다면 대부분의 다른 가족원과는 다른 애착 렌즈를 통해 가족을 경험할 것이다. 또 다른 예로 일차적으로 거부적인 가족 안에 몰두형의 애착을 가진 가족원이 있을 수 있는데 그것은 독특한 아동기 경험의 결과일 수 있다. 예를 들면, 어려서 오랫동안 아팠던 아이는 돌보아 준 사람에게 보다 연결되어 있지만 신뢰하기 어려운 애착을 발달시켰을 수 있다. 만일 완전한 체계 간 접근이 이루어진다면 가족 연결 지도 스타일에서 특별한 역동을 가진 개인이 그 부모와 다른 사람들과의 경험에 따라 어떻게 남다른 내적 작동 모델을 갖게 되는지 알 수 있을 것이다.

가족 연결 지도와 그 의미를 이해하는 데 있어 시간의 요소는 중요하다. 아이들은 한부모가족이나 확대가족 그리고 번갈아 바뀌는 친족과의 경험에 따라 하나 이상의 가족 체계에 노출될 수 있다. 많은 아동과 청소년들에게 가족 경험은 시간과 장소에 따라 바뀔 수 있다. 가족 연결 지도는 세대에서 세대로 전이되는 애착 스타일을 보여 주는 부모 역할 패턴들을 근거로 가족 체계 내에서 사용 중인 애착 각본을 확인하는 데 도움을 준다. Circumplex 모델은 가족 체계에서 시간의 흐름에 따른 역할 융통성의 가치를 강조하는데, 이는 부부와 가족 연대표를 개발할 때도 중요하다. 부부와 가족 연대표는 가족의 융통성에서의 문제들을 야기했을 수 있을 사건이나 전환들을 보여 줄 것이며 우리는 치료적 자세가 이러한 가족 스타일에 적응할 수 있다고 생각한다.

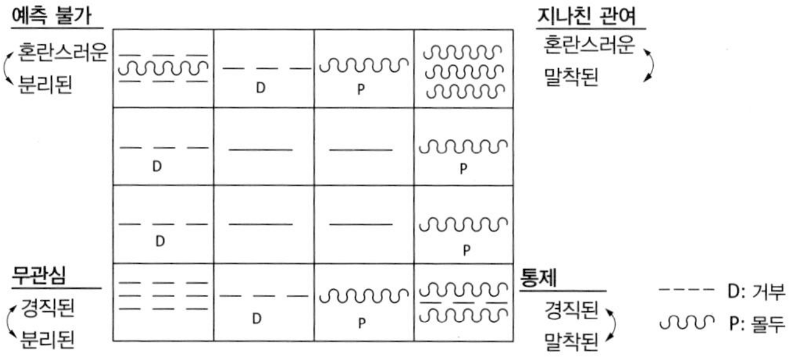

예측 불가 / 혼란스러운 / 분리된
지나친 관여 / 혼란스러운 / 말착된
무관심 / 경직된 / 분리된
통제 / 경직된 / 말착된
---- D: 거부
∿∿∿ P: 몰두

[그림 3-9] 애착 도표화 상징들: 가족 애착 스타일

이러한 그림은 확인된 가족 연결 지도 애착 유형에 따른 우세한 가족 애착 각본을 묘사한다.

(1) 가족 도표화 도구들에 대한 요약

우리는 이제까지 불균형적인 차원에 있는 유형에 대해 애착에 기반한 새로운 용어로 뒤섞인 Circumplex 모델로부터 전통적인 도표화의 종합으로서 가족 연결 지도를 제시했다. 그 결과 우리는 분리된 내적 작동 모델은 가족 연결 지도에서 기술했던 네 가지의 매우 다른 분리된 가족 애착 각본 유형을 초래한다고 주장했다. 그 결과 가족 연결 지도는 사례형식화에서 본질적인 부분이다. 기본적인 가족 지도와 가족 연결 지도 모두를 포함해서 가족 지도를 만드는 것은 치료자들에게 관계 패턴을 검토해서 치료계획의 일부로서 목표와 과제 그리고 유대를 만드는 데 필요한 도구를 제공한다.

임상가들이 내담자 체계로 작업하기 시작할 때 현재 원가족과 세대 간 가족 체계 모두의 가족관계를 평가하는 것에 대해 관심을 갖는 것은 임상가들이 내담자들이 치료에서 나타내는 정서적 · 행동적 강점과 약점을 이해하기 위한 한 가지 방법이다. 내담자들이 자신의 개인적, 관계적 그리고 가족 이야기들을 치료에 가져올 때 치료자는 이 책에 나와 있는 초점화된 가계도를 사용하면서 더 탐색할 수 있는 주제들을 따라 내담자 체계에 적극적인 참여자가 된다.

(2) 생태도의 중요성

사회복지의 틀에서 Hartman(1978)은 가족 체계와 외부의 자원과 조직, 그리고 기관과의 관계에 대한 정보를 보여 주는 방법으로 생태도를 개발했다. 생태도는 복잡한 관계 체계와 작업하는 맥락뿐만 아니라 대인 서비스 프로그램에서 대중화된 도구다. 생태도는 어떠한 내담자 체계를 둘러싼 '마을(village)'을 확인하는 데 유용하다. "한 명의 아이를 키우기 위해서는 하나의 마을이 필요하다."라는 말이 자주 인용되며 이 말은 Toni Morrison이 1981년 7월 「Essence」에서 "나는 한 명의 부모가 한 명의 아이를 키울 수 있다고 생각하지 않는다. 두 명의 부모도 한 명의 아이를 키울 수 없다. 우리는 정말로 하나의 마을 전체가 필요하다."[5]라고 한 것이 아마도 출처일 것이다. 애착에 초점화된 생태도는 이러한 통상적으로 사용되는 도표화 도구의 변형된 반복으로 특히 초점화된 가계도의 도구를 완성하기 위해 개발되었다.

임상가들은 특정한 영역에 대한 생태적 영향력을 도표화하기 위해 개인, 부부,

가족을 위한 생태도를 개발하는 것을 선택할 수 있다. 예를 들어, 임상가는 부부가 자신들의 파트너십을 강화하기 위해 사용할 수 있는 특정한 맥락적 자원들을 탐색하기 위해 생태도를 사용할 수 있다. 이 책에서는 환경과 다양한 자원의 제약이 가족과 관계 체계에 주는 도전들과 삶의 다양성이 증가하고 있기 때문에 초점화된 가계도의 맥락적 영역을 확장하였다. 문화는 크게 대인관계 행동과 개인의 정체감에 영향을 미친다. 내담자 체계가 개인, 부부 또는 가족이거나 상관없이 초점화된 가계도는 문화, 젠더, 성(sexuality), 정서, 애착 패턴, 그리고 일, 건강, 중독, 폭력 등과 같은 특정한 삶의 영역의 패턴과 주제들을 조직한다.

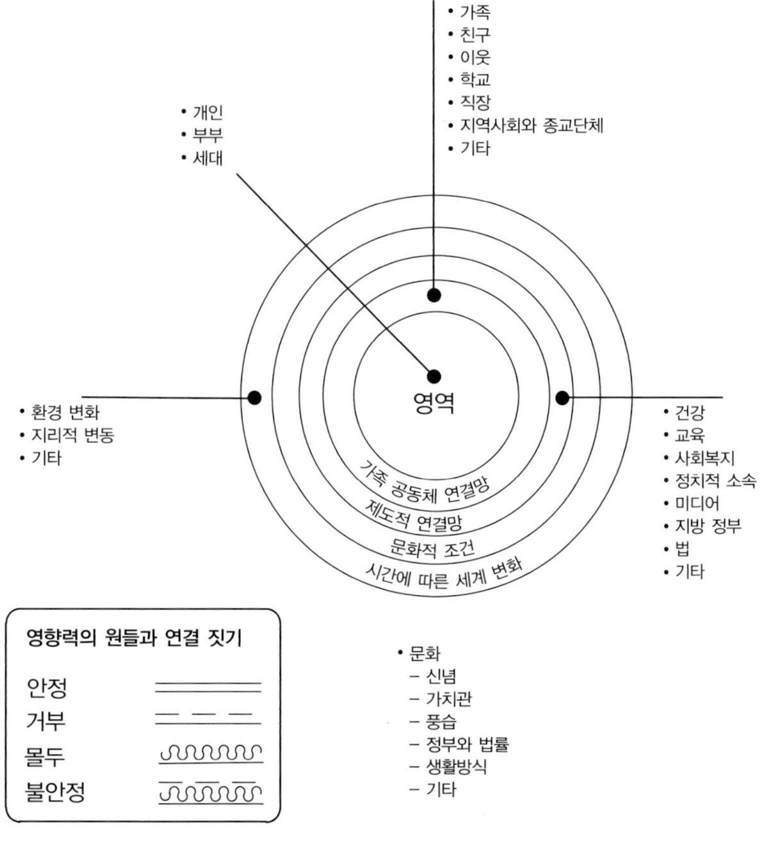

[그림 3-10] 애착 초점화된 생태도

이 그림에서 원의 안쪽에서 바깥쪽으로 원이 움직이고 있으며 각각의 층은 맥락적 영역의 측면을 나타낸다. 가족과 지역사회 연결망, 기관 간의 연결망, 문화적 조건, 그리고 시간의 흐름에 따른 세계의 변화 등이 모든 원으로 표시되며 속에서 특정한 사람과 기관, 조건들이 나열될 수 있다.

생태도는 또한 내담자 체계가 지역사회와 상호작용하는 방식을 보여 주며 강점과 자원 그리고 욕구를 도표로 보여 준다(McCormick, Stricklin, Nowak, & Rous, 2008). 필라델피아는 어려움을 겪는 아이들과 가족들을 치료하는 가족치료를 발전시키고 확대시킨 발상지였다. Speck(1967), Speck과 Attneave(1973)는 사회적 그리고 지역사회 관계망을 연구하는 방법론을 만들었는데 그것은 20명에서 40명 사이의 참여자와 몇 명(3~5명)의 가족 관계망 치료자들이 포함되어 정신건강 욕구로 힘겨워하는 가족원들을 치료하기 위한 자원들을 개발하기 위한 방법들을 찾기 위한 것이었다. Compher(1989)는 필라델피아의 아동복지 체계 내에서 많은 가족치료 선구자들의 연구를 확장하기 시작했다. 또한 Jones와 Lindblad-Goldberg(2002)도 필라델피아에 Ecosystemic Structural Family Therapy(ESFT)를 세웠으며 Lindblad-Goldberg와 Northey(2013)는 더 나아가 ESFT의 임상적 이론적 요소들을 세부적으로 다듬었는데 이 모델은 Minuchin(1974)에 의해 개척된 구조화된 가족치료의 토대에 의지하고 있으며 증거에 기반하고 있다. 이러한 다차원적인 가족치료 모델들 또한 맥락적 영역 내에서 내담자 체계의 평가를 심화하기 위해 내담자 체계와 애착 이론의 개념들을 사용할 수 있다. Kietaibl(2012)은 문화적 차이를 존중하는 애착 초점의 중요성을 강조하고, 관계적 문화 이론은 문화적 가치에 근거한 애착 기반의 개입을 종합하는 하나의 모델이라고 주장한다(Jordan, 2008).

5. 연대표 도구

연대표(timeline)의 개념은 이제 새롭지 않다. 그러나 우리는 각각의 영역을 포함시키는 새로운 방식으로 그것을 형식화한다. 개인, 부부, 그리고 가족 시각에서 성장과 발달을 보는 것은 임상가들이 내담자 체계 내의 순환적 패턴, 유산, 그리고 도전들을 탐색하는 데 보다 체계적인 방법을 갖게 해 준다. 체계적인 시각에서 Riegel(1976)은 발달의 변증법을 탐색했으며, Lerner(2011)는 유사한 방식으로 발달은 항상 변화하지만 변화가 항상 발달을 포함하진 않으며 사람들은 체계의 다른 수준에서 변화의 산물인 동시에 변화의 생산자라고 주장했다. 연대표는 치료자들이 내담자가 삶의 경험의 결과로서 취약성을 갖는다는 점에서 특히 어느 수준이나 모든 수준에서 있을 수 있는 트라우마에 관심을 기울이도록 돕는다.

발달적 · 시간적 정보는 현재 문제와 불만들에 대한 가설을 개발하고 만드는 데 종종 중요하다. 실험적이거나 '지금-현재' 개입이 현재의 변화에 영향을 미칠지라도 문제의 지속은 종종 과거의 문제들이 감춰져 있거나 거론되지 않았기 때문이다. Stanton(1992)은 연대표가 우리가 연대표의 유용한 기능이라고 믿는 발견과 가설 설정뿐만 아니라 제시된 문제를 평가할 때 "왜 현재는 그런가?"라는 질문에 대답을 찾는 데 유용한 도구라고 주장한다. 비록 내담자 체계의 문제 경험의 시간적 측면을 체계적인 평가와 통합시키기 위해 연대표 가계도를 통합하고 발달시키려는 몇 차례 시도가 있었지만 이러한 연대표들은 너무나 세부적이어서 다루기 힘들게 되었으며 그래서 광범위한 임상적 지지를 받지 못했다. 초점화된 가계도 연대표는 치료자들에게 체계의 다양한 영역에 대한 주의를 요하는 '역사'를 포함시키는 실용적인 방법이다(Friedman, Rohrbaugh, & Krakauer, 1988; Stanton, 1992). 특정한 초점화된 가계도에 대한 장들을 통해 연대표의 예들이 제시될 것이다. 이 장에서 우리는 연대표와 평가를 위한 연대표의 적용과 유용성에 대해 살펴볼 것이다.

연대표는 시간적인 렌즈와 같아서 선정되거나 구분된 시점에서 가족의 패턴과 사건들을 보여 준다. 연대표는 작성하는 것이 단순하다. 외부적이거나 맥락적인 요인들이 다른 세 가지 연대표 중 하나와 결합된 중심적인 연대표나 별도의 연대표에 포함될 수 있다. 연대표는 맥락적 요인들뿐만 아니라 개인, 부부, 가족의 연대기적 관점을 제공하여 내담자 체계 경험의 전체적인 그림을 만든다. 네 개의 연대표 각각은 다른 초점을 가지고 있으며 이것은 다음에서 설명할 것이다. 체계 간 접근의 모든 영역에 대한 연대표는 임상가가 상이한 영역을 가로지르는 일련의 사건들의 순환적이거나 상호적인 성격을 탐색할 수 있게 해 준다.

1) 개인적 연대표

개인적 연대표(Individual Timeline)는 아동기와 성인기 애착 경험을 조망하기 위한 방법으로 중요한 인생 사건과 전환에 주목하게 한다. 연대표에서는 다음과 같은 부분에 특별히 초점을 두어야 한다.

1. 출생을 둘러싼 상황-신체적, 정서적, 그리고 사회적
2. 발달적 쟁점-인지적, 행동적, 정서적, 그리고 교육적
3. 건강과 안녕-신체적 발달과 의료적 내력
4. 가족 상황-트라우마, 비극, 그리고 생활환경

[그림 3-11]은 한 내담자의 개인적 연대표의 예다.

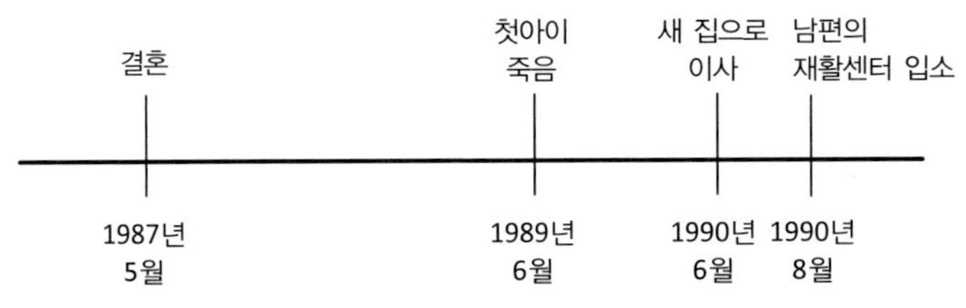

[그림 3-11] Ruth의 연대표

Ruth의 가족 체계의 연대표는 결혼, 유아의 사망, 새집 장만, 남편의 중독재활센터 입소 등 중요한 네 가지 사건들을 표시하였다.

이 연대표는 Ruth가 갓난아이였던 아들이 죽은 지 1년 후 새 집으로 이사한 것과 동시에 그 남편이 3개월간 중독재활센터에 입소한 것을 보여 준다. 이러한 연대표에서 그녀의 결혼(예상된 사건), 그녀의 갓난 아들의 죽음(상황적 사건), 그녀 남편의 재활센터 입소(상황적 사건) 그리고 새 집으로의 이사(예상된 사건)이 모두 표시되어 있다. 치료자는 어린 아들에 대한 애도를 향한 가족의 관심에 초점을 맞추어 그것이 남편의 중독에 미친 영향에 대해 논의할 수 있었다. 또한 Ruth가 아이가 있던 방을 청소하는 동작은 우울증을 상징하는 것이었기 때문에 Ruth의 우울증에 대해서도 초점을 맞출 수 있었다. 그러므로 Ruth는 마침내 아기 방을 깨끗이 치우면서 애도 과정을 시작할 수 있게 되었다.

하나의 연대표를 개발하는 것이 유용한 많은 임상적인 상황들이 있다. 또 하나의 예는 치료에 온 한 내담자는 새로운 관계에서 자신의 성역할에 대해 걱정하고 있었다. 젠더 연대표는 성역할, 성정체성, 연애, 그리고 성에 관련된 발달적 쟁점

들에 주목하는 방식을 제공한다. 이러한 연대표에서 얻은 정보는 임상가가 왜 그녀가 자신의 성역할에 대해 양가감정을 갖는지 이해하는 데 도움이 될 수 있다. 가령 아동기와 사춘기 초기에 가졌던 성과 관련된 사고, 감정 그리고 행동적 실험의 경험들은 긍정적 피드백을 받았는지 부정적 피드백을 받았는지에 따라 다양한 영향을 받을 수 있다. 만일 임상가가 사건이나 발달적 문제들이 중요하다고 믿는다면 그 문제들은 초점화된 가계도의 일부인 선정된 연대표(혹은 선호에 따라 기본 연대표) 위에 표시될 것이다. 날짜를 적는 것은 다양한 개인적 · 가족적 스트레스의 중복을 결정하는 데 매우 유용하다.

(1) 아동과 청소년 발달과 개인의 연대표

아동과 청소년의 발달과 행동은 초점화된 가계도 과정에서 중요한 부분이다. 왜냐면 각 아동의 독특한 특성과 기질은 부모의 애착 패턴과 상호작용하기 때문이다. 결국 이러한 초기 애착 패턴은 개인의 성인기 애착 스타일에 중요한 영향을 미친다(Bernier & Dozer, 2003). 더욱이 부모의 내적 작동 모델과 자녀가 세계와 관계 맺는 개별적인 방법은 자녀가 부모의 돌봄에 대한 반응 나아가 아동기와 청소년기 애착 행동에 영향을 줄 것이다. Greenspan(1981, 1991, 2003)은 어떻게 한 개인이 각 발달 단계에서의 경험을 조직하는지 평가하기 위해 발달적 구조주의 접근을 형식화하였다. 그는 아동에 대한 체계적 관찰에는 신체적 그리고 신경학적 발달, 기분, 인간-관계 능력, 정서와 불안, 환경의 이용, 주제의 발달, 주관적 반응 등이 포함되어야 한다고 주장한다. 아이들의 문제와 욕구는 체계적 실무의 복잡한 과정에서 쉽게 간과될 수 있기 때문에 신체적인 문제로 위장된 아이들의 정서적 문제를 평가하는 것은 심리평가를 개발하는 것의 일부다. 그러므로 기본적인 아동 발달과 돌봄, 부모 역할과 아동기 애착 연구에 대해서도 충분히 알아야 한다.

2) 관계 경험 연대표

관계 경험 연대표(Relationship Experience Timeline)는 별거나 외도 혹은 트라우마와 같이 중요한 부부 전환과 위기뿐만 아니라 현재 부부관계에 대한 종단적인 조망을 제공한다. 이전에 친밀한 관계도 고려사항으로 표시해야 한다. 관계 경험 연대표의 사건들은 발달적 사건과 애착 사건들을 고려하며 또한 개인의 연대표와 가족의 연대표와 상호작용한다.

Erikson의 성인기의 발달 단계(1963)[6]는 성인기 발달을 검토하는 데 확고한(그리고 유명한) 이론 틀로 사용되며 Gould(1978)의 연구에 의해 발전되었다. Levinson(1978)과 그 외에 Arnett'(2000, 2007)의 출현하는 성인기(emerging adulthood)에 대한 최근 연구는 18세에서 25세 사이의 산업화된 국가에서 성장한 사람들의 독특한 측면을 탐색하는 하나의 렌즈를 제공한다. 이러한 단계들은 연대표에 표시한다. 각 단계는 전환의 시기로 표시되는데 쉬지 못한다는 느낌, 스트레스, 역기능의 출현, 앞으로 나아가야 할 단계에서 갇혀 있는 느낌, 그리고 인생 구조의 재평가에 대한 욕구는 종종 이러한 전환의 시기에 수반된다.

체계 간 접근은 일관되게 부부의 인생주기에 주목해 왔다(Monte, 1989; Weeks, 1989). Monte(1989)는 Berman과 Lief(1975)의 연구를 사용했으며, Carter와 McGoldrick(1980)은 부부에 초점을 둔 발달적 인생주기를 자녀와 부모 역할과는 분리시켰다. 관계 경험 연대표는 개인 연대표와 가족 연대표에도 영향을 미치며 상호작용한다.

관계 경험 연대표는 이전의 부부관계가 어떻게 현재 관계에 영향을 미쳤는가 하는 것뿐만 아니라 현재 부부관계와 그 역사를 탐색하기 위한 도구를 제공한다. 관계 경험 연대표는 초기 연애(그리고 성적) 경험이 긍정적이었는지 부정적이었는지, 트라우마였는지 아니면 이러한 것들이 다소 섞인 것이었는지를 확인한다. 이에 더하여 성인 초기나 성인 후기에 발달한 경험 외에 아동기와 청소년기의 초기 경험들도 현재 관계의 역동에 영향을 줄 수 있다. 특히, 관계 경험 연대표는 다음과 같은 내용을 확인하고 탐색한다.

1. 이전의 낭만적이고 친밀한 관계
2. 어떻게 현재 관계가 발달되어 왔는가: 어떻게 부부가 만났으며, 낭만적이었던 경험은 어떠했는지 그리고 어떻게, 언제 결혼을 결심했는가
3. 초기 데이팅, 로맨스, 동거, 결혼, 이혼 경험
4. 관계의 현재 단계, 예상되는 발달적 전환, 위기 및 트라우마

(1) 부부 파트너십과 결혼의 단계

인간 발달의 다른 단계와 똑같이 결혼과 결혼을 약속한 친밀한 관계는 부부로서 거쳐야 하는 일련의 단계로 볼 수 있다. 부부관계 인생주기는 가족 발달 이론의 하위 영역인 가족생활주기 단계 시각과 매우 유사하다. 부부관계는 그러한 단계 모델의 적용에 대해 도전을 제공한다. 그러나 친밀한 성인 파트너 관계 발달을 탐색한 연구들이 다소 있다. 가장 주목할 만한 것은 Campbell(1990), Harrar와 DeMaria(2007), Kovacs(2007), Monte(1989), 그리고 Scarf(1980, 2008, 2010)의 연구다. 어떤 학자들은 단계들이 반드시 직선적으로 이루어지지 않으며 변증법적이며, 다차원적이거나, 곡선적일 수 있다고 주장했다(D'Augelli, 1994; Kurdek, 1995; Weeks & Wright, 1979).

결혼 이론의 틀에서 결혼 단계[7]는 성인의 애정과 결혼 및 커플 생활 주기의 독특한 측면들을 강조한다. 어떤 학자들은 언약한 친밀한 관계들은 일련의 직선적인 단계로 일어난다고 주장한다(Clunis & Green, 1988; McWhirter & Marrison, 1984; Pelton & Hertlein, 2011). 그러므로 그들은 단계의 진행을 주장하는데 각 단계들이 고유한 발달적 과업이 있어서 과업을 이루면 관계가 강화될 수 있으나 그렇지 못하면 관계가 약화된다고 하였다. 예를 들어, **결혼의 7단계**(Harrar & DeMaria, 2007)는 결혼이 점진적인 변화와 전환을 하면서 예측 가능한 시간에 따른 변화 패턴을 갖는 여행이라는 개념에 입각한 연속적인 발달 모델이다(Broderick & Blewitt, 2006; Elder, 1998). 이러한 모델은 성장과 통합이 가능하다고 보는 중요한 생애 모델을 가정한다(Kolb, 1984). 그리고 그것은 주로 구조적 발달 모델(Tamashiro, 1978)이다. 결혼의 7단계란 ① 열정(passion), ② 깨달음(realization), ③ 반항(rebellion), ④ 협력(cooperation), ⑤ 재결합(reunion), ⑥ 완성(completion, contentment, 만족이라고도 함; Scarf, 2008), 그리고 ⑦ 폭발(explosion)이다.

Blumer와 Green(2011)은 동성 파트너에 대한 질적 연구와 임상적 경험에 바탕을 둔 동성 파트너 발달 모델을 제시했다(Blumer, 2008; Blumer & Murphy, 2011; Green, 2009; Green & Blumer, 2010). 그들의 모델에서 부부 혹은 파트너가 된 관계를 맺은 개인들은 각자의 문화적 요인들, 애착 스타일, 레즈비언, 게이, 혹은 양성애자(LGB)로서의 정체성 수준을 보이며, 한눈에 알아볼 수 있는 관리를 통해 이러한 각각의 정체성을 관리한다(Blumer & Green, 2011; Green & Blumer, 2013;

Hertlein & Blumer, 2013). 이러한 개인들이 만나면, 그리고 만일 만나기로 선택한다면 그들은 파트너 관계를 이루고 관계 유지의 단계를 거쳐 결론에 이르며 혹은 관계 형성과 유지로 되돌아갈 수 있다. 동성 커플로서의 경험은 이성 커플의 경험보다 좀 더 비슷하다(Blumer & Murphy, 2011). 한 가지 큰 예외는 그들의 커플로서의 경험이 이성애자가 주류이며 동성애자를 혐오하는 보다 큰 사회문화적 맥락에 놓여 있다는 것이다(Blumer, Green, Thomte, & Green, 2013). 이러한 외적인 영향력은 먼저 커플 형성에 대한 장벽이 될 수 있다(Bepko & Johnson, 2000). 그리고 그것은 사회와 가족의 지지의 수준과 커플로서의 가시성 수준, 법적으로 관계를 인정받을 권리에도 영향을 미친다. 그러므로 결국은 파트너십 형성(예: 데이트를 하기 위해 파트너임을 드러내야 하는 것과 사람들이 데이트하는 것을 알게 되는 것 등), 유지(예: 부모의 권리) 그리고 결론(예: 사별과 애도 권리) 단계의 경험에도 영향을 미친다(Blumer & Green, 2011; Green & Blumer, 2013).

3) 가족 연대표

가족 연대표(The Family Timeline)는 가족 발달 이론과 애착에 대한 사고에 토대를 두고 있다. 그것은 현재 가족 체계에서 예상되거나 예상치 못한 인생 사건들을 강조하기 위해 사용되었다. 예상되는 사건으로는 성인 자녀의 집 떠남, 결혼, 부모됨, 노화가 포함될 수 있다. 예상치 못한 인생 사건으로는 신체적인 질병, 트라우마가 된 상실, 기후적인 그리고 사회적 사건들이다(Arnett, 2000; Carter & McGoldrick, 1980; Duvall, 1977; Erikson, 1963; Walsh, 1982). 종교적인 사건이나 문화적 전통, 트라우마나 외부의 영향력과 같은 외적/맥락적 요인들도 가족 연대표에 기록할 수 있다.

가족 발달 이론은 결혼과 가족관계의 형성과 유지 그리고 변화를 기술하는 이론적인 틀이다. 생활주기 모델과 생애 발달은 단계들이 중첩되고 전환들이 시간에 따라 불연속적이지 않다는 것을 강조한다. 가족생활주기 이론은 단계들이 부모됨과 자녀와 관계있는 것으로 묘사하며 젊은 성인에서 결혼 및 부모됨 그리고 자녀들이 다른 단계로 이동하는 것에 주로 초점을 둔다.

가족 체계 치료자들 가운데 Satir(1967)는 특히 중요한 인생 전환 시에 일어나는 역사적 사건들에 세심한 주의를 기울이도록 격려했다. 그녀는 가족생활 연대표를 사용하면서 개인의 출생, 결혼 그리고 자녀의 출생을 둘러싼 상황에 초점을 맞추었다. 자녀의 출생 시기, 인생 사건들과 기념일의 일치(예상된 것이기도 하면서 트라우마를 주는), 중요한 이사와 이주의 시기, 사회적 · 경제적 · 정치적 사건들을 도표화함으로써 임상가는 개인과 가족 체계에 대한 중요한 발달적 정보를 얻고 전통적인 가계도로는 알 수 없는 역사적인 시각을 얻는다.

경제적 · 교육적 · 사회적인 어려움과 같은 많은 중요한 문제들을 경험하는 가족들은 전통적인 가족생활주기 모델에도 맞지 않음을 아는 것이 중요하다. 트라우마가 되는 상실과 친밀한 가정 폭력은 가족 체계에 특히 황폐한 영향을 미칠 수 있다. 그러나 이러한 손실이나 트라우마는 주로 내담자 체계에 있을 때 부가적인 맥락적 연대표(contextual timeline)에 나타난다.

다른 예로는 이민 가족이나 난민 가족, 무거주지 가족, 사회경제적 수준이 낮은 가족, 정부의 지원을 받는 가족, 여러 가지 상처를 경험한 개인이나 가족, 그리고 제도화된 인종차별을 경험한 가족들의 사례들이 포함된다. 이러한 특수한 생활 사건들이나 외부의 영향력은 내담자 체계에서 전면적인 변화를 만들 수 있다. 그러므로 그러한 사건들은 각자의 연대표에 기록하거나 적어도 선택된 연대표에 특별히 관심을 기울여야 한다.

임상가가 내담자 체계에 대한 발달적 시각을 갖기 위해서는 초기 치료에서 가족 연대표를 만드는 일에 초점을 두는 것이 중요하다. 가족 연대표는 임상가가 다음과 같은 가족 연속성과 변화의 많은 측면을 고려할 수 있도록 해 준다.

- 현재 어떤 세대와 같이 살고 있는가? 현재 내담자는 조부모와 증조부모에 대해 알고 있는가?
- 어떤 생활 주기 단계가 현재 가족 체계를 지배하는가? 혹은 다양한 가족생활 단계에 있는 가족원들이 현재 가족 체계를 이루고 있는가?
- 현재 가족생활 단계로 확인되는 내담자 체계와 그와 관련된 사람들이 겪는 도전이나 어려움은 무엇인가?
- 건강이나 경제적 · 지리적 · 기후적 어려움이나 군대 배치 혹은 통일과 같은 현재 전환적인 도전이나 스트레스는 무엇인가?

중요한 사건들의 기념일도 연대표 위에 표시할 수 있다. 기념일 반응(anniversary reaction)이란 하나의 사건, 보통 상처받았던 사건이나 스트레스를 준 생활사건을 재현하게 하는 사건으로 해리 경험을 포함할 수 있는 사건과 연관된 감정들이 되살아나는 것을 말한다. 종종 기념일 반응은 가족의 죽음이나 다른 상처가 된 상실이나 신체적 · 정신적 질병을 포함하는 지각된 상실의 시점을 둘러싸고 일어난다. 기념일 반응은 가족원마다 다를 수 있으며 매우 복잡해서 보다 큰 내담자 체계 내에서 탐색해야 한다. 어떤 가족원은 죽음과 같은 사건에 기념일 반응이 나타날 수 있으나 가족 내에서도 다른 가족원은 그렇지 않을 수 있다. 그 결과 발달적이고 전환적 사건들이 가족 안에서도 가족원들 각각에게는 다른 영향을 갖는다. 왜냐하면 가족 생활은 보통 완만한 발달 경로를 따르지 않기 때문이다. 연대표는 발달적이고 전환적 사건들을 도표화하는 데 유용한 도구다. 가령 Masten과 Coatsworth(1998)는 개인 연대표상에서 확인될 수 있는 아동과 청소년들의 회복력을 증진시키는 특수한 발달 과업들을 확인했다. 이와 유사하게 Gladding(2009)은 예상되는 발달 경로에 필요한 특별한 과업들을 강조했다.

4) 연대표: 요약

초점화된 가계도 연대표(개인, 관계 경험, 가족 그리고 필요하다면 맥락적 연대표)들은 사건의 계열을 표시하고 그러한 사건들을 현재의 기능과 연결시키는 데 필수적인 도구다. 비록 종종 비직선적이고 비연속적이더라도 발달과 애착 패턴은 독특한 내담자 체계의 문화적 맥락과 그들의 이야기 속의 사건들에 대하여 탐색하는 데 중요하다.

요약

이 장은 초점화된 가계도의 일부인 다양한 지도들과 연대표의 특수한 역할들을 설명한다. 체계 간 접근의 각 영역은 그에 상응하는 지도들과 연대표를 갖고 있어서 임상가들이 내담자 체계에 대한 정보를 모으고 조직화할 수 있도록 돕는다. 지도들은 임상가가 애착 패턴, 스타일, 그리고 영역마다의 각본을 추적할 수 있도록 하며 내담자 체계의 전반적인 이해와 애착 행동에 대한 인식을 돕는다. 특히, 내적 모델 지도는 아동기 부모나 다른 관련 인물과의 애착 패턴을 묘사한다.

그리고 우리는 애착이 원가족에서 어떻게 발달되었으며 상담실에서 관찰 가능한 정서와 행동으로 부부 상호작용의 무한 순환고리에서는 어떻게 나타나는지를 자세히 기술하기 위해 부부 상호작용 지도와 가족 연결 지도를 개발하였다. 부부 상호작용 지도는 내적 모델 지도에서 묘사된 개인의 애착 패턴에서 나왔다. 부부 상호작용 지도는 ① 부부 상호작용 지도의 일부로 포함된 내적 모델 지도에 포함된 아동기 애착 패턴, ② 부부 역동 내에서의 성인 애착 상호작용, ③ 부부관계에 미치는 현재 가족 애착의 각본의 영향력을 합친 것이다. 부부치료에서 부부 상호작용 지도의 가치는 그것이 상호작용하는 성인 애착 스타일을 묘사할 뿐만 아니라 동시에 치료자가 어떤 아동기 애착 유대(어머니, 아버지 혹은 다른 사람)가 부부관계에서 더 일차적이었는지를 결정하도록 돕는다는 것이다. 가족 연결 지도 또한 내적 모델 지도에서 나왔으며 Minuchin이나 Satir와 같은 가족치료의 선구자들이 이전에 사용했던 도표들을 확장한 것이다. 가족 연결 지도는 Olson의 가족 기능의 Circumplex 모델을 애착 이론과 종합하여 열여섯 가지 가족 애착 각본 유형에 따라 가족의 역동을 기술하기 위한 평가도구로 제시한 것이다.

지도들에 더하여 연대표는 개인, 부부, 그리고 가족 체계에 대한 임상적 가설들을 풍부하게 하기 위한 유용한 시간적 렌즈를 제공한다. 개인 · 관계 경험 · 가족 · 맥락적 연대표들은 발달, 트라우마 그리고 학대 경험과 기타 사건들에 대한 정보를 제공한다. 연대표들은 역사적으로 일부 가계도에서 포함되었었지만 제한적으로만 사용되었다. 연대표들은 시간적 렌즈를 제공함으로써 개인과 가족 기능에 대한 가설들을 풍부하게 한다.

초점화된 가계도의 임상적 도구들, 즉 초점화된 가계도들, 지도들, 그리고 연대표들은 임상적 개입을 안내하여 치료적 동맹에 초점을 두도록 종합적인 평가를 제공한다. 가족관계를 도표화하고 연대표를 개발하는 것은 실무자들이 내담자가 치료 환경에 가지고 오는 정서적 · 행동적 강점과 약점을 이해하는 방식이다. 이러한 과정을 통해 내담자들은 임상적으로 적절한 정보를 공유하여 긍정적인 방식으로 발달과 역사에 대한 관심을 경험하게 된다.

주

1. 내적 모델 지도와 부부 상호작용 지도는 애착 가계도에서 사용되는 필수적인 도구들이다.
2. 사례형식화, 기본 가계도, 그리고 중독 가계도들은 발간될 『Attachment-Based Genogram Workbook』 애착 토대 가계도 활동집에 포함되었다.
3. 우리는 이러한 도표들을 초점화된 가계도 개발에 사용된 도표화 도구들로 지칭한다.
4. 우리는 이 장과 책 전반에 걸쳐 애착 패턴에 관한 '동성(same gender)' 연구가 생물학적 성정체감과 사회적 성정체감이 일치하는 사람들의 관계 체계에 대해서만 수행되었다는 것을 인정한다.
5. Yale의 인용문 책에서는 "하나의 마을이 필요하다."라는 속담은 1989년까지 거슬러 올라간다.
6. 우리는 이러한 발달 단계들이 백인 중산층의 생물학적 성정체성과 사회적 성정체성이 일치하는 사람들로 일부일처제의 이성애자들의 관계 체계에 근거해 있으며 그러한 체계에 우선적으로 적용할 수 있다는 한계가 있다는 것을 알고 있다.
7. 초점화된 가계도 모델 내에서 평가의 목적으로 위해 사용한 '결혼'이라는 말은 당사자들에 의해 규정되는 장기간의 헌신하는 관계와 기타 형태를 포함한다.

참고문헌

Ackerman, N. W. (1984). *A theory for family systems*. New York: Gardner Press.

Ainsworth, M. S. (1979). Infant-mother attachment. *American Psychologist, 34*(10), 932.

Ainsworth, M. S., Bell, S. M., & Stayton, D. J. (1971). Individual differences in strange-situation behavior of one-year-olds. In H. R. Schaffer (Ed.). *The Origins of Human Social Relations* (pp. 17–58). New York: Academic Press.

Arnett, J. J. (2000). Emerging adulthood: A theory of development from the late teens through the twenties. *American Psychologist, 55*(5), 469–580.

Arnett, J. J. (2007). Emerging adulthood: What is it, and what is it good for? *Child Development Perspectives, 1*(2), 68–73.

Belous, C., Timm, T., Chee, G., & Whitehead, M. (2012). Revisiting the sexual genogram. *The American Journal of Family Therapy, 40*, 281–296.

Bepko, C., & Johnson, T. (2000). Gay and lesbian couples in therapy: Perspectives for the contemporary family therapist. *Journal of Marital and Family Therapy, 26*(4), 409–419.

Berman, E. M., & Lief, H. I. (1975). Marital therapy from a psychiatric perspective: An overview. *American Journal of Psychiatry, 132*, 583–592.

Bernier, A., & Dozier, M. (2003). Bridging the attachment transmission gap: The role of maternal mind-mindedness. *International Journal of Behavioral Development, 27*(4), 355–365.

Blumer, M. L. C. (2008). *Gay men's experiences of Alaskan society in their coupled relationships*. (Doctoral dissertation, Thesis/Dissertation ETD).

Blumer, M. L. C., & Green, M. S. (2011, September). *The role of same-sex couple development in clinical practice*. Workshop presented at the Annual Conference of the American Association for Marriage and Family Therapy, Fort Worth, TX.

Blumer, M. L. C., Green, M. S., Thomte, N. L., & Green, P. (2013). Are we queer yet? Addressing heterosexual and gender conforming privileges. In K. A. Case (Ed.), *Deconstructing privilege: Teaching and learning as allies in the classroom* (pp. 151–168). New York: Routledge.

Blumer, M. L. C., & Hertlein, K. M. (2015). The technology-focused genogram: A tool for exploring intergenerational communication patterns around technology use. In C. J. Bruess (Ed.). *Family communication in a digital age* (pp. 471–490). New York: Routledge.

Blumer, M. L. C., & Murphy, M. J. (2011). Alaskan gay male's couple experiences of societal non-support: Coping through families of choice and therapeutic means. *Contemporary Family Therapy: An International Forum, 33*(2), 1–18.

Bowen, M. (1980). *Defining a self in one's family of origin-Part 1* [Videotape]. Washington, DC: Georgetown Family Center.

Broderick, P., & Blewitt, P. (2006). *The life span: Human development for helping professionals* (2nd ed.). Upper Saddle River, NJ: Merrill Prentice Hall.

Butler, J. F. (2008). The family diagram and genogram: Comparisons and contrasts. *The American Journal of Family Therapy, 36*(3), 169–180.

Byng-Hall, J. (1995). Creating a secure family base: Some implications of attachment theory for family therapy. *Family Process, 34*, 45-58.

Campbell, J. D. (1990). Self-esteem and clarity of the self-concept. *Journal of Personality and Social Psychology, 59*(3), 538-549.

Carter, E. A., & McGoldrick, M. (1980). *The family life cycle*. New York: Gardner Press.

Clunis, D. M., & Green, G. D. (1988). *Lesbian couples*. Seattle, WA: Seal.

Collins, N. L., & Read, S. J. (1990). Adult attachment, working models, and relationship quality in dating couples. *Journal of Personality and Social Psychology, 58*(4), 644-663.

Compher, J. V. (1989). *Family-centered practice: The interactional dance beyond the family system*. New York: Human Sciences Press.

Coupland, S., Serovich, J., & Glenn, J. (1995). Reliability in constructing genograms: A study among marriage and family therapy doctoral students. *Journal of Marital and Family Therapy, 21*(3), 251-263.

Cowan, C. P., & Cowan, P. A. (2005). Two central roles for couple relationships: Breaking negative intergenerational patterns and enhancing children's adaptation. *Sexual and Relationship Therapy, 20*(3), 275-288.

Cowan, P. A., & Cowan, C. P. (2006). Developmental psychopathology from family systems and family risk factors perspectives: Implications for family research, practice, and policy. In D. Cicchetti & D. J. Cohen (Eds.), *Developmental psychopathology* (2nd ed.) (pp. 530-587). New York: Wiley.

Cowan, P. A., & Cowan, C. P. (2009). Couple relationships: A missing link between adult attachment and children's outcomes. *Attachment & Human Development, 11*(1), 1-4.

D'Augelli, A. R. (1994). Identity development and sexual orientation: Toward a model of lesbian, gay, and bisexual development. In E. J. Trickett, R. J. Watts, & D. Birman (Eds.), *Human diversity: Perspectives on people in context* (pp. 312-333). San Francisco, CA: Jossey-Bass.

DeMaria, R., & Hannah, M. T. (2003). *Building intimate relationships: Bridging treatment, education, and enrichment*. New York: Brunner/Mazel.

Dinero, R., Conger, R., Shaver, P., Widaman, K., & Larsen-Rife, D. (2011). Influence of family of origin and adult romantic partners on romantic attachment security. *Couple and Family Psychology: Research and Practice, 1*(5), 16-30.

Duvall, E. (1977). *Marriage and family development* (5th ed.). Philadelphia, PA: Lippincott.

Elder, G. H. (1998). The life course as developmental theory. *Child Development, 69*(1), 1-12.

Erikson, E. H. (1963). *Childhood and society*. New York: W. W. Norton.

Fraley, R. C., Heffernan, M. E., Vicary, A. M., & Brumbaugh, C. C. (2011). The experiences in close relationships-relationship structures questionnaire: A method for assessing attachment orientations across relationships. *Psychological Assessment, 23*(3), 615-625.

Friedman, H., Rohrbaugh, M., & Krakauer, S. (1988). The time-line genogram: Highlighting temporal aspects of family relationships. *Family Process, 27*, 293-303.

Gallo, L. C., & Smith, T. W. (2001). Attachment style in marriage: Adjustment and responses to interaction. *Journal of Social and Personal Relationships, 18*(2), 263-289.

Gladding, S. T. (2009). *Counseling: A comprehensive profession* (6th ed.). New York: Merrill.

Gordon, L. H. (1994). *PAIRS curriculum guide and training manual*. Falls Church, VA: PAIRS Foundation. Retrieved from http://pairs.com/In/downloads/pairstrainingbookonline.pdf. February 9, 2005.

Gould, R. (1978). *Transformations*. New York: Simon & Schuster.

Green, M. S. (2009). The experience of therapy from the perspective of lesbian couple clients and their therapists. *Graduate Theses and Dissertations*. Paper 10963. Retrieved from http://lib.dr.iastate.edu/etd/10963.

Green, M. S., & Blumer, M. L. C. (2010). Intergenerational feminist mentoring. *National Council on Family Relations Report, FF55*, F5-F8.

Green, M. S., & Blumer, M. L. C. (2013). (In)visibility in lesbian and gay families: Managing the family closet. *Family Therapy Magazine, 12*, 28-29.

Greenspan, S. I. (1981). *The clinical interview of the child*. New York: McGraw Hill.

Greenspan, S. I. (1991). *The development of the ego: Implications for personality theory, psychopathology, and the psychotherapeutic process*. Madison, WI: International Universities Press.

Greenspan, S. I. (2003). Child care research: A clinical perspective. *Child Development, 74*, 1064–1068.

Hardy, K. V., & Laszloffy, T. A. (1995). The cultural genogram: Key to training culturally competent family therapists. *Journal of Marital and Family Therapy, 21*(3), 227–237.

Harrar, S., & DeMaria, R. (2007). *7 stages of marriage: Laughter, intimacy and passion today, tomorrow, forever*. Pleasantville, NY: Reader's Digest Association.

Hart, L. (1987). *The winning family: Increasing self-esteem in your children and yourself*. New York: Dodd, Mead.

Hartman, A. (1978). Diagrammatic assessment of family relationships. *Social Casework, 59*(8), 465–476.

Hartman, A., & Laird, J. (1983). *Family centered social work practice*. New York: MacMillian.

Hazan, C., & Shaver, P. (1987). Romantic love conceptualized as an attachment process. *Journal of Personality and Social Psychology, 52*, 511–524.

Hertlein, K. M., & Blumer, M. (2013). *The couple and family technology framework: Intimate relationships in a digital age*. New York: Routledge.

Holland, A. S., Fraley, R. C., & Roisman, G. I. (2012). Attachment styles in dating couples: Predicting relationship functioning over time. *Personal Relationships, 19*(2), 234–246.

Hollander-Goldfein, B. (2005). Knowing yourself through the transformative narratives of your childhood. *Connections*. Council for Relationships, Philadelphia, PA.

Hollander-Goldfein B., Isserman, N., & Goldenberg, J. E. (2012). *Transcending trauma: Survival, resilience and clinical implications in survivor families*. New York: Routledge.

Jones, C. W., & Lindblad-Goldberg, M. (2002). Eco-systemic structural family therapy: An elaboration of theory and practice. In F. Kaslow (Series Ed.), R. Massey & S. Massey (Vol. Eds.). *Comprehensive handbook of psychotherapy: Vol. III, interpersonal, humanistic, and existential* (pp. 3–33). New York: John Wiley and

Sons.

Jordan, J. V. (2008). Recent developments in relational-cultural theory. *Women and Therapy, 31*(2-4), 1-4.

Kietaibl, C. M. (2012). A review of attachment and its relationship to the working alliance. *Canadian Journal of Counselling and Psychotherapy, 46*(2), 122-140.

Kolb, D. A. (1984). *Experiential learning: Experience as the source of learning and development*. Englewood Cliffs, NJ: Prentice Hall.

Kovacs, L. (2007). *Building a reality-based relationship: The six stages of modern marriage*. Lincoln, NE: iUniverse.

Kurdek, L. A. (1995). Lesbian and gay couples. In A. R. D'Augelli & C. J. Patterson (Eds.), *Lesbian, gay, and bisexual identities over the lifespan* (pp. 243-261). New York: Oxford University Press.

Lerner, R. M. (2011). Structure and process in relational, developmental system theories: A commentary on contemporary changes in the understanding of developmental change across the lifespan. *Human Development, 54*(1), 34-43.

Levinson, D. (1978). *The seasons of a man's life*. New York: Alfred A. Knopf.

Lewis, K. G. (1989). The use of color-coded genograms in family therapy. *Journal of Marital and Family Therapy, 15*, 169-176.

Lindblad-Goldberg, M., & Northey, W. F. (2013). Ecosystemic structural family therapy: Theoretical and clinical foundations. *Contemporary Family Therapy, 35*(1), 147-160.

Masten, A. S., & Coatsworth, J. D. (1998). The development of competence in favorable and unfavorable environments. *American Psychologist, 53*, 205-220.

McCormick, K. M., Stricklin, S., Nowak, T. M., & Rous, B. (2008). Using eco-mapping to understand family strengths and resources. *Young Exceptional Children, 11*(2), 17-28.

McGoldrick, M., & Gerson, R. (1985). *Genograms in family assessment*. New York: W. W. Norton.

McGoldrick, M., Gerson, R., & Ellenberger, S. (1999). *Genograms: Assessment and intervention* (2nd ed.). New York: W. W. Norton.

McGoldrick, M., Gerson, R., & Poetry, S. (2008). *Genograms: Assessment and intervention* (3rd ed.). New York: W. W. Norton

McWhirter, D. P., & Mattison, A. M. (1984). *The male couple: How relationships develop*. Englewood Cliffs, NJ: Prentice Hall.

Mikulincer, M., & Florian, V. (1998). The relationship between adult attachment styles and emotional and cognitive reactions to stressful events. In J. Simpson & S. Rholes (Eds.), *Attachment theory and close relationships* (pp. 143–165). New York: Guilford.

Mikulincer, M., & Shaver, P. R. (2005). Attachment theory and emotions in close relationships: Exploring the attachment-related dynamics of emotional reactions to relational events. *Personal Relationships*, *12*, 149–168.

Minuchin, S. (1974). *Families and family therapy*. Cambridge, MA: Harvard University Press.

Minuchin, S., & Montalvo, B. (1967). Techniques for working with disorganized low socioeconomic families. *American Journal of Orthopsychiatry*, *37*, 380–387.

Monte, E. P. (1989). The relationship life cycle. In G. R. Weeks (Ed.), *Treating couples* (pp. 287–316). New York: Brunner/Mazel.

Olson, D. (2000). The circumplex model of marital and family systems, *Journal of Family Therapy*, *22*(2), 144–167.

Olson, D. (2011). FACES IV and the circumplex model: Validation study. *Journal of Marital & Family Therapy*, *37*(1), 64–80.

Olson, D., Russell, C. S., & Sprenkle, D. H. (1989). *Circumplex model: Systemic assessment and treatment of families*. New York: Haworth Press.

Olson, D., Sprenkle, D. H., & Russell, C. S. (1979). Circumplex model of marital and family system: Cohesion and adaptability dimensions, family types, and clinical applications. *Family Process*, *18*(1), 3–38.

Papaj, A. K., Blumer, M. L. C., & Robinson, L. D. (2011). The clinical deployment of therapeutic frameworks and genogram questions to serve the service woman. *Journal of Feminist Family Therapy: An International Forum*, *23*, 263–284.

Pelton, S., & Hertlein, K. M. (2011). The life cycle of voluntary childfree couples: Clinical considerations. *Journal of Feminist Family Therapy: An International Forum*, *23*, 39–53.

Riegel, K. F. (1976). The dialectics of human development. *American Psychologist*, *31*, 689-700.

Rohrbaugh, M., Rogers, J. C., & McGoldrick, M. (1992). How do experts read family genograms? *Family Systems Medicine*, *10*, 79-89.

Satir, V. (1967). *Conjoint family therapy*. Palo Alto, CA: Science & Behavior Books.

Scarf, M. (1980). *Unfinished business: Pressure points in the lives of women*. Garden City, NY: Doubleday.

Scarf, M. (2008). *Intimate partners: Patterns in love and marriage*. New York: Ballantine.

Scarf, M. (2010). *September songs: The good news about marriage in the later years*. New York: Riverhead Books.

Speck, R. V. (1967). Psychotherapy at the social network of a schizophrenic family. *Family Process*, *6*(2), 208-214.

Speck, R. V., & Attneave, C. L. (1973). *Family networks*. New York: Pantheon Books.

Stanton, M. D. (1992). The Timeline and the "why now?" question: A technique and rationale for therapy, training, organizational consultation and research. *Journal of Marital and Family Therapy*, *18*(4), 331-343.

Tamashiro, R. (1978). Developmental stages in the conceptualization of marriage. *Family Coordinator*, *27*, 238-245.

Vetere, A., & Dallos, R. (2008). Systemic therapy and attachment narratives. *Journal of Family Therapy*, *30(4)*, 374-385.

Vetere, A., & Dallos, R. (2014). Systemic therapy and attachment narratives: Attachment narrative therapy. *Clinical Child Psychology and Psychiatry*, *19*(4), 494-502.

Walsh, F. (1982). *Normal family processes*. New York: Guilford Press.

Weeks, G. (Ed.). (1989). *Treating couples: The intersystem model of the Marriage Council of Philadelphia*. New York: Brunner/Mazel.

Weeks, G., & Wright, L. (1979). Dialectics of the family life cycle. *The American Journal of Family Therapy*, *7*(1), 85-91.

White, M., & Epston, D. (1990). *Narrative means to therapeutic ends*. New York: W. W. Norton.

부록 가족 연결 지도 질문지와 채점

1. 가족 연결 지도(FCM) 질문지 지침

치료자는 내담자에게 질문지를 주거나 간단하게 면접을 할 수 있는데, 시작하는 문장은 다음과 같다. "이러한 질문들은 여러분이 여러분의 어머니나 아버지 혹은 양부모, 조부모 또는 다른 성장하면서 함께 있었던 성인들에 대해 얼마나 가깝게 느끼는지 생각해 보는 데 도움이 될 것입니다. 그리고 모든 가족원이 서로 가깝게 느끼는지, 아니면 누군가는 가깝게 느끼는데 다른 누군가는 그렇지 않은지 알아보는 데 도움이 될 것입니다. 그리고 이사했거나 전학했거나 혹은 인생에서 문제들이 생긴다면 어떻게 될 것인지 생각해 보는 데 도움이 될 것입니다. 때로 성인들이 겪는 정서적인 문제들이 자녀와 연결될 때 장애물이 될 수 있습니다."

1) 융통성(Flexibility)에 대한 질문

☑ 가족을 혼자서 책임지는 사람이 있습니까? 아니면 가족 책임감을 공유합니까?

1. 리더십이 불분명하다.
2. 항상 공유한다.
3. 대체로 공유한다.
4. 때때로 공유한다.
5. 한 사람이 책임을 맡는다.

☑ 얼마나 자주 가족원들이 가사활동에서 같은 일(역할)을 합니까?

1. 같은 역할을 거의 하지 않는다.
2. 때때로 한다.
3. 자주 한다.
4. 평상시에 한다.
5. 거의 항상 한다.

☑ 가족에서의 규칙은 어떠합니까?

1. 불분명하고 변한다.
2. 분명하고 융통성 있다.
3. 분명하고 정해져 있다.
4. 분명하고 안정적이다.
5. 규칙이 매우 분명하고 매우 안정적이다.

☑ 자녀 훈육방식은 어떻습니까?

1. 매우 관대하다.
2. 관대하다.
3. 민주적이다.
4. 다소 엄격하다.
5. 매우 엄격하다.

☑ 필요시에 가족이 얼마나 변화에 개방적입니까?

1. 매우 개방적이다.
2. 대체로 개방적이다.
3. 다소 개방적이다.
4. 거의 개방적이지 못하다.
5. 전혀 개방적이지 못하다.

2) 연결성(Connection)에 대한 질문

☑ 가족원끼리 얼마나 가깝다고 느낍니까?

1. 그렇게 많이 가깝지 않다.
2. 대체로 가깝다.
3. 가깝다.
4. 매우 가깝다.
5. 지나치게 가깝다.

☑ 가족원끼리 얼마나 자주 여가시간을 함께 보냅니까?

1. 거의 혹은 전혀 보내지 않는다.
2. 좀처럼 보내지 않는다.
3. 가끔 보낸다.
4. 자주 보낸다.
5. 매우 자주 보낸다.

☑ 가족은 어떻게 혼자 있는 시간과 함께 지내는 시간의 균형을 맞춥니까?

1. 주로 각자 혼자서 보낸다.
2. 함께 보내기보다는 따로 각자 보내는 편이다.
3. 반반이다.
4. 각자 보내기보다는 함께 더 많이 보내는 편이다.
5. 주로 함께 보내는 편이다.

☑ 가족끼리 얼마나 서로에게 독립적이거나 의존적입니까?

1. 매우 독립적이다.
2. 의존적이기보다는 훨씬 독립적이다.
3. 반반이다.
4. 독립적이기보다는 훨씬 의존적이다.
5. 매우 의존적이다.

☑ 가족에 대해 가족원 각자가 얼마나 충성심을 갖고 있습니까?

1. 별로 충성심을 가지고 있지 않다.
2. 다소 충성심을 가지고 있다.
3. 대체로 충성심을 가지고 있다.
4. 매우 충성심을 가지고 있다.
5. 지나치게 충성심을 가지고 있다.

2. 가족 연결 지도(FCM) 질문지 채점

1. 융통성과 연결성 각각 두 범주의 질문의 응답 점수를 각각 합산한다. 이때 각각의 범주의 점수의 총점은 5점에서 25점 사이이다.
2. 〈표 3-4〉의 가족 연결 지도 표에서 가로축에 연결성 점수와 세로축의 융통성 점수에 해당되는 각각의 점수를 찾아 표시한다.
3. 표시된 부분이 바로 내담자 체계의 우세한 애착 유형이다.

〈표 3-4〉 가족 연결 지도 질문지 채점표

		연결성			
		분리된 (5~10점)	소원한 (11~15점)	연결된 (15~20점)	밀착된 (20~25점)
융통성	혼란 (5~10점)	예측 불가 와해형	거부형	몰두형	지나친 관여 와해형
	융통성 (10~15점)	거부형	안정형	안정형	몰두형
	구조화 (16~20점)	거부형	안정형	안정형	몰두형
	경직 (21~25점)	무관심 와해형	거부형	몰두형	통제 와해형

치료적 자세: 애착에 기초한 개인, 부부, 가족과의 치료적 동맹

> 이론은 평범한 치료자가 이해할 수 있도록 단순해야 한다. 치료자가 중요한 문제를 분명히 이해해야 복잡하고 불리한 문제의 전문가인 내담자에게 주의를 뺏기지 않는다.
>
> – Jay Haley(1980, p. 1)

1. 개요

이 장에서는 내담자 체계 내 구성원의 애착 패턴에 기초해 치료자와 내담자 체계 간의 유대에 구체적으로 초점을 맞추어 치료자가 내담자와의 치료적 동맹을 어떻게 증진할 수 있는지를 설명할 것이다. 이 유대를 치료적 자세(TxP)라고 부를 것이다. 치료적 자세의 개발을 위한 지침으로 구체적인 도표를 제시하고, 치료가 진행되는 동안 치료적 자세의 개발 과정에 특별히 관심을 둔 치료의 단계에 대해서도 논하고자 한다. 도표에 대해서는 앞의 두 장에서 간략한 요약과 상세한 설명을 제시한 바 있다. 이 장에서는 Byng-Hall(1995)이 제시한 바 있는 애착 이론의 가족 체계로의 확장에 기초한 『초점화된 가계도』 제1판에 포함된 애착 이야기의 중요성도 강조하고 확대할 것이다.

이와 같은 종합적인 접근은 일반적 요인 접근으로 치료적 동맹의 의미를 강조하는 것과 맥을 같이한다(Weeks & Fife, 2014). Wallin(2007)이 강조했듯이, "환자가 치료자에게 갖는 애착관계는 기본적이고 일차적으로 중요하다"(p. 2). DeMaria(Demaria, Weeks, & Hoff, 1999)는 이 치료적 자세라는 용어를 치료적 동맹의 애착에 초점을 맞춘 '유대'를 구체적으로 정의하는 데 적용했다. 치료적 자세는 내담자 체계의 각 구성원의 애착 패턴에 기초해 치료자가 특정 치료 시점에서 내담자 체계를 향해 표출하는 애착 방식을 말한다. 이 접근은 『초첨화된 가계도』 제1판(DeMaria et al., 1999)에서 간략히 기술한 바 있다. 1999년 이 책을 출간한 이후로 치료적 자세 개념의 이론적 · 개념적 · 실제적 특징을 확장해 왔다. 이 장에서는 치료적 자세의 개발과 사용의 진화 과정과 기초에 대해 설명하고자 한다.

치료적 자세는 치료적 동맹을 뜻하며 애착에 초점을 둔 '유대'를 묘사하는 용어다.[1] 안정 및 불안정 애착 패턴을 나타내는 내담자 체계와 일하는 것은 조율된 치료적 유대를 필요로 한다. 치료적 자세는 안정, 불안-저항, 불안-회피, 와해의 애착 패턴을 보이는 내담자를 치료할 때 임상가에게 방향을 제시하며, 네 가지 '유대' 방식이 있다. 이 장에서 제시될 이 네 가지 독특한 치료적 자세 유대 방식은 내담자 체계의 각 성원의 아동기 애착 패턴에 맞추어진 구체적인 애착에 초점을 둔 치료적 자세를 제시한다. 치료적 자세 방식은 임상가에게 치료적 동맹에 결정적으로 중요한 요소인 치료적 유대를 강화하는 법을 알려 준다.

네 가지 유대 방식의 정의 외에 치료 내내 치료적 자세가 전개되는 단계 모형도 제시할 것이다. 달리 말하면, 치료자가 특정 치료적 자세 유대 방식을 사용하면서 내담자의 현존하는 애착 패턴에 더 맞춘 치료적 자세로 시작할 수도 있지만, 치료가 진전됨에 따라 상이한 치료적 자세 유대 방식을 사용해 점진적으로 치료적 자세를 바꾸게 된다. 치료적 자세를 개입 계획의 일부로 채택하는 숙련된 치료자라면 시간이 갈수록 내담자와의 안정된 유대를 촉진할 수 있는 잠재력을 갖고 있고 궁극적으로는 성공적인 치료 성과를 이끌게 될 것이다. 치료적 자세는 불안정한 애착 역사를 표출하는 이들을 대상으로 임상적 결과를 개선하는 핵심적인 요소로 작용한다.

치료에 애착 패턴을 사용하는 것은 어떻게 내담자 체계와 보다 강력한 유대를 발달시키는가 하는 퍼즐을 푸는 것으로, 지금까지 그 어떤 치료 모델이나 통합적 접근의 일부로도 다루어지지 않았다. 치료적 자세의 개념은 새롭고 혁신적인 것이다. 체계 간 접근(IA)과 애착 이론에 기초한 구성개념은 체계 간 접근으로 통합된다. 치료적 자세는 종합적이고도 실질적인 치료적 동맹을 강화하는 새로운 방법을 제공한다. 치료적 자세는 개인, 부부, 가족을 비롯해 수많은 관계 체계에 활용될 수 있고 내담자에 의해 제시되는 어떠한 애착 패턴의 욕구에도 부합되도록 맞출 수 있다. 이 장에서는 부부 · 가족치료 접근에 있어 동맹의 확장과 관련된 역사적 견해를 제시하는 것으로부터 시작하고자 한다.

Obegi(2008)는 동맹의 치료적 유대를 향상하기 위한 모델의 중요성을 강조한다. 다른 연구는 치료적 동맹을 위한 중립적이거나 두드러진 방식이 회피나 분리형의 내담자에게 특히 치료 중단, 실패, 파기의 요인이 될 수 있다고 한다(Smith, Msetfi, & Golding, 2010). 각 내담자 체계를 위한 치료적 자세의 개발은 아동과 청소년기 애착 경험을 드러내는 치료 중 각 내담자를 위한 내적 모델 지도(IMM)를 바탕으로 한다. 내적 모델 지도는 제3장에서 다룬 바와 같이 세 가지 애착에 초점을 둔 세 가지 도표화된 도구가 애착에 초점을 둔 치료적 자세 개발에 관련되므로 이 장 후반에서 다시 살펴보도록 하겠다.

2. 치료적 자세의 이론적 배경과 임상적 시사점

아동기 애착 패턴과 가족 애착 각본(관계적 유산으로 여기는), 관계 유형이 내담자 체계에 미치는 다중적 영향을 둘러싼 세대 간 전이 과정을 탐색하는 일은 많은 전문가들에게 힘든 과제다. 가계도가 대중적이고 널리 쓰이고 있으나 대부분 가계도에 들이는 노력은 체계 내에서 변화를 필요로 하는 것과 관련해 가족 유형을 탐색하는 수준을 넘어서지 못한다. 초점화된 가계도의 사용은 치료자에게 애착 렌즈를 통해 그 독특한 역할을 탐색하도록 안내한다. 이 견해는 특별히 첫 저자가 치료적 자세라는 용어로 명명한 초점화된 애착 기반의 효과적인 치료적 동맹을 어떻게 구축할 수 있는지에 대해 시사하는 바가 크다(DeMaria et al., 1999).

체계 간 접근은 치료적 동맹을 강화하기 위한 통합적이고 종합적인 상위 틀을 제공하여 애착에 초점을 맞춘 개입의 길을 터 준다. 효과적인 치료적 동맹은 개인, 부부, 가족의 세 가지 영역 체계 전체를 가리키는 확인된 초점화된 목표와 과제뿐 아니라 치료적 관계의 정서적 유대에 초점을 둘 것을 요구한다. 조율된 애착에 초점을 맞춘 치료적 관계를 조성하기 위해 임상가가 내담자를 대할 때 각 개인의 내적 작동 모델(IWM)에 기초한 내담자의 잠재된 욕구에 주의를 기울이는 공감적이고도 관계적으로 융통적인 방식의 접근이 요구된다. 달리 말하면 치료자는 내담자 체계 내 각 구성원의 애착 패턴과 그것이 내담자 체계 내에서 어떻게 상호작용하는가를 평가할 필요가 있다. 그런 다음 치료자는 각 개인을 위한 다양한 치료 방식을 활용해 치료적 자세를 조율해야 한다. 초점화된 가계도에 의한 종합적 평가로 결정되는 구체적인 정서적 · 행동적 · 인지적 임상 전략을 개입 전략으로 해야 할 것이다.

1) 치료적 동맹의 범위 확대: 개인·관계·체계 치료에서의 애착 이론

각 영역의 임상적 도표에 기초해 애착에 초점을 맞춘 평가(특히, 내적 작동 모델을 묘사하는 내적 모델 지도)를 개발하는 것은 임상가가 내담자 체계의 구성원 간의 다양한 애착 패턴에 맞춘 치료적 동맹을 발전시키도록 돕는다. 치료적 자세는 각 내담자만의 독특한 애착 모습의 배열에 주의를 기울이는 치료적 관계를 위한 시작점을 제공한다. 치료적 자세를 위한 공감적이고 이해적인 환경을 수립하게 하기 위해 치료자는 개인, 부부, 세대 간의 맥락적 영역을 망라한 관계의 변형을 이해해야 한다.

Zetzel(1956)은 치료적 관계를 설명하기 위해 **치료적 동맹**(therapeutic alliance)이라는 말을 처음으로 사용한 사람 중 하나다. Bordin(1979)은 치료적 동맹의 세 가지 핵심을 치료의 상호 목표, 성공을 이루기 위한 과제에 대한 합의, 대인관계적 유대로 보았다. 목표는 치료에 대한 "개입의 표적인 목표(성과)의 상호 보증 및 가치화"로, 과제는 "치료 과정의 본질을 이루는 치료 행위"로, 유대는 "상호 신뢰, 수용, 확신을 포함해 내담자와 치료자 사이의 긍정적인 개인 애착"으로 정의했다(Horvath & Greenberg, 1994, p. 111). 치료적 동맹의 정의는 "치료 작업에 초점을 두고 치료자와 내담자가 함께 만들어 가는 합작 과정"이다(Sprenkle & Blow, 2004, p. 122). 치료자의 역할은 궁극적으로는 다른 관계의 개선으로 이끄는 치료자와 내담자 체계 간의 애착 유대를 가장 잘 강화하는 치료적 유대의 패턴을 규명하는 데 주도적인 접근을 취하는 것이다.

(1) 치료적 동맹과 가족 체계 모델

확장된 치료적 동맹의 형성과 관련되고 치료적 자세 개념의 발달에 전조가 되는 개념을 제안한 몇몇 가족 체계 선구자들이 있다. 예를 들어 Minuchin(1974)

은 어떻게 치료자가 가족과의 동맹을 수립하는지를 설명할 때 흔히 사용되는 용어로 **조절**과 **합류**를 제시했다. 조절은 가족 내 치료적 동맹을 이루기 위해 치료자가 가족을 위해 조성할 수 있는 적응(예: 합류, 유지, 모방 등)을 일컫는 일반적 용어다. 합류는 부부 · 가족치료 문헌에 묘사되는 구체적인 조정 기법으로 치료자가 가족원과의 래포(rapport)를 형성하고 일시적으로 가족 체계의 일부가 되기도 하는 과정이다. 그러나 합류를 위한 실제적 행동 기법을 문헌을 통해 구체적으로 묘사하지는 않았다.

Boszormenyi-Nagy(Nagy)가 말한 다방향 부분성(Boszormenyi-Nagy, 1975, Boszormenyi-Nagy & Framo, 1965)의 개념은 치료적 동맹을 위한 체계적 접근을 제공한다. Nagy(1975, 1987)는 자신의 연구를 발단으로 해서 치료자는 각 개인의 독특한 관계 방식에 가족 체계의 각 구성원에 맞춘 관계적 유대감으로 조율해야 한다고 주장했다. 가족치료 실제의 발달 초창기에 Nagy의 동료인 Zuk(1967) 역시 치료자가 부부와 가족을 위한 '중간 개입자'로 기능하는 기법을 규명하고 개발했다. 관계적 융통성을 발달시키고 다방향 부분성으로 균형을 이루면서 가족원과 관계할 수 있으며 '촉진적' 중간 개입자가 되는 임상가는(Zuk & Boszormenyi-Nagy, 1967) 내담자의 드러나지 않고 충족되지 않은 관계적 욕구에 반응함으로써 보다 안정적인 치료적 동맹을 구축할 가능성이 높다.

이와 유사하게 Whitaker(1989)는 치료자를 가리켜 자신의 임상적 작업의 경험적 접근을 이용해 가족 체계의 각 구성원에게 합류해 새로운 정서적 경험을 제공하는 '양부모'로 비유했다. Whitaker와 같이 다른 가족치료 선구자들도 치료적 관계의 개념화에 애착 이론의 설명 체계를 사용하지는 않았지만, 가족 체계 내 관계의 질에 대한 강조가 가족치료의 중심을 이루게 되었다. 이 절에서 기술한 바와 같이, Whitaker와 Minuchin 둘 다 가족관계의 변화를 격려하는 데 치료자의 역할이 중요하다고 보았다.

체계 모델이 보다 폭넓게 이용될수록 부부 · 가족치료에 있어 치료적 동맹의 이론적 시사점에 더 큰 관심이 집중된다. 예컨대, Pinsof와 Catherall(1986)은 치료적 동맹이 '확장된 작업 동맹'으로 불리는 부부 · 가족치료의 대인적 가족적 측면을 포함하도록 확장될 필요가 있다고 권장하고 있다. Wynne(1988)도 치료자가 치료적 동맹을 실제적인 핵심적 특성으로 고려할 필요가 있음을 강조했다.

Rait(2000)는 다중적 동맹이 요구되는 임상가의 독특한 역할과 도전에 대해 강조했다. 환언하면, 치료자는 가족 간에 다툼이 있을지라도 체계 내 각 성원과 동맹 관계를 수립해야 한다. 가족치료 선구자들이 주장하고 있는 이와 같은 체계적 고려는 내담자 체계의 전 구성원을 치료에 참여시키기 위해 치료적 동맹의 핵심인 애착에 초점화된 치료적 자세의 기초를 정립하는 데 도움을 주었다. 이들 선구자들은 모두 치료적 자세의 개념을 지목하였지만, 애착 이론과 연구의 발전으로 인해 오늘날 자주 활용되는 이론적 시각을 갖지는 못했다. 치료적 자세 개념의 발달은 이들 작업의 자연스러운 진보이자 부부 · 가족치료 분야를 위한 혁신적인 생각이다. 전통적으로는 정신역동적 접근과 모델이 치료적 관계를 강조한 경우였다.

(2) 치료적 동맹과 일반적 요인

치료적 동맹은 가장 중요하고 유연한 일반적 요인 가운데 하나다(Duncan & Miller, 2000). 저자들은 1999년부터 치료적 동맹에 있어 유대의 개념을 발달시키고 확장시켜 왔다. 치료적 동맹은 치료적 자세를 통해 체계의 각 성원을 구체적 목표의 대상으로 할 수 있다. 치료적 유대는 이후 목표와 과제로 안내한다. 애착 패턴에 대한 자신만의 사려 깊은 개인적 탐색을 토대로 한 치료자의 자아 활용이 이 장의 구체적 전략의 활용을 통한 내담자와의 치료적 유대를 더 강화할 것이다.

치료적 동맹의 영향은 성공적 치료의 주요 요인으로 인식되고, 치료 성과를 결정함에 있어 내담자의 성격 다음으로 중요한 영향을 미치는 요인으로 간주된다(Hubble, Duncan, & Miller, 1999; Duncan et al., 2003; Horvath & Greenberg, 1994; Horvath & Symonds, 1991; Tallman & Bohart, 1999; Liotti, 1991; Weeks & Fife, 2014). Wilson(2010)은 『부부 · 가족치료의 일반 요인: 효과적인 임상을 위해 간과된 토대(Common Factors in Couple and Family Therapy: The Overlooked Foundation for Effective Practice)』(Sprenkle, Davis, & Lebow, 2009)를 위한 기초적 개관을 검토하고, 일반적 요인이 임상적 성공을 위한 상위 틀과 모든 치료자를 위한 '영향력 있는 시사점'(p. 214)을 제공한다고 강조했다. 그는 가족치료에 독특한 네 가지 일반적인 요인을 다음과 같이 지적하고 있다.

1. 관계적 역동에 기초한 문제의 기술
2. 역기능적 관계 유형의 중단
3. 직접적 치료 팀의 확대
4. **치료적 동맹의 확대**(고딕체는 저자들이 표시한 것)

일반적인 요인과 관련된 개별화된 초점의 정의는 내담자, 치료자, 치료적 관계, 기대의 변수가 효과적인 치료의 비결임을 강조한다(Hubble et al., 1999; Tallman & Bohart, 1999). Duncan과 Miller(2000)는 이 네 가지 요인이[2] 어떻게 치료적 변화를 설명하는지를 구체적으로 언급하고 있다.

1. 내담자 요인(변화의 40% 설명)
2. 치료적 관계 요인(30%)
3. 치료 양식 및 기법과 관련된 요인(15%)
4. 기대 요인(15%)

연구자들은 내담자의 만족도가 높고 치료 작업이 효과적인 성과를 가져오는 내담자와 치료자 간의 강력한 치료적 동맹에 대해 설명해 왔다(Lambert & Bergin, 1994). 이와 같은 사실은 내담자가 남성 동성애자이거나(Blumer & Murphy, 2011) 여성 동성애자인 경우(Green, 2009)에도 적용되는 것으로 밝혀지고 있다. 흥미롭게도 슈퍼비전 경험에 대한 연구에서도 슈퍼비전에서의 관계, 특히 슈퍼비전 과정에서의 작업 동맹을 통해 슈퍼비전을 받는 사람이 슈퍼비전에 대해 만족하는 것으로 나타났다(Cheon, Blumer, Shih, Murphy, & Sato, 2009; Inman, 2006).

치료적 자세의 목표는 치료 과정 전체를 통해 진화하는 내담자와의 안정된 애착 유대를 발달시키는 것이다. Goldfried(1980)는 모든 심리치료적 접근을 망라해 교정적인 정서 경험(Corrective Emotional Experience: CEE)이 일반적으로 치료적 요인이 될 가능성이 높다고 상정했다. 많은 심리치료 접근의 일부인 교정적 정서 경험은 안정 애착의 발달과 강화의 기초이자 내담자 체계의 관계적 · 체계적 변화를 촉진하는 수단이 된다.[3] Alexander, French, 그리고 Bacon(1946)은 교정적 정서 경험을 치료자가 정서적 · 관계적 · 행동적 · 인지적 변화를 포함하는 새로운 사건들의 정서적 경험을 제공하는 것으로 정의하고 있다.

치료적 자세는 체계 간 접근의 전 영역을 망라하여 내담자 체계의 내적 작동 모델에 맞춘 정서적으로 교정적인 경험을 위한 길을 연다. 이 경험은 내담자로 하여금 자신과 가족 또는 내담자 체계 내 관계에 있어서의 태도, 감정, 행동을 바꾸도록 돕는다. 교정적인 정서 경험은 개인의 부정적 정서, 경험, 기대에 대해 도전하게 하고 자신과 타인에 대한 관점, 행동, 정서 반응의 새로운 변화를 유도하는 사건이다. 결과적으로 애착의 내적 작동 모델의 정서적 재처리는 과거에 대한 사고와 감정을 전환하고 재조직하는 방식으로 새로운 이해와 관점, 정서 반응을 유도한다. 태도, 신념, 행동에 있어서의 이와 같은 변화는 이른바 변형적 경험(개인적 · 정신적 · 교육적), 변형적 이야기로 불리는 결과를 가져오기도 한다. 뇌 기반 치료는 기억의 변형을 새로운 경험으로 허용하고 기억을 다른 뜻밖의 방식으로 바꾸는 신경가소성의 개념을 강조한다(Lewis, Amini, & Lannon, 2000).

2) 애착에 초점화된 치료적 자세

애착 이론은 경험에 기반한 실증 이론으로, 치료자가 초점화된 관심을 각 개인의 애착 내적 작동 모델[4]에 두면서 내담자 체계에 관여할 수 있는 방법을 정밀하게 안내할 수 있다. 치료자와 내담자 체계 간의 안정된 유대를 제공하게 될 치료적 동맹의 체계적 접근을 위한 모형을 개발하는 데 저자들만 관심을 가진 것은 아니다. Havens(2004)의 주장대로, 치료적 동맹은 내담자가 '보고 들은 것을 느낄 때'에만 시작될 수 있다. 애착 이론을 체계적으로 통합하는 것은 내담자 체계의 각 구성원과의 치료적 동맹을 강화한다. 그러나 치료를 시작할 때 무조건적인 긍정적 존중, 보살핌, 정당화와 같은 특성을 넘어 실제로 유대를 어떻게 형성하는지에 대해서는 밝혀진 것이 거의 없다. 모든 심리치료에서 합류의 기본 개념은 내담자를 그의 수준에서 만나는 것이다. 치료자가 내담자 체계의 내적 작동 모델에 맞는 치료적 자세를 설정할 때 애착에 초점을 맞춘 종합적 접근은 각 개인이 임상가에 의해 들리고 이해되고 있다고 느끼게 할 확률을 높인다. 몇몇 저자들은 내담자가 정서적 불안이나 회피를 관리하는 데 사용하는 전략의 촉진이나 정지를 조절하는 데 적당한 치료적 거리를 두는 것이 치료적 동맹의 강화에 중요한 일면이라고 주장한다(Daly & Mallinckrodt, 2009; Mikulincer, Shaver, & Pereg, 2003; Shaver & Mikulincer, 2009).

Bordin(1979)은 배려와 이해가 있는 치료자와 내담자 간의 개인적 유대가 치료적 동맹의 중요한 측면이라고 주장한다. 정신역동 문헌에서는 치료관계의 일부로 '자세(posture)'라는 용어를 사용하는 것을 찾아볼 수 있다(Balint, 1968; Goldstein, 2008). Balint(1968)와 Goldstein(2008)은 '자세'라는 말을 개선된 결과를 낳는 효과적인 치료적 동맹을 향한 목표로 임상적 관계를 묘사할 때 사용했다. 두 사람 모두 '변화하는 자세'가 내담자의 성장과 변화를 촉진한다고 주장한다. 이와 유사하게, 포스트모던의 이야기치료 모델(Narrative Therapy Model)을 개발한 White와 Epston(1990)은 자세의 개념을 "치료적 대화에서 어떻게 '해야 하는가'에 대한 선호를 성찰하도록 유발하는 것"으로 설명하고 있다(Duvall, Béres, & Paré, 2011, p. 153). 이들 임상가와 저자들은 치료자가 치료에서 어떻게 제시하는지에 따라 내담자에 대한 접근을 수정할 필요가 있다고 느꼈으나, 애착에 초점화된 치료적 자세를 개발하는 체계적 접근으로 발전시키지는 않았다.

Bowlby의 생애 모델 개발은 아동이나 성인이 신체적 · 정신적 스트레스를 받았을 때 자극되는 애착 추구 행동을 탐색한 것으로 임상적 실제로 변형되었다. 스트레스 상황에서 치료자로부터 지지와 안내를 찾는 안정 애착 내적 작동 모델을 지닌 내담자는 내담자의 연결, 안심, 융통성의 욕구에 민감한 임상가에게 보다 반응적일 수 있다. 반면 치료를 추구하는 불안정 애착의 내적 작동 모델을 지닌 내담자의 경우 유대에 기반한 치료적 동맹을 정립하는 것이 더 어려울 수 있다.

연구에 따르면 자신의 애착 패턴을 안정 애착으로 평가한 사람들이 치료적 동맹을 더 강한 것으로 평가하는 경향이 있다(Smith, Msetfi, & Golding, 2010). 이러한 결과는 체계적 문헌 고찰에 의한 것으로, 자신의 애착 패턴을 불안정 애착으로 평가한 내담자 체계를 치료할 때의 임상적 난관을 부각시킨다. 치료자는 개인 치료는 물론 부부 · 가족치료에서도 불안정한 내적 작동 모델을 지닌 내담자, 특히 회피형 또는 와해형의 애착을 가진 내담자에 의해 어려움을 겪는다. 불안정 애착 패턴의 내담자들이 취약한 치료적 동맹 및 관계를 보이는 것이 여러 연구를 통해 보고된 바 있다(Diener & Monroe, 2011; Horvath & Luborsky, 1993; Shorey & Snyder, 2006).

Shaver와 Mikulincer(2002)는 불안정 애착 패턴의 사람들이 스트레스 상황에서 사용하는 경향을 보이는 두 가지 패턴의 행동 전략을 제시하고, 이를 과활성화와 비활성화 전략으로 지칭했다. 과활성화와 비활성화라는 말이 애착 연구문헌 도처에 사용되고는 있지만, 이것이 내담자의 애착 패턴을 이해하기에는 충분하지 않아 보인다. 이 책에서는 내담자 인생의 모든 주요 애착 인물에 대한 내담자의 애착을 충분히 이해하는 데 내적 모델 지도 사용을 지지한다.

아동기 양가감정의 애착 패턴을 지닌 이들은 스트레스 상황에서 신체적 · 정서적 연결과 지지를 추구하고 종종 지나치게 의존적인 태도를 보인다. 이들은 연결을 위한 자신의 정서적 욕구와 신체적 충동을 안정을 얻기 위한 연결 욕구의 과활성화를 통해 행동을 조절한다. 이들은 버림받는 두려움으로 인해 조종하거나 통제하는 전략을 쓰곤 한다. 달리 말하면 이들은 불안과 근접의 욕구에 의해 유발된 접근 방식으로 연결을 추구한다.

반면 회피 애착 패턴의 사람들은 취약함을 느끼는 감정을 억압하기 위해 스트레스 상황에서 유대를 향한 욕구를 비활성화하는 방식으로 자신의 정서를 규제한다. 이로 인해 내담자가 회피적인 경우에는 치료에 관여하도록 하는 것이 어렵고, 내담자의 관심과 드러나지 않은 감정을 인정하는 공감적 접근이 필요하다. 이런 내담자는 주저하거나 꺼리고 스트레스 상황에서 친밀감을 추구하지 않는 경향을 보인다. 그러나 스트레스와 갈등이 고조되면 임상가는 회피적 내담자가 표출하는 개인적 · 관계적 스트레스를 언급할 수 있는 간단한 기회를 갖게 되기도 한다.

와해형 애착 패턴의 개인은 치료 상황에서 과활성화와 비활성화의 두 전략으로 정서를 규제하고 종종 변덕스러운 방식으로 독특한 임상적 난관을 초래한다. 이와 같은 내담자 체계 패턴은 전문가에게 가장 큰 융통성을 요구한다. 가슴 아픈 예가 학대받은 아동이 애정 넘치는 새 위탁가정에 배치된 후에도 계속 위탁부모와 유대를 맺지 못하는 경우다. 학대당하는 아동은 권위주의적, 방임적, 양육적 양육 방식에서 양육 부재에 이르는 양육의 극단을 겪곤 한다. 버림받는 데 대한 스트레스와 공포가 이 두 패턴의 애착 전략을 빈번히 초래한다. 첫 반응은 애정적 비활성화, 위안 추구의 회피이고, 둘째 반응은 애정의 과활성화일 수 있는데 그 결과 매달리는 행동과 때로는 달래기 힘든 정서적 · 행동적 반응을 낳게 된다.

아동의 관계적 신호에 인내로 주의를 기울이는 위탁부모는 아동의 특정 태도, 반응, 행동을 인정하는 공감적인 방식으로 반응할 수 있으며, 정서적 반응과 신체적 접근성의 정도를 다소 높일 수 있다. 그러나 와해형의 애착은 가장 유연한 구조적 · 정서적 조율을 필요로 한다. 와해형의 애착은 회피적 애착 패턴과 양가적 애착 패턴의 조합으로 볼 수 있는데, 이 유형의 내담자는 대부분 애착 행동의 과활성화와 비활성화의 전 범위를 나타낸다.

와해형의 내담자 체계를 치료할 경우에는 치료자가 내담자의 반응에 따라 순간순간 치료적 자세 방식의 범위를 사용할 것이 요구된다. 조율의 결정적 시기 동안에 기본적인 가정은 와해형의 애착 패턴 내담자가 치료자의 일관성이 있는 정서적 반응을 경험하기 시작할 때 치료자는 내담자 특유의 와해형 애착 패턴의 특성을 탐색하기 시작할 수 있다는 것이다. 치료자가 내담자의 과활성화와 비활성화 전략의 조절에 연민과 일관성 있는 주의를 기울이면서 치료실에서 와해형 애착 패턴의 내담자를 위해 안정감을 확고히 하는 것이 예비적인 안정감과 안전기지를 확립하는 데 도움이 될 것이다. 이러한 와해형 애착 패턴의 내담자가 치료자에 대한 안정감을 감지하고 전문가의 연민, 일관성, 가용성을 경험하게 될 때까지 치료적 유대는 잠정적이고 취약한 듯 보일 수 있다.

따라서 치료적 자세의 독특한 기여는 치료의 시작에서부터 인지적 · 행동적 · 정서적으로 다시 부모 양육을 대체해서 안정 애착 경험을 촉진하는 치료적 관계 경험을 제공하는 것이다. 치료자와 내담자 간의 의사소통은 성공적인 치료적 동맹과 치료적 자세를 확립하는 데 필수적이다. Satir의 의사소통 및 인본주의적 가족치료 모델과 치료적 역할에 대한 관심이 치료적 자세 발달에 주요 요소가 되었다. Satir의 치료적 역할에는 "촉진자(건강한 가족 의사소통의), 가족 역할 모델(바람직한 의사소통을 위한), 중재자(의사소통 교착 상태의 가족을 돕는), 교사와 교육자(가족으로 하여금 오래된 문제에 대한 새로운 해결책과 대처방식을 볼 수 있도록 돕는)가 포함된다"(Rasheed, Rasheed, & Marley, 2012, p. 149). 예를 들면, 양가감정의 애착 패턴을 지닌 내담자가 무력감을 표출할 때 치료적 자세를 활용하는 치료자는 안심시키고(교사 · 교육자) 정당화해 주며(역할 모델) 내담자에게 따뜻하게 대할 것이다. 효과적인 의사소통은 안정 애착에 필수적이나 모든 상황에 통용되는 하나의 길이 있는 것은 아니다. Satir의 촉진자와 중재자 역할은 애착에 기초를 이루는 유대의 중요한 욕구에 대한 관심을 통해 부부와 가족의 안정 애착 방식을 촉진하기도 한다. 다양한 가족치료 선구자들 역시 개인, 부부, 그리고 자신과 타인과 가족과의 연결을 격려하는 데 있어 자신의 역할의 중요성을 간파했다. 이에 대해서는 제2장 애착의 세대 간 전이에서 다룬 바 있다.

부모를 대체하는 치료적 자세의 뿌리는 깊으며 Freud의 정신분석 발달과 함께 다양해졌다. 치료의 전 분야를 통틀어 임상가의 궁극적 역할이 내담자 개인에 대한 무조건적인 긍정적 관심과 공감을 확고히 하는 것이라는 데 일반적인 동의와 합의가 이루어지고 있다. 그러나 내담자가 치료에 임할 때 충족되지 못한 주요 욕구가 깊이 자리하고 있는 경우가 많은 것은 의심의 여지가 없다. 아동기에 불안정한 애착 패턴을 지닌 것으로 밝혀진 이들의 경우 치료에서 긍정적인 성과를 얻기 어려운 것이 연구를 통해 보고되고 있다(Shorey & Snyder, 2006). DeMaria는 자신의 치료에 대한 지식 및 인본주의적 접근뿐 아니라 가족치료 훈련과 경험에 기초해, 『초점화된 가계도』 제1판에 논의한 대로, 내담자에게 제시할 치료적 자세를 구성하는 네 가지 초점화된 치료 방식을 처음으로 밝힌 바 있다. 이 치료 방식은 치료자가 내담자의 내적 작동 모델과 충족되지 않은 관계적 욕구에 주의를 기울이도록 돕는다. 원래는 직면적/도전적 · 민주적 · 성찰적 · 양육적으로 불렸으나, 이 책에서는 이 네 가지 유형의 치료 방식을 **정당화**(validation), **안내**(guidance), **안심**(안심시키기, reassurance), **도전**(challenging)으로 개정했다. 우리는 내담자 체계의 애착 방식과 패턴에 맞춘 초점화된 치료적 자세가 ① 치료자와 내담자 체계 간의 관계를 향상시키고, ② 초기 치료의 중단율을 낮추며, ③ 치료 성과를 개선시킨다고 본다.[5]

이 장의 3절에서 보다 자세히 다루게 될 이 초점화된 접근의 적용 부문에 대해 살펴보고자 한다. 치료동맹척도(WAI), 양육 방식, 치료적 자세 방식 개념과 비교하는 표(〈표 4-1〉)를 다음과 같이 제시하고자 한다.

Bordin은 치료적 동맹에 대한 정의의 3요소로 목표, 과제, 유대를 설정했다. Horvath와 Greenberg(1989)[7]는 DeMaria의 네 가지 치료적(유대) 방식의 발달에 영향을 미친 치료적 동맹의 평가를 위한 증거에 기초한 측정, 곧 '치료동맹척도-관찰자용(치료동맹척도-O)'(Working Alliance Inventory-Observer version)을 개발했다. 치료동맹척도의 긍정 진술문은 **안심**의 치료 방식(지지와 확인)을, 치료동맹척

〈표 4-1〉 치료적 자세 방식: 치료동맹척도, 양육 방식, 치료적 자세 방식

치료동맹척도	양육 방식	치료적 자세 방식
긍정적 진술	양육적 · 허용적	안심(안심시키기)
부정적 진술	비관여적 · 방임적	정당화
도전적	권위주의적	도전
조언 제공	민주적	안내

주: 이 표는 치료적 자세 방식의 개발에 사용된 다양한 용어의 개괄적 요약이다.

도의 부정 진술문은 정당화의 치료 방식(수용과 공감)을, 도전적/직면적 치료동맹척도는 도전적인 치료 방식(책임과 도전적 신념의 격려 포함)을, 조언 제공의 치료동맹척도는 안내(코칭과 자기 성찰 포함)를 반영한다.

Clarke(1978)가 규명한 양육 방식에 기초한 양육 태도 유형은 Baumrind(1971, 1991)에 의해 보다 정교화되었다. 양육 방식은 일반적으로 권위주의적(Authoritarian) · 민주적(Authoritative) · 허용적(Permissive) · 비관여적(Uninvolved) 유형으로 불리지만, 일반적으로 수용되는 단일한 모델은 없다. Maccoby와 Martin(1983)은 Baumrind처럼 '권위주의적'과 '민주적'이라는 말을 사용했지만, 허용적이라는 말 대신 관용적(Indulgent), 비관여적이라는 말 대신 방임적(neglectful)이라는 말을 사용했다. 또한 양육 방식에 대해 제시된 많은 개념 틀이 지배적인 서구 문화(예: 백인 중산층, 이성애 기혼자, 생물학적 성과 성정체성이 일치하는 경우)에 뿌리를 두고 있다. 다음 절에서는 임상가들이 치료적 자세의 사용을 실행에 옮길 때 도움이 될 만한 구체적인 안내 지침을 제공할 것이다.

3. 치료적 자세 형성을 위한 안내

치료적 자세는 제1 저자(RD)에 의해 다년간의 실전을 거쳐 발전된 것으로 애착에 초점화된 전략을 제공한다. 내담자 체계의 각 구성원은 특정 방식의 애착 패턴을 나타낸다. 치료자의 목표는 가장 적합한 치료적 자세를 만들게 될 치료적 방식을 사용해 이 애착 패턴을 평가하고, 구성원에게 관련짓게 될 자신의 방식에

적응하는 것으로, 이는 특별히 치료의 시작 단계에서부터 중요하다.

애착 이론은 아동이 아동기 초기에 유대를 맺는 일차적 양육 인물을 일반적으로 가정한다. 아동에게 한 명의 주 양육자가 있기보다는 몇몇 가까운 가족원(예: 친구, 부모, 조부모, 형제자매, 사촌)이 양육자로 있는 것이 전형적인 경우다. 치료자가 애착에 초점을 둔 치료적 동맹을 확립하기 위해서는 각 개인이 영아기로부터 청년기에 이르기까지 경험한 애착 경험을 포함해야 한다. **치료적 자세는 내담자의 애착 내적 작동 모델과 일치하는 조율된 애착 유대를 수립하는 초점화된 치료적 동맹이다.** 치료자가 가정할 수 있는 치료적 자세 방식으로도 일컬어지는 치료의 네 가지 특별한 방식으로는 ① 정당화, ② 안내, ③ 안심(안심시키기), ④ 도전이 포함된다.

내담자가 다양한 양육 인물과 경험해 온 애착 패턴을 평가하는 것은 임상가가 고려해야 할 중요한 사항이다. 이와 관련해 치료적 자세를 개발할 때 중요한 측면이 치료자의 성(gender)이다. 내담자는 치료의 출발에서부터 자신의 일차적 동성 부모나 양육 인물과의 관계를 토대로 동성(same-gender) 치료자에게 반응하는 경향을 보일 것이다.

특별히 치료자를 향한 행동은 아동기 애착 도식이나 일차적 내적 작동 모델에 의해 주도되는데, 그 이유는 전문가적 인물로서 치료자의 권위자적 위치가 부모와 흡사하기 때문이다. 내담자가 치료를 시작할 때 보이는 취약성의 수준도 근본적인 아동기 애착 정서 욕구가 나타나게 되는 원인이 된다. 예컨대, 내담자가 가족 체계에서 생물학적 성과 동일한 성정체성을 갖는 남녀 인물에 안정되게 애착을 맺은 패턴을 가졌다면 불안정하게 애착된 패턴을 가진 경우에 비해 한쪽 성의 치료자에게 편안함을 느낄 가능성이 크다. 어떤 내담자는 모든 부모 인물과 불안정한 애착을 맺고 있을 수 있는데 그런 상황에서 치료자의 목표는 상대적으로 덜 불안한 부모 인물의 강점을 파악하고 그 관계를 치료 초기에 탐색하는 것이다. 이런 이해가 없다면 임상가는 내담자가 겪은 애착 경험의 다양한 뉘앙스에 두어야 할 초점을 놓칠 수 있다. 〈표 4-2〉의 치료 방식은 치료자로 하여금 초기 접촉과 치료 과정으로부터 대면하는 애착 패턴의 고유한 배열에 기초한 조율된 치료적 자세를 개발시키도록 한다.

〈표 4-2〉는 실무자들에게 네 가지 치료적 유대 방식을 가진 자신만의 이야기를 개발하도록 향상시키고 촉진시키기 위한 도구를 제공하기 위한 것이다. 임상

가가 치료 초기에 애착 패턴을 빨리 확인할수록 치료 방식의 사용을 빨리 숙달할 수 있고 각 임상적 만남에서 독특한 초점화된 치료적 자세를 빨리 구축할 수 있게 된다.

〈표 4-2〉 치료적 자세와 치료 방식

치료적 자세		치료적 자세 내 치료적 자세 방식			
		정당화	안내	안심	도전
아동기 애착 패턴: 치료적 자세를 위한 기초	안정	×	×	×	×
	양가		×	×	
	회피	×			×
	와해	×	×	×	×

주: 이 표는 두 차원으로 구성된다. 표의 맨 위는 치료적 자세의 네 가지 유대 방식과 각각에 관련된 전략이다. 수직 면은 애착 패턴을 나타낸다. 표 안은 각 애착 패턴의 내담자에게 가장 적합한 전략 유형이다.

저자들은 개인이 아동기와 청소년기에 일반적으로 갖게 될 아동기 애착 경험의 다양성을 전제로, 내담자와의 관계적 유대를 수립함에 있어 널리 적용되도록 만든 접근을 적용하는 것이 애착 이론과 맞지 않는다는 견해를 피력하고자 한다. 치료적 자세는 내담자의 애착 경험과의 단순한 조합이 아니며, 정서적 가용성과 신체적 신뢰성에 대한 내담자의 욕구에 맞추고 반응하는 초점화된 관계적 접근이다. 치료자에게 치료적 자세는 치료자가 가정한 애착 방식과 관련된 구체적 행동을 통해 표현된다.

4. 치료적 자세와 네 가지 치료 방식: 애착 방식의 작업

치료적 자세는 치료적 동맹에서 '유대'를 상징하는 네 가지 전략적 치료 방식을 제공한다. 이는 치료관계에서 치료자가 내담자의 애착에 기초한 위안과 안정의 욕구를 수용할 때 쓰는 기법이다. 애착에 기초한 내담자의 욕구는 내적 모델 지도를 사용한 아동기 애착 패턴의 평가로 결정된다. 애착 이론의 개념화와 체계간 접근으로의 적용에 기초해 볼 때 불안정 애착과 와해형의 애착 패턴은 안전 애착의 결핍을 경험하며 자신의 애착 패턴에 따라 지지를 추구하거나 추구하지 않을 수 있다. 치료 과정에서 치료자는 내담자들이 자신의 부적응 행동을 중화할 수 있도록 내담자에게 쓸 수 있는 유형을 치료할 기회를 갖는다. 따라서 치료자가 특정 상황에서 사용할 치료적 자세의 방식을 이해하는 것이 중요하다. 치료적 자세 방식의 독특한 조합이 합쳐져서 각 내담자 체계의 고유한 치료적 자세를 만들게 될 것이다.

먼저 정당화와 안내의 치료적 자세 방식을 설명하고자 한다. **정당화(validation) 유형**의 치료 방식은 공감하고 수용하는 것이다. 이 치료 방식은 전형적으로 관계적이고 행동적인 전략을 비활성화하는 회피적 내담자에게 유용하다. **안내(guidance) 유형**은 민주적 방식으로, 코칭을 하거나 조언을 제공하거나 자기 성찰을 위해 격려하는 것을 포함한다. 안내 유형은 내담자 체계의 목표에 맞추어 구체적인 제안을 제공한다. 안내는 보통 양가적 내담자에게 보다 유용하지만 스트레스 수준이 높은 회피적 내담자에게도 유용한 치료 방식이다.

전형적으로 회피적 내적 작동 모델 유형의 내담자는 치료자와 단기적 유대를 맺는 관계 도식을 갖고 있으며 개선을 위한 '전략'을 추구한다. 내담자에 의한 임상적 표현에 기초해 세 가지 방식이 실행될 수 있다. 회피 방식의 내담자는 치료자가 치료 내내 인정해 주기를 원한다. 때로 표출되지 않은 취약성, 의존 욕구와 관련된 도전이 필수적으로 따라온다(Muller, 2009). 이런 경우 내담자의 스트레스 수준이 높으면 안내도 필요하나 내담자가 행동을 취하지 않을 수도 있다. 치료자는 회피적 내담자를 다룰 때 피상적인 관계를 맺기 쉬운 치료 초기에 지나치게 따뜻하거나 직면적이지 않게 관여해야 한다. 회피적 내담자는 내담자의 시각에서 방어적 비활성화 전략에 기인해 정서적으로 위협받을 가능성이 적은 자기 견해의 정당화를 추구한다. 일부 임상적 상황에서는 회피적 내담자가 상처 입기 쉽고 충족되지 못한 안정 애착 욕구를 언급하기 시작할 수 있다. 회피 유형의 내적 작동 모델 내담자는 치료자의 치료적 유대 형성 능력에 도전할 수 있다. 회피적 내담자는 치료에 참여하고 있는 것으로 보일 수 있으나 이면의 관계 도식은 독립적이고 자기의존적이다. 이들의 정서 반응은 아동기 애착 인물에게 일관되게 포착될 수 없었기 때문에 임상가는 일관되게 정당화하는 반응을 해야 한다. 치료에서 내담자의 정서적 참여를 촉진하기 위해 치료자는 보이지 않는 신념과 자기만족의 기대에 도전할 기회를 찾아야 한다.

회피적 내담자와 대조적으로 양가적 애착 패턴의 내담자는 경계와 안정을 유지하면서 치료 중 일관성과 지지를 필요로 하는 경향을 보인다. **안심(reassurance) 유형**의 치료적 자세 방식은 공감적 경청에 기초해 보살펴 주고 확신시켜 주며 지지해 주는 행동을 포함한다. 양가적 애착의 내담자는 과활성화된 관계적 · 행동적 반응을 조절하기 위해 안심의 치료 방식을 사용하기 쉬운 후보군이 된다. 치료자는 내담자의 유대, 정보, 지지 욕구를 지지하고 격려하면서 치료 상황 안팎의 거슬리는 행동과 관련된 경계를 설정할 수 있다. 양가적 애착 패턴은 정서적으로는 신뢰할 수 없으나 물리적으로 존재하는 양육자에 대해 정서적 불신을 갖는 아동기 경험을 반영한다. 그 결과 양가적 내적 작동 모델을 지닌 내담자는 보통 치료 초기에 안심과 지지에 반응한다. 그러나 양가적 내적 작동 모델의 내담자는 자신의 내적 작동 모델의 애착 인물에 대한 정서적 불신으로 인해 결국은 과활성화된 애착을 통해 치료자의 가용성 반응을 시험한다. 양가적 애착의 기초는 정서적 유대의 불신이므로 양가적 내담자에게 일관되게 안정감을 제공하기 위해서는 안심시켜 주고 안내해 주는 반응을 하는 것이 중요하다.

마지막으로, **도전(challenging)** 패턴은 자신과 타인에 대한 내담자의 신념을 둘러싼 책임과 도전을 격려한다. 도전은 일차적으로 회피적 애착 패턴의 내담자에게 사용하지만 스트레스 수준이 높은 기간 동안 종종 양가 애착과 와해 애착 패턴에 유용하기도 하다. 양가적 내담자의 불안 수준이 그들의 활동이 경직되는 지점까지 상승된다면 도전에 기초한 중재가 단계적으로 불안을 줄이는 데 적합할 수 있다. 와해형의 내담자는 종종 치료자와의 신뢰와 유대를 위해 분투한다. 이와 같은 도전의 상황에서 임상가는 내담자에게 치료의 목표를 상기시키고 행동이나 신념의 변화를 격려해야 한다. 도전적인 치료 방식은 부부 갈등 및 가족 갈등, 가정 폭력, 아동학대, 자살 전조, 약물 중독, 가족의 심각한 일탈행동 등의 상황에서 경계를 설정하는 데 적합하다.

와해형의 애착을 맺고 있는 내담자들은 대부분의 임상가들에게 난해한 대상으로, 광범위한 관계적 융통성과 적응력을 요구한다. 와해형의 내담자를 다룰 때 특히 가족 연결 지도가 도움이 될 수 있다. 대부분의 경우에 모든 치료적 자세 방식이 쓰일 수 있다. 우리는 임상적 실무에서 참여의 과정을 치료자가 내담자의 현재 감정 상태를 고려하여 하나의 치료적 자세 방식에서 다른 치료적 자세 방식으로 튕겨지는 것(bounces)으로 묘사한다. 와해형들은 반응이 가변적이라서 때로는 혼돈스럽고 때로는 완고하며 전형적으로 예측이 어려운 유형이다. 이런 내담자들은 상당한 거리를 두거나 변덕스럽거나 매우 대항적이 될 수 있다. 이러한 반응으로 인해 치료자들은 초기 평가에서 혼동하여 내담자가 몰두형이거나 거부형이라고 결론을 내릴 수 있다. 게다가 많은 와해형의 내담자들은 두려움이나 싸우기/도망가기/얼어붙기 반응에 기초해 반응하고, 정신적 외상이 되는 상실뿐 아니라 신체적 · 정서적 · 성적 학대와 같은 다양한 패턴의 정신적 외상을 일반적으로 경험하기도 한다. 따라서 유대와 관계적 치료를 위해 치료자가 유연하면서(튕김, bouncing)[7] 동시에 안전한 천국과 같은 치료적 자세를 보이는 것이 반드시 필요하다.

1) 치료적 자세와 영역: 치료적 자세 개발을 위한 초점화된 가계도 도표화/도구의 사용

임상가는 내담자 체계의 각 구성원과 내담자 체계 전체에 맞춰진 치료적 자세를 개발하기 위해 앞서 제3장에 소개한 초점화된 가계도 도표화 도구를 활용할 수 있다. 각 영역마다 도표화 도구를 사용해 묘사할 수 있는 특유의 애착 틀이 존재한다. 위에서 치료적 자세 형성에 관해 논의하면서 언급한 바와 같이, 임상가는 내담자에게 맞는 치료적 자세 방식을 사용하기 위해 내담자의 내적 작동 모델을 이해해야 한다. 이 절에서는 어떻게 각 도표화 도구가 조율된 치료적 자세를 발달시키고 교정적인 정서 경험을 촉진시키는 데 유용한가를 설명할 것이다.

(1) 내적 모델 지도: 치료적 자세의 열쇠

내적 모델 지도(Internal Models Map: IMM)는 불안정한 애착으로 치료에 임하는 많은 내담자 체계의 특별한 욕구에 맞추어 개인의 아동기 애착 경험을 이해하기 위한 도구다. 내적 모델 지도는 아동기의 경험이 성인기 개인 애착 방식(개인), 부부 상호작용 패턴(부부), 가족 이야기와 각본(가족)에 어떤 영향을 미치는지를 이해하는 데 기초로 작용하게 된다. 뿐만 아니라 내적 모델 지도는 앞서 언급한 바와 같이, 현장 전문가가 다양한 임상적 상황에서 개인, 부부, 가족에게 치료적 자세를 사용할 수 있는 토대를 제공하기도 한다. 내담자는 보통 자신의 애착 대상의 내적 모델 지도를 통해 치료자와 관계를 맺게 되므로, 치료적 자세는 치료자가 활용해야 할 방법과 절차를 제공하는 수단이 된다.

내적 모델 지도는 일반적으로 어머니, 아버지, 조부모 양육자, 특히 중요한 부부 · 부모팀의 역동 경험을 포함하는 아동기 애착관계를 묘사한다. 아동기의 내적 작동 모델은 단일하지 않다. 그러나 임상가가 내리는 아동기 애착 패턴의 평가는 흔히 자기보고식이거나 한쪽 부모를 대상으로 하는 것과 같은 단일한 방향으로 치료자에 의해 평가된 것이다. 이 일방향 평가는 내적 작동 모델의 복잡성을 간과하고 흔히 어머니나 대리모인 주 양육자에 초점을 둔 초기 애착 연구에 기초한 것이다. 따라서 치료 과정 중 치료자의 고유 역할과 각 개인과의 관계는 어머니, 아버지, 다른 주요 양육자 가족원과의 현재와 과거의 관계에 주의를 기울이면서 내담자의 내적 작동 모델의 복잡성에 구체적으로 관심을 기울일 것을 요한다. 초점화된 치료적 동맹을 발달시켜야 하는 임상적 과제에는 치료자가 각 개인의 내적 모델 지도를 준비함에 있어 아동기에 미치는 젠더의 영향을 이해할 필요가 있다.

내적 모델 지도의 복잡성을 이해하는 것은 개인 · 부부 · 가족치료의 유형과 상관없이 초점화된 치료적 자세를 발달시키는 데 필수적이다. 현장 전문가들은 다중적인 개인 내담자 체계의 애착 내적 작동 모델의 체계적 견해가 지니고 있는 복잡성으로 인해 초기에 혼란스러울 수 있으며 중압감을 느낄 수 있다. 내담자에게 내적 모델 지도를 정규적으로 사용하면 치료자들이 자신의 치료적 자세를 내담자 체계의 욕구에 맞추는 이야기를 개발하는 데 도움이 된다. 이 책에서 우리는 내적 모델 지도가 아동이 보통 어렸을 때 갖게 되는 다중적 부모 양육관계에 어떻게 주의를 기울이는지를 설명하고자 한다.

내적 모델 지도는 치료자가 개인의 다중적 아동기 애착 경험과 치료의 시작부터 수반되는 성인기 애착 방식을 개념화하도록 돕는 핵심적인 수단이다. 이 아동기 경험은 보통 다른 젠더를 나타내는 다중적 부모 모습과 관련해 발생하므로 평가가 가장 복잡한 경우다. 예를 들면, 한 사람에게 몰두형의 어머니와 와해형의 아버지가 있을 수 있다. 내적 모델 지도는 치료자가 행동적으로 명백한 내담자의 다중적 아동기 애착 패턴을 개념화하도록 돕는다. 그러고 나서 치료자는 다양한 요인, 특히 젠더 현실과 젠더 다양성에 기초해 어떤 애착 패턴이 그들에게 표출되는지를 고려해야 한다. 그러나 여러 가족의 아동기 경험을 고려해 볼 때 치료자는 다양한 임상적 상황에서 어머니, 아버지, 심지어 조부모의 역할을 포함하는 한부모와 매우 유사하다. 종종 내담자 체계는 모든 부모 역할을 수행해 온 한부모가 주도한 현재와 과거 원가족의 일부다. 한부모 가족이 많지만 한부모가 인생 도전에 직면했을 때 안정 애착 유대를 발달시키는 데 엄청난 도전이 따를 수 있다. 그 결과 어떤 내담자는 정서적 · 신체적 가용성과 반응을 포함하는 미해결된 부모 욕구와 관심이 혼합된 반응으로 치료자를 대할 수 있다. 많은 성공적인 한부모들이 스스로 어머니와 아버지 역할 둘 다 해야 했다고 말할 것이다. 현장 전문가의 역할도 유사할 수 있다. 많은 아동에게 안정된 관계적 경험을 제공하는 친척이나 가상의 친족이 있지만, 다만 이 애착 인물은 그들의 사랑과 양육에도 불구하고 충분히 효용을 발휘하지 못한다. 열악한 지역에서 아버지 부재는 '아버지에 대한 허기'(Luepnitz, 1988, 2002)를 가져올 수 있는데, 이는 거시적으로 볼 때 아버지 부재의 세대 간 전이에 뿌리를 둔다. 따라서 치료자는 많은 내담자 체계에 있어 치료적 자세의 애착에 초점을 둔 접근으로 다양한 역량에 기여하도록 요구된다.

이 책은 통합적인 애착 중심 평가에 초점을 두므로 치료적 자세의 상세한 임상적 적용에 대해서는 다루지 않을 것이다. 광범위한 내담자 체계에 치료적 자세를 사용하는 것에 대한 묘사는 치료적 자세의 무한한 가능성을 제공할 것이다. 애착에 초점화된 치료적 유대를 사용해 내담자 체계의 욕구를 충족시키기 위한 상호 목표를 세울 수 있고 임상적 개입을 발달시킬 수 있다. 일례로 최근에 이혼한 한 여성 내담자는 새로 사람을 사귀는 것에 대한 두려움에 대해 말하고자 치료실을 찾았다. 이 여성의 아동기 애착은 몰두형으로 분류되었고, 어머니와 친밀하나 때로 지나치게 몰입된 유대를 맺고 있었다. 치료자는 내담자의 양가적 애착 패턴에 맞추어 다음과 같은 접근으로 안내와 안심을 줄 수 있다. ① 이전 관계의 강점과 약점 탐색, ② 부모의 부부관계를 포함해 내담자의 부모 모습에 대한 인식 증진, ③ 지침, 안내, 정보, 과제를 통해 '새로운 데이팅 방법'이 어떻게 잘 풀릴 수 있는지 더 알아가도록 돕기가 그것이다. 치료자는 내담자가 자신의 강점을 찾도록 돕고, 이 관계에서 자신이 찾는 사람이 어떤 사람인지 구체적으로 묘사하게 함으로써 내담자를 독려하고, 내담자가 필요로 할 때 치료자가 곁에 없을 것이고 내담자의 욕구와 공포에 계속 초점을 맞추어 줄 수 없을 것이라고 예상하는 내담자의 양가적 내적 작동 모델에 주의를 기울이는 치료적 자세를 제공한다.

임상적 경험은 각 배우자들이 종종 다른 아동기 애착 경험을 갖고 있어서 이것이 성인 애착 상호작용에서 재현됨을 시사한다. 내적 모델 지도는 각 배우자에 대한 애착에 초점화된 치료적 자세의 개발을 알리는 중요한 안내 지침이다. 우리는 이러한 접근에서 목표로 하는 치료적 동맹을 강화하고, 그 결과 치료의 성과를 높일 것으로 본다. 이 장에서 치료자들에게 핵심적인 개념은 각 배우자의 내적 모델 지도를 확인하는 중요한 과제다.

(2) 부부 상호작용 지도(CIM): 치료적 자세의 확대 적용

부부 상호작용 지도는 치료자가 내담자의 아동기 애착과 더불어 가능하면 내담자의 부모가 내담자에게 가진 애착과 연결해 살펴보도록 돕는 도구다. 성인의 애착 방식은 인생의 초기 경험에 기초한 것으로 결과적으로 세대 간 가족 애착 각본과 이야기가 표현된 것이다(Cowan & Cowan, 2005; Cowan, Cowan, Pruett, & Pruett, 2007; Cowan & Cowan, 2009). 성인의 애착 방식은 자녀에 대한 부모의 유대 행동을 예견한다(Bernier & Dozer, 2003; Karavasilis, Doyle, & Markiewicz, 2003; Schneider, Gurman, & Coutts, 2005). 부부관계는 부부의 친밀한 관계의 애착 패턴을 중재하기도 한다(Dinero, Conger, Shaver, Widaman, & Larsen-Rife, 2011). 아동기의 애착 경험이 가족 체계 안에서 재창조되기에 부모의 유대 행동이 안정 및 불안정 애착 패턴, 방식, 각본 모두의 세대 간 전이의 일차적 요인이 된다. 주어진 양육 상황에서 성인 애착 상호작용 패턴과 아동기 애착 패턴(내적 작동 모델) 둘 다 각 부모의 양육 방식과 관련된다. 결과적으로 각 배우자에 의해 경험된 양육 방식이 부부관계로 반복 재연되며, 이는 곧 가족 체계 전반에서 애착 방식의 전이에 중심이 되는 가족 각본을 만들어 낸다(Byng-Hall, 1995).

제3장에서 소개한 바 있는 부부 상호작용 지도는 치료적 자세에 대한 구체적인 시사점을 제시한다. 부부관계와 같은 양자관계를 다루는 것은 임상가들의 고

려사항에 독특한 도전을 가져온다. 두 사람이 존재하고 있지만 부부관계는 각자 자신의 개성과 대인적 유대를 유지하는 고유의 사회적 단위를 대변한다. 그러나 만일 한 사람이 떠난다면 이 관계는 깨지기 쉬운 취약함을 갖게 되는데(Simmel & Wolff, 1950), 이는 이유를 불문하고 언제든 통보 없이 내담자가 그만둘 수 있음을 의미한다. 이런 이유로 부부치료 또는 가족치료의 특성은 내담자와 치료자에게 유사한 긴장과 불안을 불가피하게 자아낸다. 치료자가 체계의 각 구성원에게 맞추고 각 개인에게 적합한 치료적 자세를 체계적으로 사용할 경우, 체계의 각 구성원이 치료에 계속 참여하게 할 가능성이 높고 체계의 변화와 지지를 위한 기회를 더 많이 제공하게 될 것이다. 부부상담에서 치료적 자세의 궁극적인 목표는 치료자로 하여금 부부가 부부관계에서 상대방의 기본적인 애착 욕구에 주의를 기울이도록 격려하고 지지하며 코칭하여 더 안정된 애착 패턴으로 향하게 하는 효과적 행동 전략을 촉진하는 정서에 중점을 둔 상호작용을 가능하게 하는 것이다(Johnson, 2004; Johnson & Whiffen, 2003).

부부 상호작용 지도는 부부의 성인 애착 스타일과 아동기 애착 패턴의 양자 간의 상호작용에 덧붙여 10단계에 걸쳐 각 배우자의 내적 모델 지도를 도식화한다. 부부 상호작용 지도는 순환의 고리가 종종 파괴적 의사소통 패턴을 유발하는 한쪽 배우자의 감정적 과민 반응(emotional allergy)으로 인해 시작되는 과정을 추적하도록 돕는다. 부부는 때로 공감, 이해, 연민으로 반응하기도 하지만, 배우자가 감정적으로 촉발될 경우 불안정 애착에 기인해 출현하는 예상 가능한 부정적 정서 패턴을 보이기도 한다. 치료자는 배우자의 내적 작동 모델에 의해 유발된 부정적 상호작용 패턴을 전략적 · 체계적으로 수정할 수 있다.

부부를 상담할 때의 치료적 자세에는 두 가지 초점이 있다. 우선 치료자는 부부가 자신의 문제와 관심을 논할 때 부부간 상호작용의 패턴을 관찰할 수 있다. 그러면 치료자는 각 배우자의 불안정한 내적 작동 모델이 어떻게 방어, 공감 실패, 감정 조절 미숙으로 드러나는지에 주목하면서, 상호작용 패턴(부부 상호작용 지도)의 도표를 만들 수 있게 된다. 이와 같은 불안정한 패턴이 출현하면 기저에 있던 불안정 애착 욕구가 보다 광범위하게 드러나면서 종종 더 심화되기도 한다. 그때 치료자는 배우자 간의 공감과 연민의 사례에 대해서도 주목할 수 있게 된다. 이러한 관찰은 임상가로 하여금 각 배우자의 강점과 욕구를 평가하도록 돕고 단순히 반응하기보다는 서로에게 대안적인 방식으로 대응하도록 코칭하고 제안함으로써 악순환의 고리를 끊는 구조화된 접근을 제공하기도 한다.

임상가가 부부간의 성인기 상호작용 패턴뿐 아니라 각 내적 작동 모델을 파악하기 시작할 때 치료자는 전반적으로 긍정적이고 목표 지향적인 동맹 관계를 수립하기 위해 각 배우자와 치료적 유대를 구축하게 된다. 보통 부부치료에서는 배우자 한쪽이 치료자가 자신을 지지하거나 이해하지 않는다고 느끼는 동맹의 분열이 일어난다(Pinsof & Cathrall, 1986). 이 동맹의 분열은 종종 나쁜 결과를 초래하기에 부부치료가 더 힘든 이유 가운데 하나다. 예비조사 결과에 따르면 동맹의 분열은 내담자의 원가족 애착 경험의 영향을 받는 것으로 보이는데(Knobloch-Fedders, Pinsof, & Mann, 2004), 이는 두 사람의 애착 내적 작동 모델의 확인과 부부 상호작용 지도의 사용이 중요함을 뒷받침한다.

(3) 가족 연결 지도(FCM)와 치료적 자세

앞 장에서 소개한 가족 연결 지도는 치료적 자세와 세대 간 영역 내 애착 간의 연결을 이해하는 데 핵심이 된다. 내적 모델 지도가 개인의 내적 작동 모델을 이해하는 데 필수적이라는 것은 제3장에서 이미 설명한 바 있다. 이 내적 모델 지도는 원가족 정서 경험을 통해 만들어지고 새로 만들어진 가족 안에서 재연된다(Cowan & Cowan, 2009). 내적 모델 지도가 개인을 위한 애착의 내적 작동 모델을 결정하는 데 사용되는 것과 같은 방식으로, 가족 연결 지도는 16개의 가족 애착 각본 가운데 무엇이 내담자 체계의 가족 영역을 점유하는지를 결정하는 데 사용된다. 이 절에서는 가족에게 사용할 적합한 치료적 자세를 결정하는 데 어떻게 가족 연결 지도를 사용하는지에 대해 논할 것이다.

가족 연결 지도[8]는 세 가지 차원, 곧 ① 융통성, ② 연결성, ③ 의사소통에 기초해 가족역동과 그 방식을 평가하기 위한 방법을 제공하는 부부 및 가족 체계의 순환 모델(Olson, 2000)에 토대를 둔 다양한 가족 각본을 묘사하는 도표화 도구를 제공한다. 양육적 역동의 상황에서 부부의 애착 상호작용 패턴과 각 배우자의 아동기 애착 패턴 둘 다 각 부모의 양육 방식과 관련된다. 부부관계에서 서로 거부적인 태도를 보이는 부모는 보통 자신의 자녀와의 관계에 회피적 아동기 애착 패턴을 옮긴다. 따라서 아동기 애착 경험에 기초한 양육 방식은 가족 방식에 영향을 미친다. 서로 거부적인 태도로 양육에 임하는 배우자는 더 거리를 두고 단절된 가족 각본을 만드는 경향을 보인다. 이와 유사하게 원가족 충성이 종종 세대 간 영역의 양육 차원으로 실연되는데, 이는 가족 애착 각본을 강화하는 부적 피드백의 순환고리가 진행되는 결과를 초래한다.

다방향 부분성(Nagy, 1975)과 같이, 치료적 자세는 유사하거나 상이하거나 상반된 애착 방식을 가질 수 있는 가족 개인에게 맞추도록 한다. 개인의 애착 방식은 다양한 부모 애착 경험에 따라 지배적인 가족 애착 각본과 맞지 않을 수 있다. 요컨대, 개인의 치료적 자세는 대체적으로 가족을 향해 초점이 맞춰진 치료적 자세와 다르다. 예를 들면, 별개의 확고한 거부적 태도의 가족 연결 지도를 지닌 가족의 경우 임상가는 각 가족원의 개별화된 치료적 자세를 제시할 때 가족에 초점을 맞춘 치료적 관계를 동시에 발달시켜야 한다. 만일 한 명의 가족원이 거부적 가족 내에서 몰두된 애착 방식을 가지고 있을 경우 치료자는 더 안심시키고 안내해주는 반응으로 그에게 맞추어야 한다. 이러한 치료적 자세 방식은 치료자가 거부적 태도를 지닌 가족과의 치료적 동맹에 가족 체계를 정당화하는 접근을 전반적으로 더 많이 해야 하는 경우와 대조를 이룬다. 가족 애착 각본과 일치하는 애착 방식을 지닌 가족원은 치료자와 유대를 맺을 가능성이 크고 인정과 안내의 방식에도 긍정적으로 반응할 것으로 보인다.

치료자는 각 가족원의 내적 작동 모델 외에 가족 애착 각본을 이해함으로써 가족원 개인뿐 아니라 가족 체계와 동시에 작업하는 변증법적 과정에 관여하게 된다. 내담자 체계 전체가 양육 방식을 바꾸는 가족 경험을 제공하기 위해서는 치료자가 전 영역에 걸친 애착 역동을 인식하는 것이 중요하다.[9] 이런 맥락에서 체계 간 접근의 변증법적 기초로 인해 치료자는 개인, 부부, 가족의 내담자 체계를 나타내는 것과 무관하게 변증법적 원리를 임상적 실제에 적용할 수 있다. 변증법의 과정은 치료자가 내담자 체계 내의 모든 사람을 돕도록 관여할 수 있는 치료 기간 동안의 지속적인 동력이다. 체계 간 접근에 애착의 구성요소를 포함시킬 때 임상가는 가족 연결 지도를 통합할 수 있다. 이는 개인이 현재와 과거의 원가족을 탐색하도록 도울 수 있는 모델을 제공한다. 또한 가족 연결 지도는 부부가 결혼에 의해 결합된 가족뿐 아니라 자신의 원가족을 살펴보도록 도움을 줄 수도 있다. 가족 연결 지도는 내담자가 현재 또는 선대의 원가족을 탐색하도록 돕는다.

따라서 현시점에서 치료자는 치료적 자세 방식을 사용해 체계 간 접근의 틀을 가지고 개인 · 부부 · 가족 영역에 있는 내담자 체계와 상호작용할 수 있다. 가족 맥락 안에서 애착이 어떻게 발생하는지에 대해 이처럼 섬세하게 이해하게 될 때 뿌리 깊은 애착 각본과 부적응적인 불안정 애착 행동을 치료하는 작업이 가능하게 된다.

5. 애착 이야기 과정으로서의 초점화된 가계도

치료자는 내담자 체계가 세대 간 가족 애착 이야기에 초점을 둔 애착을 구성하는 데 도움을 주는 중요한 역할을 한다. 임상가는 잘 정립된 효과적인 치료적 자세를 통해 내담자가 내담자 체계 전체의 애착 유대의 질에 관심을 갖도록 안내하는 방법을 갖게 된다. 가족 애착 이야기의 개발은 섬세한 노력을 요한다. 초점화된 가계도의 각 주제는 애착 이론과 연구를 아우르고, 애착 이론의 렌즈를 통해 개인과 가족 기능의 영역을 깊이 살펴보도록 하며, 해결되지 않은 애착 욕구에 치료자의 관심이 머물도록 돕는다. Dallos(2006), Dallos와 Vetere(2009, 2014)는 Bowlby가 '다시 쓰는 가족 각본'으로 부른 실험적 과정의 작업을 응용한 Byng-Hall의 연구를 확장해 애착 이야기 이론(Attachment Narrative Theory: ANT)으로 발전시켰다.

1) 초점화된 가계도와 도표화 도구의 재소개

체계 간 접근의 애착 구성개념은 개인, 부부, 가족, 환경 등 체계 간 접근의 각 영역에 적용된다. 맥락적인 영역은 다른 특성과 같이 사회문화적이고 지정학적인 환경을 아우른다(Kietaibl, 2012). 내적 모델 지도, 부부 상호작용 지도, 가족 연결 지도, 생태도 등의 도표화 도구는 내담자 체계가 지닌 애착 방식, 패턴, 각본의 복잡성을 추적하는 데 유용하고 치료자가 다방향적이고 체계적인 접근으로 내담자 체계의 각 개인의 치료적 자세에 다가가도록 돕는다. 생태도(Hartman, 1975; Hartman & Laird, 1983)는 내담자 체계와 그가 속한 더 큰 공동체 간의 상호작용에 유의미한 영향을 미치는 만성적인 정신적 외상이나 사회경제적 · 정치적 · 교육적 불이익을 경험한 내담자 체계에 대한 폭넓은 시각을 제공한다.

각 영역은 내담자 체계 전반의 애착 방식과 편중된 관계의 영향을 통해 탐색될 수 있다. Vetere와 Dallos(2008)는 가족에 초점을 맞춘 애착 이야기를 개발하는 것이 임상적으로 중요하다는 것을 강조했다. 체계 간 접근의 전 영역에 걸친 내담자 체계의 애착 패턴, 방식, 각본을 도표화하는 것은 임상적 실제의 일부로 중요하다. 마찬가지로, 본문에서 다양한 초점화된 가계도를 사용하는 것은 가족 각본과 이야기에 대한 치료자의 이해를 비롯해 안정 애착을 향한 이동을 지지하거나 제한하는 부부 상호작용 패턴과 애착 경험을 안내하는 내적 작동 모델을 향상하고 강화하며 심화할 것이다.

2) 초점화된 가계도와 애착 이야기

Vetere와 Dallos(2008)는 체계적 렌즈를 통해 관찰된 가족에 초점을 맞춘 애착 이야기의 중요성을 강조한다. 초점화된 가계도는 초점화된 심화 인터뷰를 사용해 이 절에서 다루게 될 초점화된 가계도를 포함하는 가족 체계 전 범위에 걸친 애착 이야기의 확인과 탐색을 촉진하는 과정을 제공한다.

- 애착 가계도
- 공정성 가계도
- 젠더 가계도
- 성 가계도
- 학대, 폭력, 그리고 트라우마 가계도

애착 이론은 내담자 체계가 일관성이 있는 이야기를 발달시키는 과정이 네 가지 체계 간 접근 영역에 걸쳐 있는 안정된 애착 패턴을 드러낸다고 상정한다. 일관성이 있는 이야기는 현존하는 관계에 대한 현재의 영향을 탐색하고자 하는 의향뿐 아니라 초기 경험의 개방성을 드러낸다. 다소 일관성이 없는 이야기는 네 가지 영역에 걸쳐 불안정한 애착 패턴을 나타낸다. 앞뒤가 맞지 않는 이야기는 긴장, 정서적 동요나 정서적 폐쇄를 낳는다. 일관성이 없는 이야기는 쪼개지고 내담자가 초기 경험을 다시 얘기할 때 왜곡될 수 있다. 임상가는 이 애착 패턴과 각본 이면의 의미를 이해하고자 하기 때문에 초점화된 가계도를 사용한 심화 인터뷰를 통해 개인적 경험의 주요 영역을 탐색하게 된다.

처음에는 패턴이 종종 이해할 수 없고 중요하지 않으며 일관성이 없는 것처럼 보인다. 임상가는 가족의 유산과 역동에 대한 유용한 해석을 개발하기 위해 가족 체계와 관련해 수집된 정보를 지속적으로 반복해서 살펴보아야 한다. 보통 시간이 흐르면서 더 명료해진다. 요컨대 가족 체계를 상세하게 조사하는 초점화된 가계도의 축적은 평가 과정의 중요한 일부다. 패턴이 항상 반복적인 것은 아니나 가족 체계 내에서 한 명의 말썽꾼, 한 명의 천재, 한 명의 바람둥이, 한 명의 알코올 중독자를 발견하는 것은 흔치 않은 일이다. 이러한 결과는 더 깊은 논의와 탐색을 요한다.

가족 이야기, 전통, 정신적 외상, 비극은 세대를 거쳐 고유한 양식의 애착 각본을 드러낸다. 전형적으로, 치료자가 이러한 이야기를 살펴볼 때 내담자는 치료자가 제기하는 이야기의 고유한 도전에 흥미와 관심을 갖게 되며 임상 환경의 안정과 구조를 조성하게 된다. 세대 간 애착 각본을 탐색함에 있어 치료자의 역할은 역사적 패턴을 살펴보고 가족사에 대한 이야기를 발달시키도록 내담자를 초대하는 것이다. 이야기 접근은 가족사를 외현화해서 현재 내담자 체계가 그 영향을 심층적으로 살펴볼 수 있게 한다. 가족 각본을 고치고 다시 쓰는 변형적 이야기를 발달시키는 것은 체계의 주요 목표인데, 이는 체계 간 접근의 다세대 가족 영역을 탐색할 때 종종 간과된다(Byng-Hall, 1995).

신화와 이야기는 애착 이야기를 구성하는 중요 자원이기도 하고 때로는 가족 사진이나 가보로 보존될 수 있다. 초점화된 가계도 과정을 통해 그와 같은 자료를 가져오도록 내담자를 격려할 수 있는데, 이는 Spence(1982)가 이야기적 진실(narrative truth)이라고 부른 것에 기여한다.

> 이야기적 진실은 특정 경험이 만족스러운 것으로 포착될 때 결정에 사용되는 기준으로 정의할 수 있는데, 이는 연속과 폐쇄, 그리고 조각의 조화가 미적인 결말을 맺는 정도에 따라 좌우된다. 이야기적 진실은 이런저런 것이 좋은 이야기라거나, 특정 설명이 확신을 가져온다거나, 수수께끼와 같은 난제에 대한 해결책은 진실이어야 한다는 식의 말을 할 때

우리 마음속에 떠오르는 것이다. 일단 임의적인 구성이 이야기적 진실을 획득하면 그것은 다른 진실처럼 현실이 되고, 이 새로운 현실이 심리분석적 치유의 의미 있는 일부가 된다(p. 31).

가족 체계의 각 개인은 독특하지만, 애착 이야기를 통해 좋고 나쁜 것으로 표현되는 개인이 지닌 유산은 모든 체계에 매우 강력한 영향력을 발휘한다. 보통 가족은 비밀을 가지고 있지만 그 사건에 대한 공개와 논의의 수준은 가족마다 다르기 마련이다. 현장 전문가들은 초점화된 가계도를 사용해서 내담자들이 자신의 고유한 개인적 · 가족적 역사 이야기를 구성하도록 도와줄 수 있다. 이는 종종 내담자들에게 다양한 감동을 불러일으키는 중요하고도 의미 있는 경험이 된다.

개인의 가족과 그 형성에 기여해 온 많은 영향에 대해 의미를 구성하는 것이 초점화된 가계도 과정을 개발하는 데 중요한 일부가 된다. Saari(1991)는 개인의 삶에 의미를 만드는 능력이 심리 건강, 정체감 형성, 평생 통합의 중요한 특성이라고 주장한다. 자신의 가족에 대한 개인적 믿음인 신화와 이야기는 초점화된 가계도의 주제를 살피게 하는 유용한 방식이다. 초점화된 가계도 질문과 반구조화된 양식이 가족 체계 이야기를 구성하는 데 도움을 준다. 앞뒤가 맞지 않는 것과 간격이 있는 것, 그리고 일관적이지 못한 것은 내담자가 자신의 정보에 의미를 부여할 때까지 지속적으로 탐색되거나 재고될 수 있다.

3) 각별한 고려: 거짓 기억과 비밀

어떤 사람들은 "가족 이야기, 신화, 비밀을 고려하는 이야기적 접근이 거짓 기억을 가져오지 않을까?" 하고 의문을 품을 수 있다. 우리의 대답은 초점화된 가계도의 렌즈를 통해 일관성 있는 패턴과 주제가 드러나고 임상적 상황에 주의를 기울일 수 있다는 것이다. 초점화된 가계도는 가족 내 신체적 · 성적 학대에 대한 구체적 주장을 평가하는 도구는 아니다. 그러나 가족 내 학대가 고립되어 일어나는 현상이라고 보기는 어렵다. 초점화된 가계도는 현장 전문가가 가족 역동 · 행동 · 태도를 진단할 수 있는 강력한 렌즈 일체를 제공한다. 학대, 폭력, 그리고 트라우마 가계도에 대한 논의에서 폭력, 학대, 체벌에 대한 상세한 진단의 개요를 소개할 것이다.

비밀은 초점화된 가계도를 구성하는 데 지속적으로 도전을 부과한다. 비밀은 많은 가족의 일부다. 초점화된 가계도를 한데 모으는 과정은 정보 격차, 비일관성, 믿기 어려운 환경을 나타낼 수 있다. 초점화된 가계도를 발달시킬수록 치료자는 인터뷰 과정 동안에 가족의 비밀이 노출될 가능성을 인식하고 '무모한 위험 사태'를 피해야 한다. 비밀이 가족 체계에 행사하는 힘과 영향을 인식하면서 부드럽고 조심스러우며 존중하는 마음으로 다가가야 한다. 그러나 비밀은 종종 가족 체계 내 구성원에게 손상을 주고, 확대가족의 불륜, 사생아 출생, 중독, 범죄와 같은 비밀이 많은 이들에게 부끄러운 일이 된다. 이러한 비밀을 종종 직접적으로 탐색함으로써 가족에게 미치는 영향력을 경감시킬 필요가 있다. 초점화된 가계도 과정은 치료자와 내담자로 하여금 위협적이지 않으나 직접적인 방식으로 이러한 문제를 살펴보게 하는데, 이와 같은 과정이 가족 복지, 효과적 가족 기능, 적합한 치료 전략 개발에 기여할 것으로 기대된다. 다음 질문은 가족 체계의 비밀을 탐색하도록 안내한다.

1. 원가족 내에서 금기시된 주제는 무엇이었습니까?
2. 그 주제가 금기인 것을 어떻게 알았습니까? 누가 말해 주었나요? 암묵적으로 알았습니까? 금기시되고 있는 이 주제를 누군가 꺼내고자 했을 때 무슨 일이 일어났습니까?
3. 가족 내에 사생활 언급에 대한 '규칙'은 무엇이었습니까? 그것이 가족에게 어떤 영향을 미쳤습니까?
4. 가족원 중에 누군가가 다른 가족원에게 말하지 않은 비밀을 당신에게 말한 적 있습니까? 당신에게 이 경험은 어떠했습니까?
5. 다른 가족에게 말하지 못한 비밀을 특정 가족원과 만든 적 있습니까? 그렇다면 어땠습니까?
6. 당신의 가족은 확대가족이 모르는 비밀이 있었습니까? 이 비밀이 관계에 어떤 영향을 미쳤습니까?
7. 외부 세계에 알려지지 않은 가족만의 비밀이 있었습니까? 그렇다면 당신에게 그 경험이 어떻게 느껴졌습니까?
8. 가족의 문화적 · 종교적 배경이 비밀 유지의 신념에 어떤 영향을 미쳤다고 생

각하십니까?

9. 남자만 또는 여자만 지키는 비밀이 있습니까?
10. 결국에는 탄로가 난 가족 비밀이 있었습니까? 관계의 변화가 있었습니까? 그 것이 개인의 기능과 정체성에 미친 영향은 무엇이었습니까?

이러한 질문은 이 책에서 서술한 각 초점화된 가계도, 예컨대 애착 가계도, 공정성 가계도, 젠더 가계도 등에 사용되도록 제시되었다. 위탁부모나 부모 대체 인물과 같이 임상가의 역할은 이면의 애착 패턴에 반응하기 위해 내담자에게 안심, 인정, 안내, 도전을 제공하는 것이다. 불안정한 애착과 와해된 애착을 나타나는 내담자 체계를 위해 애착 전략의 활성화와 비활성화에 맞추는 것은 다음 절에서 자세히 살펴볼 치료의 전 단계에 걸친 효과적인 치료적 동맹을 수립하는 데 결정적이다.

요약

이 장에서는 애착에 초점을 맞춘 조율된 치료적 자세 구축에 각 초점화된 가계도를 활용하는 방안에 대해 논했다. 치료적 자세는 체계 간 접근의 네 가지 영역 전체에 걸쳐 적용될 수 있다. 저자들은 내담자 체계의 모든 변수인 개인, 부부, 현재 및 확대가족, 맥락적 환경 등과의 작업을 위한 기초로 내적 모델 지도가 중요함을 강조했다. 치료적 자세는 진화적이고도 혁신적인 개념이다. 치료적 동맹의 강화를 위해 애착 이론을 사용하는 것을 언급한 연구문헌이 증가하고 있는 한편, 치료적 자세 특유의 치료적 유대에 대한 관심도 집중되고 있다. 각 개인과의 치료적 유대는 치료적 맥락 안에서 수립된다.

치료적 자세는 치료적 동맹을 수립하게 도와주는 방법으로 구체적이면서 보다 효력이 큰 방법으로 평가된다. 치료자는 내담자 체계의 각 구성원을 위해 어떤 치료적 자세 유형이 적합한지 정해야 한다. 그리고 그 결정을 위해 내담자 체계의 각 개인이 보이는 아동기 애착 패턴, 부부 애착 상호작용 패턴, 세대 간 가족 애착 각본을 평가하면서 치료를 시작하게 된다. 치료적 자세는 체계 간 접근을 활용해 개인, 부부, 가족과 체계적으로 일하는 임상가에게 유용한 지침을 제공한다.

내적 모델 지도의 목적은 내담자 개인이 양육자와 맺은 아동기 애착 경험에 기초해 임상가가 구체적인 치료적 자세를 채택하도록 안내하는 것이다. 내적 모델 지도는 각 양육자와의 다양한 애착 패턴을 나타내는데, 넓게는 내담자 개인의 충족되지 않은 안정의 욕구를 드러낸다. 따라서 애착에 초점을 맞춘 치료적 동맹은 치료자의 관심을 치료의 유대로 향하게 하며, 불안정한 애착 패턴을 나타내는 내담자와도 보다 안정된 치유 관계를 향해 나아가게 할 가능성을 높인다.

이전의 임상가들은 강력한 치료적 동맹을 발달시키는 일이 중요함을 강조해 왔고, 연구를 통해 그와 같은 동맹의 성과 가치에 대해 설명해 왔다. 초기 체계론자들은 전이와 역전이를 포함해 모든 개인적(분석적 · 역동적 사유의) 치료의 측면을 거부했었다. 어떤 면에서는 내담자가 자신의 애착 성향을 치료자에게 전이하기도 한다. 일부 초기 체계론자들은 이러한 현상을 내담자와의 합류나 부모 대체로 설명하기도 했다. 이제는 이 분야에서 내담자 체계의 각 구성원과의 동맹을 고려하는 것이 수용되는 단계에 이르렀다. 그러나 최근까지도 치료자의 애착 패턴과 내담자 체계의 애착 패턴 간의 교차점을 공식화하는 데 유용한 지식이나 수단이 없었다. 저자들은 내담자의 애착 패턴과 자신과 타인을 동시에 치료해야 하는 임상적인 딜레마에 대해 통합적인 변증법적 접근으로 치료자가 내담자 체계 성원과 유대를 맺는 최선의 방법을 신속하게 평가하는 체계적인 틀을 처음으로 제공했다.

주

1. 치료적 동맹은 세 가지 측면 곧 목표, 과제, 유대를 포함한다. 저자들은 유대를 치료적 자세로 정의했다. 목표와 과제는 보통 다양한 치료 모델에 따라 설명된다.
2. 보다 일반적인 요인과 치료적 동맹은 Weeks와 Fife(2014) 참조.
3. 최근 수십 년 동안 애착 이론과 심리치료에 관한 연구가 괄목할 만큼 확장되어 왔다.
4. 내적 작동 모델은 Bowlby의 아동기에 기초한 애착을 말한다. 각 영역의 애착 경험을 분별하는 용어로 아동기 애착 패턴(내적 작동 모델), 부부-성인 방식과 상호작용 패턴, 가족 각본과 애착 이야기를 사용했다.
5. 다른 이들이 연구할 수 있는 치료적 자세의 모델을 제공하는 것이 저자들의 의도다.

이 책은 초판에서 제1 저자가 개발했던 치료적 자세 모델과 함께 애착에 초점을 맞춘 치료적 자세를 기술하고 명료화하기 위해 임상적 지식과 경험을 종합했다.

6. 임상 실제에서 치료동맹척도의 정교화는 이 책의 범위 밖이다(http://wai.profhorvath.com 참조).
7. '튕김(bouncing)'이라는 말은 치료자가 유연하고 반응적이어서 치료에서 보다 안정된 애착 유대를 제공하는 것을 말한다.
8. 보다 자세한 사항은 제3장과 제9장 참조.
9. 체계 이론에서는 체계 내 부분의 변화가 체계 전체의 변화를 가져온다고 주장하는데, 이는 곧 2차적인 변화로 알려졌다.

참고문헌

Alexander, F., French, T. M., & Bacon, C. L. (1946). *Psychoanalytic therapy: Principles and application*. New York: Ronald Press.

Balint, M. (1968). *The basic fault: Therapeutic aspects of regression*. London: Tavistock.

Baumrind, D. (1971). Current patterns of parental authority. *Developmental Psychology*, *4*, 1-103.

Baumrind, D. (1991). The influence of parenting style on adolescent competence and substance use. *The Journal of Early Adolescence*, *11*, 56-95.

Bernier, A., & Dozer, M. (2003). Bridging the attachment transmission gap: The role of maternal mind-mindedness. *International Journal of Behavioral Development*, *27*, 355.

Blumer, M. L. C., & Murphy, M. J. (2011). Alaskan gay male's couple experiences of societal non-support: Coping through families of choice and therapeutic means. *Contemporary Family Therapy*, *33*(2), 1-18.

Bordin, E. S. (1979). The generalizability of the psychoanalytic concept of the working alliance. *Psychotherapy: Theory, Research & Practice*, *16*(3), 252-260.

Boszormenyi-Nagy, I. (1975). Family therapy: Its meaning for mental health. *Science News Quarterly*, *4*, 1-3.

Boszormenyi-Nagy, I. (1987). *Foundations of contextual therapy*. New York: Brunner/Mazel.

Boszormenyi-Nagy, I., & Framo, J. (Eds.). (1965). *Intensive family therapy: Theoretical and practical aspects.* New York: Harper & Row.

Byng-Hall, J. (1995). Creating a secure family base: Some implications of attachment theory for family therapy. *Family Process, 34,* 45–58.

Cheon, H. S., Blumer, M. L. C, Shih, A. T., Murphy, M. J., & Sato, M. (2009). The influence of supervisor and supervisee matching, role conflict, and supervisory relationship on supervisee satisfaction. *Contemporary Family Therapy, 31,* 52–67.

Clarke, J. I. (1978). *Self-esteem, a family affair.* Minneapolis, MN: Winston Press.

Cowan, C. P., & Cowan, P. A. (2005). Two central roles for couple relationships: Breaking negative intergenerational patterns and enhancing children's adaptation. *Sexual and Relationship Therapy, 20*(3), 275–288.

Cowan, P. A., & Cowan, C. P. (2009). Couple relationships: A missing link between adult attachment and children's outcomes. *Attachment & Human Development, 11*(1), 1–4.

Cowan, C. P., Cowan, P. A., Pruett, M. K., & Pruett, K. (2007). An approach to preventing co-parenting conflict and divorce in low-income families: Strengthening couple relationships and fostering fathers'involvement. *Family Process, 46,* 109–121.

Dallos, R. (2006). *Attachment narrative therapy: Integrating systemic, narrative, and attachment approaches.* Maidenhead: Open University Press.

Dallos, R., & Vetere, A. (2009). *Systemic therapy and attachment narratives: Applications in a range of clinical settings.* London: Routledge.

Dallos, R., & Vetere, A. (2014). Systemic therapy and attachment narratives: Attachment narrative therapy. *Clinical Child Psychology and Psychiatry, 19*(4), 494–502.

Daly, K. D., & Mallinckrodt, B. (2009). Experienced therapists'approach to psychotherapy for adults with attachment avoidance or attachment anxiety. *Journal of Counseling Psychology, 56*(4), 549–563.

DeMaria, R. (1987). Attachment and family therapy. Introducing attachment implications in treatment and therapy, in particular 'therapeutic posture' [Presentation]. Bucks County Children and Youth Services.

DeMaria, R., Weeks, G., & Hoff, L. (1999). *Focused genograms: Intergenerational assessment of individuals, couples, and families*. New York: Brunner-Routledge.

Diener, J., & Monroe, J. (2011). The relationship between adult attachment style and therapeutic alliance in individual psychotherapy: A meta-analytic review. *Psychotherapy: Theory, Research, Practice, Training*, *48*(3), 237-248.

Dinero, R., Conger, R., Shaver, P., Widaman, K., & Larsen-Rife, D. (2011). Influence of family of origin and adult romantic partners on romantic attachment security. *Couple and Family Psychology: Research and Practice*, *1*(5), 16-30.

Duncan, B. L., & Miller, S. D. (2000). *The heroic client: Doing client directed, outcome-informed therapy*. San Francisco, CA: Jossey-Bass.

Duncan, B. L., Miller, S. D., Reynolds, L., Sparks, J., Claud, D., Brown, J., & Johnson, L. D. (2003). The session rating scale: Preliminary psychometric properties of a "working" alliance scale. *Journal of Brief Therapy*, *3*, 3-12.

Duvall, J., Béres, L., & Paré, D. (2011). *Innovations in narrative therapy: Connecting practice, training, and research*. New York: W. W. Norton.

Goldfried, M. R. (1980). Toward the delineation of therapeutic change principles. *American Psychologist*, *35*(11), 991-999.

Goldstein, S. (2008). Psychotherapeutic posture and practice. *Independent Practitioner*, *28*(3).

Green, J. (2009). The therapeutic alliance. *Child: Care, Health, and Development*, *35*(3), 298-301.

Haley, J. (1980). *Leaving home: The therapy of disturbed young people* (2nd ed.). Philadelphia, PA: Brunner/Mazel.

Hartman, A. (1975). ECOMAP [Map]. *Child Welfare Learning Laboratory*. Ann Arbor, MI: University of Michigan.

Hartman, A., & Laird, J. (1983). *Family centered social work practice*. New York: MacMillian.

Havens, L. (2004). The American impact on psychoanalysis. *Psychoanalytic Dialogues: The International Journal of Relational Perspectives*, *14*(2), 255-264.

Horvath, A. O., & Greenberg, L. S. (1989). Development and validation of the working alliance inventory. *Journal of Counseling Psychology*, *36*(2), 223-233.

Horvath, A. O., & Greenberg, L. S. (1994). *The working alliance: Theory, research, and practice*. New York: Wiley.

Horvath, A. O., & Luborsky, L. (1993). The role of the therapeutic alliance in psychotherapy. *Journal of Consulting and Clinical Psychology, 61*(4), 561-573.

Horvath, A. O., & Symonds, B. D. (1991). Relation between working alliance and outcome in psychotherapy: A meta-analysis. *Journal of Counseling Psychology, 38*(2), 139-149.

Hubble, M. A., Duncan, B. L., & Miller, S. (1999). *The heart and soul of change: What works in therapy*. Washington, DC: The American Psychological Association.

Inman, A. G. (2006). Supervisor multicultural competence and its relation to supervisory process and outcome. *Journal of Marital Family Therapy, 32*(1), 73-85.

Johnson, S. (2004). *The practice of emotionally focused couple therapy*. New York: Brunner-Routledge.

Johnson, S. M., & Whiffen, V. E. (Eds.). (2003). *Attachment processes in couple and family therapy*. New York: Guilford Press.

Karavasilis, L., Doyle, A. B., & Markiewicz, D. (2003). Associations between parenting style and attachment to mother in middle childhood and adolescence. *International Journal of Behavioral Development, 27*, 153-164.

Kietaibl, C. M. (2012). A review of attachment and its relationship to the working alliance. *Canadian Journal of Counselling and Psychotherapy, 46*(2), 122-140.

Knobloch-Fedders, L. M., Pinsof, W. M., & Mann, B. J. (2004). The formation of the therapeutic alliance in couple therapy. *Family Process, 43*, 425-442.

Lambert, M. J., & Bergin, A. E. (1994). Therapist characteristics and their contribution to psychotherapy outcome. In A. E. Bergin & S. L. Garfield (Eds.), *Handbook of psychotherapy and behavior change* (4th ed.). New York: John Wiley & Sons, Inc.

Lewis, T., Amini, F., & Lannon, R. (2000). *A general theory of love*. New York: Random House.

Liotti, G. (1991). Patterns of attachment and the assessment of interpersonal schemata: Understanding and changing difficult patient-therapist relationships in cognitive psychotherapy. *Journal of Cognitive Psychotherapy, 5,* 105–114.

Luepnitz, D. (1988) *The family interpreted: Feminist theory in clinical practice.* New York: Basic Books.

Luepnitz, D. (2002). *Schopenhauer's porcupines: Intimacy and its dilemmas: Five stories of psychotherapy.* New York: Basic Books.

Maccoby, E. E., & Martin, J. A. (1983). Socialization in the context of the family: Parent-child interaction. In P. H. Mussen & E. M. Hetherington (pp. 1–101). *Handbook of child psychology: Vol. 4. Socialization, personality, and social development* (4th ed.). New York: Wiley.

Mikulincer, M., Shaver, P., & Pereg, D. (2003). Attachment theory and affect regulation: The dynamics, development, and cognitive consequences of attachment-related strategies. *Motivation and Emotion, 27*(2), 77–102.

Minuchin, S. (1974). *Families and family therapy.* Cambridge, MA: Harvard University Press.

Muller, R. T. (2009). Trauma and dismissing (avoidant) attachment: Intervention strategies in individual psychotherapy. *Psychotherapy: Theory, Research, Practice, Training, 46*(1), 68–81.

Obegi, J. H. (2008). The development of the client-therapist bond through the lens of attachment theory. *Psychotherapy Theory, Research, Practice, Training, 45,* 431–446.

Olson, D. H. (2000). Circumplex model of marital and family systems. *Journal of Family Therapy, 22*(2), 144–167.

Pinsof, W., & Catherall, D. R. (1986). The integrative psychotherapy alliance: Family couple and individual therapy scales. *Journal of Marital and Family Therapy, 12*(2), 137–151.

Rait, D. (2000). The therapeutic alliance in couples and family therapy. *In Session: Psychotherapy in Practice, 56*(2), 211–224.

Rasheed, J. M., Rasheed, M. N., & Marley, J. A. (2012). *Family therapy: Models and techniques.* Los Angeles, CA: SAGE Publications.

Saari, D. (1991). Relationship admitting families of candidates. *Social Choice and Welfare, 8*(1), 21–50.

Schneider, F. W., Gruman, J. A., & Coutts, L. M. (Eds.). (2005). Defining the field of applied social psychology. *Applied social psychology: Understanding and addressing social and practical problems*, (pp. 1-20). New York: SAGE Publications.

Shaver, P. R., & Mikulincer, M. (2002). Attachment-related psychodynamics. *Attachment & Human Development, 4*(2), 133-161.

Shaver, P. R., & Mikulincer, M. (2009). Attachment theory and attachment styles. In M. R. Leary & R. H. Hoyle (Eds.), *Handbook of individual differences* (pp. 62-81). New York: Guilford Press.

Shorey, H., & Snyder, C. (2006). The role of adult attachment styles in psychopathology and psychotherapy outcomes. *Review of General Psychology, 10*(1), 1-20.

Simmel, G., & Wolff, K. H. (1950). *The sociology of Georg Simmel* [Originally published in 1903]. New York: Free Press.

Smith, A. E., Msetfi, R. M., & Golding, L. (2010). Client self rated adult attachment patterns and the therapeutic alliance: A systematic review. *Clinical Psychology Review, 30*(3), 326-337.

Spence, D. P. (1982). *Narrative truth and historical truth: Meaning and interpretation in psychoanalysis.* New York: W. W. Norton.

Sprenkle, D. H., & Blow, A. J. (2004). Common factors and our sacred models. *Journal of Marital and Family Therapy, 30*(2), 113-129.

Sprenkle, D. H., Davis, S. D., & Lebow, J. (2009). *Common factors in couple and family therapy: The overlooked foundation for effective practice*. New York: Guilford Press.

Tallman, K., & Bohart, A. C. (1999). The client as a common factor: Clients as self-healers. In M. A. Hubble, B. L. Duncan, & S. D. Miller (Eds.), *The heart and soul of change: What works in therapy* (pp. 91-131). Washington, DC: American Psychological Association.

Vetere, A., & Dallos, R. (2008). Systemic therapy and attachment narratives. *The Association for Family Therapy, 30*, 374-385.

Wallin, D. J. (2007). *Attachment in psychotherapy*. New York: Guilford Press.

Weeks, G., & Fife, S. (2014). *Couples in treatment* (3rd ed.). New York: Routledge.

Whitaker, C. A. (1989). *Midnight musings of a family therapist.* New York: W. W. Norton.

White, M., & Epston, D. (1990). *Narrative means to therapeutic ends.* New York: W. W. Norton.

Wilson, C. (2010). Review of common factors in couple and family therapy: The overlooked foundation for effective practice. *Australian and New Zealand Journal of Family Therapy, 31*, 214–218.

Wynne, L. C. (1988). *The State of thc art in family therapy research: Controversies and recommendations*. New York: Family Process Press.

Zetzel, E. R. (1956). An approach to the relation between concept and content in psychoanalytic theory. *Psychoanalytic Study of the Child, 11*, 99–121.

Zuk, G. H., & Boszormenyi-Nagy, I. (1967). *Family therapy and disturbed families.* Palo Alto, CA: Science and Behavior Books.

Part 3

애착에 초점화된 가계도의 새로운 확장

애착에 초점화된 가계도: 기본 가계도의 확장

부적절한 이론과는 잠시 잘 지낼 수 있으나
부적절한 치료법과는 그렇지 않다.
-Jung, 1931(Chodorow, 1997, p. 85)

1. 개요

이 장에서는 개인, 부부, 세대 간 영역에서 내담자 체계 안팎과 관련된 애착 주제의 역사와 복잡성에 대해 살펴볼 것이다. 이 특별 주제는 다른 초점화된 가계도에는 포함되어 있지 않다. 각 영역은 개인의 기질, 접촉, 유대, 부부의 자존감, 낭만적 사랑, 공감적 공명, 가족 구조 · 과정 등의 구체적 주제를 담고 있다. 특히, 이것이 어떻게 개인의 내적 작동 모델의 복잡성과 부부역동으로 표현되는지에 역점을 두어 애착 패턴과 각본의 세대 간 전이를 특별히 강조했다. 이 주제에서 영역별로 초점화된 질문이 현장 전문가를 위한 안내 구실을 한다. 또한 이 주제를 제3장에 제시한 바 있는 지도와 연대표와 연결해 세 가지 도표화 도구의 응집성을 확장하고 설명하였다.

Bowlby의 연구를 비롯해 그를 따르는 연구자와 이론가들은 애착 이론을 체계 간 접근의 다양한 영역 간의 통합적 개념의 교량으로 사용할 수 있도록 하였다. Byng-Hall(1995)은 가족생활에서 애착의 역할을 강조했다. 이 책의 저자들은 개인의 아동기 애착 패턴의 상호작용을 통해 성인기 애정관계를 형성하는 개별적 아동기 경험의 역할을 강조한다. 부부의 결합에 자녀가 생기면 복잡한 가족과정이 시작되고 이것이 애착의 세대 간 전이를 촉진한다(Cowan & Cowan, 2005, 2006). Cowan과 Cowan(2005, 2006)의 연구는 부부관계를 세대 간의 빠진 고리로 강조했다. 부부관계는 자녀의 안정 애착을 강화하거나 불안정 애착 패턴을 강화할 것이다. 그리고 그 자녀가 자라서 배우자가 되면 다시 다음 세대에 영향을 미치게 될 것이다.

2. 애착 이론의 기초

우선 애착 이론의 적용에 대한 세대 간 관점으로부터 시작하고자 한다. 21세기가 애착 이론의 역사와 그 뿌리가 밀접히 관련된 신경과학을 출현시켰다면, 20세기는 아동관에 극적인 변화를 가져온 때였다. 과학과 의학의 업적은 때로는 부모, 조부모, 증조부모의 삶을 하나의 관점으로 옮기기 어려운 지경에 이를 만큼 발전했다. 20세기 후반에 이르기까지 아동기는 생존을 위한 분투의 시기였다. 세계 곳곳에 빈곤한 환경에서 자라는 아동의 수는 여전히 많지만, 아동기에 대한 역사적 관점은 지난 세기의 상황이 훨씬 더 나빴음을 나타내고 있다. 중세 시대는 가혹하고 비인간적인 대우로 인해 아동에게 특별히 좋지 못한 시기였다(Schorsch, 1985). 17세기 철학가 Thomas Hobbes의 말대로 아이들은 길들여져야 할 '야생동물'로 종종 생각되었는데, 이는 18세기와 19세기까지 아동기에 대한 지배적 견해가 되었다(Heath, 2009).

아동에 대한 새로운 관심과 보살핌이 17세기에 출현한 반면, 미국에서는 1930년대 후반과 제2차 세계 대전 이후까지도 이러한 변화가 보이지 않았다(Montagu, 1986). 1984년에 출간되어 1935년까지 15판이 발행된 『아동 양육과 수유(The Care and Feeding of Children)』에서는 요람의 폐지를 주장했다. 아기가 울 때 안아 주지 말고 정확한 시간에 수유하며 손으로 아기를 돌보는 일을 삼가는 것을 의미했다. 이는 일면 오늘날의 양육 실제에도 스며 있다. 할머니로부터 이러한 영향을 받고 자라 온 젊은 어머니들은 "아기를 너무 안아 주지 마라. 아이가 응석받이가 된다."며 조심한다.

인간 접촉의 중요성은 21세기 초에 인식되기 시작했다. 1915년 미국 전역의 연구소를 통해 집계된 1세 미만의 영아 사망률은 100%에 육박했다(Montagu, 1986). 1990년대 초 뉴욕 Bellevue 병원의 내과 의사들이 영아 사망의 답을 찾았는데, 이들은 보살핌, 접촉, 옹알이에 대한 반응 등 '모성적 행동'이 사망률을 낮춘다는 사실을 발견했다. 영아에게 '모성적' 양육을 도입하자 사망률은 100%에서 50%, 35%로 낮아졌고, 이어 1935년에는 10%로 떨어졌다(Montagu, 1986). Spitz(1945)는 1945년 영국의 우울과 영양실조, 영아 생존 실패를 관찰했다. 그는 영아의 성장 발달 실패와 우울의 주된 원인이 정서적 자극의 결핍이라고 믿었다.

금세기에 들어 Bowlby의 애착 연구와 작업이 이 초기 탐색을 진일보시켰다. 영아와 아동의 접촉은 오늘날 필수적인 것으로 여겨지고 있다. Bowlby가 애착, 분리, 상실의 영향에 대한 자신의 견해를 정교화했다면, Harlow(1958)의 연구는 어머니와 영아 간의 신체적 접촉이 영아의 신체적 · 심리적 발달에 결정적임을 설명한다. Klaus와 Kennell(1976)은 영아를 위한 신체적 유대의 중요성을 강조했다. 그들은 생의 첫 몇 분 또는 몇 시간의 민감한 시기 동안 신생아에게 긴밀한 접촉을 하는 것이 중요하다고 밝혔다. 이들의 연구는 신생아실과 부모를 위한 모자동실을 열게 했다. Restak(1979)은 파묻히고 빠는 행동이 기능과 발달에 영향을 미치는 두뇌의 생화학적 반응을 만든다는 것을 최초로 발견한 사람 가운데 하나다.

신경과학이 이 초기 연구를 강화하고 있다(Fisher et al., 2002; Pert, 1997; Siegel, 1999, 2008; Van der Kolk, 2014). 뇌의 천연 아편제인 엔도르핀이 애착의 화학적 기초의 일부를 제공한다. 엔도르핀은 안정, 평화, 평온의 감정을 가져다준다. 아기를 돌볼 때, 깊은 접촉을 할 때, 성인이 오르가슴을 느낄 때 분비되는 호르몬인 옥시토신은 포옹의 화합물로 불린다. 유대 과정이 없으면 아동의 두뇌 발달에 심각한 영향을 미칠 수 있다. 「Newsweek」(1997)는 출생 직후 시설에 수용된 루마니아 고아의 뇌 사진을 찍었다. 사진은 영아기의 극단적 박탈의 영향을 나타냈는데, 정서를 조절하고 감각기관으로부터 자극을 수용하는 측두엽이 거의 휴지 상태였다. 필요하고 필수적인 유대를 받지 못한 영아와 어린아이들은 종종 심각한 정서적 · 인지적 문제로 어려움을 겪게 된다.

3. 애착에 초점화된 가계도의 재소개

애착 가계도(AG)는 개인과 가족관계의 '심장부'라 할 수 있는 신체적 · 정서적 유대에 초점을 둔다. 애착 가계도는 개인, 부부관계, 가족 영역의 애착 패턴을 탐색한 것이다. 애착 패턴은 내적 모델 지도를 사용해 개인을 평가하고, 애착 방식은 부부 상호작용 지도를 이용해 평가하며, 애착 각본은 가족 지도로 평가하는데, 이들은 가족 유산과 세대 간 애착의 이야기를 드러낸다. 아동기와 성인 생활의 애착 패턴 · 방식, 각본의 평가는 애착 경험이 미치는 관계의 영향이 가족 체계 전반에 퍼져 있기 때문에 치료를 시작할 때 일차적 초점이 된다. 애착 가계도의 발달은 체계 간 접근의 다중 영역(개인, 부부, 가족, 환경)과 함께 교차적으로 이루어지며, 임상가는 치료적 자세의 발달을 돕는 각 내담자 체계를 보다 심도 있게 이해하게 된다. 우리는 애착 가계도와 애착 이론에 정통한 도표화와 연대표를 통해 치료자가 여러 차원에서 치료적 동맹을 강화할 수 있는 이해와 공감의 깊이를 발달시킬 수 있음을 옹호한다. Dziopa와 Ahern(2008)은 치료 과정을 향상시키는 효과적인 치료적 동맹을 위해 필요한 다양한 측면에 특별히 주의를 기울이는 것이 중요하다고 강조한다. 애착 가계도는 임상가가 내담자 체계에 맞추는 것을 강화하고 치료자가 포함하는 치료적 자세 방식을 안내하는 역할을 한다. 애착에 초점화된 치료적 자세의 구체적인 특징은 앞서 제4장에서 기술한 바 있다.

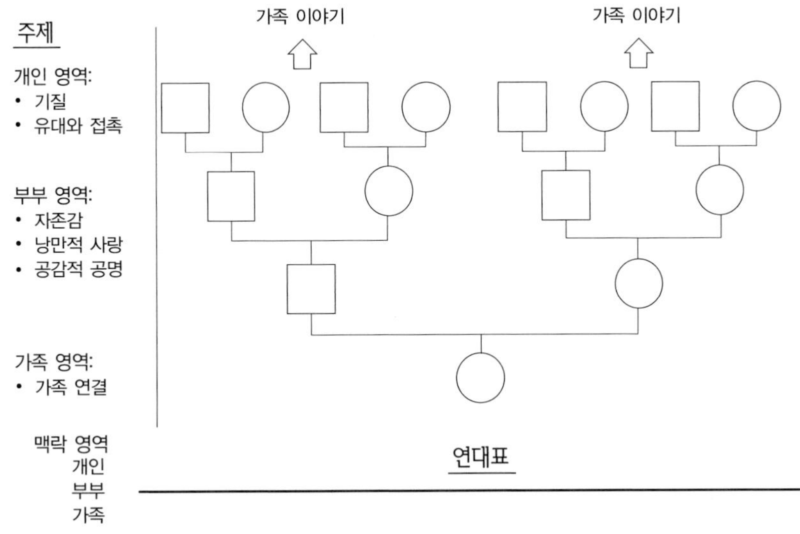

[그림 5-1] 애착에 초점화된 가계도

이 그림은 이 장 전체의 안내 역할을 하는 애착에 초점화된 가계도의 원형을 제공한다.

4. 애착 가계도의 개발

1) 애착에 초점화된 가계도: 개인 영역

내적 작동 모델(IWM)은 개인 체계의 변증법을 이해하는 열쇠로 이 책 전반을 통해 강조되고 있다. 개인적 수준의 기질, 유대, 접촉은 애착 문헌에서 자주 언급되는 주제는 아니다. 그러나 이 애착 국면은 부모-자녀 애착 유대에 중요하다. 기질은 부모와 자녀 간의 애착관계에 영향을 미칠 수 있는 중요한 조정자다(Kiff, Lengua, & Zalewski, 2011). 정서적 조율을 통한 접촉과 초기 유대의 질 역시 아동기 애착에 영향을 미친다. 아동의 건강한 자아감을 촉진하는 건강한 애착관계는 사랑과 연민을 통해 경험된다. 자녀나 배우자에게 손상이나 피해를 주게 되는 건강하지 못한 애착관계는 애착 학대(Stosny, 1995), 애착 상처, 애착 파괴(Ewing, Diamond, & Levy, 2015; Johnson, 2003)로 인용되고 있다. 이러한 부정적인 애착 경험은 보통 배우자나 부모가 자기 위안을 하지 못하는 것으로부터 초래된다(Stosny, 1995). 애착 가계도가 개인에 초점을 두는 두 가지 주제는 ① 기질, ② 접촉 및 유대다. 내적 모델 지도는 제4장에서 설명한 바와 같이 치료적 자세를 발전시키기 위해 현장 전문가가 지침으로 삼을 수 있는 도구를 제공하므로 평가에 있어 핵심이다. 개인적 연대표는 아동기 · 청년기 애착 경험, 특별히 정신적 외상이 되었거나 힘들었거나 학대의 특성을 보이는 경우에 기록한다.

(1) 기질

기질은 생활의 기회와 경험에 영향을 미치는 반응과 민감성에서의 생물학적 차이로 정의된다(Zentner & Shiner, 2012). 기질의 유형은 활동 수준, 공복 리듬, 배변, 수면-각성 주기, 접근-후퇴 유형, 변화된 환경에의 적응, 반응의 강도 수준, 민감성의 한계점, 기분의 양과 질, 산만함의 정도, 장애에 직면했을 때 견디는 정도 등을 포함해 Thomas와 Chess(1977)가 규명한 바 있는 여러 요인에 기초한다. 이와 같은 기질의 유형은 연속선상에 위치하는 다양한 배열을 이룬다. 기질의 유형에는 순한 기질, 느린 기질, 조심스러운 기질, 까다로운 기질, 그리고 이러한 기질이 혼합된 기질이 포함된다(Brazelton, 1984; Kagan, Snidman, Arcus, & Reznick,

1994). Shiner와 DeYoung(2013)은 기질과 성격에 공통점이 많으며, 특성(traits)에 주의를 기울이는 것이 보다 유용한 접근이라고 주장한다. 기질은 보통 아동기의 개인차를 탐색하는 데 활용되거나 이해된다.

기질은 안정 애착이나 불안정 애착의 표현 방식에 영향을 미칠 수 있다(Belsky & Isabella, 1988). 기질은 예측하거나 신뢰할 수 없는 양육에 아동이 어떻게 반응하는가를 결정하는 중요한 요인이다. 예컨대, 순한 아동은 활발한 아동이나 까다로운 아동과는 다른 정서적 민감성을 보일 것이다. 아동기, 청년기, 성인 전기를 거친 기질의 성장과 변화는 사회적 · 물리적 환경과의 상이한 상호작용에 기인한다. 그러나 기질보다 애착이 발달 영역의 성과를 예측하는 일차적 요인이 된다. 특정 결과에 대한 기질의 영향을 조정하는 것이 애착이다. 어머니, 아버지, 양육자, 기타 요인 간의 기질의 혼합이 아동 초기 애착 유대에 영향을 미친다. 부모-자녀 간 상호작용의 질은 기질과 영향을 주고받는다(Rothbart, Derryberry, & Herche, 2000). 예를 들어, 까다로운 기질의 아동은 극도로 높은 활동 수준, 산만함, 고강도, 불규칙, 부정적 인내, 낮은 감각 한계점, 강박, 고집 등과 같은 행동을 하기 쉽다는 점에서 가족에게 상당한 스트레스를 줄 수 있다(Turecki, 1985). 가족은 이런 기질에 대한 반응으로 자녀의 까다로운 기질을 강화하는 경향의 행동, 예컨대 일단 자녀에게 부정적 관심을 갖거나, 자녀를 무시하거나, 자녀에게 지레 좌절감을 느끼거나, 자녀에게 언성을 높이는 행동을 표출하기 시작할 수 있다. Jagiellowicz, Aron, 그리고 Aron(2016)은 감각 과정의 민감성(SPS)과 정서적 반응을 살펴보았다. 감각 과정의 민감성은 반응에 맞추어진 기질의 측면이다. 이들의 연구 결과는 감각 과정의 민감성 수준이 높은 개인이 긍정적 · 정서적 자극에 더 강하게 반응하고 질적인 양육 경험에 보다 더 효과적으로 반응하는 것으로 밝히고 있다.

전체적으로 고려해야 할 중요한 사항은 아동의 행동에 대한 부모의 민감성이 대체적으로 부모 자신의 양육 경험에 의해 영향을 받는다는 것이다(Bernier & Dozier, 2003). 결과적으로 영아기 방식에 대한 초기 확인은 미래의 패턴을 평가할 때 영아와 양육자의 상대적 기여를 더 잘 이해할 수 있게 한다. 부모들은 종종 자신만의 정체감에 기초해 영아의 외모와 기질을 판단한다. "우리 아들은 꼭 제 남동생 같아요.", "우리 딸은 우리 엄마 같아요."와 같은 말이 흔한 진술이다. 그러나 이런 평가가 영아의 기질과 항상 일치하는 것은 아니다.

부모 모습과 자녀 간 기질의 상응이 안정 애착의 촉진이나 불안정 애착의 저지에 도움이 될 수도 있다. 신체적 · 정서적 애착 유대는 영아기와 아동 전기 동안 안정감의 주된 근원인 반면, 기질은 경험(개인과 같은 내적인, 그리고 사회와 같은 외적인 환경에 의해 조정되고 중재되는)에 의해 감정적 · 동기적 · 인지적으로 물려받고 학습되고 형성된다. 신체적 · 정서적 학대나 경험이 관계를 복잡하게 할 때, 애착 패턴을 탐색하는 것은 치료계획의 중요한 일부가 된다. 아동 학대와 가정폭력은 제9장 학대, 폭력, 그리고 트라우마에서 보다 자세히 다룰 것이다.

(2) 기질에 대한 질문

행동 양식의 개인차가 유대와 애착이 발생하는 방식에 영향을 미친다.

1. 본인의 기질을 순한, 느린, 조심스러운, 까다로운 유형 중 어떤 유형으로 묘사할 수 있습니까? 가족에 대해서는 어떻게 묘사하겠습니까?
2. 자신과 가족을 다음 영역에 대해 10점 척도로(10: 최고점) 평가해 보십시오.
   활동 수준, 강도, 산만함, 변덕/부루퉁함, 불규칙성, 미소나 웃음, 두려움, 기분이 진정되는 정도, 확대된 대인 접촉에 대한 편안함
3. 본인의 기질이 가족과 대인관계에 어떤 영향을 미쳤다고 생각합니까?
4. 본인의 기질 유형과 가족의 기질 유형은 무엇입니까?

(3) 유대

접촉과 유대, 정서적 조율, 기질의 유형은 가족 안에서 애착 행동을 형성하는데 이것이 개인마다 독특한 관계 경험을 만든다. 유대(bonding)는 서로 신체적 · 정서적으로 접촉하는 사람들 사이에서 발생한다(Casriel, 1972). 유대에는 정서적 개방성이나 취약성, 신체적 친밀감, 성적인 친밀감(달램) 등이 포함된다. 애착은 연결을 향한 욕망이다. 신체적 · 정서적 연결의 경험으로부터 유대가 발달된다.

유대는 임신 기간 동안에 신체적으로 경험하게 되는 공생으로부터 시작되어, 영아기 초기에 신체적 · 정서적으로 더 발달된다. 생의 첫 2년 동안의 유대는 영아와 부모의 가족생활에 매우 중요하다. 이 기간 동안에 부모, 양육자, 형제자매, 영아는 특별한 방식으로 서로를 알아간다. 유대와 애착 모두가 강화되면서 부모

들은 일반적으로 아동을 안내해 주고 아동에게 배우고 놀 기회를 주며 아동의 능력에 맞는 목표를 설정하는 능력을 제공함으로써 아동의 자아존중감을 촉진하기 시작한다. 생의 첫 2년의 후반기에 아동은 자신을 둘러싼 세계를 보다 충분히 탐험하기 시작한다. 각 가족원은 가족 개인의 역할에 따른 독특한 방식으로 아동의 자율성, 사회성, 개인적 발달을 격려한다. 연합과 자율을 향한 욕구에 의해 균형을 이루면서 자아의 분화 과정이 시작된다.

소아과 의사이자 정신분석학자인 Winnicott(1965)는 아기를 안아 주는 행동(holding of the infant)을 가리켜 생리적 모욕으로부터의 보호, 영아의 접촉 반응, 기질, 청각, 시각, 신체적 안전의 고려로 정의했다. 아기를 안아 주는 것은 밤낮으로 이루어지는 보살핌의 일과 전체를 포함하는 것으로, 아기마다 또 양육자마다 다른 양상을 보인다. 아기를 안아 주는 것은 영아의 신체적 · 심리적 성장과 발달을 확고하게 할 뿐만 아니라 정서적 조율을 위한 필수적 욕구를 통합한다.

Winnicott(1985)은 어머니(부모)와 영아 간 관계의 질과 그것이 아동의 심리 발달에 미치는 영향에도 관심을 기울였다. 그는 아동의 관심 및 공감 역량을 발달시키는 어머니(또는 부모 역할 양육자)에 의해 만들어진 아이를 안아 주는 환경의 특성에 주의를 기울였다. 그리고 자아의 건강한 발달을 촉진하는 부모-자녀 간 유대의 중요성을 강조했다. 그가 말하는 일차적 모성적 몰입의 개념은 영아에 대한 어머니의 신체적 · 정서적 연결의 중요성에 관심을 기울인 것이다. 그가 말한 '충분히 좋은 엄마(good-enough mother)'라는 개념은 어떤 어머니도 완벽할 수 없고 완벽할 필요도 없음을 뜻한다. 사실, 아이가 과장된 자기 모습을 버리고 평생 돌봄이 필요한 존재가 아니라 진정한 자기 자신이 되려면 어머니가 완벽해서는 안 된다. Winnicott은 어머니가 자녀 스스로 성취할 수 없는 것을 성취하고자 하는 성취의식을 자녀에게 준다고 주장하였다. 자녀는 신호를 읽어내고 신호에 반응하면서 결국 자신이 원하는 것이 무엇인지를 알게 되며 의도적으로 신호를 학습하게 된다.

Kohut(1971)은 이와 유사하게 자녀는 자신의 연장으로 어머니를 경험한다고 주장한 바 있다. 그의 견해에 따르면 어머니의 정서에 기반한 감정이 그녀의 유능감에 기여한다. 어머니는 여전히 취약한 자녀의 자아가 어머니와 자녀의 거울 반응(mirroring) 경험을 통해 지속적으로 자녀에게 영향을 미치는 스트레스와 긴

장에 의해 압도되는 것을 막도록 돕는다. Stern(1985)은 주 양육자가 보이는 정서적 조율과 반응이 자녀의 긍정적 자아감의 발달에 결정적으로 중요하다는 결론을 강조하고 있다.

Casriel(1972)은 유대를 신체적 친밀감과 정서적 개방성 모두를 포함하는 타인과의 연결을 위한 필수적이며 생물학적으로 기반을 둔 욕구로 정의했다. 유대의 경험은 인간이 서로 간의 신체적 · 정서적 쾌락을 주고받는 중요한 수단이다. 비록 성적 경험은 성인의 유대를 형성하지만, 성욕은 유대를 향한 욕구의 단지 작은 일부를 충족시킬 뿐이다. Prescott(1975)은 그가 신체지각 애정박탈 증후군(Somatosensory Affective Deprivation: SAD)으로 명명한 바 있는 신체 접촉 박탈과 다양한 정서적 장애와의 상관성을 거론하면서 Casriel의 모델을 지지하고 있다. 만성적으로 충족되지 못한 유대 욕구를 충족시키고자 하는 지속적인 시도는 성적인 접촉이 유대감의 필요를 충족시키는 몇 안 되는 사회적으로 허가된 방법 가운데 하나인 문화에서 성욕화된다. Montagu(1986)는 개인이 신체적 보살핌을 주고받는 것을 통한 즐거움을 유도하는 능력이 그의 개인적 발달의 척도라고 주장했다. 현대의 연구(Durana, 1994, 1996)는 부부간의 유대가 보살핌, 신뢰, 안정의 분위기를 조성하고 재양육의 정서적 경험을 제공하며 애착 행동을 촉진하고 사랑과 헌신의 방법을 만든다고 주장했다. Casriel과 같이 Montagu도 성인에게 유대가 중요함을 강조하고 있다.

(4) 접촉

접촉(touch)은 유대와 애착을 촉진하는 신체적 매개다. 신체적 · 심리적 안녕을 위해 껴안고 잡고 만지는 일의 중요성은 결코 과소평가될 수 없다. 미국 마이애미 대학교 Touch Research Institute에서는 접촉이 중추신경계[1]에 중요한 자극이 된다는 것을 설명하는 일련의 연구 결과를 반복적으로 보고하고 있다.

피부가 부드럽게 어루만져지면 특별 신경회로가 쾌감 신호를 두뇌로 보내게 된다. 뇌에는 고통, 온도, 접촉을 감지하는 별개의 신경망이 존재한다. 영아는 많은 접촉을 필요로 한다. 부모가 까탈을 부리는 아동을 안아 주고 접촉해 주는 방식으로 양육하면 아동은 평온해지고 누그러질 수 있다. 영아와 아동은 신체적 · 심리적 성장을 위해 접촉되어야 하며, 접촉의 욕구는 사라지지 않는다. 접촉에 대한 금기는 문화적으로 결정된다. 일반적으로 이 금기는 양육적 접촉과 성적 접촉을 분별하지 못해서 발생하는 것이다(Edwards, 1981). 이와 같은 금기는 종종 성인이 성적 관계의 맥락 밖에서 성인기의 순수한 양육적인 접촉을 경험하지 못하게 만든다.

인간이 성인기에도 접촉이 필요한 존재임을 주장하고 있는 문헌에서 강조되고 있는 바는 다음과 같다.

- 의료-간호 제공자가 치료에 접촉을 접목하면 의사소통이 증진된다(Aguilera, 1967).
- 자아존중감이 높은 사람은 자아존중감이 낮은 사람보다 사랑의 감정을 소통하는 데 접촉을 사용한다(Silverman, Pressman, & Bartel, 1973).
- 접촉 회피와 의사소통 두려움 간에는 정적인 상관이 있고, 남성이 여성보다 동성과의 접촉을 덜 한다(Andersen & Leibowitz, 1978).
- 사람들은 자신이 실제로 접촉한 것보다 더 많이 접촉한 것으로 인식하고, 타인의 접촉으로 인한 위안에 의해 자아상이 향상된다(Mosby, 1978).
- 접촉은 이성 친구 간에 가장 빈번하게 이루어지고, 아버지가 어머니보다 자녀의 한정된 신체 부위에 접촉한다는 증거가 제시되고 있다(Jourard, 1966).
- 촉각 박탈에 관한 연구는 과도한 자위행위, 폭력, 좋지 못한 성인기 성관계와의 관련성을 설명하고 있다(Montagu, 1986).

Jones와 Yarbrough(1985)는 접촉에 대한 많은 연구를 고찰하여 성인의 삶에서 접촉이 갖는 의미를 조사한 연구로 발전시켰다. 이들은 다음과 같이 접촉에 몇 가지 유형이 있음을 발견했다.

- 긍정적 감정 접촉(지지, 감사, 포함, 성관계, 애정)
- 장난스러운 접촉(장난 감정과 장난 공격)
- 통제적 접촉(순종, 관심 끌기, 반응 알리기)
- 의례적 접촉(환영과 이별)
- 복합적 접촉(환영 감정과 이별 감정)

- 일과 관련된 접촉(예: 외모에 대한 언급)
- 우연한 접촉

이는 접촉 의사소통의 패턴과 방식을 조사한 첫 연구였다. 그들의 연구 결과는 개인 간 접촉이 본능적으로 뿐만 아니라 상징적으로도 중요하다는 것, 대인 간 접촉 코드에는 이전 연구에 제시된 것보다 폭넓은 의미의 범위와 모호성의 정도가 포함된다는 것, 맥락적 요인이 접촉의 의미에 결정적으로 중요하다는 것 등을 제시하고 있다.

Hertenstein, Keltner, App, Bulleit, 그리고 Jaskolka(2006)는 인간, 영장류, 쥐를 대상으로 의사소통 수단으로서의 접촉을 연구했다. 이들은 애착과 정서에서 접촉의 중요한 역할을 발견했는데, 이들에 따르면 포유동물계 · 변연계적 두뇌가 유대를 위한 연결과 깊이 관련되어 있다고 본다. Hertenstein, Holmes, Mccullough, 그리고 Keltner(2009)도 촉각 자극의 정서 변별 기능을 연구하고 정서적 의사소통에 있어 접촉의 중요한 역할을 강조했다. Prescott(1975)은 모성의 사회적 박탈의 영향을 설명하기 위해 신체지각 애정박탈 증후군의 개념을 발달시켰다. 그는 폭력과 접촉 박탈 간의 관계를 연구했는데, 감각적 쾌락의 박탈이 폭력의 일차적 원인이라는 결론에 도달했다. Field(2002)는 접촉과 신체적 유대의 부족이 특별히 신체적 체벌을 포함하는 신체 학대와 결합될 때 청년기 폭력에 기여한다는 것을 발견했다. 또한 그녀는 접촉, 특히 마사지가 도파민 수준을 낮추고 세로토닌 수준을 높여 공격성의 발생 빈도를 감소시킨다고 주장했다. 이와 유사하게 Strauss(1991)도 신체적 체벌과 공격적 · 폭력적 행동을 관련지어 설명한 바 있다.

(5) 접촉과 유대에 관한 질문

촉각적 의사소통은 유대와 접촉에 중요할 뿐 아니라 가족 체계 내 비언어적 의사소통의 중요한 형성 요인이므로 이 패턴을 자세히 살펴보고자 한다.

1. 어렸을 때 어떻게 위로를 받았습니까? 다른 이들은 어떻게 위로를 받았습니까?

2. 본인이 위로받은 방식과 다른 가족이 위로받은 방식에 공통점과 차이점이 있습니까?
3. 거부되거나 분리되거나 상실한 경험이 있습니까? 가족 중에 이런 경험을 한 사람이 있습니까? 그렇다면 어떤 상황이었습니까?
4. 가족이 신체적 애정 표현을 했습니까? 했다면 어떤 식으로 했습니까? 본인은 다른 친척을 애정적으로 대합니까? 가족 간의 차이가 있다면 설명해 주십시오.
5. 부정적 또는 부적절한 접촉이 이따금씩 또는 자주 있었습니까?
6. 다음 영역에 대해 10점 척도로 가족의 접촉 위안 수준을 평가해 주십시오.
   1) 긍정적 정서 접촉(지지, 감사, 성관계, 애정 등)
   2) 장난스러운 접촉(장난스러운 애정과 장난스러운 공격 등)
   3) 통제적 접촉(승낙, 관심 끌기, 반응 알리기 등)
   4) 의례적 접촉(환영과 이별)
   5) 복합적 접촉(환영 감정과 이별 감정)
   6) 일과 관련된 접촉(예: 외모 언급)
   7) 우연한 접촉(예: 부딪힘)
7. 포옹에 대한 가족 규범이 있다면 무엇입니까?

(6) 촉각적 방어[2]

접촉에 대한 민감성으로 인해 많은 아동과 성인에게 신체적 유대와 친밀감은 도전적일 수 있다. 촉각적 방어(Tactile Defensive: TD)는 영아기에서 성인기에 이르기까지 유대에 영향을 미치고, 신체적 · 정서적 단절을 유도하는 감각 과정 장애의 일부로 안정 애착 발달에 잠재적 영향을 미친다. 그러나 일반적으로 촉각적 방어라는 용어는 안기고 만져지고 쓰다듬어지는 데 심각한 어려움을 갖고 있는 아이들에게 적용된다. 촉각적 감수성에는 개인차가 있는데, 이는 아동기와 성인기 애착 행동에서 종종 간과되는 요인이다. 애착 유대의 장기적 영향은 안정 유대감의 발달에 중요할 수 있다.

치료 전문가가 사용하는 촉각적 방어라는 말의 의미는 접촉 · 움직임 · 소리 · 맛 · 냄새에 대한 과민성을 뜻한다. 촉각적 방어는 접촉의 회피거나 접촉에 대한 보다 강렬한 욕구일 수 있다. 또한 촉각적 방어는 접촉 인식이 부족한 것일 수 있다. 촉각적 방어의 극단은 감각 과정의 장애를 포함하는 자폐의 한 측면이다. 촉각적으로 방어적인 영아는 종종 기질적으로 까다롭게 여겨지고 안기는 것을 싫어하는 것으로 보인다(Sears, 1994). 영아와 아동의 반응을 해석하는 것이 어려울 수 있지만 분명한 패턴이 있다. 쉽게 놀라거나 울 수 있고, '관심을 보이지 않거나', '신경을 끌 수 있다.' 달래는 일이 어려울 수 있다. 좀 더 성장한 아동과 청소년, 성인의 경우 맨발이나 신발을 신었을 때 민감할 수 있다. 긴 소매의 옷, 반바지보다 긴 바지, 꽉 끼는 옷보다 편안한 옷을 선호할 수 있다. 다른 패턴의 접촉은 꽤 귀찮고 스트레스가 되거나 정신을 산만하게 할 수 있는데 촉각적 방어를 나타내는 것으로는 다음과 같은 것이 포함된다.

- 새 옷은 성가시고 입기 전에 먼저 세탁해야 한다.
- 양말이 흘러내리면 잡아 당겨야 하고, 발가락 끝선을 넘어가는 양말 봉제선은 짜증스럽다.
- 편안하기 위해서는 장식 많은 셔츠, 모직, 터틀넥, 옷의 가격표를 뗄 필요가 있다.
- 입맞춤, 맨발 게임, 껴안거나 붙잡기, 얼굴 만지기, 깜짝 놀래키는 접촉이 싫을 수 있다.

마사지에서처럼 압력을 가하는 접촉과 피부 쓰다듬기, 온기, 가벼운 압력이 따르는 몸 전체의 접촉은 몸에 옥시토신 분비를 가져온다(Uvnas-Moberg, Handlin, & Petersson, 2014). 촉각적 방어를 가진 사람들은 종종 신체적인 애정으로 그들의 편안함을 향상시킬 수 있다. 이와 같은 연유에서 옥시토신은 앞서 언급한 '포옹의 화합물'로 종종 불리게 되었다. 촉각적 방어의 장기적인 효과가 더 연구되어야 하지만 이 현상은 신체적으로 애정적이지 않은 가족에게 종종 시사점을 준다. 또한 촉각적 방어는 부모는 접촉을 편안해하는데 자녀는 그렇지 않은 경우에 부모에게 극도의 스트레스가 될 수 있다. 접촉에 있어서의 개인차 역시 어떻게 같이 자고 성행위를 할 것인가와 같은 문제에서 배우자 사이에 문제를 만들 수 있다. 부부관계에 있어서 촉각적 방어는 배우자 간 성적 차이와 어려움을 나타내는 것일 수 있다. 예를 들어, 촉각적으로 방어적인 남편 Robert는 잠자리에서 꼭 정해진 잠옷만 입고 침대에서도 정해진 자세로 자야 했다. 아내가 그와 접촉하면 밤새 다시 잠을 들 수 없었다. 가벼운 어루만짐에 대해서조차 강한 반감을 보이는 그의 태도로 인해 부부간의 성관계도 영향을 받았다. Robert의 행동은 강박장애 탓으로 여겨졌지만, 그의 접촉 역사는 아동기 초기로부터 성인기에 이르는 심각한 촉각적 방어 패턴을 드러내고 있었다.

(7) 촉각적 방어에 관한 질문

1. 본인 또는 가족 중에 양말 안쪽 솔기나 옷의 목덜미 부분의 꼬리표처럼 특정 의복이나 접촉에 민감한 사람이 있습니까?
2. 가족이 '거칠게 뒹구는' 것을 좋아합니까? 장난삼아 공격적으로 서로 부딪치는 행동을 합니까?
3. 본인 또는 가족을 접촉 회피자로 묘사하겠습니까? 아니면 접촉 추구자로 묘사하겠습니까? 이것이 다른 사람을 껴안는 방식에 영향을 미칩니까?

(8) 개인 애착 연대표

여기 제시한 개인 애착 연대표(Individual Attachment Timeline)는 자녀를 원하는 것으로 추정되는 부부로 시작하고 있다.[3] 이 특별한 초점화된 가계도 연대표는 독특한데, 그 이유는 특별히 치료자가 부부와 부모를 평가하는 데 도움을 줄 수 있는 부모-자녀 유대 모델을 제안했기 때문이다. 연대표는 영아가 부모 인물, 전형적으로 두 사람의 부모와 맺는 애착의 발달에 구체적으로 초점을 맞춘다.[4]

입양은 당연히 애착과 관련해 복잡한 고려 대상 일체를 가져온다. [그림 5-1]은 부모와 영아기로부터 아동기, 청년기, 성인기에 이르는 자녀 간의 발달적 애착 과정의 구조적 진화를 도형화한 것이다(DeMaria, 1992). 이 모델은 『초점화된 가계도』의 제1판에서도 제시한 바 있다. [그림 5-1]과 같이 친밀한 경험인 출산은 종종 부부간의 대인적 유대를 방해하지만, 이후 부부 유대의 증진으로 재통합된다.

출산으로부터 아동이 18개월이 될 때까지의 기간은 부부관계에 매우 큰 스트레스를 유발하는 시기다. 이 시기는 사랑에 빠졌던 정서적 · 생화학적 경험이 변화하는 시점과 일치한다. 욕망과 도취의 화학을 다룬 연구에 따르면, 이 생화학적 과정은 2~4년가량 지속될 수 있다고 한다(Crenshaw, 1996). 많은 부부들이 서로 알게 된 지 2년이나 2년 반쯤 지난 시점에서 결혼하거나 동거에 들어가고 그런 다음 바로 아기를 갖게 되는 경우를 고려해 볼 때, 사랑에 빠지는 생화학과 짝을 이루는 출산의 생화학은 부부관계에 대혼란을 초래할 수 있다.

초기 가족 발달을 평가함에 있어, 특히 배우자를 안 지 2년 미만일 경우 결혼 기간 중 짧은 구혼 기간과 임신과 같은 요인을 살펴보는 것이 매우 중요하다.

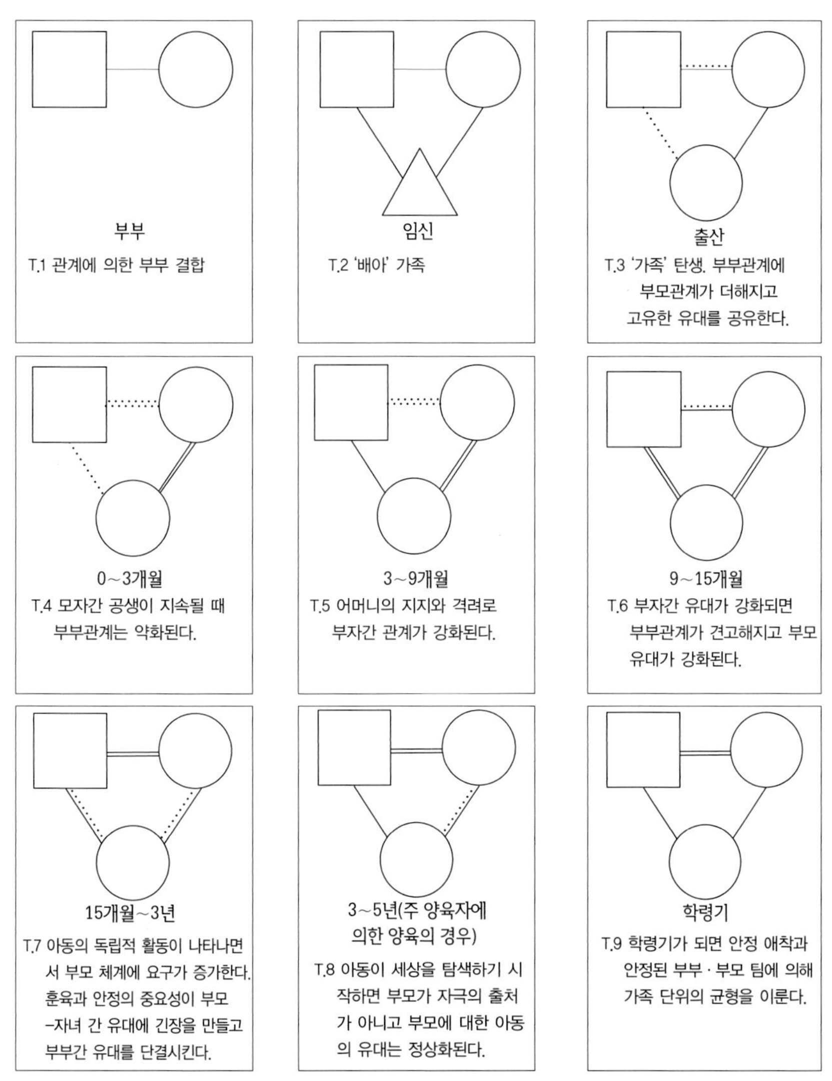

[그림 5-2] 가족 애착의 초기 형성

여성이 주 양육자일 경우의 가족 애착 유형 역동의 형성.

개월과 연령은 Greenspan(1981), Mahler, Pine, 그리고 Berger(1975)의 연구에 기초한 아동 발달 규준의 근사치다.

영아기의 일차적 애착 유대는 일반적으로 주 양육자인 한쪽 부모나 양쪽 부모와의 유대를 말한다. 만일 한쪽 부모가 다른 부모보다 더 가용적이라면 영아와 어린 아동은 그 주 양육자에게 보다 강력한 애착 유대를 맺게 되는데, 보통은 어머니지만 현대 가족생활에서는 아버지나 조부모, 또는 다른 사람이 그 역할을 대신하기도 한다. 두 돌쯤 되면 "난 엄마가 좋아." 또는 "난 아빠가 좋아." 하면서 자신의 성정체감을 형성하기 시작한다. 성정체감을 통합하는 이와 같은 발달적 이동과 함께 아동은 일반적으로 자신의 동성 부모에게 더 큰 친밀감의 욕망을 갖기 시작한다. 학령기가 되면 아동은 보통 자신의 또래에 의해 사회화되는 과정을 시작한다. 개별화와 개인적 정체감의 과정이 아동기와 청년기를 거치는 동안 강화된다. 많은 젊은이들의 경우 젠더 현실이 달라진다. 젠더와 그와 관련된 발달적 문제는 제9장 젠더 가계도에서 다룰 것이다.

다음 절에서는 부부 영역을 살펴보고자 하는데, 그 속에는 아동의 동성(same-gender) 정체감에 대한 흥미로운 시사점이 있다. Dinero, Conger, Shaver, Widaman, 그리고 Larsen-Rife(2008)는 25~27세 성인을 대상으로 원가족 관계, 정신건강, 성인의 자기보고 연애 유형을 탐색하는 연구를 했다. 온정적이고 민감한 가족 상호작용이 낭만적 상호작용과 젊은 성인의 성인 애착에 긍정적인 영향을 미쳤다. Dinero 등(2008)은 "25세 때의 높은 온정과 낮은 적대감이 25세 때의 애착 안정성을 통제했을 때 27세에 이르렀을 때의 높은 애착 안성성을 예측했다. 그러나 25세 때의 애착 안정성은 초기 상호작용을 통제했을 때 이후의 낭만적 관계의 상호작용을 예측하지는 못했다"(p. 622). 이들의 연구 결과는 아동기의 애착 패턴이 반드시 미래의 안전한 낭만적 관계를 결정하지 않으며 오히려 원가족에서 학습한 정서적 특성, 구체적으로는 높은 온정과 낮은 적대감의 경험이 비록 한쪽 배우자가 불안정 애착의 소유자라 하더라도 낭만적 배우자와 보다 안정된 애착을 형성할 가능성이 크다는 것을 제시하고 있다. 이 장에서는 부부역동에 출현하는 성인 애착 방식뿐만 아니라 가족 경험에 기초한 아동기 애착 패턴의 복잡성을 강조하는 연구 결과를 계속해서 살펴볼 것이다.

2) 애착에 초점화된 가계도: 부부 영역

부부관계는 내담자 체계에서 자신과 다른 사람을 위한 안정된 유대를 정립하는 데 연결고리가 되어 가족 체계의 기능에 기여한다. 부부 영역에서 고려해야 하는 세 가지 핵심적인 주제가 있는데 그것은 ① 자아존중감, ② 낭만적 사랑, ③ 공감적 공명이다. 이 책에서는 부부 상호작용 지도, 관계 경험, 연대표, 젠더, 성에 초점화된 가계도를 포함해 부부의 수준을 평가하도록 돕는 방법을 사용하였다. 또한 부부간의 역동이 개인의 애착 패턴이나 부부관계의 애착 방식, 가족역동의 애착 각본의 세대 간 전이에 영향을 미치는 과정에 대해서도 상세하게 설명하였다.

(1) 자아존중감

Satir(1967)는 자아존중감이 가족생활의 기초를 이룬다고 믿었고, 긍정적 · 부정적 자아존중감 수준이 가족 체계 전반에 폭넓은 영향을 미친다고 보았다. Satir가 자신의 연구에 Bowlby의 애착 이론을 직접적으로 인용하지는 않았지만, 그럼에도 그는 가족과 가족에 대한 개인의 경험과 관련된 정서적 유대의 질적인 측면에 대해 매우 세밀한 관심을 기울였다. 또 건강한 가족관계, 부부관계, 사회적 관계에서 자아존중감의 중요성에 대해서도 파악했다. 애착 이론을 통합해 '부부를 위한 정서에 초점을 맞춘 치료(Emotionally Focused Therapy for Couples: EFT-C)'를 개발한 Johnson은 Satir가 자신에게 영향을 미친 인물 가운데 하나임을 인정했다(Johnson, 2003). 이와 유사하게 정서에 초점을 맞춘 치료를 처음 개발한 Greenberg도 일치되고 정서적으로 초점이 맞추어진 의사소통의 중요성을 강조한 Satir의 역할을 인정했다. Satir는 감정을 경험하고 난 뒤 그 감정에 대항하는 내면화된 규칙으로 그 감정의 가치를 떨어뜨리는 것이 자아존중감의 감소를 낳는다고 주장했다(1967, 1988).

자아존중감은 자아개념, 자아정체감으로도 불리는데, 성격 특성(Zeigler-Hill et al., 2015), 낭만적 관계, 가족역동에 의해 형성된다. Collins와 Read(1990)의 독창적인 연구 결과 중 하나는 애착 방식이 자신과 타인에 대한 작동 모델뿐 아니라 자아존중감과 관련된다는 것이다. Bylsma, Cozzarelli, 그리고 Sumer(1997)도 총체적 자아존중감과 애착 방식은 각각 독립적인 변수라는 것과 안정 애착과 거부 애착 참가자들이 몰두형이나 두려움에 찬 와해형의 참가자들보다 총체적 자아존중감이 높고 유능성의 평균도 높다는 것을 발견했다. 이와 유사하게 Hepper와 Carnelley(2012)는 안정 애착이 자신을 좋아하는 것(self-liking)과 관련되고 거부적인 성인 애착은 자기 유능감과 관련되는 것을 발견했으며 나아가 치료 중 애착 방식을 탐색하는 것의 중요성을 강조하였다.

애착 연구에서는 또 자아존중감이 생애를 통틀어 우정과 연애에 영향을 미치는 정서적 · 대인관계적 조절 요인이라고 주장한다. 애착 패턴의 안정성에 대한 상반된 의견이 있지만 원형 모델이 시간에 따른 애착 방식의 영향을 설명하는 것으로 보인다. Fraley(2002)의 연구는 아동기 애착 패턴을 가리키는 원형 모델이 평생 대인 간 역동에 영향을 미친다고 주장한다. Fraley(2002)의 연구 결과는 "애착 안정성이 첫 19년의 삶을 통틀어 적당히 안정적이며, 이 기본 역동에 의해 안정성의 패턴이 가장 잘 설명된다는 것을 시사한다"(p. 123). 그의 연구 결과는 부부관계와 가족관계 내에서 성인의 애착 방식에 영향을 미치는 아동기 애착 내적 작동 모델 지도의 적용과 부합된다. 그러나 일단 젊은 성인이 새로운 사람을 만나 그에게 헌신하게 되면 그 사람은 잠정적으로 일차적 애착 역할을 성취하고(Dinero et al., 2008) 안정 애착을 강화하는 영향을 발휘하면서 일차적 애착 인물이 된다고 한다.

자아존중감은 두 가지 차원, 곧 개인이 자기 이미지의 긍정성/부정성과 개인의 타인 이미지의 긍정성/부정성의 두 가지 차원을 갖는 대인관계적인 역동이다(Bartholomew, 1990; Bartholomew & Horowitz, 1991). 이 모델은 애착 방식과 자아존중감의 범주화를 제공한다.

- 안정형: 자신과 타인에 대한 높은 긍정성
- 양가형: 자신에 대한 낮은 긍정성과 타인에 대한 높은 긍정성
- 거부형: 자신에 대한 높은 긍정성과 타인에 대한 낮은 긍정성
- 와해형: 자신과 타인에 대한 낮은 긍정성

이러한 결과의 패턴은 안정되고 높은 자아존중감을 갖고 있는 개인이 보다 강한 정서적 유대를 촉진하는 열정적이고 동료애적인 사랑에 기반하여 사랑스러운

방식으로 관여할 가능성이 높음을 나타낸다(Zeigler-Hill, Britton, Holden, & Besser, 2014). 그러나 자아존중감이 낮고 안정성이 낮은 개인은 보다 실용적이고 협동에 기반한 관계를 추구하는 경향을 보인다. 한 연구에서는 흥미롭게도 긍정적 · 부정적 피드백이 특정 개인의 자아존중감에 미치는 영향이 애착 패턴에 따라 다르다는 것을 발견했다(Hepper & Cannelly, 2012). 몰두형 애착의 성인은 부정적인 피드백에 초점을 맞추고 이것은 곧 더 낮은 자아존중감을 촉진하는 반면, 안정 애착은 현실적인 자기 평가를 가져오고 긍정적 · 부정적 피드백 모두를 통합할 수 있게 된다. 끝으로 거부적인 성인은 긍정적 피드백을 멀리하는데 이는 자아존중감에 영향을 미치는 어떠한 긍정적인 영향도 최소화하게 한다.

자아존중감은 발달, 사회 인지, 애착 방식 등을 포함한 중요한 고려 대상이다. 최근의 연구들은 자아존중감의 수준에 영향을 미치는 애착 방식의 일관된 패턴을 제시하기 시작했다. Satir가 주장한 대로 부모가 된 부부는 자신만의 부부 유대 외에 자신의 부모와의 애착에 기초한 양육 방식을 발달시킨다(Cowan, Cowan, & Mehta, 2009).

(2) 자아존중감 질문

Rosenberg의 자아존중감 척도는 대중적이고 널리 알려져 있으며(Rosenberg, 1965),[5] 온라인을 통해서도 사용이 가능하다. 치료자의 평가를 위한 안내 지침으로 기본 질문의 적용을 확대한 내용은 다음과 같다.

자기 질문

1. 나 자신에 대해 만족합니까?
2. 나는 다른 사람만큼 능력이 있다고 생각합니까?
3. 나 자신을 존중하는 마음이 있습니까?
4. 나는 긍정적이며 낙관적입니까, 아니면 부정적이며 비관적입니까?

가족 질문

5. 가족은 나에게 독특성, 소속감, 힘의 감각과 역할 모델을 제공합니까?
6. 가족 중 영웅, 희생양, 말썽꾼은 누구입니까? 가족의 지배적 역할은 무엇입니까?

7. 가족의 직업, 경력, 학업 양상은 어떻습니까? 가족원에 대한 지지와 수용이 있습니까?
8. 성공하거나 성공하지 못한 가족이 있습니까? 경제적 성공은 어떻게 정의됩니까?
9. 지역사회와 사회적 환경의 양상은 어떻습니까?
10. 가족 체계에 일과 여가 간의 균형이 있습니까?

(3) 애착 유대로서의 낭만적 사랑

낭만적 끌림(Tennov, 1979)으로 불리는 '첫눈에 반한 사랑'은 빨리 사라져 버리는 도취와 열정, 애착, 성욕을 조장하는 낭만적 사랑을 구분 짓는다. 도취는 종종 화해할 수 없는 사랑의 관계로 끝난다. 우애적인 사랑은 두 사람 사이의 신체적·정서적 유대를 요한다. 사랑의 유형은 아동 초기에 발달한 유대 애착 체계와 공통점이 많다. 특정 신경전달물질과 호르몬을 포함하는 유대의 신경화학은 특히 신체적으로 가깝거나 가용적일 때 위안과 안전의 감정과 더 연결된다. 이런 종류의 애착은 일반적으로 사람들이 한동안 함께 지낼 때까지는 발달되지 않는다. 동료애적인 사랑은 사랑하는 사람에 대한 수용, 이해, 현실적 전망을 포함한다.

낭만적 또는 열정적 사랑은 흔히 두 사람의 유대를 불붙이는 중요한 신체적·정서적 경험이다. 낭만적 매력의 초기 격발인 사랑을 하고 있다는 감정은 매우 강력하며 생물학적 바탕에 기초한다(Crenshaw, 1996; Lewis, 1960, 1988; Walsh, 1991). 낭만적 사랑은 심리적 각성(기운, 홍분, 식욕 감퇴 등), 성적 갈망, 연인에 대한 강렬한 집중, 특별한 이상화를 포함하는 듯한 불꽃이다. 흥미롭게도 낭만적 사랑에 관한 최근의 한 연구에서는 많은 이들이 알게 된 지 몇 시간 만에 사랑에 빠지는 것을 발견했다(Willi, 1997). 이렇게 반한 커플이 전부는 아니지만 많은 경우에 결혼으로까지 관계를 지속해 간다. 그들의 보고에 따르면 결혼생활을 놀라우리만큼 안정적으로 유지하는 이들은 천천히 사랑에 빠진 경우였다. 한편, 요구되지 않은 사랑이나 대중적 인물에 대한 사랑과 같이 사랑하는 사람의 참여 없이도 사랑하는 감정을 갖는 것도 가능하다.

Wedekind, Seebeck, Bettens, 그리고 Paepke(1995)는 면역기능을 하며 특히 여성의 체취 선호에 민감성을 보이는 주조직 친화성 복합체(Major Histocompatibility Complex: MHC)의 역할을 처음으로 주장했다. 여성의 후각 기제는 호르몬의 상태나 생리주기의 영향을 받는다. Wedekind 등(1995)은 땀에 젖은 남성의 티셔츠를 사용해 연구했는데, 여성들에게 샘플을 '냄새 맡고' 남성 체취에 점수를 매기게 했다. 그 결과 여성에게 남성의 체취가 질적으로 다를 때 냄새를 맡는 것이 더 유쾌하게 느껴졌다. 흥미롭게도 주조직 친화성 복합체가 다른 남성은 "여성이 주조직 친화성 복합체가 유사한 남성의 체취를 맡을 때보다 현재 애인이나 과거의 애인의 체취를 더 자주 감식했다."고 회상했다. 이는 주조직 친화성 복합체나 관련 유전자가 오늘날 인간의 배우자 선택에 영향을 미치는 것을 시사한다"(p. 245). 반대 체취가 나는 남성은 면역적으로 여성과 다르다. 결과적으로 배우자 선택은 심리학적 욕구뿐 아니라 심지어는 보다 원시적인 체취의 영향도 받을 수 있다(Grammer, Fink, & Neave, 2005).

다양한 형태의 사랑의 차원을 구분하는 모델이 있지만 성인의 사랑은 보통 헌신, 열정, 친밀감의 배합으로 구성된다(Chapman, 1992, 2015; Farber & Kaslow, 1997; Lee, 1977; Sternberg, 1986; Wojciszke, 2002). 낭만적 사랑과 우정은 강도와 성적 매력의 유무, 그리고 욕구 충족을 위해 상대에 의존하는 정도가 다르다. 사랑은 감정(애정, 열정), 인지("나는 이 느낌을 우정보다 사랑이라고 하겠어."), 행동(연령과 방식에 따라 다르나 보통 신체적 친밀감과 결혼을 포함하는)을 포함한다. 문화나 가족의 규제와 같은 어떤 이유에서는 수용되지 못하는 사랑은 우정으로 정의되기도 한다. 성적 사랑은 가족의 사랑, 친구의 사랑, 국가와 같은 추상적 대상에 대한 사랑과 구별되어야 한다. 폭넓은 감정의 스펙트럼이 어떠한지를 정의하는 데 있어 우리는 하나의 단어를 써야 하므로 사람들은 종종 사랑에 빠진 것을 공표할 때 어떻게 느끼는지에 대해 독특한 정의를 내린다.

Bowlby와 다른 애착 이론가의 연구는 사랑하고 사랑받고자 하는 인간 욕구의 기원에 대해 상이하면서도 여러모로 보완적인 견해를 제시한 바 있다(Bowlby, 1969, 1973). 현재 연구는 낭만적 사랑이 강력한 신체적 · 정서적 유대를 촉진하고, 애착이 안전 기폭제를 위한 기초를 구축하는 낭만적 사랑의 결정적 일부라고 제안한다. 긍정적 인지 표상과 짝지어지는 긍정적 정서의 조건화에 근거해, 이 두 요소는 지지하고 위로하는 안정된 애착 인물을 나타내는 정신적 심상을 이룬다(Mikulincer, Shaver, Gillath, & Nitzberg, 2005). Mikulincer와 Shaver(2005)는 낭만적 사랑에 포함되는 세 행동 체계로 ① 애착(Bowlby가 근접성 추구로 명명한),

② 보살핌, ③ 성욕이 있음을 확인했다. Yovell(2008)은 낭만적 사랑이 애착과 성욕이라는 두 충동으로 이루어진다고 보고 낭만적 사랑이 궁극적으로는 하나 이상의 충동으로 동기화된다는 가정을 전개했다. 이와 유사하게 진화심리학자 Fisher(1994, 2016)는 신경과학, 문화, 인류학, 러브스토리 등과 같은 다양한 차원에서 낭만적 사랑을 이해하기 위해 미개척 분야를 새로 탐험했다. 그녀는 낭만적 사랑이 짝을 만나고 생식을 하기 위한 충동이라고 주장했다(Fisher et al., 2002). Acevedo와 Aron(2009)은 낭만적 사랑과 관계에 대한 만족이 장기적 관계와 관련이 있음을 발견했다.

장단기 관계에 있어 낭만적 사랑의 경험에 대한 연구에 관심이 늘고 있다. 낭만적 사랑과 애착은 본질적으로 헌신적 관계로 통합될 수 있다. 이 장에 소개한 연구들에 따르면 안정되게 애착된 부부간의 유대는 사랑에 빠진 초기에 일어나는 전형적인 집착이 빠진 낭만적 사랑을 경험할 가능성이 크다. Shaver와 Mikulincer(2014)의 연구는 성인 전기에 발달하는 친밀한 관계가 어떻게 새로운 일차적 애착 인물이 되는지를 설명한다. 일반적으로 부부관계는 이성애적 경향을 보인다. 저자들은 동성 부모와 이성 부모에 대한 젊은이들의 관계를 살펴본 연구를 강조했다. Grogan(2008)은 낭만적 상대와의 공통점과 차이점에 관심을 갖고 이성 부모와의 애착을 살펴보았다. 연구의 주된 관심은 부모로부터의 신뢰, 의사소통, 소외와 같은 변수였다. 대학생을 대상으로 한 이 연구에서 부모로부터 소외를 느낀 이들의 경우 부모에 대한 두려움의[6] 불안정 애착과 이후 자신의 연인과의 불안정 애착과 상관관계를 나타냈다. 또한 Grogan의 연구에서는 신뢰감이 높고 의사소통을 잘한 연구 대상이 부모 인물과 더 안정된 애착을 맺고 연인과는 더 불안정한 애착을 맺는 것으로 나타났다. 이 연구 결과는 젊은 성인을 대상으로 한 다른 연구와 대조를 이룬다. Black과 Schutte(2006)의 연구 결과는 "보다 더 신뢰하는 어머니와 보다 긍정적이고 애정적인 관계를 맺고 있는 것으로 평가된 젊은 성인의 경우 스트레스가 지각된 기간 동안 자신의 연인으로부터 위안을 추구하고 그들에게 '마음을 터놓을' 가능성이 컸다. 이와 유사하게 아버지와 보다 긍정적이고 애정적인 관계를 갖고 있는 것으로 평가된 성인의 경우 역시 자신의 연인에게서 위안을 추구하고 상대에게 더 편히 의지하는 경향을 보였다" (p. 159).

물론 대학생과 젊은 성인 간에 질적인 차이가 있을 수 있다. 구체적으로 이 두 연령 집단은 가능한 만남의 시기와 주요 예비 배우자에 관해 영향을 미칠 수 있다. 만일 이 가정이 그럴듯하다면 이성 부모와의 안전한 관계가 대학생에게 미래의 배우자 선택과 기회를 탐색하는 안정된 기반을 제공할 것이다. 이 결과는 부모 애착 인물과 건강하고 효과적인 애착 유대를 지닌 학생의 경우 자신의 낭만적 사귐에도 고려할 만한 안정된 기반을 제공받는다는 것을 강조한다.

초기의 독창적인 연구로 본 절의 결론을 내리려 한다(Collins & Read, 1990). Collins와 Read는 이성 교제 중인 커플의 애착 패턴을 ① 애착 차원에서의 짝짓기, ② 상대의 애착의 유사성, ③ 부모의 양육 방식을 중심으로 살펴보았다. Grogan(2008)의 연구와 비교해 볼 때, Collins과 Read(1990)의 연구는 짝 짓기와 상대와 부모, 특히 이성 부모의 애착 패턴 간의 유사성 가설을 지지하고 있다. 특정 인물에 대한 내적 작동 모델의 개념화는 부모 인물과의 초기 애착 경험에 기초를 두기에 우리는 이 특정 연구 영역을 강조했다. 비록 애착 이론의 주된 가정이 영아와 어린 아동의 '모성' 애착 인물과의 일차적 유대가 가장 지속적인 애착 패턴의 핵심임을 주장하나, 일반적으로 부모 애착 인물은 단일하지 않다. 부모 애착 인물은 자녀가 어릴 때부터 중요하며, 누가 언제 자녀의 짝을 선택하느냐가 중요하다. 이 책 전반에서 기술한 내적 모델 지도는 임상가로 하여금 특정 인물의 핵심적인 애착 유대의 복잡성을 이해하도록 돕는다. 관계적 유대가 가장 중요하고 성인의 삶에서 다양한 방식으로 재연된다는 것이 일관된 결과다.

서구 문화권 출신의 사람들의 대다수는 낭만적이고 동료애적인 사랑을 동일한 사람과 오래 동안 경험하기를 희망한다. 그러나 장기간 동안 이렇게 사랑을 주고받거나 헌신적인 관계를 맺을 수 있는 능력은 가족 역사에 깊이 새겨져 있다. 그가 어떻게 사랑을 받았는지, 어떤 사랑을 받았는지에 관한 질문이 유산 상속과 향후 인생의 배우자 선택에 핵심적인 부분이다.

(4) 커플 간의 낭만적 사랑의 중요성

앞 절에서 제시한 바와 같이 자녀와 원가족에서의 부모의 낭만적 애정관계 간의 애착은 성인 자녀의 낭만적이고 헌신적인 관계의 향후 태도, 애정 역량, 행동의 강력한 본보기를 제공한다. 이는 결혼과 같은 헌신의 영역에서 특히 그렇다. 친밀한 애착 유대를 형성하는 데 어려움을 겪는 사람은 사랑, 결혼, 가족 유대에 대한 자신의 가족적 유산이 무엇이고 어떻게 지속되고 있는지를 알고 이해할 필요가 있다. 다양한 초점화된 가계도를 사용한 가족 이야기의 개발과 이 책에서 개발한 질문이 내담자의 탐색에 유용할 것이다. 구체적으로 밝히자면, 자신이 부모에게 깊이 사랑받지 못한 것으로 느낄 때 거부당한 느낌을 발견하는 것이다. 이는 어떻게 부모, 형제자매와의 애착 패턴이 안정된 유대의 방식으로까지 이르는지를 알 수 있게 하는 기회가 된다("너는 내가 싫어한 언니를 떠올리게 해."). 이는 또한 지금까지 단 한 번도 사랑을 표현해 보지 않은 부모나 자녀가 탐색하는 과정에서 "난 널 사랑해."라고 말하기 위해 가족사를 극복하게 될 가능성을 직면하게 되는 기회가 되기도 한다. 어머니, 아버지, 기타 가족 애착 인물과의 긍정적이고 애정적인 양육적 관계는, 신뢰하는 능력을 갖고 있는 동시에 상처를 입기 쉬운 성인에게 사랑, 위안, 지지를 추구할 수 있게 하는 기초를 제공한다.

(5) 사랑, 친밀감, 낭만적 사랑에 대한 질문

가족 사랑과 친밀감

1. 부모가 친밀감과 사랑을 어떻게 표현했습니까?
2. 자녀는 부모나 가족에게 어떻게 사랑을 보이도록 기대받았습니까?
   사랑받기 위해 어떻게 해야 했습니까?
   (공부를 잘해야 했다. 예뻐야 했다. 사랑스러운 가족원이 되어야 했다 등)
3. 조부모나 보모처럼 당신에게 중요한 다른 양육자가 있었습니까?
   그들은 당신에게 친밀감과 사랑을 어떻게 보였습니까?
4. 사랑에 일차적 보살핌, 경청, 사랑의 말을 하는 것이 포함되어 있었습니까?
   (치료자가 '사랑의 언어'라는 개념으로 이 표현에 대해 물어보고 싶을 수도 있다.)
5. 확대가족 중 가장 많이 사랑한 사람과 가장 덜 사랑한 사람은 누구였습니까?
   그 이유는 무엇이었습니까?
6. 사랑을 주지 않은 가족이나 다른 주 양육자가 있었습니까? 있었다면 누구였고, 어떤 식이었습니까? 이것이 당신에게 어떻게 영향을 미쳤다고 생각합니까?

7. 가족 중에 버림받은 사람이나 다른 사람을 버린 사람이 있습니까? 무슨 사연이 있었습니까?
8. 애정을 쏟을 때 매우 변덕스러운 양육자가 있었습니까? 그 경험으로부터 당신은 무엇을 배웠습니까?
9. 죽음이나 비극을 통해 사랑받은 이를 잃은 적이 있습니까? 무슨 사연이 있었습니까? 당신에게 이 상실에 대해 설명해 준 사람이 있습니까? 이 죽음이나 상실로 남아 있는 양육자와 당신과 다른 이들과의 관계가 달라졌습니까?

낭만적 사랑

1. 가족은 낭만적 사랑을 어떻게 표현했습니까?
2. 부모님의 연애와 구애에 얽힌 이야기는 무엇입니까?
   가족 중에 잘 알려진 다른 구애 스토리가 있습니까?
3. 구혼 기간이나 결혼 이후로 이혼이나 유기의 가족 패턴이 있었습니까?
4. 가족이 '첫눈에 반하는 사랑'을 믿었습니까, 아니면 '진정한 사랑은 천천히 무르익어야 한다고 믿었습니까? 사랑이 이유였습니까, 아니면 오로지 결혼을 위해 다른 더 강력한 이유가 있었습니까?
5. 당신이 사랑하고 있는 것을 알리기 위해 열정적이고 질투하거나 요구적이거나 더 좋은 친구인 것처럼 보여야 했던 적이 있습니까? 당신이 사랑하고 있음을 알리기 위해 필요한 것이 무엇인지 어떻게 가장 잘 설명할 수 있습니까?
6. 사랑이 논리적인 것으로 보였습니까? 아니면 논리를 초월한 것으로 보였습니까?
7. 만약에 당신이 '잘못된' 사람 또는 다른 문화나 종교의 사람과 사랑에 빠졌다면 부모가 그 관계를 인정하지 않았을까요? 사랑하는 사람과 부모 중 하나를 택해야만 했을까요?
8. 사랑에 빠졌을 때에도 친구나 가족원에게 충실했습니까? 아니면 당신은 오로지 가족과 타인에게만 매우 친밀한 유대를 형성하도록 기대받았습니까?
9. 일차적 관계 밖의 누군가와 사랑에 빠지는 것이 불륜을 받아들일 수 있는 이유로 여겨졌습니까?
10. 불륜에 대한 가족과 당신의 시각은 어떠했습니까? 알려진 불륜이 있었다면

사람들의 반응은 어떠했습니까?

11. 당신이 당신을 사랑하지 않는 사람을 사랑했다면 이것이 절망을 가져왔습니까?

(6) 공감적 공명[7]

접촉이 유대로 이어지듯 공감은 애착으로 연결된다. 유대와 조율을 겸비한 공감적 공명(empathic resonance)은 공유된 의미의 경험을 통해 안정 애착과 안정된 내적 작동 모델을 구축하게 된다. 조율(attunement)은 연결되고 이해받는 느낌의 대인 간 경험을 묘사하는 용어다. 공감은 다른 이의 경험을 감각적 · 정서적 · 인지적으로 공유하는 능력을 말한다. Satir를 비롯해 많은 이들이 중요하게 평가하고 있는 공유된 의미는 유대를 촉진하는 공동 구성의 관계적인 경험을 고려한다. Gordon(1994)은 유대라는 말의 사용을 "정서적 개방성과 신체적 친밀감"으로 정의하고 있다. 이 과정은 건강하고 애정적인 부부관계와 안정 애착에 필수적이다.

심리학자 Titchener는 이후에 공감으로 이해된 용어로 동작 모방(motor mimicry)이라는 말을 통해 공감을 설명한 첫 번째 학자였다. Titchener(1909/2014)는 공감이 사람들에게 내재된 같은 감정을 유발함으로써 타인의 스트레스를 모방하는 능력에서 나온다고 주장했다. Lewis, Amini, 그리고 Lannon(2000)은 정서적 공명이 정서적 뇌의 중요한 일부임을 강조하면서 대뇌변연계 공명이라는 용어로 설명한 바 있다. Lewis(2009)는 모방의 과정이 공감의 경험을 지지한다고 설명했다. Siegel(2007, 2010)은 공감적 공명의 신경생물학을 설명하기 위해 거울신경의 연관을 강조했다. 거울신경은 인간의 모방과 이해의 신경생리에 있어 핵심으로 밝혀지고 있다(Rizzolatti & Craighero, 2004).

신경과학에서는 한 사람이 거울신경에 기초한 정서적 두뇌 속에서 다른 사람의 표정과 행동을 모방할 수 있는 반향적인 신경학적 과정으로 묘사하는 것에 대한 설명을 하기 위해 대뇌변연계 공명이라는 용어를 사용한다. Rizzolatti(2005)는 이 과정을 공감(empathy)으로 설명했다. 공감은 다른 이의 주관적 경험을 인식하는 능력으로 정의된다. 공감적 공명은 Fishman-Miller와 Ashner(1995)가 관계의 주고받음으로 정의한 용어다. 공명을 경험하는 능력은 특히 영아기의 부모-자녀 간 유대에 결정적인 일부가 된다. Decety와 Meyer(2008)는 "공감은 정서적 표정에 의해 유도되는 아래에서 위로의 과정과 자아 조절과 실행 제어를 포함한 위에서 아래로의 과정에 의해 좌우된다고 보았다. 이 상이한 측면은 서로 다른 단계에 발달하는 분명한 신경체계에 의해 뚜렷이 새겨진다"(p. 1073).

조율과 공감적 공명은 안정된 대인관계 확립에 결정적이다. Schore(1994, 2003)의 임상적 연구 경험은 수많은 관계적 과정 가운데 정서적 조절의 결정적 역할을 강조한다. 평온과 감수성을 요하는 공감은 머리와 가슴이 조화를 이루는 것이다. 조율은 단순한 부모-자녀 간 현상이 아니다. 그것은 일생을 통해 친밀한 관계와 사회적 관계에 중요하다. 성인이 사랑을 하는 것은 영아와 아동 간의 친밀한 조율과 유사하게 생각된다. 심리치료에서 거울 반응(mirroring)은 치료자와 개인 및 배우자의 관계뿐 아니라 개인 및 배우자 간 조율의 과정을 묘사하는 데 사용된다.

Guerney(1977)는 개인적인 관계에 있어 공감의 경험과 함께 공감적 의사소통이 효과적인 대인관계의 필수적인 개념이라고 주장한다. 그는 공감적 관계가 정직과 연민, 사랑의 상실에 대한 불안이나 공포의 경감, 전반적인 복지감, 행복, 자신감 등에 의해 특징지어진다고 주장했다. 공감할 수 있는 능력은 자아존중감, 자아 강도, 타인의 신뢰와 존중을 얻는 능력의 자신감을 기른다. Guerney에 따르면 공감적 관계는 평등적 관계나 또래 관계로 이끈다. Mikulincer 등(2005)이 주장한 바와 같이 안전 점화(security priming)는 Guerney가 생각한 유형의 관계에 기여한다. Stern(1985)은 이와 같은 과정을 연구해 조율이라고 불렀다. 조율은 거울 반응(핵심적 연결이 진행되는 동안의 적절한 반응과 조절), 정서적 공명(상호 주관적 관련성과 강화가 이루어지는 기간 동안), 조성과 교감적 확인(언어적 관계성이 이루어지는 기간 동안)과 같은 몇몇 요소를 지닌다. Stern은 조율이 정서적 유대감을 위한 기초로 작용한다고 주장한다.

Stern(1985)은 선택적 조율이 부모가 자녀의 주관적이고 대인관계적 삶의 발달을 조성할 수 있는 가장 잠재력 높은 방식의 하나로 이는 나중에 성인 자녀를 위한 성인기 부모 양육 경험에 영향을 미친다고 주장했다. 선택적 조율은 아동에게 맞추지 못한 부모의 실수나 실패가 자녀와 가족의 독특한 관계 방식에 중요한 영향을 미친다는 것을 시사한다. 부모의 조율 실책은 부모-자녀 간 단절을 초래하고 불안정 애착 패턴의 발달을 강화하는 부조화의 정서 반응이다.

Sroufe(2005)는 30년에 걸친 종단 연구에 기초해 Bowlby의 애착 연구 개념에 관한 자신의 연구를 요약하고 초기 애착 경험의 전 생애적 영향을 강조했다. 그는 자신의 2005년 연구에서 Bowlby 연구의 범위를 드러내면서 다음과 같은 결론을 내렸다.

> 발달의 체계적 · 유기체적 견해에 기초해 볼 때 애착은 중요하다. 왜냐하면 애착은 항상 이후의 경험에 통합되고 애착이 발달의 조직적 핵심이며 결코 놓칠 수 없다.…… 영아기 애착은 중요한데, 그 한 가지 이유는 애착이 발달의 초기 경로에 위치하기 때문이며 다른 한 가지 이유는 많은 주요 발달적 기능, 몇 가지 예를 들면 사회적 연결, 각성적 조절, 정서적 조절, 호기심과 같은 기능과의 관련으로 인해 중요하기 때문이다. 애착의 경험은 이 복합적 견해에서조차 개인의 형성에 필수적이다(p. 365).

(7) 부부간 정서적 유대: 과거, 현재, 미래의 연결

체계론적 치료자들에게 있어 부부 유대, 즉 서로에 대한 애착은 가족생활의 심장부에 있다. Satir는 1967년에 출판한 자신의 저서, 『공동 가족치료(Conjoint Family Therapy)』의 시작을 "부부는 가족의 설계자다."라고 시작하고 있다. Cowan과 Cowan(2005)은 그들의 연구를 통해 애착 패턴의 세대 간 전이와 관련된 부부관계의 중요한 역할에 대해 설명했다. Belsky(2005)는 애착 과정의 세대 간 전이에 관한 연구가 발달적인 동시에 진화적이어야 한다는 생각을 강조했다. 몇몇 연구자들은 부부관계가 시간이 지남에 따라 애착 방식의 세대 간 연속성을 바꾸거나 조정할 수 있다고 주장하고 있다(George, Kaplan, & Main, 1985; Jackson, 1991; Ricks, 1985). Lubiewska(2013)도 부부 유대를 나타내는 세대 간 연구가 외부세계의 개인적 기능뿐 아니라 가족 내 정서적 안정을 촉진할 수 있음을 강조했다.

부부관계의 역할은 관계가 성장하도록 하기 위해 건강한 문제 해결과 갈등 해결 이야기를 발달시킬 뿐 아니라 부분적으로는 상대방을 위한 공감과 연민을 제공하는 것이다. 부모로서의 부부관계는 성인 애착과 자녀의 결과 간의 빠진 연결점을 제공한다(Cowan & Cowan, 2009). Del Toro(2012)는 안정된 낭만적 유대를 지닌 개인은 아버지와 어머니 모두의 양육 방식이 민주적인 경향을 보였다. 부정적 세대 간 패턴을 타파하는 데 있어 부부관계를 위한 두 가지 중심적인 역할은 공감과 연민을 통해, 그리고 효과적인 양육 전략을 통해 적응과 안정 애착의 발달 능력을 향상시키는 것이다.

가족 체계 내 변화와 가족 체계를 통한 변화의 기제는 핵심적 애정 경험을 통해 새로운 정서 경험을 향상시키고 촉진하는 것에 기초한다(DeMaria, Weeks, & Hoff, 1999). 고통스러운 정서 경험의 변환은 정서적 통합, 치료, 성장을 촉진한다. 신경학적 · 정서적 · 인지적 · 행동적 치료를 위한 기제는 이 책의 범위 밖이지만, 개인은 핵심적 애정을 경험하기 위해 안정 애착을 촉진하는 유대의 결정적 일부인 정서적 개방을 반드시 발달시켜야 한다.

정서적 개방성은 개인이 폭넓은 범위의 정서를 경험하는 것을 의미한다. 사람은 삶의 흥분뿐 아니라 쾌락과 감사를 포함한다. 전형적으로 기본적인 정서 경험은 신체와 함께 경험되기 시작하고, 이후 변연계로 알려진 정서적 두뇌에 의해 조정되며, 의식으로도 경험된다(Solomon & Siegel, 2003). 의식(consciousness)은 자각과 언어적 · 신체적으로 감정을 표현하는 도관이다. 기본적 정서 상태는 불안이나 방어로부터 자유로운 상태로 대략적으로 정의된다. 이런 상태에서 사람은 개인적인 문제를 원근법적으로 보는 방법을 배울 수 있게 되는데 이는 자신과 타인을 향한 더 큰 공감과 연민이 강화되는 자신과 타인에 대한 자각을 강화한다(DeMaria, Weeks, & Hoff, 1999).

정서적 자원과 행동 수정 능력에의 접근이 커질 때 개인 · 부부 · 가족관계도 더 건강해진다. 정서는 건강한 관계의 중심이 된다(Greenberg & Paivio, 2013; Shaver & Mikulincer, 2014). 정서적 접근은 감정 상태가 긍정적으로 보이는 것뿐 아니라 부정적으로 인식되고 경험되는 것에도 필수적이다. '부정적' 기본 정서에는 분노, 슬픔, 공포, 혐오가 포함된다. 긍정적 · 부정적 정서를 경험하고 용인하며 표현하는 능력은 임상가뿐 아니라 개인, 부부, 부모에게도 중요한 이야기다. 모든 종류의 정서를 포함하고 탐색하는 것이 치료의 과정을 보다 효과적이고 효율적이게 할 수 있다. 개인들이 변화를 일으키기 위해 동기를 부여받는 것은 바로 자신이 기본적인 감정을 스스로 경험하도록 하는 것을 통해서다. 종종 관계를 통해 부부(또는 치료자)가 제공하는 공감적 반영은 개인적 성장과 변화가 일어나는 과정이다.

(8) 부부 상호작용 지도(CIM)의 재소개

성인의 애착 방식은 감정적 경험과 표현을 중재한다. 안정되게 애착된 사람은 높은 자아존중감을 갖기 쉽고 일차적 정서 표현을 할 수 있다. 내적 작동 모델은 애착 패턴을 드러내므로 우리는 애착 패턴 혹은 내적 작동 모델이라고 부른다. 양가형 · 회피형 · 와해형의 불안정 애착을 지닌 사람들은 자신의 부모 애착 인물에 기초해 감정적인 경험을 다양한 방식으로 다루는 일에 분투하게 될 것이다. 양가적 애착을 지닌 사람들은 자신의 부정적 정서 표현을 억제하면서 타인의 정서에 맞추려는 경향이 매우 클 것이다. 회피적 내적 작동 모델을 지닌 이들은 자신의 정서를 최소화하거나 부정할 가능성이 크다. 와해형의 내적 작동 모델을 지닌 이들은 자신과 타인의 감정에 주의를 기울이거나 최소화하는 것 사이에서 동요하게 되고, 강렬한 격정과 분노를 표출할 가능성이 높다. 이하에서는 모든 체계 형태의 기초로 여겨지는 부부 상호작용 지도에 대해 살펴보도록 하겠다.

안정 애착은 자신의 배우자와 안전하고 안정된 유대를 맺은 부부의 신체적 친밀감과 정서적 개방성 둘 다에 의해 특징지어진다. 불안정 애착 패턴의 부부는 부정적 상호작용 패턴의 생산자이자 강화자다. 아동기로부터 형성된 불안정 애착은 성인기에 표출되고 감정적 과민 반응이 유발되면 특징적인 표출 유형을 나타내게 된다. 거부적 애착 방식은 애정의 철회와 갈등 최소화, 정서적 긴장과 동요의 회피, 거리를 둔 행동을 강화하는 부정적인 생각을 유도한다. 몰두형의 애착 방식은 배우자와의 유대가 자신의 내적 불안을 감소하는 데 필수적이기 때문에 매달리고 요구하고 관심을 추구하게 된다. 와해형의 애착 방식은 불규칙한 경향을 보여 어떤 때는 광분하는 행동을 나타내다가도 다른 때는 움츠리고 최소화하는 방식의 행동을 표출한다.

앞서 제3장에서 설명한 바 있는 부부 상호작용 지도의 개념 가운데는 '부부 상호작용의 무한 순환고리'(갈등과 차이가 발생하는 동안 불안정 애착 패턴이 실행될 때 남편과 아내 사이에서 발달하게 되는), '순환고리', '쫓아가는 사람과 거리를 두려는 사람'(Fogarty, 1978), '부정적 접착의 순환고리'(Duhl, 1992), '부정적인 감정의 무한 순환고리'(Gordon, 1994), '연동된 취약성'(Jenkins, 2003), '취약성 주기'(Scheinkman & Fishbane, 2004), '상호작용의 민감성'(Wile, 2014), '부정적 주기'(Johnson, 2003) 등과 같은 부부의 순환고리를 일컫는 개념이 다양하게 존재한다.

제3장에서 상세히 기술한 바 있는 순환고리(the Loop)는 성인 개인의 삶에서 중요한 애착 인물이 된 친밀한 배우자에 의해 부정적이고 고통스러우며 정신적 외상이 될 만한 정서적 기억이 촉발될 때 시작된다. '운동 뇌'나 변연계 내에서의 '분열된' 정서적 기억은 감정적 과민 반응을 발달시킨다. 감정적 과민 반응은 아동기와 청소년기 동안 반복되어 온 부정적인 경험이나 스트레스, 정신적 외상이 된 정서적 경험의 결과다. 이 책에서는 순환고리를 정의함에 있어서 '감정적 과민 반응'의 개념이 '부정적 편향(negative bias)' 개념과 유사할 수 있다고 본다. 감정적 과민 반응은 신경학적 · 생리학적 반응인 부정적 편향과 대조적인 것으로 임상적 상황에서 유용하게 사용될 수 있는 용어다. 다음 문단에서 자세히 기술하게 될 감정적 과민 반응은 흔히 전문가에 의해 이해되는데 많은 과학 분야, 특히 주목할 만한 분야로 대인 간 신경생물학의 연구 결과를 통합하는 데 목표를 둔 임상가들이 대중적인 공용 언어를 사용하도록 촉진할 수 있을 것이다(Siegel, 1999, 2007). 감정적 과민 반응(emotional allergies)은 순환고리에서 실행되는 각 배우자의 성인기 애착 방식의 핵심적인 요소로 평가된다.

대뇌변연계는 맞섬/도피(fight/flight) 기제를 구성하며 정서적 기억을 보유하고 정서적 경험의 신체적 인식에 영향을 미친다. 변연계는 뇌간과 대뇌피질 사이의 중뇌로 간주되며 편도체, 해마, 시상하부를 포함한다. 시상하부가 장단기 기억과 중요하게 관련된 반면 편도체와 해마는 정서적 기억, 궁극적으로 감정적 과민 반응을 만드는 데 한 팀으로 작용한다. 이와 같은 기억은 가족의 기질과 애착 패턴에 기초해 정서적 경험을 강화하거나 최소화할 수 있다. 시상하부는 배고픔, 갈증과 같은 기본적 본능을 조절하는 내분비 체계의 일부다. 기저핵은 중뇌의 세 핵심 영역과 밀접하게 관련돼 있고 정서 경험과 표현을 관장한다. 이 책은 분명 정서적 뇌에 관한 신경해부학, 신경생물학의 극히 단순한 견해만을 제공할 뿐이다. 그러나 이러한 신경과학 연구 결과들은 부정적 정서의 민감성과 반응성이 인간의 경험에 일차적임을 확고히 하는 데 필수적이다.

순환고리의 방아쇠 역할을 하는 감정적 과민 반응은 맞섬-도피 반응의 반복된 시작에 의해 만들어지며 이는 부정적 편향의 기초가 된다. 이 부정적 편향은 생리학적으로 규명할 수 있는 현상으로 부정적 경험을 강화하고 긍정적 경험을 최소화하는 경향을 보인다(Carretie, Mercado, Tapia, & Hinojosa, 2001). 앞서 기술한 바와 같이, 감정적 과민 반응(Gordon, 1994)은 이전의 부정적인 정서적 경험의 지각된 표시나 신호에 대한 급성 민감성으로 정의된다. '홍수', '감정적 횡포(emotional hijacking, 감정이 인지를 압도하는 상태를 말함–역자 주)'(Goleman, 1996; Ledoux, 1996)와 같은 다른 용어는 신체적 과민 반응의 개념에 비교할 수 있다. 신체적 과민성은 과민 반응을 일으키는 물질에 의해 유발되고 과민성과 같은 신경과민의 반응과 주요 신체적 · 정서적 반응을 주도한다. 감정적 과민 반응은 꽤 유사하다.

신체적 · 감정적 과민 반응은 아동기 애착 경험이 어떻게 부부관계와 상호작용하는지에 대한 설명을 돕는 과민 반응 유발 인자의 예상에 의해 촉발된다. 과민성이 촉발되면 개인은 정서적으로 압도되고 과대 반응, 과소 반응, 또는 둘 다 불안정 애착에 의존할 수 있다. 각 배우자는 이러한 정서적 민감성을 관계에 가져오는데 이는 초기 낭만적 사랑의 연화 효과로 관계 초기에는 예측이 어려운 경우가 빈번하다. 순환고리가 시작되면 패턴이 강화되고 배우자는 불안정 애착 패턴으로 회귀하는데 이는 심리학적 반응에 의해 강화되는 부정적 정서 반응을 촉진한다.

결과적으로 우리는 순환고리 내에 나타나는 패턴을 기술하고자 한다. 그 패턴은 각 배우자의 내적 작동 모델에 기초한 순환고리의 발달을 강화하는 방어적 상호작용 방식에 의해 추진된다(DeMaria, 2004, 2011). 제3장에서는 부부 상호작용 지도를 연민적 · 공감적 의사소통과 문제해결을 전형적으로 방해하는 감정적 과민 반응에 의해 유발되는 상호작용의 방어적 패턴을 초래하는 10단계로 나누어 설명했다. 내적 작동 모델[8]로 드러나는 배우자 개인의 일차적 성인 애착 방식에 따라 각 배우자는 버려지거나 잃어버리거나 휘말리는 것에 대해 두려움을 느낀다. 감정적 과민 반응은 아동기에 부모 모습과 함께 진화한 기본적 취약성을 드러낸다. 순환고리가 더 굳어지면 동성 혹은 이성 부모에 대한 불안정 애착 행동이 강화된다.

갈등은 의사소통의 불일치, 실패와 함께 출현한다. 많은 부부가 갈등이 강화될 때 자동적으로 자기교정을 시도할 수 있다. 그러나 많은 부부의 경우에는 갈등이 상승된다. 특징적인 정서 반응이 나타난다. 배우자 둘 다 스스로 진정할 수 없다면 불안정 애착 방식이 활성화될 것이다. 각 배우자의 내적 작동 모델이 지배하기 시작할 것이다. 일반적으로 배우자의 애착 패턴에 강력한 영향을 미치는 동성 부모와의 동일시가 출현한다.[9] 각 배우자는 동성의 내적 작동 모델을 가져올 뿐 아니라 동일시 효과에 기인해 자기 부모의 결혼 · 부부관계 역동도 수반하게 된다. 따라서 부부 갈등은 아동기와 청년기에 자신의 부모 모습으로부터 경험한 개인적 애착 패턴에 의해 조정될 뿐 아니라 각 배우자의 원가족에서 관찰된 성인 상호작용 패턴에 의해서도 조정된다. 결국 보이지 않는 이 내적인 힘은 내적 작동 모델이 탐색되지 않으면 임상가가 이해하기 어렵다.

일차적 방어의 상호작용 패턴은 각 배우자가 한 명의 특정 부모와 가진 관계에 일치하는 경향을 보일 것이다. 만일 배우자가 각각 안정된 아동기와 성인기 애착을 갖고 있다면 일반적으로 지지, 위로, 연민을 잘 느끼게 될 것이다. 만일 한쪽 배우자가 불안정 애착 패턴이고 다른 쪽 배우자는 보다 안정된 애착을 형성했다면 시간이 갈수록 불안정한 배우자가 안정된 애착을 발달시킬 수 있다. 만일 두 사람 모두 어떤 형태로든 불안정한 애착을 갖고 있다면 이들은 갈등을 회피하거나 정서적으로 폭발 직전의 상황에 돌입하기 쉬울 것이다. 갈등이 더 심화되면 정서적 반응과 정서적 폐쇄의 두 애착 과정이 유대의 기회와 정서적 친밀감을 방해한다. 그렇게 되면 이차적 방어의 상호작용 패턴이 출현하게 된다. 이차적 방어의 상호작용 패턴은 더 소원한 부모에 해당하는 경향이 있으며 이것이 더 강렬한 정서(정서 과활성화)나 정서적 폐쇄(정서 비활성화)의 감정을 불러일으킨다(Mikulincer, Shaver, & Pereg, 2003). 이차적 방어 반응은 보다 거리를 두는 부모와의 애착 결핍에 기초한 애착 불안정에 대한 증대된 공포에 기인한다.

부부는 이제 순환고리에 의해 만들어진 정서적 단절이 부부간 유대를 위협하기 때문에 정서적 갈등 상황에 놓이게 된다. 이 위협에 직면해 근접 욕구가 강화된다. 배우자의 성인 애착 방식과 배우자와의 보다 안정된 애착의 강도에 따라 갈등이 화해나 분리(detachment)로 끝나게 된다. 분리는 거리를 멀어지게 하거나 이후 스트레스를 증폭시켜 또 다른 상호작용을 하는 동안 순환고리의 부활을 포함할 수 있다.

비록 부부 순환고리가 부부 상호작용의 패턴을 설명하지만, 패턴은 부부뿐 아니라 배우자 각자의 마음속에서 강화된다. 결국 이것이 더 쉽게 촉발되고 심지어는 예상되는 양상을 만들어 낸다. 전형적으로 이 순환고리는 충성 유대, 역사적 가족 유산, 애착 이야기를 포함하는 확대가족의 연결/단절과 마찬가지로 현 가족원과의 정서적 단절/분리 패턴과도 유사하다. 각 배우자가 관계에 가져오는 애착 방식은 부부 순환고리의 상호작용이 어떻게 가족 과정과 구조에 영향을 미치고 궁극적으로 애착 각본이 되는가를 결정하게 된다. 애착 각본(attachment script)은 신뢰와 불충성뿐 아니라 가족 연결과 단절에 대한 공유된 기대를 일컫는다. 이러한 가족 애착 각본은 흔히 부부 상호작용 지도를 사용할 때 드러난다. 따라서 애착 패턴, 방식, 각본의 세대 간 전이의 통합의 중요성을 거듭 강조하는 것으로 이 절을 마무리하고자 한다.

(9) 부부 몰입: 감정 조절과 자아확장

정서적 반응은 안정된 부부간 유대의 발달을 강화하는 열쇠다. '부부 몰입(couple flow)'은 순환고리를 끊고 긍정적 정서 상태를 나타내는 몰입으로 이끄는 긍정적 부부 상호작용 이야기에 사용하는 용어다. 몰입은 Csíkszentmihályi(1990)가 개발한 용어로, 친밀한 관계와 같이 한 활동에 개인이 몰입, 열중, 흡수될 때 일어나는 정신 상태로 여겨진다. 이 몰입의 상태가 이어지는 동안 개인은 참여하고 활력을 얻으며 경험을 즐긴다. 또한 몰입은 즉각적이고 반응적인 피드백이 이루어지는 활동에 구체적인 목적이 있을 때 일어난다. 부부관계에서 몰입이 발생할 때 각 배우자는 이 몰입의 상태를 유지하기 위해 상대방의 욕구에 더 잘 반응하게 된다. Nakamura와 Csíkszentmihályi(2001)는 몰입의 경험을 포함하는 여섯 가지 요인을 다음과 같이 확인했다. ① 현재 순간에 대한 강하고 초점이 모인 집중, ② 행위와 인식의 융합, ③ 성찰적 자기의식의 상실, ④ 상황이나 활동에 대한 개인적 통제감 ⑤ 시간적 경험의 왜곡으로 개인의 시간에 대한 주관적 경험의 변화, ⑥ 그 자체에 목적이 있는 경험으로도 불리는 내재적 보상 활동의 경험이 그것이다. 부부에게 몰입의 경험을 적용하는 것은 안정되고 흥미로운 부부관계를 위한 진보적이고 긍정적인 발달의 모델을 제공한다.

친밀하고 애정적인 부부관계에 있어서 친밀한 대화를 나누는 동안 오가는 긍정적 감정의 조절이 자신과 타인, 그리고 관계에 대한 각 배우자의 사고에 영향을 미친다. 효과적인 감정 조절은 자아존중감을 향상시키고 관계에 있어서의 안전과 안정, 곧 안정 애착 유대의 개선으로 이끈다. 정서적 안정과 취약성에 대한 감정을 향한 진보는 특별히 긍정적 · 부정적 정서의 주고받음과 이해와 공감의 태도를 유지하는 것을 통해 촉진된다(Hepper & Carnelley, 2012). 긍정적이고 친밀한 부부 유대의 구축은 스트레스 경감에서 낙관주의의 증가에 이르기까지 광범위한 이점을 제공한다(Kumashiro & Sedikides, 2005). 부부가 그들 관계 내에서 취약성을 언급하고 다루는 능력에 있어 자신감을 유지하기 위해서는 각 배우자가 공감을 전달하는 자기 능력에 자신감을 가져야 한다. 또한 부부가 관계의 다양한 도전을 극복할 수 있다고 믿어야 한다.

자아확장 모델(self-expansion model)도 몰입의 일부로 고려될 수 있다. 자아확장 모델은 부부간 안정된 애착 유대를 강화하는 부부 몰입에 중요한 두 가지 주제를 아우른다. 첫째는 목표를 함께 성취하기 위한 욕망이고, 둘째는 부부간의 즐거운 정서 경험을 향한 욕망이다(Aron, Aron, & Norman, 1997). Graham(2008)은 "친밀한 관계의 자아확장 모델은 부부가 신나고 촉진적인 활동을 함께할 때 배우자와 연결된 것으로 느끼고 부부관계에 더 만족한다는 것을 가정한다."(p. 679)고 주장한다. 또한 그는 긍정적 정서가 자아확장 모델의 열쇠이며 몰입의 한 측면이라고 주장한다. Sheets(2014)는 전 생애 주기에 걸친 열정적 사랑과 자아 확장을 탐색한 결과 개인적 성장의 경험을 추구하고자 동기화되는 부부들을 발견했다. 그의 연구 결과는 자기 성장을 추구하도록 동기화된 부부가 자신이나 배우자를 위한 자아확장의 경향이 낮은 부부들보다 높은 열망, 매력, 관능을 보고한 것으로 밝히고 있다.

치료의 목적으로 부부간에 몰입을 발달시키는 것은 많은 임상가들에게 중요한 고려 대상이다. 역기능적인 관계를 해소하는 것이 치료의 첫 번째 단계인 반면, 개인적인 만족과 자아의 확장을 가져오는 관계의 만족을 촉진하는 것 역시 많은 이들의 관심 영역으로 부상하고 있다. 부부 몰입에 대한 관심은 긍정심리학, 행복, 마음에 대한 최근의 연구 동향과도 그 맥을 같이한다.

(10) 성인 관계 경험 연대표

애착 연대표는 독신과 기혼 내담자 모두의 애착 가계도, 즉 낭만적 관계의 핵심을 심도 있게 관찰하게 한다. 관계 경험 연대표에 대해서는 제3장에 기술한 바 있다. 성인의 사랑/친밀한 관계를 맺을 수 없을 때에도 미래의 관계에 대한 개인의 욕구와 목적뿐만 아니라 개인의 관계의 역사를 탐색하는 것이 중요하다. 성인기 전반에 걸친 개인의 애착 경험은 내담자의 자아존중감, 상대방을 사랑하고 유대를 맺고자 하는 의향에 영향을 미친다. 관계에서의 정신적 외상과 실패한 애정 관계를 규명하는 것이 중요하다. 청소년기 이후의 낭만적 관계는 개인적 연대표에 표시될 수 있다.

부부의 애착 연대표는 부부뿐 아니라 다른 이와 맺은 초기 관계 경험의 세부 사항을 탐색할 수 있게 한다. 부부가 어떻게 만났는지, 헌신적 관계를 맺기 전에 어떤 경험이 현재 치료 과정에서 보이는 관계의 기초가 되었는지를 살펴볼 필요가 있다. 각 부부의 역사는 고유하다. 친밀한 부부관계가 이루어지는 초기 단계 동안의 애착 균열, 상처, 정신적 외상은 시간이 갈수록 관계로 이어지며 신뢰, 헌신, 상처받기 쉬운 태도에도 영향을 미친다.

3) 애착에 초점화된 가계도: 세대 간 영역

세대 간 영역의 주제는 가족 구조와 과정이다. 가족 구조는 가족의 위계 차원에 의해 결정되고 역할과 경계를 포함한다. 가족 과정은 의사소통 방식, 친밀과 유대의 유형에 의해 정의된다. 두 주제 모두 가족 애착 이야기를 발달시키는 데 결정적인 역할을 한다. 제3장에서 상세히 설명한 대로 가족 연결 지도는 기능적 · 역기능적 가족 구조와 가족 과정을 드러내는 가족 애착 각본을 평가하는 또 다른 독특한 방법을 제공한다. 유사하게 가족 애착 연대표는 신뢰 · 불신, 유대 · 단절, 정서적 융합, 정신적 외상의 다양한 세대 간 유산에 관심을 갖게 한다.

세대 간 수준에서 전 가족원에게 안전 기지로 기능하는 가족의 능력을 다양하게 살펴볼 수 있다. 애착의 구성개념은 유대의 질에 관심을 강조한다. 이 책에서는 공정성에 초점화된 가계도 개발을 위해 맥락 이론(Contextual Theory)을 사용하기로 했는데, 이는 내담자 체계의 세대 간 고려에 대한 모델 자체에 대한 관심 때문이었다.

제6장에서 자세히 다루게 될 공정성 가계도는 체계 간 접근과 애착의 구성개념을 아우른다. 맥락 이론은 내담자 체계 내에서의 '더 나은 선(greater good)'에 대한 관심과 우선적인 윤리적 정의 관점으로, 애착의 세대 간 패턴을 탐색할 때 종종 고려되지 않는 중요한 세대 간 초점을 제공한다. 이 책은 공정성과 충성 둘 다

를 포함하는 공정성 가계도의 주제가 중요함을 거듭 강조하고자 한다. 이 주제는 종종 가족 애착 이야기와 가족 각본의 일부가 된다.

(1) 가족 연결 지도

Mikulincer와 Florian(1998)은 애착 방식과 가족 과정을 살펴보고, Circumplex 모델이 애착 문제와 욕구를 고려하는 가족 체계 접근을 개발하는 데 유용하다고 주장했다. DeMaria와 Haggerty는 2010년 예비적인 가족 연결 지도를 개발했다. 앞서 제3장과 제4장에서 강조한 바와 같이, Circumplex 모델은 애착 이론의 렌즈(Olson, 2011; Olson, Russell, & Sprenkle, 1983)를 통해 우리가 가족 애착 각본(Byng-Hall, 1995)으로 강조한 것을 탐색하는 데 연구 기반의 기초를 제공한다. 이 모델은 성공적 가족 기능의 지표를 다룬 이전의 연구 결과를 통합한 것으로 가족 체계 전반의 기능 수준을 판정할 때 유용하게 쓰인다. 다음과 같은 관련 질문은 현장 전문가들로 하여금 현재 가족의 애착 패턴을 살펴보도록 돕는다. 앞서 제3장에서는 가족 연결 지도의 체제와 채점에 대해, 제4장에서는 각 개인의 내적 모델 지도를 식별하면서 가족 고유의 방식에 맞게 치료적 자세를 적용하는 것에 대해 논한 바 있다.

(2) 가족 유대 질문

1. 당신은 다른 사람과 가까워지는 것이 쉽습니까, 아니면 어렵습니까? 다른 가족원의 경우는 어떻습니까?
2. 다른 사람들이 당신을 정말로 보살피지 않는 것이 걱정됩니까? 다른 가족원도 이런 염려나 두려움을 갖고 있습니까?
3. 당신은 당신의 어머니와 아버지(또는 다른 양육자)를 온정적이며 일관적인 유형, 부재적이면서 거부적인 유형, 혹은 관심은 있으나 맞지 않는 유형 가운데 어떤 유형으로 묘사할 수 있습니까? 당신 삶의 다른 시기에는 부모님이 달랐습니까? 달랐다면 그때에 대해 설명해 주십시오.
4. 당신의 가족은 가족원이 서로에게 민첩하게 반응합니까? 어떻게 합니까? 누가 다가갑니까? 주저하는 사람이 있습니까?
5. 당신의 가족은 서로에게 순종적입니까? 무반응적입니까? 아니면 요구적입니

까? 세대 간에 차이가 있습니까?

6. 당신의 부모나 양육자가 당신을 묘사할 때 유순한 아이, 달래기 어려운 아이, 화내고 요구하는 아이, 까다로운 아이 중 어떤 아이로 묘사합니까?
7. 당신은 타인과 의사소통할 때 신랄함, 적대감, 귀여운 척함, 비위를 맞춤 중에서 어떤 태도로 대합니까?
8. 당신은 친구와 안정적인 우정을 유지합니까? 당신 혼자 있는 편입니까? 친구와의 우정에 기복이 많습니까?
9. 당신은 언제 부모님과 당신의 유년기를 생각하고, 그것에 대해 어떤 관점을 갖습니까?

요약

이 장에서는 통합적이고 기본적인 초점화된 가계도인 애착 가계도에 대해 살펴보았다. 신경과학, 인지행동 심리학, 임상적 연구로부터 애착의 세대 간 전이에 대한 확장된 연구에 이르기까지 많은 연구 결과가 체계 간 접근의 변증법적인 메타 이론이 역사적 · 현대적 애착 정보를 동시에 개념화하도록 도울 수 있음을 시사한다. 지도와 연대표를 활용하면 내담자 체계의 특정 시기의 애착 정보를 잘 포착할 수 있기 때문에, 애착 가계도는 그에 수반되는 이야기나 각본, 행동, 정서 등을 이해하는 데 도움이 된다. 여기에 덧붙여 애착 가계도는 내담자 체계의 주된 애착 구조인 정서적 · 신체적 유대의 탐색을 목적으로 하는 초점화된 가계도의 활용을 가능하게 한다. 초점화된 가계도는 내담자 체계의 과거와 현재의 경험을 통해 애착 주제를 추적하도록 한다. 따라서 애착 가계도는 내담자가 내담자의 자아존중감과 신체적 · 정서적 친밀감의 문제와 내담자가 애착 손상에 뿌리 박혀 있는 것을 몰랐던 다른 공통 관심사들을 해결하는 데 도움을 줄 수 있다. 부부 상호작용의 무한 순환고리 패턴은 애착의 개인적 내적 작동 모델과 관찰 가능한 부부역동 간의 관련성을 드러낸다. 애착의 세대 간 탐색을 통해 애착 가계도는 초점화된 가계도의 기초를 이루면서 인간 경험의 핵심에 도달하게 한다.

주

1. https://www6.miami.edu/touch-research/Research.html.
2. 촉각적 방어는 감각 과정의 왜곡의 한 단면으로 여겨지지만, 보다 온건한 문제를 지닌 사람들의 경우에는 촉각적 방어에 대해 별로 관심을 기울이지 않게 된다. 그러나 촉각적 방어는 개인, 부부, 가족이 안정 애착 유대를 형성하는 데 영향을 미친다.
3. 개인적 애착 연대표는 이 책의 제1판을 통해 개발됐다.
4. 애착 가계도 연대표는 전통적인 부부와 생물학적 친자녀에 초점을 둔 것이나 다른 다양한 부부관계에도 융통적으로 고려할 수 있다.
5. 척도는 명시적 승낙 없이 사용될 수 있다. 그러나 저자 일동은 그 사용을 알려 주기 바란다. 연락처: Maryland 대학교 사회학과 Morris Rosenberg 재단, 2112 Art/Soc Building College Park, MD 20742–1315.
6. 두려움이라는 말이 더 대중적으로 쓰이지만 이 책에서는 두려움보다 혼란이라는 말의 사용을 선호한다.
7. 종종 '공감적' 공명으로 일컬어진다.
8. 내적 모델 지도의 사용은 임상가가 각 부부의 고유한 '순환고리'를 보다 구체적으로 이해하게 한다.
9. 이 장에서는 내적 작동 모델에서의 동성 부모에 대한 동일시를 중심으로 설명했는데, 보다 자세한 내용은 제7장 젠더 가계도에서 다룰 것이다.

참고문헌

Acevedo, B. P., & Aron, A. (2009). Does a long-term relationship kill romantic love? *Review of General Psychology, 13*(1), 59–65.

Aguilera, D. C. (1967). Relationships between physical contact and verbal interaction in nurses and patients. *Journal of Psychiatric Nursing, 5*, 5–21.

Andersen, P. A., & Leibowitz, K. (1978). The development and nature of the construct touch avoidance. *Environmental Psychology and Nonverbal Behavior, 3*, 89–106.

Aron, A., Aron, E. N., & Norman, C. (1997). Self-expansion model of motivation. *Fletcher/Blackwell Handbook of Social Psychology: Interpersonal Processes* (pp. 478–501).

Bartholomew, K. (1990). Avoidance of intimacy: An attachment perspective. *Journal of Social and Personal Relationships*, *7*(2), 147–178.

Bartholomew, K., & Horowitz, L. M. (1991). Attachment styles among young adults: A test of a four-category model. *Journal of Personality and Social Psychology*, *61*, 226–244.

Belsky, J. (2005). Differential susceptibility to rearing influence: An evolutionary hypothesis and some evidence. In B. Ellis & D. Bjorklund (Eds.), *Origins of the social mind: Evolutionary psychology and child development* (pp. 139–163). New York: Guilford.

Belsky, J., & Isabella, R. (1988). Maternal, infant and social-contextual determinants of infant-mother attachment: Infant behavior and development. In J. Belsky & T. Nezworski (Eds.), *Clinical implications of attachment* (pp. 41–94). Hillsdale, NJ: Eribaum.

Bernier, A., & Dozier, M. (2003). Bridging the attachment transmission gap: The role of maternal mind-mindedness. *International Journal of Behavioral Development*, *27*(4), 355–365.

Black, K. A., & Schutte, E. D. (2006). Recollections of being loved: Implications of childhood experiences with parents for young adults'romantic relationships. *Journal of Family Issues*, *27*, 1459–1480.

Bowlby, J. (2005). *A secure base: Clinical applications of attachment theory*. London: Routledge.

Brazelton, T. B. (1984). *The growing child in family and society: An interdisciplinary study in parent-infant bonding*. Tokyo: University of Tokyo Press.

Bylsma, W. H., Cozzarelli, C., & Sumer, N. (1997). Relation between adult attachment styles and global self-esteem. *Basic and Applied Social Psychology*, *19*(1), 1–16.

Byng-Hall, J. (1995). Creating a secure family base: Some implications of attachment theory for family therapy. *Family Process*, *34*, 45–58.

Carretie, L., Mercado, F., Tapia, M., & Hinojosa, J. A. (2001). Emotion, attention, and the 'negativity bias', studied through event-related potentials. *International Journal of Psychophysiology*, *41*(1), 75–85.

Casriel, D. (1972). *A scream away from happiness*. New York: Grosset & Dunlap.

Chapman, G. (1992). *The 5 love languages: How to express heartfelt commitment to your mate.* Chicago, IL: Northfield Publishing.

Chapman, G. (2015). *The 5 love languages: The secret to love that lasts.* Chicago, IL: Northfield Publishing.

Collins, N. L., & Read, S. J. (1990). Adult attachment, working models, and relationship quality in dating couples. *Journal of Personality and Social Psychology, 58*(4), 644-663.

Cowan, C. P., & Cowan, P. A. (2005). Two central roles for couple relationships: Breaking negative intergenerational patterns and enhancing children's adaptation. *Sexual and Relationship Therapy, 20*(3), 275-288.

Cowan, P. A., & Cowan, C. P. (2006). Developmental psychopathology from family systems and family risk factors perspectives: Implications for family research, practice, and policy. In D. Cicchetti & D. J. Cohen (Eds.), *Developmental psychopathology* (2nd ed.) (pp. 530-587). New York: Wiley.

Cowan, P. A., & Cowan, C. P. (2009). Couple relationships: A missing link between adult attachment and children's outcomes. *Attachment & Human Development, 11*(1), 1-4.

Cowan, P. A., Cowan, C. P., & Mehta, N. (2009). Adult attachment, couple attachment, and children's adaptation to school: An integrated attachment template and family risk model. *Attachment & Human Development, 11*(1), 29-46.

Crenshaw, T. L. (1996). *The alchemy of love and lust: Discovering our sex hormones and how they determine who we love, when we love, and how often we love.* New York: Putnam.

Csíkszentmihályi, M. (1990). *Flow: The psychology of optimal experience.* New York: Harper & Row.

Decety, J., & Meyer, M. (2008). From emotion resonance to empathic understanding: A social developmental neuroscience account. *Development and Psychopathology, 20*(4), 1053.

Del Toro, M. (2012). The influence of parent-child attachment on romantic relationships. *McNair Scholars Research Journal, 8*(1).

DeMaria, R. (2004). Conquering marriage: Healthy relationships help build a stronger America. Feature Article from *philly.com.*

DeMaria, R. (2011). The chemistry of relationships: Emotions, the brain, and the experience of love. *National Healthy Marriage Research Center*, 1–9.

DeMaria, R., & Haggerty, V. (2010). *Reversing the ripple effect—Healthy relationships, healthy children: A curriculum for fathers.* Philadelphia, PA: Council for Relationships.

DeMaria, R., Weeks, G., & Hoff, L. (1999). *Focused genograms: Intergenerational assessment of individuals, couples, and families.* New York: Brunner-Routledge.

Dinero, R. E., Conger, R. D., Shaver, P. R., Widaman, K. F., & Larsen-Rife, D. (2008). Influence of family of origin and adult romantic partners on romantic attachment security. *Journal of Family Psychology*, *22*(4), 622–632.

Duhl, L. (1992). Healthy cities: Myth or reality. In J. Ashton (Ed.), *Healthy cities.* Milton Keynes, UK: Open University Press.

Durana, C. (1994). The use of bonding and emotional expressiveness in the PAIRS training. *Journal of Family Psychotherapy*, *5*(2), 65–81.

Durana, C. (1996). A longitudinal evaluation of the effectiveness of PAIRS psychoeducational program for couples. *Family Therapy*, *23*(1), 65–81.

Dziopa, F., & Ahern, K. (2008). What makes a quality therapeutic relationship in psychiatric/mental health nursing: A review of the research literature. *The Internet Journal of Advanced Nursing Practice*, *10*(1).

Edwards, R. B. (1981). Mental health as rational autonomy. *Journal of Medicine and Philosophy*, *6*(3), 309–322.

Ewing, E. S. K., Diamond, G., & Levy, S. (2015). Attachment-based family therapy for depressed and suicidal adolescents: Theory, clinical model and empirical support. *Attachment & Human Development*, *17*(2), 136–156.

Farber, E., & Kaslow, N. (1997). Social psychology: Theory, research, and mental health implication. In J. K. Ataman & J. Lieberman (Eds.), *Psychiatry* (pp. 382–383). Philadelphia, PA: W. B. Saunders.

Field, T. (2002). Touch deprivation and aggression against self among adolescents. *Developmental Psychobiology of Aggression*, 117–140.

Fisher, H. E. (1994). *Anatomy of love: A natural history of mating, marriage, and why we stray.* New York: Fawcett Columbine.

Fisher, H. E. (2016). *Anatomy of love: A natural history of mating, marriage, and why we stray*. Updated Edition. New York: Fawcett Columbine.

Fisher, H. E., Aron, A., Mashed, D., Li, H., & Brown, L. L. (2002). Defining the brain systems of lust, romantic attraction, and attachment. *Archives of Sexual Behavior, 31*(5), 413-419.

Fishman-Miller, B., & Ashner, L. (1995). *Resonance: The new chemistry of love: Creating a relationship that gives you the intimacy and independence you've always wanted.* New York: Harper-Collins.

Fogarty, T. (1978). *Compendium II pursuer distances*. Retrieved from http://cflarchives. org/thomasfogartymdcollectedpapers.html.

Fraley, R. C. (2002). Attachment stability from infancy to adulthood: meta-analysis and dynamic modeling of developmental mechanisms. *Personality and Social Psychology Review, 6*(2), 123-151.

George, C., Kaplan, N., & Main, M. (1985). *Adult Attachment Interview.* Unpublished manuscript. Department of Psychology, University of California, Berkeley.

Goleman, D. (1996). *Emotional intelligence: Why it can matter more than IQ*. New York: Bantam.

Gordon, L. H. (1994). *PAIRS curriculum guide and training manual*. Falls Church, VA: PAIRS Foundation. Retrieved from http://pairs.com/In/downloads/pairstrainingbookonline.pdf.

Graham, B. S. (2008). Identifying social interactions through conditional variance restrictions. *Econometrica, 76*(3), 643-660.

Grammer, K., Fink, B., & Neave, N. (2005). Human pheromones and sexual attraction. *European Journal of Obstetrics & Gynecology and Reproductive Biology, 118*(2), 135-142.

Greenberg, L. S., & Paivio, S. C. (2013). *Working with emotions in psychotherapy*. New York: Guilford Press.

Greenspan, S. I. (1981). *The clinical interview of the child*. New York: McGraw Hill.

Grogan, S. (2008). *Body image: Understanding body dissatisfaction in men, women, and children*. New York: Routledge.

Guerney, E. G., Jr. (1977). *Relationship enhancement: Skill training programs for therapy, problem, prevention, and enrichment.* San Francisco, CA: Jossey-Bass.

Harlow, H. F., & Zimmermann, R. R. (1958). The development of affective responsiveness in infant monkeys. *Proceedings of the American Philosophical Society, 102*, 501-509.

Heath, R. (2009). *Celebrating failure: The power of taking risks, making mistakes, and thinking big.* Franklin Lakes, NJ: Career Press.

Hepper, E. G., & Carnelley, K. B. (2012). The self-esteem roller coaster: Adult attachment moderates the impact of daily feedback. *Personal Relationships, 19*, 504-520.

Hertenstein, M. J., Holmes, R., Mccullough, M., & Keltner, D. (2009). The communication of emotion via touch. *Emotion, 9*(4), 566-573.

Hertenstein, M. J., Keltner, D., App, B., Bulleit, B., & Jaskolka, A. (2006). Touch communicates distinct emotions. *Emotion, 6*, 528-533.

Jackson, J. S. (Ed.). (1991). *Life in Black America.* Newbury Park, CA: Sage.

Jagiellowicz, J., Aron, A., & Aron, E. N. (2016). Relationship between the temperament trait of sensory processing sensitivity and emotional reactivity. *Social Behavior and Personality, 44*(2), 185-199.

Jenkins, C. (2003). *Therapies with women in transition: Toward relational perspectives with today's women.* Madison, CT: International Universities Press.

Johnson, S. M. (2003). Emotionally focused couples therapy: Empiricism and art. In T. Sexton, G. Weeks, & M. Robbins (Eds.), *The handbook of family therapy* (pp. 263-280). New York: Brunner/Routledge.

Jones, S. E., & Yarbrough, A. E. (1985). A naturalistic study of the meanings of touch. *Communication Monographs, 52*, 19-56.

Jourard, S. M. (1966). An exploratory study of body-accessibility. *British Journal of Clinical Psychology, 5*(3), 221-231.

Jung, C. G., & Chodorow, J. (1997). *Jung on active imagination.* Princeton, NJ: Princeton University Press.

Kagan, J. Snidman, N., Arcus, D., & Reznick, J. S. (1994). *Galen's prophecy: Temperament in human nature.* New York: Basic Books.

Kiff, C. J., Lengua, L. J., & Zalewski, M. (2011). Nature and nurturing: Parenting in the context of child temperament. *Clinical Child and Family Psychology Review, 14*(3), 251-301.

Klaus, M. H., & Kennell, J. H. (1976). *Maternal-infant bonding.* St. Louis, MO: C. V. Mosby.

Kohut, H. (1971). *The analysis of the self.* New York: International Universities Press.

Kumashiro, M., & Sedikides, C. (2005). Taking on board liability-focused information: Close positive relationships as a self-bolstering resource. *Psychological Science, 16*(9), 732-739.

LeDoux, J. E. (1996). *The emotional brain.* New York: Simon and Schuster.

Lee, J. A. (1977). A typology of styles of loving. *Personality and Social Psychology Bulletin, 3*, 173-182.

Lewis, C. S. (1988). *The four loves.* New York: Harcourt, Brace. (Original work published 1960).

Lewis, T. (2009). *The neuroscience of empathy.* Google University. [Video presentation].

Lewis, T., Amini, F., & Lannon, R. (2000). *A general theory of love.* New York: Random House.

Lubiewska, K. (2013). Intergenerational congruence of attachment: Limitations of findings. In I. Albert & D. Ferring (Eds.), *Intergenerational relations. European perspectives in family and society* (pp. 85-99). Bristol: Policy Press.

Mahler, M. S., Pine, F., & Bergman, A. (1975). *The psychological birth of the human infant: Symbiosis and individuation.* New York: Basic Books.

Mikulincer, M., & Florian, V. (1998). The relationship between adult attachment styles and emotional and cognitive reactions to stressful events. In Simpson, J., & Rholes, S. (Eds.), *Attachment theory and close relationships* (pp. 143-165). New York: Guilford.

Mikulincer, M., & Shaver, P. R. (2005). Attachment theory and emotions in close relationships: Exploring the attachment-related dynamics of emotional reactions to relational events. *Personal Relationships, 12*, 149-168.

Mikulincer, M., Shaver, P. R., Gillath, O., & Nitzberg, R. A. (2005). Attachment, caregiving, and altruism: Boosting attachment security increases compassion and helping. *Journal of Personality and Social Psychology*, *89*(5), 817–839.

Mikulincer, M., Shaver, P., & Pereg, D. (2003). Attachment theory and affect regulation: The dynamics, development, and cognitive consequences of attachment-related strategies. *Motivation and Emotion*, *27*(2), 77–102.

Montagu, A. (1986). *Touching: The human significance of the skin*. New York: Columbia University Press.

Mosby, K. D. (1978). *An analysis of actual and ideal touching behavior as reported on a modified version of the body accessibility questionnaire* (Unpublished doctoral dissertation). Virginia Commonwealth University.

Nakamura, J., & Csíkszentmihályi, M. (2001). Catalytic creativity: The case of Linus Pauling. *American Psychologist*, *56*, 337–341. *Newsweek*. (Spring/Summer 1997).

Olson, D. (2011). FACES IV and the Circumplex model: Validation study. *Journal of Marital & Family Therapy*, *37*(1), 64–80.

Olson, D. H., Russell, C. S., & Sprenkle, D. H. (1983). Circumplex model of marital and family systems: VI. Theoretical update. *Family Process*, *22*(1), 69–83.

Pert, C. (1997). *Molecules of emotion: Why you feel the way you feel*. New York: Scribner.

Prescott, J. W. (1975). Body pleasure and the origins of violence. *Bulletin of the Atomic Scientists*, *31*(9), 10–20.

Restak, R. M. (1979). *The brain: The last frontier*. Garden City, NY: Doubleday.

Ricks, M. (1985). The social transmission of parental behavior: Attachment across generations. *Monographs of the Society for Research in Child Development*, *50*, 211–227.

Rizzolatti, G. (2005). Mirror neuron: A neurological approach to empathy. *Research and Perspectives in Neurosciences Neurobiology of Human Values*, 107–123.

Rizzolatti, G., & Craighero, L. (2004). The mirror neuron system. *Annual Review of Neuroscience*, *27*, 169–192.

Rosenberg, M. (1965). *Society and the adolescent self-image*. Princeton, NJ: Princeton University Press.

Rothbart, M., Derryberry, D., & Hershey, K. (2000). Stability of temperament in childhood: Laboratory infant assessment to parent report at seven years. In V. J.

Molfese & D. L. Molfese (Eds.), *Temperament and personality across the lifespan* (pp. 85-119). Hillsdale, NJ: Erlbaum.

Satir, V. (1967). *Conjoint family therapy: A guide to theory and technique*. Palo Alto, CA: Science and Behavior Books.

Satir, V. (1988). *The new peoplemaking*. Mountain View, CA: Science and Behavior Books.

Scheinkman, M., & Fishbane, M. (2004). The vulnerability cycle: Working with impasses in couple therapy. *Family Process, 43*(3), 279-299.

Schore, A. N. (1994). *Affect regulation and the origin of the self: The neurobiology of emotional development*. Hillsdale, NJ: Erlbaum.

Schore, A. N. (2003). *Affect dysregulation & disorders of the self*. New York: W. W. Norton.

Schorsch, V. (1985). Perversion as a criminal offense. *New Legal Wochenschrift, 38*, 2183-2184.

Sears, C. J. (1994). Recognizing and coping with tactile defensiveness in young children. *Infants & Young Children, 6*(4), 46-53.

Shaver, P. R., & Mikulincer, M. (2014). Adult attachment strategies and the regulation of emotion. In J. J. Gross (Ed.), *Handbook of emotion regulation* (2nd ed.), (pp. 237-250). New York: Guilford Press.

Sheets, V. L. (2014). Passion for life: Self-expansion and passionate love across the lifespan. *Journal of Social and Personal Relationships, 31*(7), 958-974.

Shiner, R. L., & DeYoung, C. G. (2013). The structure of temperament and personality traits: A developmental perspective. In P. Zelazo (Ed.), *Oxford handbook of developmental psychology* (pp. 113-141). New York: Oxford University Press.

Siegel, D. J. (1999, 2008). *The developing mind: How relationships and the brain interact to shape who we are*. New York: Guilford Press.

Siegel, D. J. (2007). *The mindful brain: Reflection and attunement in the cultivation of well-being*. New York: W. W. Norton.

Siegel, D. J. (2008). *The neurobiology of "we"*. [Audiotape]. Sounds True Publishers.

Siegel, D. J. (2010). *The mindful therapist: A clinician's guide to mindsight and neural integration*. New York: W. W. Norton.

Silverman, A. F., Pressman, M. E., & Bartel, H. W. (1973). Self-esteem and tactile communication. *Journal of Humanistic Psychology, 13*(2), 73-77.

Solomon, M. F., & Siegel, D. J. (2003). *Healing trauma: Attachment, mind, body, and brain*. New York: W. W. Norton.

Spitz, R. A. (1945). Hospitalism—An inquiry into the genesis of psychiatric conditions in early childhood. *Psychoanalytic Study of the Child, 1*, 53-74.

Sroufe, L. A. (2005). Attachment and development: A prospective, longitudinal study from birth to adulthood. *Attachment & Human Development, 7*(4), 349-367.

Stern, D. N. (1985). *The interpersonal world of the infant: A view from psychoanalysis and developmental psychology*. New York: Basic Books.

Sternberg, R. J. (1986). Triangular theory of love. *Encyclopedia of Social Psychology, 93*(2), 119-135.

Stosny, S. (1995). *Treating attachment abuse: A compassionate approach*. New York: Springer Publishing Company.

Strauss, M. E. (1991). Strength of association. *Journal of Psychiatry, 159*, 882-883.

Tennov, D. (1979). *Love and limerence: The experience of being in love*. New York: Stein and Day.

Thomas, A., & Chess, S. (1977). *Temperament and development*. New York: Brunner/Mazel.

Titchener, E. B. (1909/2014). Introspection and empathy: Dialogues in philosophy. *Mental and Neuro Sciences, 7*, 25-30.

Turecki, S. (1985). *The difficult child*. Toronto: Bantam Books.

Uvnas-Moberg, K., Handlin, L., & Petersson, M. (2014). Self-soothing behaviors with particular reference to oxytocin release induced by non-noxious sensory stimulation. *Frontiers in Psychology, 5*.

Van der Kolk, B. (2014). *The body keeps the score: Brain, mind, and body in the healing of trauma*. Viking Press.

Walsh, F. (1991). Promoting healthy functioning in divorced and remarried families. In A. S. Gurman & D. P. Kniskern (Eds.), *Handbook of family therapy* (pp. 525-541). New York: Brunner/Mazel.

Wedekind, C., Seebeck, T., Bettens, F., & Paepke, A. J. (1995). MHC-dependent mate preferences in humans. *Proceedings of the Royal Society B: Biological Sciences, 260*(1359), 245–249.

Wile, D. (2014). Couple therapy frameworks. Retrieved from http://danwile.com/2014/01/couple-therapy-frameworks/.

Willi, J. (1997). The significance of romantic love for marriage. *Family Process, 36*, 171–182.

Winnicott, D. W. (1965). *The maturational processes and the facilitating environment.* London: Karnac Books.

Winnicott, D. W. (1985): *The maturational processes and the facilitating environment.* London: The Hogarth Press.

Wojciszke, B. (2002). From the first sight to the last breath: A six-stage model of love. *Polish Psychological Bulletin, 33*, 15–25.

Yovell, Y. (2008). Is there a drive to love? *Neuropsychoanalysis, 10*(2), 117–144.

Zeigler-Hill, V., Britton, M., Holden, C. J., & Besser, A. (2014). How will I love you? Self-Esteem instability moderates the association between self-esteem level and romantic love styles. *Self and Identity, 14*(1), 118–134.

Zeigler-Hill, V., Holden, C. J., Enjaian, B., Southard, A. C., Besser, A., Li, H., & Zhang, Q. (2015). Self-esteem instability and personality: The connections between feelings of self-worth and the big five dimensions of personality. *Personality and Social Psychology Bulletin, 41*(2), 183–198.

Zentner, M., & Shiner, R. L. (Eds.). (2012). *Handbook of temperament.* New York: Guilford Press.

공정성에 초점화된 가계도: 맥락 이론의 관점

B. Janet Hibbs[1] with Rita DeMaria[2]

우리가 준 상처와 받은 상처는 좀처럼 같은 무게로 측정되지 않는다.

– Aristotle(1962)

1. 공정성 가계도 소개

공정성 가계도는 이 책에 새로 추가된 내용으로 정신건강 분야에 해당한다. 개인, 부부, 가족/세대 간 체계 등 모든 체계 간 접근 영역 가운데 애착 안전성의 핵심은 신뢰다. 이 책에서는 Ivan Boszormenyi-Nagy(1970, 1975)가 개발한 맥락 이론이 본질적으로는 애착 이론에 근거했으나 정의의 덕목에 기초를 둔 고유의 이론적 구성개념에서 나온 것으로 본다. B. Janet Hibbs가 저자로 참가한 이 장에서는 현장 전문가들이 맥락 이론을 심도 있게 탐색하고 적용하도록 돕는 새로운 초점화된 가계도를 체계 간 접근을 통해 제시할 것이다.

Rita DeMaria, Ph.D. Gerald Weeks, Ph.D.

1) 맥락 이론과 애착 이론의 만남

맥락 이론은 가족 간에 빚진 것과 마땅히 받아야만 할 것에 관한 관계적 맥락과 윤리를 바탕으로 한다. 일차적 가족관계는 일차적 애착과 의미의 세대 간 원천으로 간주된다. 맥락 이론은 애착 불안, 애착 학대, 애착 손상 대신에 충성심, 특전의식(entitlement), 부채의식(indebtedness)의 정신역동적 특징을 개념화한다. 각 이론은 파괴적인 특전의식을 가져오는 신뢰의 파괴가 유발하는 윤리 문제에 관심을 갖는다. 이와 같은 불공정의 패턴은 부모-자녀관계와 부부관계에 대물림되는 유산을 만든다. 가족 체계 안에서 '주고받음'의 재균형을 이룸으로써 파괴적 특전의식의 고리를 끊고 정서적 · 애착적 유대를 강화할 수 있다.

관계는 사회적으로 구성되므로, 자녀는 의미를 구성하고 정서적 성숙과 성장 그리고 개별화를 증진하기 위해 부모에게 의존한다. 그러나 Tronick과 Beeghly (2011, p. 109)는 의미 구성이 "조직화를 순간적으로 최대화하는 것으로 결정적이지만 서서히 진행되는 의미 구성의 결과가 늘 적응적이지만은 않다."(예: 향후 결과는 모른다.)라고 단언했다. 애착 이론은 영아의 의미 구성 과정을 '내적(발달) 작동 모델(internal working model)'로 부른다. 부모가 불공정하게 행동하면 영아나 아동의 본능적이고 정서적으로 유도된 관계에 공정, 안정과 관련된 조직화를 혼란케 한다. 아동이나 성인에게 정서적 성장은 초기 단순화된 의미의 조직화를 재평가하고 도전하는 능력에 있다. 의미는 Piaget(1952)가 공식화한 인지 발달 단계를 보완하며 자신과 타인에 대한 아동의 이해와 기대를 안내하는 가족관계 패턴으로부터 일어나기도 한다.

불공정성의 관계 패턴은 불안정한 애착 유대를 가져온다. 부모-자녀 간 애착의 불화가 일반적이고 빈번하게 발생하면(Tronick & Beeghly, 2011) 회복을 위해 평형화가 필수적이다. Tronick과 Beeghly(2011)는 일례로 엄마의 머리카락을 잡아당기는 아기의 예를 들고 있다. 엄마가 날카롭게 밀치고 화를 내면서 "아야, 아파!"라고 소리친다. 아기는 뒤로 물러나 운다. 엄마가 아기에게 다시 다가가 위로해 주면 다시 안정된 애착이 생긴다. 부모의 자기애, 가혹한 기대, 비판, 비난과 다른 한쪽의 부모에 대해 반기를 들게 하는 충성심을 요구하는, 즉 학대나 방임보다는 덜 명백한 상황에서 나타나는 아동의 부모화(Cotroneo, 1986)에 드러나는 만성적 · 반복적 · 비교정적 불공정성은 불안정한 애착과 와해된 애착 방식을 만든다. 이는 원가족 맥락 밖에서도 보상적 대우를 받고자 하는 아동의 무의식적이고도 지속적인 탐색을 발동시켜 어른이 되었을 때 친밀한 관계를 통해 재현될 가능성이 크다.

역설적이게도 애착은 우울한 부모나 학대하는 부모에 대한 애착이더라도 아동에게 안정감을 갖게 한다(Cummings, 1995). 이러한 방식으로 맥락 이론은 영아와 아동에게 있어 건강한 결과나 병리적 결과 모두를 좌우하는 의미 구성의 과정이 이후로 성인기에도, 심지어는 세대 간에도 긍정적 · 부정적 결과를 가져올 수 있다는 신념에서 애착 이론과 교차하는 지점이 있다(Tronick & Beeghly, 2011, p. 107). 의미와 관계의 기술은 종종 관계의 정의적인 특징과 관련해 조직화된다. 관계 윤리, 충성, 공정성의 세 가지가 행동의 핵심적인 동기가 되고 맥락 이론의 정의 체계를 이룬다.

나아가 Nagy의 다방향 부분성의 개념은 임상적으로 중요하고도 적절한 방법인데, 이는 치료자가 윤리적이고 종합적인 체계적 렌즈를 통해 현존하거나 부재하는 중요한 가족원 모두와의 치료적 제휴를 형성하도록 안내한다. 이 접근은 각 세대의 가족원이 욕구의 적절한 재균형을 이루도록 지지함으로써 신뢰를 구축한다. 애착 이론도 개인이 충족하지 못한 애착 욕구를 다루도록 구체적 · 실제적 방법을 제공한다. 치료적 자세와 다방향 부분성은 치료자로 하여금 복잡한 가족 체계와 일하도록 안내하는 한 쌍의 기술이다. 치료자가 사용하는 치료적 자세는 다방향 부분성이 각 내담자의 고유 의미, 기여, 행위에 따라 부과된 결과에 대한 공감적 인식을 격려하는 것과 같이, 각 내담자의 애착 욕구에 맞추어진 것이다. 이 장에서는 맥락 이론을 상세히 기술하고 이 개념을 앞서 제3~5장에서 거론한 애착 개념과 관련지을 것이다. 저자들은 체계 간 임상가로서 상위 이론의 틀이 애착 이론과 맥락 이론의 연결점을 제공할 수 있기를 바란다.

2. 개요

불공정성(Injustice)은 애착을 파괴하고 가족 충성의 감정과 유대를 교란시킨다. 그로 인해 개인, 부부, 가족은 종종 개인 간 불공평성, 실망으로 이어지는 기대, 그리고 한 관계를 다른 관계에 우위에 두거나 적대하는 관계를 선택하도록 압력을 받는 지킬 수 없는 분열된 충성에 대해 불평한다. 이와 같은 문제는 폭넓게 포진되어 있는 문제를 통해 설명된다.[3]

- 딸이 다른 문화나 종교를 가진 사람과 결혼한 이후로 딸과 대화를 단절하고 딸의 결혼을 반대하는 부모
- 아들의 약물 중독 때문에 양극화된 부부. 한쪽 부모는 계속해서 아들에게 너무 많이 주고, 자신이 아버지가 알코올 중독이었던 다른 부모는 분노에 찬 철회와 회피로 아들을 대한다.

- 자신의 연인관계에 대해 하소연하는 전문직 여성. "왜 내가 남자 친구의 이런 행동을 참아야 해? 도대체 그 사람은 뭐가 잘못된 걸까? 받기만 하는 사람! 자기밖에 모르나? 내가 피학대증인가 아니면 그냥 바보 같아서인가? 왜 이 사람을 떠날 수 없는 걸까?"
- 남편이 아내(계모) 대신 아들 편을 들어 파괴되어 가는 재혼가정

이와 유사하게 의사소통의 문제, 곧 선택되거나 이해되거나 사랑받지 못했다고 느끼는 감정은 애착 유대를 파괴시키고 종종 대물림으로 귀결된다. 타인의 견해에 대한 단호한 반대 외에 불공정한 대우, 깨진 신뢰에 대한 불평은 암묵적인 가족 윤리 계약의 위반을 나타낸다. 현저하게 피상적이든 진지하든 현존하는 불만은 애착 유대가 분열되고 있다는 징후이자 더 심각한 관계 윤리의 딜레마이기도 하다. 맥락 이론에 독특한 기여를 하고 있는 관계 윤리(Boszormenyi-Nagy & Spark, 1973)는 무엇을 빚졌으며 무엇을 받아야 하는가에 대한 대인관계에서의 '규칙'에 대해 말하고 불공정성과 관련된 일상적 경험의 다른 해결로 안내한다. 이때 '맥락'은 부모와 자녀, 그리고 일차적 관계 내의 구체적이고 독특한 의미 구성의 지대로 우리를 인도한다(Hibbs, 1989).

Kegan(1982)은 의미의 구성이 아동과 부모 모두에게 있어 발달의 일차적 진화 과제라고 주장한다. 맥락 이론은 정의와 충성을 둘러싼 가족원 간에 만들어진 의미의 변증법과 그 안에서 개인의 내적인 의미 경험을 조직화한다. 개인과 가족에게 있어 의미 구성은 세대 간 특별한 관계 윤리에 의해 알려진다. 개인적 · 관계적 성장은 분리할 수 없이 연결된 상호성과 균형을 이룬 주고받음을 통해 나타난다(Boszormenyi-Nagy & Krasner, 1986). 주는 것이 과잉이든 받는 것이 과잉이든 만성적인 불균형은 신뢰를 착취하고 관계에 부담을 주며 자신과 타인을 보살피는 개인의 능력에 손상을 입힌다. 맥락 이론의 훈련을 받은 치료자는 현존하는 문제의 명시적 또는 잠재적 윤리의 의미를 확인하고 생애주기의 특정 시기에 있는 부모와 자녀, 부모와 계부모, 애인 간의 애착 유대를 강화하는 교정적인 정서 경험을 제공하도록 방향을 맞춘다.

Ivan Boszormenyi-Nagy(1975)는 선행, 평등, 더 나은 선을 위한 최선의 실천 등을 포함하는 철학의 일종인 윤리를 관계 윤리(Relational Ethics)와 구분하는 데 신중

을 기했다. 관계 윤리에 대한 Nagy의 개념화는 Martin Buber의 '정의의 공동 질서'에 대한 관심의 영향을 받았다(Friedman, 2002). 여기서 공정성은 두 사람 이상 사이의 주관적 견해, 자기 정의, 호혜성의 역사, 획득된 특전의식 간의 균형으로부터 생긴다(Boszormenyi-Nagy, 1987, p. 306). Buhl(1992)이 관찰한 바와 같이 모든 가족 이론이 윤리에 기초를 두고 있지만 관계 윤리는 메타 관점으로 맥락 이론이 분명히 기여한 바가 있다. 일차적 관계의 직관적 도덕성은 부모와 자녀, 애인, 가족원 사이에서 검증된다. 긍정적 · 부정적 관계의 결과뿐 아니라 주고받음의 사실에 대한 초점은 정의를 개인의 인식이나 경쟁적 욕구라는 허황된 영역에서 벗어나게 한다(Cotroneo, 1986). 맥락 이론에서 관계라는 윤리 영역은 다른 세 가지 차원, 즉 객관화할 수 있는 사실, 심리학, 그리고 교류 패턴의 체계를 바라보게 하는 렌즈가 된다.

- 객관화할 수 있는 사실: 현존하는 사실에는 젠더, 출생 순위, 가족 뿌리나 이주와 관련된 가족 유산, 신체적 · 정신건강이나 질환, 종교, 문화, 빈부, 민족성, 출생 상황 등을 포함한다. 그 사실들은 우리 각자에게 고유한 것, 그리고 가족 공통의 것을 형성할 때 관계적 결과로 채워진다. 애착의 관점에서 볼 때 사실은 영아가 건강한 정서적 생존을 보장받기 위해 유대를 맺어야 한다는 것이다.
- 심리학: 개인적 · 심리 내적인 의미와 경험은 개인의 지각과 성격을 형성하는 정신역동적인 의식적 · 무의식적 과정으로 이해된다. 심리적 애착 경험은 아동기, 청년기, 성인기의 대인관계를 안내하는 내적 작동 모델로 통합된다.
- 교류 패턴 체계: 가족 이인쌍, 핵가족 동맹, 권력 구도, 희생양화, 부모화, 유아화를 반영하는 교류 역동이다. 애착 방식은 친밀과 위안의 욕구에 대한 관찰 가능한 정서의 활성화 또는 비활성화 패턴으로 우리가 수행하는 부부 역할이나 부모 역할을 통해서도 드러난다.
- 관계 윤리: 네 번째 이론적 차원은 현재와 세대 간에 상대와 관계를 맺고 있는 각 성원이 떠안는 이득, 부담, 시각, 주장, 결과 등을 일컫는다(Boszormenyi-Nagy & Krasner, 1986, p. 173). 불안정 애착과 와해형의 애착 유대는 세대 간의 부정적인 영향을 전달한다. 이 네 가지 차원이 함께 '관계적 맥락(relational context)'을 구성한다(Boszormenyi-Nagy & Spark, 1973; Boszormenyi-Nagy, Grunebaum, & Ulrich, 1991). 우리는 각자 사실, 심리, 교류, 신뢰적 양육이나 착

취적 양육의 배열 속에 자신만의 위치를 가진 독특한 관계적 맥락 속에서 태어났다. 관계적 맥락은 우리가 계속해서 유대를 유지하는 삶의 원천일 뿐 아니라 의미 그 자체이기도 하다. "그것은 현재의 경험이 과거와 현재의 관계적 맥락에서 계속적으로 표현된 결과로 전개된다는 점에서 '의미의 구성'이라 할 수 있다"(Hibbs, 1989, p. 29).

3. 가족 정의 체계

우리는 다른 선천적 행동 체계 가운데 양자적이고 친밀한 애착을 추구하도록 태어났고(Bowlby, 1969, 1982), 연결되고 동시에 안정감을 느끼기 위해 일차적 관계 안에서 의미를 함께 만들도록 태어났으며(Fosha, 2000; Tronick & Beeghly, 2011), 호혜성을 추구하도록 태어났고(Cosmides & Tooby, 2002), 정의를 추구하고 불공정을 벌하도록 태어났다(Brosnan & de Waal, 2005). 관계적 윤리는 세대 간 가족 체계에 출현하는 정당한 대우와 부당한 대우의 경험과 관련된 안정 애착을 향한 개인의 선천적 욕구와 연결된다. 우리는 무엇이 공정한 것이고 무엇이 효도인지에 대해 이전부터 있어 온 규칙으로 정립된 가족 공정성의 환경 속에 태어난다(Hibbs & Getzen, 2009). '무엇이 공정한가', '무엇이 충성인가'에 대한 각 가족의 정의는 보편적으로 공유된 공정성에 대한 본능적 특징과 겹쳐진 특유의 미묘한 차이로 가족마다 다양하다.

가족의 공정성과 관련된 친숙한 규칙은 두 가지 측면, 곧 선천적인 것과 학습된 것을 아우른다. "공정성은 우리를 인간으로 만드는 도덕률의 타고난 측면을 반영하는 선대로부터의 지혜의 일부로 간주된다"(Wade, 2007). 가족관계 내의 공정성은 안전하고 안정된 정서적 유대를 조성하는 신뢰할 수 있는 기반의 발달에 기초가 된다. 정의에 대한 우리의 직관은 타인에게 해를 끼치지 않고 도움이 필요한 이를 도우며 잘못된 것을 벌하라는 도덕 명령을 지시한다(Pinker, 2008). 또한 우리는 상호성을 추적하는 예리한 직관적 능력을 가지고 태어났다(Cosmides & Tooby, 2002). 가족원이 서로 피하고 경멸하며 무관심하거나 서로 상처를 주면서 성인 관계의 불안정 애착을 유도할 때 공정성에 대한 우리의 타고난 보편적 감정

이상의 뭔가가 분명히 작동하고 있다.

공정성의 두 번째 속성이자 맥락 이론의 윤리적 초점은 학습이다(Hibbs & Getzen, 2009). 이 공정성의 학습 모델은 가족 간의 주고받음, 효도에 대한 기대의 역사와 균형으로 이루어진다. 가족 공정성 '규칙'의 언어는 모국어와 같이 학습되고 미시적 가족 도덕 공동체 내에서 언어 습득 이전에 무의식적으로 만들어진다. 공정성 '규칙'은 가족 내외에서 정서적 유대에 영향을 미치는 태도와 신념으로 안내한다. Greene(2013)은 신경과학 연구를 통해 두뇌의 정서 영역이 도덕 의무감의 감정과 관련되고 인지적 평가보다 더 신속히 작동한다는 결론을 내렸다. 이러한 도덕적 발견은 공정한 보답이 무엇인가에 대한 이심전심의 무언의 가정뿐 아니라 부모와 자녀가 서로에게 빚지고 있는 것과 받아야만 하는 것에 대한 가족 유산을 구체화한다. 이 '규칙'은 공정성에 대한 개인적 감정에 지침으로 작용하게 된다.

각 가족과 각 관계의 맥락에서 공정한 보답에 대한 자신만의 역사와 기대가 만들어진다. 이 '규칙'이 성인(연인)관계에 도입될 때 공정성이 경쟁적 가정과 인식으로 전락한다는 것은 놀라운 일이 아니다. 부부가 안정된 애착 유대와 사랑받고 있는 느낌을 발달시키기 위해서는 배우자 각자 자기 가족의 공정성의 오래된 '규칙'을 의식적으로 평가하고 무엇이 공정한가 하는 것을 재협상해야 한다. 만일 새로운 공정성의 모델에 대한 협상이 지지를 얻기보다 갈등을 초래하면 부부는 자신의 에너지를 어느 가족이 더 낫고 누가 옳은가 하는 질문에 대한 적대적인 증거를 찾는 데 쏟게 되며 관계는 불안정한 애착 유대에 놓이게 될 것이다.

공정성에는 본능적인 면과 학습적인 면이 중첩되어 있기 때문에 개인은 종종 자신이 취한 공정성이 옳다는 도덕적 확신으로 결론을 내린다(Hibbs & Getzen, 2009). 그러나 관계에 속해 있는 그 누구도 무엇이 공정성인지 정할 수 없다. 차라리 공정성은 공정성에 관한 선행 가정과 가능한 왜곡을 평가하도록 하는 대화적 협상을 거치는 과정이라 할 수 있다. 관계에서의 공정성을 위해 배려와 연민의 협상적 과정을 취한 부부는 다음 세대를 위한 안정된 기초를 제공할 것이다.

1) '주고받기'의 사이에서

맥락적 치료는 공정성의 기초를 주고받음의 사실과 관계를 맺고 있는 두 사람

사이의 상호성의 균형에 두게 하므로 공정성을 인식의 영역에 얽매이지 않게 한다. 이인관계는 주고받음 사이의 시소와 같다. 주는 것은 **특전의식**, 즉 주는 사람이 신뢰하에 받는 사람에게 준 사람의 욕구를 고려해야 한다고(설령 충족되지 않는다고 해도) 요구할 권리를 얻는 것이다. 받는 것은 건강한 균형을 유지하는 상호성을 요구하는 **부채의식**(indebtedness)을 갖게 한다. 이 시소 균형은 주거나 받는 것으로 기울 수 있고 신뢰에 기초한 안정 애착이 있을 때 건강하게 유지된다.

안정된 유대로 이끄는 파트너 간의 보살핌의 호혜적 행위를 통해 신뢰가 구축된다. 상대방의 욕구를 충족시켜 시소가 기울 때도 (질병 등의 상황에서) 주고받음의 신뢰의 역사는 일시적 불균형을 받아들인다. 그러나 만성적인 불균형은 신뢰를 파괴하고 불안정 애착과 와해된 애착을 만들 수 있다. 분명한 예외는 장기 의존을 특징으로 하는 아동기에 원래부터 불균형을 이룬 부모-자녀관계다. 부모-자녀 간 상호성의 비대칭 편향은 효도에 대한 기대를 통해 처리된다.

부모-자녀 간에 형성되는 시소 균형은 향후 관계에 있어 주고받음의 균형에 대한 자녀의 장기적 기대를 형성한다. 공정한 보답 없이 주는 것은 파괴적 특전의식과 다양한 형태의 불안정 애착을 초래한다. **파괴적 특전의식** 또는 특전의식의 결여는 거부적 성인 애착 방식을 초래할 수 있는데 이는 다음 관계에서 마땅히 받을 만한 것 그 이상을 받으려고 하는 기대를 수반한다. 반면에 '보답' 없이 받는 것은 병리적 의존성으로 개인적 성장이 저지되는 유아화의 특징이 된다. 이런 사람은 흔히 몰두적인 애착 방식을 나타낸다. 쌓여 가는 부채에 대한 윤리적 속박은 세대 간 애착 각본을 반복하고 강화하면서 성숙한 관계를 맺기 어려운 무능력을 초래한다. 공정한 관계와 불공정한 관계에 대한 통합, 평가, 세대 간 유산의 해결은 균형 잡힌 주고받음을 위한 개인의 역량을 만든다.

2) 가족 내 충성 기대

부모가 보살핌과 같은 책임 있는 돌봄의 행동을 통해 특전의식을 얻을 때 자녀에게는 자동적으로 부채의식이 생긴다. 부모-자녀관계에 있어 주고받음의 비대칭은 자녀가 나이가 들어 적절한 방식으로 보답하게 되기까지 아동기의 긴 기간을 거쳐 꽤 천천히 변화한다.

[그림 6-1] 호혜성의 시소

이 그림에서 보듯 타인에게 더 주는 사람이 더 힘이 세다. 지렛대는 믿고 받기를 요구하는 데 쓰이거나 권력역동의 통제를 통해 남용될 수 있다. 받는 편 끝에 있는 빚진 관계의 지렛대 힘이 가장 약하다. 시소의 움직임이 멈춰 한 사람이 주고 한 사람은 받으면 개인적 · 관계적 병리가 초래될 수 있다.

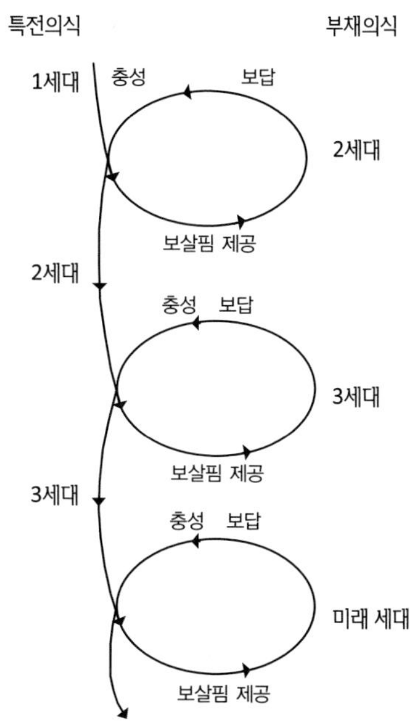

[그림 6-2] 효도의 전수

이 그림은 부모-자녀 간 효도역동의 세대 간 나선 모형이다. 부모 세대(1세대)는 자녀(2세대)를 돌보고 특전의식을 얻게 된다. 자녀의 삶은 생존에 필요한 엄청난 보살핌에 따르는 부채의식과 함께 시작된다. 자녀(2세대)가 청소년이 되고 성인이 되면 자신이 헌신할 자유를 얻는데 그러한 헌신은 충성 기대에 대한 보답, 부모(1세대)와의 원래 관계 맥락에 대한 보살핌을 통해 일차 충성들과 경쟁하게 된다. 이후 자녀(2세대)는 차세대(3세대), 향후 세대(미래 세대)의 부모가 될 세대와 주고받음의 주기를 반복하게 된다.

효도로 충성을 다하는 것은 자녀가 가족 충성의 기대에 부응해 자신의 장기적 의존에 대한 재균형을 이루고 부모를 돌봄으로써 부모의 보살핌에 보답하는 과정을 통해 채무를 상환하는 체계다. 이 충성관계 체계는 개인의 애착 패턴과 가족 애착 각본의 세대 간 전이와 관련된다. 가족생활주기 전반에 걸친 안정 애착은 힘든 때의 '안전한 피난처', 유대와 탐색을 촉진하고 좋을 때와 나쁠 때 근접을 유지하는 '안전 기지', 스트레스와 상실, 정신적 외상 시기 동안의 위안을 제공한다. 이론가들(Boszormenyi-Nagy & Spark, 1973; Boszormenyi-Nagy & Krasner, 1986; Cotroneo, 1986)은 효도를 자녀가 부모의 (나중에는 타인에 의해 확인되는, Kagan, 1984; Haidt, 2006) 기준이나 기대에 부응하기 위해 '의무를 만들어 내는' 내재적 기제로 가정한다.

Boszormenyi-Nagy와 Spark(1973)는 효도의 충성을 실존적 유대, 곧 처음에는 출산으로, 그리고 나중에는 부모의 보살핌의 행동에 기초가 되는 침범할 수 없는 애착으로 개념화했다. 애착 유대는 신체적 · 정서적 유대를 위한 생물학적 충동 내에 깊이 뿌리를 내리고 있다. 입양부모, 계부모, 위탁부모, 조부모의 경우 이중적 · 다중적 충성 유대가 형성된다. 충성은 부모-자녀관계의 접착제다(Boszormenyi-Nagy & Krasner, 1986, p. 145). 충성의 애착적 유대의 표현은 부모-자녀관계가 공정성, 연령 적합성, 성장 촉진 여부, 부담 및 성장 저해 여부에 좌우된다. 자신의 가족관계에 대해 어떻게 느끼는가 하는 것은 다음 세 가지 요인에 바탕을 둔다. 즉, ① 마땅히 받아야 하는 것과 빚진 것의 사실, ② (애착) 실수와 손상에 대한 회복, ③ 신뢰의 축적이다. 충성은 대응의 결산 체계가 아니고 주는 것을 통해 얻은 특전의식과 받는 것을 통해 얻은 부채의식 간의 시소 균형인 관심과 배려의 호혜성을 포함한다.

충성은 관계에서 마땅히 받을 것과 빚진 것과 관련된 핵심적 측면을 가리킨다. 긍정적 · 부정적 충성의 표현은 가족 간의 주고받음의 균형에 기초한다. 충성은 공유된 의미, 상호 보살핌, 배려를 통해 오랜 시간에 걸쳐 구축된다. 부모가 보답에 대한 기대를 과잉 또는 과소로 했다면 개인은 '상환 조건'을 해결해야 한다. 해결이 된다면 개인은 자신의 성장에 힘쓰고 어딘가에 헌신할 수 있다. 충성은 감정에 기초한 것이 아니고 본래적인 것이기에 소외의 상황에서조차 충성의 필요성에 대해서는 의문의 여지가 없다. 그 누구도 만성적으로 불공정한 대우를 견딜 의무는 없지만 부모와 성인 자녀 간의 단절은 정서적 불균형이 진행되는 동안 충성심과 관계 파열의 성급한 폐쇄를 나타낸다. 이 패턴은 부모의 아동기 경험에 기초한 공감의 실패로 인해 부모 인물과의 불안정 애착 경험이 자녀에게 전수된 애착 학대로 설명된다(Cowan & Cowan, 2009; Stosny, 1995).

처음에 부모는 무엇을 공정성으로 고려할 것인지 어떻게 부모-자녀 간의 충성을 설명할 것인지 결정한다. 독특하고 문화적으로 구체적이며 심지어 이러한 생득적인 체계에서 나타나는 임의적인 가족 충성 '규칙'을 직관적으로 파악하는 것이 영아로부터 이후 아동, 성인에 이르기까지의 과제다. 암묵적/표출적 기대는 각 가족에게 고유한 공동으로 만들어진 의미 체계의 일부다. 자녀에 대한 충성의 기대는 정서나 성취에 기반한 명령이 강조될 수 있다. 비록 기대가 불합리하며 심지어 상당한 개인적 대가가 따르더라도, 자녀는 '소속되기 위해' 그리고 안정된 애착을 유지하기 위해 이 기대에 부응하려 애쓸 것이다. 가족 애착 유대를 안전하게 맺고 계속 유지하기 위해 눈에 보이지 않지만 자신을 통제하고 있는 이 충성을 분별하고 관리해야 한다.

자녀들은 아동 초기부터 안정 애착 유대를 맺은 가족 안에서 사랑과 신뢰, 그리고 부모의 기대에 대한 순종을 통해 부모에게 돌려준다. 이후 자녀들은 자기관리와 성취를 위한 매진을 통해서도 갚아간다. 성인기에 충성 갚기는 다음 자녀 세대로 가족의 전통과 의식을 전달하는 형태로 나타날 수 있다. 인생의 종착점을 향해 가는 늙은 부모를 돌보는 것도 보답이다. 수십 년의 부모-자녀관계를 통해 개인이 유추하게 되는 것은 부모의 충성 기대가 공정한가, 부모에게 진 빚은 무엇이고 무엇을 마땅히 받아야 하는지 부모-자녀 간 회계장부 원장과도 같은 면이 부모의 사망으로 끝이 나지만 충성에 대한 기대와 불균형은 한 세대에서 다음 세대로 옮겨진다. 정의의 문제가 편파적으로 기울면 충성은 불합리하게 높거나 낮은 기대의 빚과 착취된 신뢰를 한 관계에서 다른 관계로, 한 세대에서 다른 세대로 떠넘기는 피라미드식 도식이 될 수 있다. 다음 세대에게든 애인에게든 관계의 불공정성은 불안정 또는 와해적 애착을 만드는데 이는 애착 방식과 각본의 세대 간 전이를 통해 실행에 옮기기 전 결함을 예측해 행하는 피드백 효과를 만든다. 이와 같은 선예측 피드백 효과는 애착의 세대 간 전이에 고유한 것으로 특히 부부관계에 강력한 영향을 미친다. 부부관계는 불안정 애착 패턴의 유지나 안정 애착 패턴의 형성에 중재 영역이 된다.

애착의 감정은 기복이 있지만, 결혼 또는 부부 간의 충성은 다른 것에 우선하는 헌신이다. 충성과 안전성은 상호 존중으로 인해 커지고 한쪽 배우자가 무시당하거나 배신당할 때처럼 부당한 대우를 받을 때 작아진다. 낭만적 애착은 Bowlby(1969, 1982)의 유연한 생애 애착 패턴 이론의 확장이다. Bowlby의 후계자인 Mikulincer와 Shaver(2007)는 부부가 자신의 아동기 애착을 일차적 부부관계로 옮긴다고 주장한다. 연구자들(Brennan, Clark, & Shaver, 1998)은 안정, 회피(거부와 두려움), 불안의 초기 애착 방식을 애착 불안과 애착 회피의 연속선으로 축약했다. Mikulincer와 Shaver(2007)는 애착 불안을 부부 애착 유대의 정서적 과활성화와 연결시켰으며, 애착 회피는 정서적 비활성화와 일치시켰다. 이러한 방식은 초점화된 가계도 부부 상호작용 지도에서 성인 애착의 몰두적 · 거부적 애착이라는 전문 용어로 묘사되고 있다.

부부간 애착을 위협하는 일반적 딜레마로 시간, 관심, 사랑을 놓고 다툴 수 있는 인척 관계의 경합적 충성이 있다. 서구 문화에서는 사랑하는 사람을 '최우선 순위'로 하고 그에 따른 안정 애착의 형성이 기대된다. 원가족, 애인, 핵가족 관계 모두를 고려함이 마땅하나 때로는 단 하나만 할 수 있거나 우선해야 한다. 한 사람에 대한 충성의 표현이 빚을 진 다른 사람을 배반하는 셈이 될 때, 일차 관계에 대한 헌신을 강제로 선택해야 하는 것은 분열된 충성을 초래한다. 인척 간의 전통적인 분열적 충성은 배우자 대 부모 구도로 대두된다. 재혼의 경우 실제 부모가 아닌 전혼 자녀가 인척이 되는 경우가 빈번하다. 다음 Blase 부부의 예가 바로 그런 경우다.

4. Blase 부부와의 만남

바로 이와 같은 충성과 공정성의 정의에 대한 다툼 때문에 부부가 치료실을 찾았다. 이들의 결혼생활은 사랑과 공정성에 대한 다중적 가정과 왜곡으로 혼란스러웠다. 다른 사람들처럼 이들도 가족 공정성의 규칙을 자신의 결혼생활에 무의식적으로 부과했다. 가족 공정성 유산에 대한 평가는 종종 성인기의 발달 과제로 연기된다. 이와 같은 지연으로 불안정 애착 패턴이 강화된 것이 이 부부의 경우였다. 다툼 속에 있는 다른 많은 부부들처럼 Mitch와 Eileen도 치료자가 누가 '옳고' 무엇이 공정했는지 판정하는 재판관이 되어 주길 바랐다. 이들의 결혼은 위태로웠다.

부부는 남편인 Mitch의 아들 George 내외와 14개월 된 손자 Timmy의 3일간의 방문 직후 사이가 틀어졌다. 아들 가족이 떠날 때쯤, Eileen은 이들이 Mitch 노모를 뵈러 가는 두 시간 동안 손자를 봐주겠다는 관대한 제안을 했다. Eileen은 10여 년 전 쓰라린 이혼을 했고, 자신의 친자녀인 세 자녀, 네 손주와 거의 왕래하지 않기에 손자(남편의 친아들인 George의 아들) Timmy와의 각별한 유대를 소중하게 생각했다. Eileen이 기저귀를 갈아 주려고 방에 들어가기 전까지는 아무 일이 없었다. 방에 들어섰을 때 7년 전 해외여행에서 사온 연한 무늬의 동양풍 깔개, 즉 자신의 '신혼여행' 깔개에 밤색 얼룩이 진 것을 발견했다.

- Mitch가 돌아왔을 때 Eileen은 남편에게 얼룩에 대해 화를 내며 맞섰다. "George와 Sally가 남기고 간 냄새나는 난장판 좀 봐요. 오늘 Timmy가 낮잠 잔 2시간 동안 내가 지우려고 그리 애를 썼는데도 얼룩이 빠지지 않았어요. 방에는 악취가 진동을 하고요."
- Mitch는 갈등을 피하기를 바라는 마음으로 아내에게 호소했다. "난 몰랐어. 얼룩이 심하지 않고 옅은데. 거의 보이지도 않아. 문제 삼지 맙시다. 누가 그랬는지 언제 그랬는지……." 그러자 Eileen이 격분해 말했다. "내 판단이 틀리다는 거예요? 모른다니 무슨 말이에요? 아주 분명한데. 아기 변인데."
- Mitch는 "아마 아기가 사고가 났거나 뭐 그랬을 수도 있잖아. 나도 모르겠소. 그냥 좀 진정하지 그래." 하며 대응했다.
- Eileen은 폭발했다. "Timmy는 아기지만 George와 Sally는 책임이 있죠. 오늘 아침에만 그랬어도 내가 이렇게 화가 나진 않아요. 방금 갔잖아요. 내가 당신과 고마워하지 않는 당신 자식들을 위해 한 게 얼마나 많은데, 다들 받기만 하잖아요. 내가 받은 걸 봐요. 집을 쓰레기로 만들고 깔개를 망쳤는데도 당신은 애들 편만 들고. 난 지금 울고 있는데 당신은 아랑곳하지도 않고."
- Mitch가 냉정하게 대답했다. "그냥 물건이잖아. 깨끗이 빨면 되지. 안 되면 그

깔개 치워버리면 되잖소. 내가 내일 애들하고 얘기해 볼게. 이봐요, 걔들은 내 자식이니 이 문제를 우리 문제로 만들지는 않겠소."

- Eileen이 울며 대답했다. "우리 문제라고요? 당신과 애들 말이죠, 맞죠? 당신은 나보다 애들이 더 중요하니까."

다음 날 Mitch는 아들 내외에게 깔개 위에 묻은 오물에 대해 머뭇거리며 물었다. 그들은 세탁소에 가져가려 했다고 말하면서 대수롭지 않게 넘겼다. Mitch는 새어머니에게 말하지 말라고 했다. 자신이 문제를 원만하게 해결할 수 있게 되기를 바랐다. 일주일이 지났고 긴장은 한층 고조되었다.

- Mitch가 말했다. "이봐, 당신이 나하고 애들에게 잘하는 것 나도 알고 고마워하고 있어. 그냥 좀 지나가면 안 되겠어? 내가 몇 번이나 사과했잖아. 내 말은, 난 당신이 우리 가족이 되고 싶어 하는 줄 알았어."
- Eileen이 비꼬는 투로 물었다. "당신 그걸 사과라고 하는 거예요? 난 내가 당신네 거짓말쟁이 가족의 일원이라고 생각했어요. 이젠 내가 그걸 바라는지도 잘 모르겠어요."
- 결국 아들 내외가 Eileen에게 사과에 가까운 이메일을 보냈다. "저희가 어머니를 화나게 했다면 죄송해요. 깔개를 세탁소에 가져가려 했는데 어머니가 먼저 발견하셨어요. 저희가 물어드리겠다고 하니까, '아니, 그게 문제가 아니야.'라고 하셨죠. 보세요, 어머니. 없던 일로 되돌릴 수 없잖아요. 저희가 어떻게 하면 좋으시겠어요? 저희가 이 문제를 완전히 해결할 수 있으면 좋겠습니다."

Eileen은 분명히 선을 그었고 그것이 부부의 애착 유대를 끊어지게 했다. 아들 내외가 진실하게 사과하기 전엔 보고 싶지 않다고 엄중한 답장을 보냈다. 아들 내외도 Timmy가 출입금지였던 것을 들어 역공을 했고 Eileen이 휴전을 요청할 때까지 계속했다. Mitch가 중간에 낀 사람이었다. 3개월 후 드라이클리닝을 한 깔개에는 여전히 옅은 오염이 남아 있었고 아들 내외는 더 이상 사과하지 않았다. Mitch는 방어하고 Eileen은 증언하는 식으로 싸움이 그치지 않자 치료실을 찾게 된 것이었다.

1) 논의

이 짧은 사건 속에 깊이 내재해 있는 것은 이 가족을 지배하는 눈에 보이지 않는 규칙이다. 규칙은 관계에서 개인이 어떤 자격을 갖는지, 무엇을 빚졌는지, 그리고 부모-자녀 간 충성 기대의 조건과 경쟁적인 충성의 관리 방법은 무엇인지를 규정하며, 인척과 같은 외부자에게 이러한 규칙이 적용되는 것은 도전이다. Eileen은 가족에게 이방인이 아니었지만 남편이 그녀에 대해 상기시킨 대로 가족 규칙에 따라 역할을 하지 않았다. 이 가족에게는 공정성과 충성에 관한 문제가 있음이 분명했고, 치료자가 과거의 유산으로부터 현재의 부부관계로까지 옮겨진 비가시적 · 무의식적 패턴인 가족의 공정성 규칙을 식별해야 했다. 이 사례에는 세대 간 유산, 충성, 정의에 대한 기대를 지배하고 있는 힘이 드러난다. 이 부부의 가계도는 서로 충돌하는 가족 정의 체계를 반영하고 있다. 이들의 아동기 애착 경험과 부부 애착에 기초한 단절 패턴의 상호작용이 각자의 가족 애착 각본을 강화한 반면 부부의 취약한 애착 유대를 약화시켰다.

그 결과 이 가족은 결혼 초기의 발달 과제로 두 원가족과의 충성 유대의 균형을 유지하면서 부부에게 우선순위를 두는 것에 어려움을 갖게 되었다. Mitch의 분열된 충성은 재혼가정의 일반적인 딜레마로 보이는데, 흔히 부부가 새 배우자보다 자신의 친생 자녀와 더 강한 충성 유대를 갖는 경우다. 이러한 현실에 얽혀 인척과의 접촉에 불균형이 클수록 부부간 스트레스를 겪게 될 가능성도 커진다. 깔개 사건 이후로 Eileen은 남편이 자기를 택했고 자신을 인척, 곧 아들 부부에게 떠밀었다고 주장했다. 남편은 부인했다. 남편이 노모, 누이, 아들네를 격주로 방문하는 동안 Eileen은 자신의 자녀와 멀어지고 원가족과 단절하며 지낸 데 이어 이제는 남편 가족과의 교류도 끊게 된 것이다.

5. 공정성 가계도의 구성

기본적인 충성의 기대와 공정성에 대해 밝히는 것이 초기 치료의 과제다. 그러나 누가 무엇을 빚졌으며 누가 무엇을 받아 마땅하다는 것을 치료자가 어떻게 알 수 있는가? 공정성과 충성의 문제에 초점을 맞춘 가계도는 거점과도 같은 안내를 제공한다.

내가 빚진 것, 내가 받아 마땅한 것, 충성, 잘못, 배반, 회복을 지배하는 가족의 '규칙'은 거의 겉으로 명백히 언급되지 않지만, 정의 체계와 세대 간의 애착 특징에 맞추어진 다음 주제와 같은 가계도 질문을 통해 쉽게 식별될 수 있다.

(1) 애착 패턴과 관계 윤리

1. 어렸을 때, 그리고 청소년기와 성인 초기에 당신이 도움을 구한 사람은 누구였습니까? 당신은 누구를 의지했습니까? 당신은 한쪽 부모나 다른 어른과 더 가까웠습니까?
2. 가족원 중 주는 사람이나 받는 사람으로 묘사할 수 있는 사람이 있습니까? 가족 중에 총애를 받거나 희생양이 된 사람이 있습니까? 부모 중 한 사람 편을 들도록 요구된 적이 있습니까?

(2) 부모의 기대

3. 부모는 당신에게 무엇을 기대했습니까? 당신은 그 기대에 부합할 수 있었습니까? 그것이 당신에게 의미한 바는 무엇이었습니까? 책임감으로 인해 부담을 느꼈습니까? 아니면 기대가 거의 없는 응석받이로 컸습니까? 당신이 부모를 실망시키면 어떤 일이 일어났습니까? 당신이 가장 가치 있게 여기고 감사하는 것은 무엇입니까?
4. 가족 문제가 다루어지거나 회피되었습니까? 당신의 감정이 상했을 때 무슨 일이 일어났습니까? 당신이 부모나 형제자매의 기분을 상하게 했을 때 무슨 일이 일어났습니까? 한 번도 인정받지 못하거나 치유되지 못한 문제가 있습니까?

(3) 의사소통 유형

5. 현재 가족원과 얼마나 자주 소통하거나 방문하십니까? 이전 세대와 유사하거나 다릅니까? 소원함이나 단절됨의 역사가 있습니까? 당신은 그것을 어떻게 이해하고 있습니까?

6. 가족에게서 관찰한 전통은 무엇이고, 성인이 된 지금까지도 이어 오고 있는 전통은 무엇입니까? 당신의 자녀를 달리 기르고 싶었다면 어떻게 하고 싶었습니까? 당신은 뭔가를 성취할 수 있었습니까? 부모가 후회를 표현한 적이 있었다면 무엇이었습니까? 당신이 후회하고 있는 것이 있다면 무엇이고, 그것을 부모나 자녀에게 표현한 적이 있습니까?
7. 지난 3세대 동안 이민처럼 당신이나 가족에게 영향을 미친 역사적 사건이 있었습니까? 친척 중에 신체적 · 정신적 질환을 앓은 사람이 있습니까? 신체적 · 언어적 · 성적 학대나 알코올 · 약물 중독의 가족력이 있습니까? 그 영향은 어땠습니까? 위탁보호를 받거나 입양된 가족이 있습니까? 별거나 이혼의 가족사가 있습니까?

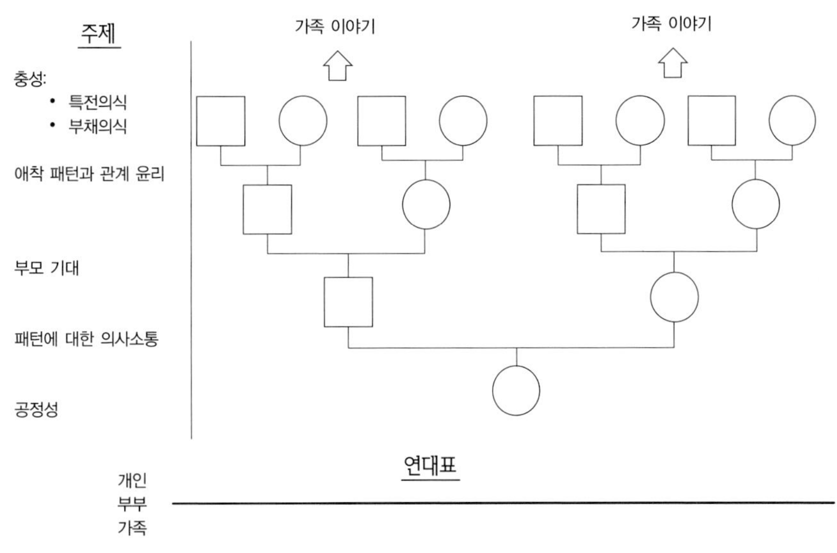

[그림 6-3] 공정성에 초점화된 가계도

이 그림은 이 절에 대한 안내 지침으로 공정성에 초점을 둔 가계도를 위한 원형을 제공한다.

1) 공정성 연대표

기본적인 공정성의 규칙은 현시점에서의 기대와 내담자의 가족 이야기를 통한 주고받음의 역사 속에 드러난다. 예를 들어, 위에서 상담 사례로 소개한 Mitch는 공정성 가계도 연대표 질문에 답하면서 5년 전에 작고한 자신의 아버지와 관련된 상황을 솔직하고 자세하게 털어놓았다.

- Mitch: "선친은 제가 학술 연구로 한 달간 해외에 체류하고 있는 동안 돌아가셨습니다. 제가 떠나기 전에 아프셨지요. 며칠에 한 번씩 전화를 드려 얘기할 때면 제가 하고 있는 일과 연구에 대해 듣는 것을 정말 좋아하셨습니다. 그것이 아버지의 영혼에 생기를 불러일으켜 드렸습니다."
- Eileen이 불쑥 끼어들었다. "시부모님은 남편에게 집으로 돌아오라고 하지도 않았어요. 시아버님이 편찮으실 때에도, 장례식 때에도. 그래서 제가 나서서 도왔습니다."
- Mitch가 동의하며 말했다. "맞아요, 아내와 여동생이 어머니를 많이 도왔습니다. 저는 아버지를 많이 사랑했지만 아버지가 제 연구를 방해하면서까지 귀국하기를 원치 않으셨을 것이라는 것을 잘 압니다. 우리는 이미 우리만의 평정을 찾았고 아버지는 저로 인해 행복해하셨습니다."

Mitch의 이야기는 최근 돌아가신 어머니에 대한 Eileen의 이야기와 첨예한 대조를 이루고 있었다.

Eileen과 어머니는 근 10년간 만나지도 않고 말을 하지 않았다. 이들이 이렇게 멀어지게 된 것은 Eileen의 이혼으로 갑자기 초래된 결과였다. 어머니는 깜짝 놀랐고 딸인 Eileen에게 강경하게 말했다. "왜? 아범이 네게 안 해 준 거 없이 다 해 줬잖니? 얘야, 넌 내가 인색한 네 아버지에게서 받은 것보다 엄청나게 많이 받았잖아? Eileen은 모녀간의 논쟁을 언급할 때 화가 나서 자신을 꾸짖는 어머니 목소리를 흉내 냈지만 또한 눈물도 흘렸다. 그녀의 격렬한 감정은 이러한 사건들이 먼 과거의 일이라는 사실과는 달랐다는 것을 보여 주었다. Eileen은 어머니가 Eileen이나 Eileen의 행복보다 배경이 좋은 사위를 더 좋아했다고 느꼈다. Eileen이 어머니에게 집에서 나가시라고 해서 논쟁은 끝났다. Eileen의 아버지와 형제자매는 즉각 어머니 편을 들었고 Eileen이 사과하지 않는 한 Eileen과 단절해 접촉을 하지 않았다. Eileen의 가족에게 충성에 대한 기대는 부모가 존중받고 결코 의문시되지 않으며 도전받지 않는 것을 의미했다. Eileen은 이 비합리적인 충성의 규칙을 위반했고 사과할 것을 거부했다. 몇 년이 흐른 뒤 어머니의 임종을 보러 갔지만 가족 간에 소원해진 사이를 화해하는 데에는 실패했다. Eileen의 부모와 형제자매는 자신의 입장을 누그러뜨리거나 Eileen의 현실을 아우르려는 노력은 하지 않은 채 그녀를 즉결심판하듯이 비난했다. Eileen은 가족의 경멸에 대해 강하게 방어했고 자신만의 해결책으로 단절의 유지를 전적으로 정당화했다.

관계는 이렇듯 분명한 순간에 검증된다. Eileen이나 부모, 형제자매가 상대방의 맥락에 대해 깊은 연민을 가졌다면 소원한 관계를 피할 수 있었을 것이다. 치료의 윤리적 과제는 신뢰를 재건하기 위해 불공정성에 정당성을 부여하고 동시에 불공정성의 맥락적 의미를 탐색하는 것이다. 이런 점에서 치료자는 현시점의 애착 인물로 기능하게 된다. Hibbs 박사는 어머니에 이어 아버지와 형제자매까지 자신을 멀리하는 경험을 한 Eileen의 엄청난 상처와 불공정성을 공감적으로 인정해 주었다. 치료적 정당화가 결정적으로 중요하기는 하나, 본의 아니게 희생양의 경험을 심화하고 나아가 파괴적인 특전의식을 지닌 입장이 되도록 할 수도 있다. 다음 과제는 부부간의 애착 파열을 회복하고 강력한 애정적 유대를 재건하기 위해 자신의 파괴적 특전의식에 재균형을 이루도록 Eileen을 돕는 것이었다. 이 과정이 어떻게 달성될 수 있는지는 다음 절에서 다루도록 할 것이다. Eileen은 친정 식구 그리고 나중에는 자기 자녀와의 단절로 인한 정서적 보상의 욕구를 Mitch와 그 아들들에게서 채우려고 했다. 이러한 패턴은 충족되지 못한 애착 각본의 반복을 고착화했다.

2) 치료적 자세

맥락 이론은 치료적 자세에 중요한 기초를 제공한다. 예컨대 관계에 공정성이 결여되면 어떤 형태로든 불안정한 애착이 출현하게 된다. 따라서 불공정성을 낳게 되는 연민의 실패는 각자의 기본적 내적 작동 모델에 구체적으로 주의를 기울이게 하는 지표이자 임상가가 치료적 자세를 위한 다양한 방식을 사용하게 하는 지침이 된다. 이 악순환을 깨기 위해, Eileen은 돌아가신 어머니의 맥락에 대해 보다 연민 어린 의미를 만들 필요가 있었다. 가족의 사망 후로도 관계적 맥락은 영향력을 발휘한다. 만일 Eileen이 다각적인 시각을 포용할 수 있다면 분노로부터 자유로워질 수 있고 어머니와의 화해의 상실을 애도할 수 있으며 자신만의 관계에서 보다 안정감을 느낄 수 있을 것이다.

다변적 부분성의 맥락적 자세(Boszormenyi-Nagy & Krasner, 1986)는 치료자가 치료실 밖에서 영향을 미치는 이들을 포함해 가족원의 지지자가 되도록 요구한다. 치료자가 내담자의 현실을 충분히 상상하는 능력은 내담자의 가족 맥락 내 불공정성과 부정적 충성을 다루고 재균형을 이루는 데 목표를 둔 이러한 대화적 과정에 대한 치료자의 헌신에 입각해 있다. 임상가가 원가족을 살펴보는 것은 맥락적 훈련의 일차적 수단이다. 중요한 가족원과의 대화를 통해 자신만의 가족 충성과 정의를 재구성하도록 돕는 일은 계속될 임상적 작업에서 내담자의 경험에 대한 공감적 상상을 만들어 치료자의 윤리적 입장을 강화한다.

치료자는 다각적인 지지자로서 새로운 공정성을 세우며 내담자가 받은 부당함을 타당화하고 주고받음의 균형을 다시 만들고 충성관계를 유지하고 재연결하며 신뢰를 재구축하는 목적을 가진 대화를 촉진하는 관계의 새로운 '규칙'을 수용하는 것을 지지한다. 이것이 가능할 때 통찰력의 개발을 넘어 치료자의 꾸준한 지지로 상처 입은 가족 간의 대화로 원래 관계의 불화를 치유하는 것을 치료의 목표로 삼을 수 있다. 신뢰의 획득은 정서적 반응을 증진시키고 애착 유대를 회복시킨다. 치료적 자세의 사용에 익숙한 임상가는 화해를 위한 가족의 노력을 지지하는 치료적 유대를 제공한다.

치료자는 Eileen이 받은 부당함을 정당화한 후에 가계도 자료에 기초해 어머니의 관계적 맥락에 대한 해석을 제공했다. Eileen은 (만족스럽지 못한 결혼이더라도) 결혼생활의 장기 존속을 자랑으로 여겨 온 가족들이 겪은 첫 번째 이혼이었다. 그것은 실제적으로나 상징적으로나 이혼에 대한 가족의 종교적 신념에 반하는 것이었다. Eileen의 어머니는 딸의 이혼으로 엄청난 수치심을 느꼈다. 그것은 마치 Eileen의 어머니가 사소한 이유로 이혼을 결정하는 딸을 기른 것으로 자신의 부모를 실망시킨 것과 같았다. 어머니가 가진 이전 세대에 대한 부정적 (성장을 억제하는) 충성이 Eileen에게 행동으로 일어난 셈이다. 자신의 부모가 충성의 기대에서 벗어난 일은 그 어떤 일탈도 매우 가혹하게 벌한 것을 보아 온 Eileen의 형제자매는 Eileen보다 부모를 택해 선을 벗어나지 않았다. 그러고 나서 흔히 벌어지듯 온갖 구실을 정당화하기 위한 가정을 굳혀 갔다. 안타깝게도 해결되지 않은 부정적 충성의 또 다른 결과가 3세대로 옮겨졌고 재현되었다.

Eileen은 이혼의 희생자로 자신에 이어 자녀들을 지목하면서 이혼으로 인해 자신의 성인 자녀와 사이가 멀어지게 된 것과 그로 인해 애착에 손상을 입은 것에 대해 언급했다. Eileen은 전남편이 이혼을 반대했고 아이들을 꼬셨다고 계속 주장했다. 아이들이 자기 아버지와 명백히 한편인 것에 배신감을 느꼈고, Eileen의 친정어머니와 같이 자녀들이 Eileen에게 다가와야 한다고 생각하면서 아이들에게서 애정을 철회했다. 자녀들과의 접촉을 거의 끊은 채로 10년의 세월을 보냈다. 그 사이에 두 번의 결혼이 있었고 네 명의 손주가 태어났지만 Eileen과 자녀들 모두에게 상실과 상처는 더 깊어만 갔다.

그 기간 동안 Eileen은 Mitch 가족과의 새로운 삶을 이루어 가는 일에 전념했다. Eileen이 사용한 해결책의 문제는 남편인 Mitch의 '더 좋은 가족'에서 자녀들의 충성을 재창조하고자 하는 비현실적이고 보상적인 소망에 따라 자신의 친자녀에 대한 충성 헌신을 포기한 숨은 희생이었다. 그러나 부모-자녀관계는 윤리적으로 대체할 수 없기 때문에, 주고받음의 역사적 균형이나 현재의 부모-자녀 간 충성을 다른 관계로 옮길 수 없다. 충성을 옮기려는 시도는 공정성과 유대가 대체된 갈망과 같다. 이때 이동하는 것은 불공정성이다. Eileen은 자신의 해결되지 못한 상처와 불안한 애착 방식을 새로운 맥락으로 가져갔다.

3) 가계도 평가

초기 가계도 평가에서 가족 정의 체계의 핵심적인 단면이 드러난다. Mitch는 세상에서 벌어지고 있는 사건이나 정치에 대한 토론을 함께 즐긴 선친과 가까웠던 것으로 묘사됐다. Mitch는 어머니를 농담 삼아 '상관'이라고 불렀다. 어머니는 좋은 사람이었지만 거스르기 어려운 사람이었다. 그의 부모는 자녀를 가장 우선시했고 Mitch의 교육적 목표를 후원하기 위해 가게를 운영하면서 장시간 일했다. Mitch는 과학자로서 자신의 전문적 성취를 통해 충성의 기대에 부합했다. 아버지는 일찍이 아버지를 잃은 뒤 어머니와 형제자매를 부양하기 위해 학업을 중단했었다. Mitch는 자신의 아버지가 아들이 학위 취득을 통해 얻는 보상적 욕구를 대리 충족시켰다. Mitch는 자신의 부모에게 성취감, 모험, 세상 지식을 대신 제공했다. 그의 여동생은 결혼했지만 아이가 없었는데 친정 부모에게 친밀한 동반자적 관계와 헌신을 위한 또 다른 주요 효성심의 기대를 충족시켰다. 그녀의 남편은 때때로 아내가 자신보다 부모와 결혼한 것 같다고 불평하기도 했다. Mitch 가족에게 두드러진 불공정성은 없었지만 주고받음의 불균형이 있었다. Mitch는 부모의 희생을 메꾸기 위해 조금도 망설임 없이 다음 세대인 자기 아들들에게 과하게 베풂으로써 부채의식의 균형을 옮겨 갔다. 유감스럽게도, 한 세대에서 다음 세대로 부채의식을 전하는 것은 불안과 회피에 기초한 불균형의 불안정 애착을 다양한 방식으로 조장한다.

Mitch는 아이들에게 스키 여행, 운동 캠프를 비롯해 양질의 교육을 베풀었다. 그는 아이들에게 요구는 거의 하지 않고 성별에 기초한 개인적 성취에 대한 기대를 전달했다. Mitch의 전처가 아이들의 훈육을 도맡는 동안 그는 자녀들과 순탄하고도 요구가 없어 보이는 관계를 즐겼다. 부자지간에 논쟁은 거의 없었다. Mitch의 가족 공정성 규칙에 대한 충성은 자신이나 아이들이 책임을 지지 않는 것을 의미했다. 어버이날 아이들이 전화를 하거나 카드를 보내는 것을 잊으면 Mitch는 어깨를 으쓱하며 이렇게 말했을 것이다. 별일도 아닌데 뭐. 다 카드 회사를 위한 명절이잖아. 이와 유사하게 결혼 4주년 기념일을 깜빡했을 때도 아내의 눈물 어린 질책에 이렇게 반응했다. "여보, 그냥 하루잖아. 내일 저녁 사 줄게." 갈등에 대한 그의 접근은 그것이 크든 작든 최소화하거나 회피하는 것이었다. 때로는 아내가 자신과 아이들을 '왕자님'이라 불렀지만, 그는 이 말을 무시했다. 자신이 열심히 일하고 있기에 '왕자' 같다고 느끼지 않았다. 그러나 아내에게 자신과 아이들에게 과하게 기능하고 조정하도록 기대한 것이 자신의 가족 유산을 반영한 것임을 깨닫지 못했다. Mitch가 자녀들이 (노력해서 얻지 않은) 특전의식을 '느끼는' 것에 대해 통찰력이 부족했던 것은 자신이나 자녀의 부정적인 면을 수용하는 것이 어려웠다는 것을 반영한다. 대신 그는 자기 자신을 두루 원만하고 좋은 사람이라고 생각했다.

반면, Eileen의 가계도는 깨진 애착과 불신으로 가득했다. 그녀는 부모 중 누구와도 가깝게 느끼지 않았다고 말했다. 어머니는 비판적인 사람으로, 아버지는 정서적으로 존재하지 않은 사람으로 묘사했다. 부모는 Eileen이 고등학교 시절 우수한 성적을 보인 것에 대해 무관심했다. Eileen은 특히 부모가 자신의 대학 공부를 지원해 주지 않겠다고 한 것에 한이 맺혔었다. 어머니는 자신에게 필요한 유일한 학위는 '주부' 학위였다고 Eileen에게 말하곤 했다. 그러면서도 Eileen의 부모는 아들의 대학 공부는 뒷바라지했다.

Eileen의 부모에 대한 충성은 성장을 억제하였다. Eileen은 상처 입은 다른 많은 이들처럼 아동기에 진입할 무렵 관계적 불공정성을 다루고자(교정하고자) 했다. 그녀는 부모에게 맞서려고 애썼다. 부모의 학력은 고졸이었고, Eileen은 자신의 세 아이가 학교에 다닐 때 학사 학위를 받았다. 그녀는 자신의 아이들이 좋은 교육을 받고 있는지 확인했다. 자신의 부모는 교양이 부족했으나 Eileen은 오페라의 곡명과 작곡가 이름을 다 맞힐 수 있었다. 이러한 피상적 차이가 자신의 과거를 무력하게 한 것으로 확신했다. 그러나 Eileen은 자신이 관계에서 마땅히 받아야만 하는 것에 대한 부당하게 높은 기대를 갖는 것을 다스리지 못했다. 그녀의 '주기'에는 조건이 많이 따라붙었다.

이혼이 자녀와의 관계를 멀어지게 했다는 Eileen의 주장은 지나치게 단순한 설명이었다. Eileen이 아이들을 기르면서 거의 축하하는 일이 없다시피한 것은 차치하고, 자녀들이 충족시켜야 할 엄격한 기준을 요구한 것이 분명했다. 그녀는 자신이 준 모든 것에 대해 자녀들이 결코 도전할 수 없는 충성의 보답을 기대했다. 아이들이 반항하면 사랑을 철회했다. 그로 인해 원가족의 충성 기대와 애착 경험을 무의식적으로 반복했다. 사이가 먼 아들 가운데 하나는 경우에 맞게 하라고 고집하는 그녀에게 완전히 질렸다고 했다. 다른 사람의 입장은 고려하지 않았고 항상 그녀가 옳았다. 자녀와 소원해지기 전까지는 죄책감을 느꼈다. Eileen의 단절 유산은 자녀에게 이 패턴을 반복하도록 암묵적으로 허락했다. 그러나 Eileen은 더럽혀진 깔개에 대한 자신의 지연된 분노와 용서하지 않는 반응이 어떻게 자신의 원가족과 자녀에게 깊이 치환된 상처를 드러내는지를 연결 짓지 못했다.

Eileen의 가족 이야기는 불공정성의 경험에 대해 극단적으로 단순하게 구성된 일방적인 시각을 드러낸다. 사실에 대한 개인의 설명과 깨진 신뢰에 대해 느낀 경험을 따져 보는 것이 치료에 중요한 반면, 보다 복잡하고 체계적인 시각을 포용할 수 있는 개인의 능력을 평가하는 것도 매우 중요하다. Eileen은 자신을 희생자로 보았고 자신의 위협적이고 응징적인 반응이 어떻게 해서 타인에게 이런 경험을 재창조했는지는 이해하지 못했다. Eileen이 신뢰 파괴에 담당한 역할에 대한 통찰이 거부되거나 결여되어 있는 것은 파괴적인 특전의식의 입장을 반영한다.

역설적이게도 파괴적인 특전의식은 획득된다. 개인은 실제로 빚을 지고 그 빚을 또 다른 관계에 치환한다. 파괴적 특전의식의 병리적 징후는 개인이 불균형적으로 빚진 느낌을 가지면서 원래의 맥락에서 벗어난 정서적 관계나 심지어는 물질적 보상을 추구하는 상황에서도 발생한다. 파괴적 특전의식은 그 거울상인 구속적 부채의식(Binding Indebtedness)과 같이 애착 손상의 핵심을 이룬다. 이와 같은 애착의 손상은 한 사람이 신뢰를 저버리고 애착 유대를 파괴할 때 발생한다. 이해, 위로, 연민을 통한 유대의 회복이 부부관계의 난국을 해결하는 열쇠가 된다(Johnson, Makinen, & Millikin, 2001). 치료적 자세가 부부로 하여금 애착이 파괴된 관계를 회복하도록 돕는 관건이 된다.

(1) 신뢰를 위한 탐색

사람들은 Mitch와 Eileen 부부 중에 더 호감이 가는 Mitch 편에 서고 싶어 할 것이다. 분명 Mitch의 부모가 Eileen의 부모보다 더 애정적이고 자애로웠다. 치료의 기준이 관계 윤리가 아니라면 우리는 자아 강도, 가족 기능, 단절의 수, 우리가 가장 선호하는 사람에 대해 판정할 수도 있다. 그러나 불공정성의 재균형과 신뢰의 재구축을 도모하는 맥락적 접근은 각 편에 대한 공정한 고려와 다변적 부분성을 요한다. Mitch가 자신을 보다 합리적인 사람으로 내세우기는 했지만 그의 입장은 신뢰할 만하지 못했다. 그는 아들 내외에게 책임을 지우는 것을 회피하기 위해 Eileen의 스트레스를 별일 아닌 듯 치부해 버렸다. 그는 Eileen이 그가 하는 대로, 그리고 그의 가족 규칙이 하는 대로—그냥 잊어버려. 그저 물건일 뿐이잖아—대응하기를 바랐다.

4) 부부 상호작용 지도의 탐색

Blase 부부의 치료로 돌아가보면 애착 방식의 발달과 관련된 불공정성의 효과를 관찰할 수 있다. 소원하고 비판적으로 엄격한 원가족의 결과라고 할 수 있는 Eileen의 몰두적인 애착 방식은 자신의 성인 관계, 즉 처음 원가족에 이어 자녀에게, 그리고 이제는 Mitch와 그의 가족에게 값비싼 대가를 요구하고 있다. Mitch가 아내와의 관계에서 보이는 방식은 거부 및 회피 방식으로 이것은 그가 자신의 '지배적' 어머니에 대한 회피적 애착의 내적 작동 모델을 내면화하고 있다는 것과 책임감을 너무 적게 요구하고 갈등을 회피한 아버지로서 세대 간 희생과 반복을 인식하지 못하고 있음을 뜻한다.

부부 상호작용의 무한 순환고리라고 불리는 이러한 순환의 역동은 Mitch가 정말 무심하다는 Eileen의 믿음을 뒷받침한다. 그녀는 긴 말다툼이 벌어지는 동안에 남편이 자신의 편을 '들어주는' 안전을 필요로 했으나, 남편의 방임적인 태도로 인해 좌절감을 느끼게 되었고 이것이 자신의 몰두적인 애착 방식에 기인한 응징적이고 공격적으로 죄책감을 유도하는 자세의 특성을 촉진케 한 것이다.

Eileen은 치료적인 감정이입의 정당화와 파괴적으로 되고자 하는 충동에 저항하라는 단호한 지시에도 불구하고 자신의 분노를 제어할 수 없었고 이를 헐뜯는 언사나 경멸, 욕설로 표출했다. Eileen은 상담실 안팎에서 남편이 잘못한 증거를 입증하려고 했다. "당신이 더 잘 알고 있어야 했어요. 심지어 우리 결혼생활이 시작됐을 때부터 줄곧 내가 당신을 위해 희생을 해 왔어요. 내가 당신과 당신의 이기적인 아이들을 얼마나 참고 견뎌왔는데. 하다 못해 당신 아들과 그 마누라는 한패가 돼 연합전선을 세우잖아요. 난 당신을 하나도 못 믿겠어요. 당신은 내가 해 온 걸 전부 당연하게 생각해요. 당신은 인색하고 고마워할 줄 몰라요, 딱 당신 아버지처럼."

Mitch는 Eileen의 격렬한 공격을 피하기 위해 종종 아내의 말에 동의하기도 했다. "맞아. 내가 신혼 때 인색했었고 당신은 아이들에게 참 잘해 왔어. 그렇지만 너무 몰아세우지만 말고 애들 이름 좀 그만 불러대. 그래, 걔들은 완벽하지 않아. 우리 모두가 더 잘할 수 있었는데."

Eileen이 말했다. "당신은 내가 이 엉망진창 같은 상황을 해결해야 할 책임이 있다고 생각해요? 잘됐네, 희생자를 비난해 봐요." Eileen은 Mitch의 충성 구속이 승자가 없는 상황이었음을 부인했다. 그녀는 남편이 자기 아들과의 관계에 따르는 대가가 무엇이든 자기편을 들어야 한다고 압박했다. Mitch는 아들로부터 또 다른 사과를 받고자 애쓰는 동안 자신의 책임을 방관하면서 세월을 보냈다. Mitch의 아들은 책임을 요구하는 아버지가 익숙지 않았고 새어머니의 꾸중을 듣는 것이 분명 달갑지 않았다.

공정성을 포기하는 것은 일단 간단해 보였다. 아들 내외가 Timmy의 사건을 새어머니에게 알리는 것을 소홀히 한 것에 대해 진심어린 사과를 해야 하는 것을 빚졌다. Mitch가 아들에게 실수한 것에 대해 사과하도록 즉시 촉구했다면 자신의 이중적 충성을 다룰 수 있었을 것이다. Eileen도 아들 내외가 세탁 비용을 뒤늦게 제안한 것을 받아들였을 것이다. Eileen이 합리적인 목표 쪽으로 방향을 돌리도록 할 수 있었을 것이다. 사과를 받아들이고 깔개를 세탁하고 관계를 회복시킬 수 있었을 것이다. 치료자는 간단한 해결이 간과되거나 거부될 때 난국의 바탕이 된 의미의 더 큰 복잡성을 찾아내야 한다.

Mitch와 Eileen 가족의 사건은 공정성과 관계 윤리의 몇 가지 달레마를 나타낸다.

- 부모의 투자에 반대하는 유산: Eileen이 큰 (그리고 파괴적인) 특전의식으로 집을 떠날 때 Mitch는 큰 부채의식으로 집을 떠났다.
- 분극화된 가족 충성: Eileen의 가족은 '빚진 게 없다는' 메시지인 단절이 많았다. Mitch의 가족 충성은 보답의 요구는 거의 없이 다음 세대를 대신해 과도하게 주는 메시지를 보냈다.
- 타인의 현실에 대한 조망 수용이나 정당화의 결여
- 분열된 충성의 역동
- 신뢰의 붕괴와 신뢰 자원 확인의 실패

맥락 이론에 따르면, 비록 불신으로 특징지어지는 관계라 하더라도 일차적 관계에는 보살핌을 위한 자원이 존재한다. 개인이 어떤 결과물을 자신이 원해서 얻었든지 그가 받을 만해서 받았든지 신뢰를 재건하고자 하는 노력 자체는 영향력을 발휘한다. 상대방을 충분히 인정하면서 자신에 대한 공정한 고려를 요구하는 것은 신뢰와 더 안정된 애착을 구축한다. 그러고 나면 정서적 유대는 보다 현실적인 것이 되고 그 가용 잠재력은 최대화된다.

보살핌과 신뢰의 행동에 대한 투자가 이루어질 때 신뢰의 기반과 정서적 유대가 존재하게 된다. 위의 사례에서 변화를 위한 지렛대의 작용이 의미하는 바는 다음과 같다.

- 다변적 부분성을 통해 보다 신뢰할 수 있는 위치로의 이동
- 신뢰 자원의 탐색
- 상처 입은 당사자 간의 대화
- 주고받음의 재균형, 원가족의 상처, 불균형, 비합리적 충성 기대의 의미와 시사점의 표출

부부치료 중에 치료자는 각자 빚진 것, 당연히 받을 만한 것, 각각에 내포된 부정적 결과가 무엇인가에 대한 정당화를 통해 다변적 부분성을 실습한다. 이 과정에서는 누구도 100% 가해자나 피해자로 볼 수 없으며, 신뢰와 안전한 치료적 동맹, 공정성에 기초한 애착을 세우는 데 초점을 두어야 한다. 개인이 자신의 현실을 인정하면 공정한 관계에 대한 책임이 뒤따른다. 치료자가 각 사람의 말을 공정하게 청취할 때 부부 각각에게 유익이 돌아간다. 다변적 입장은 건강하고 공정한 관계 맺음의 모형을 만들고 부부간 양육적인 관계의 조성의 회복을 촉진한다.

치료자는 다변적 지지자로서 가족이 함께 상담을 받거나 치료실 밖에서 균형을 이루도록 공정한 대화를 안내함으로써 신뢰할 만한 일차적 가족관계를 재건하도록 돕는다. 치료의 목표는 지금 여기에서와 세대 간에 과거와 현재의 손상을 책임감 있게 재통합하는 것이다. 이 과정은 치료에 직접 참가하는 사람뿐 아니라 가족원 모두에게 유익을 끼친다.

앞의 Blase 가족의 경우로 돌아가 보면, 평가되지 않은 공정성 모델의 파괴적 시사점을 파악할 수 있다. 이들의 교착 상태는 현재의 교류에 기초한 단순한 개입으로는 깨뜨릴 수 없다. 선의도 영향력도 충분하지 않다. 대신 관계 윤리의 세대 간 문제와 수십 년 간의 편향된 충성의 통합에 개입이 필요하다. 치료자는 부부 밖의 가장 안전한 가족관계에서 시작해 이전의 신뢰 자원을 확인해야 한다. 그런 다음 Eileen과 Mitch가 지목한 가족원을 치료에 초대하도록 강력히 권유해야 한다. 부부는 자신의 가장 일차적인 관계의 신뢰 기반이 회복될 때 유익을 얻는 위치에 있게 된다.

Eileen은 오랜 생각 끝에 자신의 딸 Ellen을 초대했다. Ellen은 그동안 어머니와 제한된 접촉을 했었고 오빠와 달리 엄마가 손자 둘을 가끔 만날 수 있게 했었다. Eileen이 Mitch와 의붓아들이 자신에게 한 (또는 하지 않은) 일에 대한 실망을

유일하게 해소할 수 있었던 것은 친자녀와의 재접촉일 수 있었다. Eileen은 처음에는 저항했다. "왜 내가 먼저 손을 내밀어야 해요? 상처 입은 사람은 난데. Ellen이 나와 관계를 끊어버렸는데." 이 저항은 몰두적 애착 패턴의 고전적 방어 유형이다. 치료자는 초대가 사랑의 행동인 동시에 위기이자 무섭게 느껴질 수도 있음을 인정했다. Eileen이 어머니의 연락을 원했던 것처럼 모든 자녀들은 나이에 상관없이 자신의 부모가 자신을 알고 이해하며 사랑해 주기를 갈망한다. Eileen이 기다린 것처럼 자녀들은 성인이 되어서도 부모가 잘못을 바로잡아 주길 종종 기다린다. 유일한 선택으로 상실을 수용하기보다는 신뢰를 재건하도록 헌신함으로써 자신의 역량을 키우는 것이 더 낫다. 치료자의 확신을 통해 용기를 얻은 Eileen은 딸을 상담실로 초대했고 딸은 승락했다. 서너 차례 모녀 상담이 진행되었다.

상대방에게 안전과 상상력을 제공하면서 자신을 알리고 취약함을 드러내는 순수한 대화는 '만남을 통한 치유'로 이동하게 한다(Buber, 1996, Friedman, 1998 재인용). Eileen은 자신이 본의 아니게 딸에게 부담과 상처를 주었을 가능성을 인정했다. 공정한 청취의 기회를 얻고 싶으면 상대에게도 기회를 주어야 했다. Eileen은 딸과의 회기에서 자신의 비판적인 성향을 인정했고, 딸인 Ellen이 부모의 이혼으로 얼마나 괴로웠는지에 대해서도 처음으로 들었다. Ellen은 어머니에게 자신이 부모로부터 어느 한쪽 편을 들도록 압력을 느꼈음을 말했다. Ellen은 어머니인 Eileen이 했던 것처럼 자기 남편의 가족을 가족으로 받아들이고 정작 자신의 가족에게서는 애정을 철회하는 방식으로 이 분열된 충성을 다루었다. Ellen은 어머니가 조부모로부터 받은 것에 비해 자신에게 훨씬 많은 것을 준 것을 인식했기에, 잠재적인 관계의 회복과 치료자에 의해 조성된 잠재적으로 교정적인 정서경험을 촉진하면서 어머니에 대해 보다 연민 어린 견해를 빨리 받아들일 수 있었다. 이 상담 회기는 포기했던 관계를 재개한 모녀에게 즉시 유익을 가져다주었다. 곧이어 Ellen이 어머니를 하룻밤 자기 집에 초대했다. 이 첫 방문은 순조롭게 끝났고 다음번 방문도 계획됐다. 두 번째로 신뢰와 긍정적 충성의 모델이 자녀와 부모의 다음 세대를 위해 설정되었다. Eileen은 아들들과의 신뢰도 재건할 수 있게 되기를 바라면서 딸의 집을 나섰다. 남편이 자신과 아들 사이를 오가며 치러야 하는 충성 구속의 불가능한 대가에 대해 더 잘 파악하게 되면서 자신의 결혼생활도 부부관계의 호전으로 이어졌다.

Mitch도 부자 상담을 권유한 치료자의 제안을 받아들였다. 아들은 경계했다. "또 그 바보 같은 깔개 이야기가 아닌가요?" Mitch는 고집했고 그가 자신에게 중요한 것이 무엇인지를 아들들에게 알려 주지 않아서 자기 아버지의 인습을 자녀들에게 전하게 된 것을 후회한다고 말했다. Mitch는 사랑을 하면 어느 정도 이기적이 된다는 것으로 오랫동안 믿어 왔지만 이제는 그것이 공정성이나 우선순위의 설정을 제대로 요구하지 못한 결과라는 것을 이해했다. 그는 아버지의 병환이나 장례를 위해 집으로 돌아가는 일에 우선순위를 두지 않았다. 아내의 스트레스를 이해하는 일에도 우선순위를 두지 않았다. Mitch의 행동을 애착 이론의 용어로 표현하면 유대를 위한 자신의 욕구를 최소화하고 아내의 애착 패턴으로 가정되는 불안-양가적 내적 작동 모델을 강화하는 내적 작동 모델 애착을 나타낸다. 과거 Mitch는 아내의 버려진 느낌을 강화하고 아내가 남편에게 몰두적인 애착 패턴의 관계를 확대하게 하는 한편 자녀에게는 책임을 지우지 않았다. 그러나 이제 패턴을 변화시킬 수 있었고 최소한의 출발을 할 수 있었다. Mitch는 아들에게 아들 가족과 손자인 Timmy와의 생활에 아내인 Eileen이 다시 함께하는 방법을 찾도록 했다. Mitch는 Eileen이 깔개를 놓고 과민하게 반응했다는 아들의 말에 동의하면서도, 아들에게 그들이 대수롭지 않게 반응한 것에 대해 책임감을 느낀다고 말했다. 그리고 새어머니를 벌주기 위한 힘겨루기의 수단으로 손자를 문제 해결에 사용하는 대신 어머니에게 면전에서 사과하도록 요구했다. 아들은 마지못해 동의했다. 아버지가 많은 것을 요구하지 않았기에 아버지와 아들, 그리고 아버지의 결혼생활을 위해 그렇게 했다.

휴전에 이어 재건이 이루어졌다. Mitch, Eileen 부부와 이들의 아들 내외, 손자를 위한 단기적인 이득과 장기적인 유익이 인식되었다. 오염된 깔개는 이 가족의 삶에서 주고받음, 부정적 충성, 붕괴된 신뢰와 관련된 오래된 불공정과 불균형을 상징하는 비유였다. 자신들의 문제에 대한 초기 정의를 넘어서서 바라보고자 한 그들의 의지가 각자를 위한 치유의 길을 연 셈이다. 파괴적 특전의식과 구속적 부채의식의 회전판(revolving state)이 재균형을 이룬 것이다.

요약

이 장에서는 체계 간 접근과 맥락 이론이 관계 윤리에 초점을 둠으로써 애착이론으로 정의 문제에 합류하는 중요한 메타 관점을 공유한다는 것을 설명했다. 이 장에서 제시한 관련성 가운데 세대 간 과정으로서의 파괴적 특전의식의 개념은 한 세대에서 다음 세대로의 세대 간 애착 전이를 현재에 적용하는 것과 일치한다. 이론적 병렬로 불안정 애착이 애착 손상과 학대에 기초하듯, 파괴적 특전의식은 불공정성으로부터 발생한다. 불공정성으로 인해 파괴적 특전의식이 가족에 만연하게 되는 반면, 가족 내 공정한 교류 패턴이 이루어지면 공정한 관계 윤리가 자녀에게 전달될 것이다. 이와 유사하게, 신뢰와 안정 수준이 낮은 불안정 애착이나 와해형 애착 패턴의 가족은 애착 손상을 초래할 것이다. 맥락 이론과 애착 이론의 핵심은 신뢰다. 신뢰를 애착 용어로 표현하면 안정 애착 유대의 기초이자 결과라고 할 수 있다. 맥락 이론에서는 상호 의미 구성을 통한 신뢰의 발달을 불공정성의 치료를 통해 교정이 이루어지는 과정으로 보았다. 다변적 부분성은 치료적 자세와 유사하게 각 가족원이 체계에 안정성을 확대하는 목표를 두고 신뢰를 구축하여 내담자 체계의 각 성원의 안정을 도모하기 위한 정서적 역량의 중요성을 인정한다. 의미 구성의 과정과 관계 장부의 재균형 과정에서 맥락 이론은 체계 간 접근의 변화를 위한 대화의 기초에서 변증법적 과정의 요소를 통합한다.

주

1. B. Janet Hibbs, MFT, Ph.D. 필라델피아 맥락치료 연합회 공동 창시자이며 『내 방식대로 보기: 사랑과 결혼에서 공정하기』의 저자이다. www.drbhibbs.com
2. Rita DeMaria, Ph.D. 이 장의 애착 이론 기술, 애착 이론 · 맥락 이론의 개념적인 통합을 위해 B. Hibbs와 협력하였다.
3. 이 장에 인용한 대화, 가계도, 사례는 설명의 목적으로 사용한 것으로 임상적 실제 상황과는 다르다.

참고문헌

Aristotle. (1962). *Nicomachean ethics.* Englewood Cliffs, NJ: Prentice Hall.

Bartholomew, K., & Horowitz, L. (1991). Attachment styles among young adults: A test of a four-category model. *Journal of Personality and Social Psychology, 61*(2), 226–244.

Boszormenyi-Nagy, I. (1970). Critical incidents in the context of family therapy. In N. Ackerman (Ed.), *Family therapy in transition* (pp. 251–260). Boston, MA: Little, Brown and Company.

Boszormenyi-Nagy, I. (1975). Family therapy: Its meaning for mental health. *Science News Quarterly, 4,* 1–3.

Boszormenyi-Nagy, I. (1987). *Foundations of contextual therapy.* New York: Brunner/Mazel.

Boszormenyi-Nagy, I., Grunebaum, J., & Ulrich, D. (1991). Contextual therapy. In A. Gurman & D. Kniskern (Eds.), *Handbook of family therapy, Vol. 2* (pp. 200–238). New York: Brunner/Mazel.

Boszormenyi-Nagy, I., & Krasner, B. (1986). *Between give and take.* New York: Brunner/Mazel.

Boszormenyi-Nagy, I., & Spark, G. (1973). *Invisible loyalties: Reciprocity in intergenerational family therapy.* New York: Harper & Row.

Bowlby, J. (1969, 1982). *Attachment.* London: Hogarth Press; New York: Basic Books.

Brennan, K. A., Clark, C. L., & Shaver, P. R. (1998). Self-report measurement of adult romantic attachment: An integrative overview. In J. A. Simpson & W. S. Rholes (Eds.), *Attachment theory and close relationships* (pp. 46–76). New York: Guilford Press.

Brosnan, S., & de Waal, F. (2005) A cross-species perspective on the selfishness axiom: Commentary on Henrich et al. *Behavioral and Brain Sciences, 28,* 818.

Buhl, J. (1992). Intergenerational inter-gender voices: Shared narratives between men and their mothers—An ethical perspective. *Dissertation Abstracts,* University of Pennsylvania.

Cosmides, L., & Tooby, J. (2004). Knowing thyself: The evolutionary psychology of moral reasoning and moral sentiments. In R. E. Freeman & P. Werhane

(Eds.), *Business, Science, and Ethics, The Ruffin Series No. 4* (pp. 91-127). Charlottesville, VA: Society for Business Ethics.

Cotroneo, M. (1986). Families and abuse. In M. Karpel (Ed.), *Family resources* (pp. 413-437). New York: Guilford Press.

Cowan, P. A., & Cowan, C. P. (2009). Couple relationships: A missing link between adult attachment and children's outcomes. *Attachment & Human Development, 11*(1), 1-4.

Cummings, E. M. (1995). Security, emotionality, and parental depression: A commentary. *Developmental Psychology, 31*, 425-427.

Fosha, D. (2000). *The transforming power of affect*. New York: Basic Books.

Friedman, M. (1996). *Martin Buber and the human sciences*. Albany, NY: SUNY Press.

Friedman, M. (1998). Buber's philosophy as the basis for dialogical psychotherapy and contextual therapy. *Journal of Humanistic Psychology, 38*, 25-40.

Friedman, M. (2002). *Martin Buber: The life of dialogue*. New York: Routledge.

Greene, J. (2013). *Moral Tribes: Emotions, reasons, and the gap between us and them*. New York: Penguin.

Haidt, J. (2006). *The happiness hypothesis*. New York: Basic Books.

Hibbs, B. J. (1989). The Context of growth: Relational ethics between parents and children. In Combrinck-Graham (Ed.), *Children in family contexts: Perspectives on treatment* (pp. 26-45). New York: Guilford.

Hibbs, B. J., & Getzen, K. (2009). *Try to see it my way: Being fair in love and marriage*. New York: Penguin/Avery.

Johnson, S. M., Makinen, J. A., & Millikin, J. W. (2001). Attachment injuries in couple relationships: A new perspective on impasses in couples therapy. *Journal of Marital and Family Therapy, 27*(2), 145-155.

Kagan, J. (1984). *The nature of the child*. New York: Basic Books.

Kegan, R. (1982). *The evolving self: Problems and process in human development*. Cambridge, MA: Harvard University Press.

Mikulincer, M., & Shaver, P. (2007). *Attachment in adulthood: Structure, dynamics and change*. New York: Guilford Press.

Piaget, J. (1952). *The origins of intelligence in children*. New York: International

Universities Press (original work published in 1936).

Pinker, S. (2008). *The moral instinct.* Retrieved from http://www.nytimes.com/2008/01/13/magazine/13Psychology-t.html?pagewanted=all&_r=0.

Stosny, S. (1995). *Treating attachment abuse: A compassionate approach.* New York: Springer Publishing Company.

Tronick, M., & Beeghly, M. (2011). Infants meaning-making and the development of mental health problems. *American Psychology, 66*(2), 107-119.

Wade, N. (2007). Is 'do unto others' written into our genes? *The New York Times,* September 18, 2007, F1.

젠더에 초점화된 가계도

19세기에 중요한 도덕적 도전은 노예제도였으며,
20세기에서는 전체주의와의 전쟁이었다.
이 시대에서 가장 중요한 도덕적 도전은
젠더 평등을 위한 투쟁이 될 것이다.
—Kristof, N. (2009, p. xvii)

1. 개요

젠더(gender)는 임상적 측정에서 결정적으로 중요한 부분이며, 특히 초점화된 가계도 분석에 있어서 더욱 중요하다. 젠더라는 의미는 광범위하게 조직화된 범주로서 정체성, 역할, 그리고 역동성 등과 같은 주제 등을 포함하고 있다. 따라서 젠더는 임상적 체계를 포함하는 모든 체계의 근본적이고 비교 문화적으로 조직화된 원리들이다(Goldner, 1988). 이 장에서는 가장 최근에 진행되는 포괄적인 연구와 젠더와 관련된 용어들을 고려하면서 개인 · 부부 및 파트너 · 가족, 그리고 맥락적 영역들을 탐색하였다. 젠더 실체에 대한 개인적 정의는 파트너 선택이나 역할 등과 같은 역동성을 통한 관계에서 실질적으로 작용한다. 원가족, 출산, 그리고 파트너 선택은 젠더에 대한 역사적 경험을 나타내며 미래 세대에게 영향을 준다. 이번 출판된『초점화된 가계도』제2판에서는 가장 새로운 체계 간 애착(Intersystem Attachment: IA) 구성개념을 통해 애착 이론을 젠더에 통합시키면서 논의를 진행할 것이다. 미국에서 젠더를 조직화시키는 가장 일반화된 방식은 이원적인 젠더(two-gender) 모델로, 이는 성을 개념화하는 전형적인 방식이다(Blumer, Ansara, & Watson, 2013; Garfinkel, 1967). 그러나 가족치료사들은 이러한 이원적인 젠더 모델이 이성애주의, 성차별, 그리고 시스젠더리즘(cisgenderism,

사회적으로 규정하는 성과 자신이 규정하는 성이 불일치하는 사람들을 병리적으로 보는 편견–역자 주) 등의 문제를 지속시킬 수 있다고 언급한다(Giammattei & Green, 2012). 즉, 이원적인 젠더 모델은 이런 모델 영역 밖에 있는 사람들, 예를 들면 성전환자(트랜스젠더), 젠더퀴어(genderqueer), 바이젠더(bigender), 폴리젠더(polygender: 혼합된 젠더를 가진 사람), 아젠더(agender: 성정체성이 없는 사람), 두 개의 영혼(two-spirit)을 가진 사람 등에게 피해를 줄 수 있으며 현재 지속적으로 피해를 주고 있다는 것이다.

이원적인 젠더 모델의 가정에 따르면 '생물학적 성'(생식기, 유전적인 염색체)은 종종 외부적으로 보이는 것에 의해 젠더를 지정하는 것과 연결되며 개인의 젠더는 '영속적'이므로 성역할과 성적 지향을 결정하는 내적인 정신적 정체성으로 설명된다(Blumer et al., 2013). 이러한 이원적인 모델은 1850년대 서유럽에서 처음으로 출현한 젠더 조직화에 대한 최근의 견해다(Laqueur, 1992). 그러나 젠더 조직화에 대한 종합적인 견해에 따르면, 젠더는 반드시 개인의 생식기나 유전적 지도, 또는 이원적인 젠더 모델과 연합된 영속적인 정신적 정체성을 가진 것으로 간주되지는 않는다(Blumer et al., 2013). 인도네시아 동부 섬인 술라웨시의 부기족(Bugis)(Ansara, 2013)과 같은 다른 문화권 집단에서는 서로 다른 다섯 개의 젠더가 존재하기도 한다(Bartlett & Vasey, 2006; Peletz, 2009). 평생 또는 생의 일부 시기 동안 여성으로 사는 트랜스젠더인 남성들을 서술하기 위해 'sistergirl'이라는 용어를 사용하는 호주의 토러스 해협 섬사람들과 일부 원주민들처럼(Ansara, 2013), 또 다른 문화권에서 젠더는 전 생애를 걸쳐 각각의 시기뿐만 아니라 청소년기 동안에 변화를 겪는 것으로 생각된다(Amadiume, 1998; Honigmann, 1964). 그러나 더 큰 사회적 맥락을 가진 미국 사회에서조차도 젠더 다양성은 상당히 많이 입증되었다. 역사적으로 그리고 현재까지도 주니(Zuni)족, 라코타(Lakota)족, 나바호족(Dineh) 등을 포함하여 여러 개의 국가에 걸쳐 '두 개 영혼'[1]을 가진 것으로 서술되는 사람들이 있다(Blumer et al., 2013). 또한 미국 문화권에 걸쳐 '트랜스젠더'와 '자신의 젠더와 불일치하는(gender non-conforming)' 개인이 성인 인구 중 약 3.5% 존재한다(Gates, 2011).

지역적 그리고 총체적인 젠더 조직화를 고려해 보면, 지배적인 젠더 조직화에 대한 이원적 체계와 젠더 다양성을 조직화하는 광범위한 방식을 포괄하는 것이 개인의 젠더 조직화를 측정하는 데 중요하다. 따라서 이 장에서는 '젠더 가계도(Gender Genogram)'에 대해 다음의 네 가지 주요 영역을 언급할 것이다. ① 개인, ② 부부(커플)/파트너, ③ 세대 간, 그리고 ④ 맥락이 그것이다. 이러한 영역 내에서 연구에 근거한 애착 이론으로부터 나온 연관된 주제들과 결과들을 통합하여 언급할 것이다. 네 개 영역 중 후반 주제들은 비교적 새로운 탐색 영역이 될 것이다.

2. 젠더 가계도의 재소개

이 장에서는 각 영역들과 관련 주제들을 통해 심리학적 가계도를 구성하기 위한 규정 방식들을 서술하였고, 이원적인 젠더 개념을 가진 개인뿐 아니라 비이원적인 젠더 개념을 가진 사람들과 가족을 확인하는 데 집중하는 초점화된 가계도 문제들을 제기하였다. 이를 통해 젠더 개념에 대한 실체가 확장되고, 이런 입장에서 젠더 가계도가 출현하였다. 그러나 이 장에서 소개하는 정보들의 대부분은 미국에서 젠더를 조직화하는 방식에 더 많은 중점을 두고 있다. 즉, 미국의 치료사들이 현장에서 만나는 대부분의 사람들은 여전히 시스젠더(cisgender: 신체적 성과 사회적 성이 일치되는 사람)로 확인되는 이들이기 때문이다.

3. 젠더 가계도의 개발

젠더 문제는 지배적으로 보편화된 문제다. 임상적 장면에서 가장 공공연한 문제의 대부분은 젠더 조건화와 어느 정도는 연관된다. 많은 사례에서 개인들은 사적인 심리적 역동성이 아니라 문화적 규범과 싸우고 있다는 것을 깨닫는 것이 중요하다. 젠더에 대한 태도가 외부로부터 부여되는 것에 의해 형성된다는 것을 깨닫는 것이 젠더에 대한 태도 변화의 첫 번째 단계가 되며, 젠더 가계도 분석을 시행함으로써 젠더에 대한 태도를 변화시키는 데 도움이 될 수 있다.

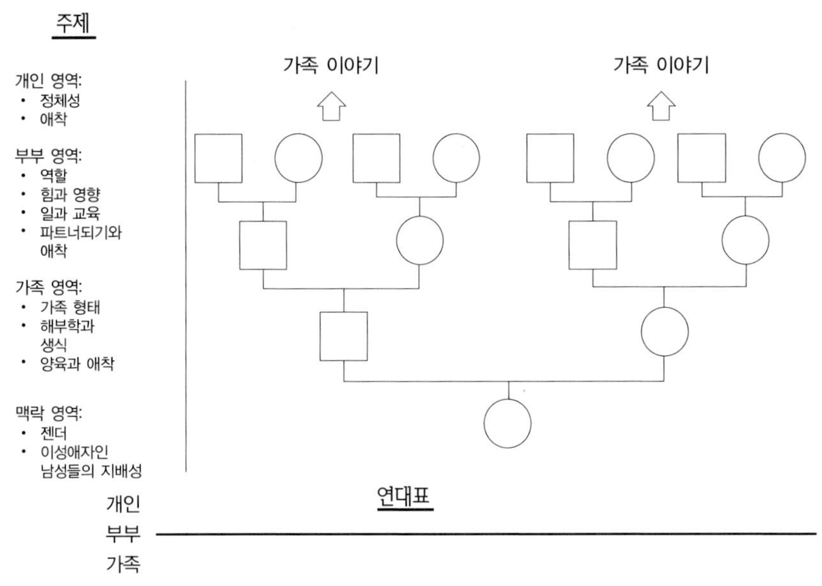

[그림 7-1] 젠더에 초점화된 가계도

이 그림은 이 장의 가이드로서 젠더로 초점화된 가계도에 대한 원형을 제공해 준다.

젠더 가계도는 광범위한 연결망을 제시해 주는데, 가령 가족의 많은 구성원 등에 대한 인터뷰 내용과 개인에 대한 측정들은 젠더 가계도를 분석하는 데 유익한 자료가 된다. 대부분의 가족구성원들은 젠더에 대한 가족 신념에 대해 매우 잘 이해하고 있으며 가족 유산을 믿거나 대항하는 사람에게 꼬리표를 붙인다. 따라서 원가족에서 배척당한 것으로 선정된 가족구성원을 인터뷰에 포함시키는 것은 문화적으로 민감한 치료 실무의 지표가 된다는 점에서 중요하다(Blumer & Murphy, 2011). 젠더 가계도는 젠더와 다음에 제시되는 개념과 관련된 주제들에 초점을 둔다. 정체성, 애착, 역할, 권력과 영향력, 일과 교육, 파트너되기, 가족 형태, 해부학과 생식, 양육, 그리고 이성애 가부장제 맥락 등이 그것이다.

가계도에 포함된 일부 사람들이 종종 시스젠더로 확인되지 않을 수 있기 때문에, 적절한 젠더 상징을 가지고 각각의 사람들을 이해하는 것이 중요하다(Belous, Timm, Chee, & Whitehead, 2012; Blumer & Hertlein, 2015). 비시스젠더로 확인되는 개인들과 임상 장면에서 직면하게 될 때 내담자와 임상가가 함께 내담자의 젠더에 가장 적합한 방식으로 젠더에 대한 상징을 공동으로 구성하는 것이 필요하다.

일부 임상학자들은 다양한 젠더 정체성 중, 일부분에 대한 몇 개의 상징적 표시들을 제공해 왔다(Belous et al., 2012). 예를 들어, 젠더퀴어(genderqueer: 전통적으로 여성이나 남성으로 범주화될 수 없는 젠더), 바이젠더(bigender), 양성의 특성을 가진(androgynous) 것으로 확인되는 개인들은 하나의 원 내부에 하나의 정사각형을 가진 원을 가지거나, 내부에 하나의 원을 가진 정사각형으로 나타낼 수 있다.

이와 같이 다양한 젠더 정체성을 가진 개인을 표시하는 새로운 상징들이 만들어졌다. 이런 상징은 다음과 같은 젠더에 대한 상징—시스젠더 여성에 대한 상징, 시스젠더 남성에 대한 상징, [그림 7-2]에서와 같이 위쪽에서 양쪽의 화살표로 표시하는 '트랜스젠더', 그리고 중간 부분에 수평 막대기를 가지고 양쪽의 화살표로 표시되는 젠더퀴어와 같은 비규범적 젠더—으로 나타낼 수 있다.

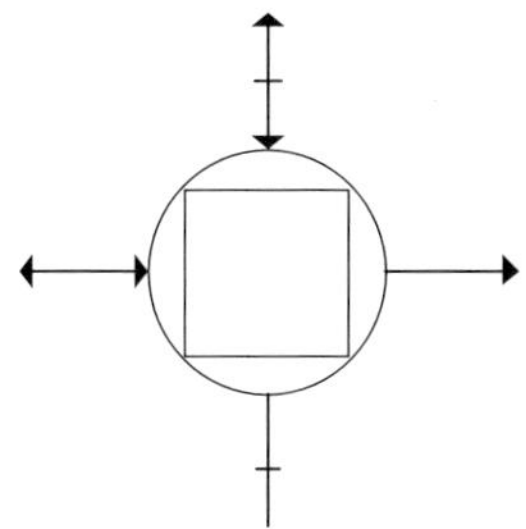

[그림 7-2] 젠더의 다양성 상징

1) 젠더: 개인 영역

지금까지 젠더 영역 내 포함된 정보뿐 아니라 제시된 정보들을 고려해 보고 맥락과 관련짓기 위해 젠더 용어와 관련된 정의가 언급되었다. 이제부터는 젠더의 체계 간 애착(IA)에 대한 개인 영역과 연결된 두 가지 주요 주제를 언급할 것이다. 젠더 체계 간 애착(IA)의 개인 영역으로는 애착, 젠더 정체성 그리고 이런 특성과 관련된 발달 등이다.

〈표 7-1〉 젠더 용어와 정의에 대한 용어 해석

용어	정의
아젠더(Agender)	여성도 남성도 아닌, 무성의(물리적으로나 사회적으로 어떤 성에도 소속되지 않는) 또는 어떤 성도 갖지 않았다고 느끼는 것
모든 젠더 (All-gender)	모든 젠더를 포괄하고 있음
양성의 특성을 가진 (Androgynous)	여성성과 남성성 둘 다와 연합된 특성을 보이거나 나타내는 것, 남성성과 여성성 사이에 어떤 특성도 나타내지 않는 중성적인 것을 나타냄
할당된 젠더 (assigned gender)	일반적으로 외부적/신체적 성적 특징에 근거하여 의학적 기준에 의해 출생 때 부여되는 명칭
두 개의 젠더 (Bi-gender)	한 신체에 여성성과 남성성 두 개를 가진 사람, 또는 모습에서 두 젠더를 뚜렷하게 표현할 수 있는 사람, 두 젠더와 두 젠더에 전형화된 행동 사이를 왔다갔다 할 수 있는 경향성
시스젠더 (Cisgender)	'Cis'는 같은 편을 의미함. 사회기대와 일치되는, 그리고 신체적 특징에 따라 젠더를 할당한 사람들과 일치되는 젠더 특징과 정체성
시스젠더리즘 (Cisgenderism)	젠더와 신체에 대한 사람들의 이해를 비합법화하려는 이념, 비시스젠더적인 표현, 성적 행위, 행동, 관계를 무시하거나 부정하고 폄하하는 것
젠더(gender)	정체성에 대한 사회적 구조, 그리고 특정 사회와 개인이 구성하고 있는 방식과 관련된 표현
비규범적 젠더 (gender non-conforming)	문화적으로 규정하는 젠더에 대한 기대를 벗어난 젠더 표현이나 정체성, 트랜스젠더로 확인될 수 있는 사람들, 그리고 전통적 젠더 규범들에 순응하지 않는 사람들
젠더 대명사 (gender pronoun)	명사 대신에 사용하는 대명사. 어떤 사람의 이름을 사용하는 대신 '당신'으로 말할 때처럼, 젠더 대명사로는 '그녀', '그' 또는 '그들'
중성 (intersex)	외부 생식기, 내부 생식기, 성염색체, 그리고 무수한 또 다른 신체적 특성을 포함할 수 있는 신체의 해부학적인 자연적 변이를 서술하는 상위 용어
폴리젠더 (Polygender)	혼합된 젠더를 갖는 것. 순수하게 여성도, 남성도 아니고 젠더 사이를 동시다발적으로, 또는 상황에 따라 변화시켜 가는 여러 젠더로 확인됨. 여기에는 여성, 남성, 이원론적 젠더가 아닌 것, 그리고 젠더에 다양한 조합 등이 포함됨
퀴어(Queer)	이성애적, 이성애적 관계, 그리고/또는 이원론적 젠더가 아닌 소수의 성적 지향자와 성적 정체감에 대해 사용되는 상위 용어

트랜스(trans)★	트랜스젠더에서 발생된 상위 용어. 젠더 스펙트럼 내에서 정체성에 대한 스펙트럼 증가를 보이는 것, 또한 젠더 다양성 공동체 사이에서 단일화를 촉진시키려고 의도된 것. 별표는 트랜스★ 또는 다양한 젠더 정체성과 연합된 다양한 가능성을 나타내기 위해 사용됨
트랜스젠더 (transgender)	'tran(트랜스)'는 어디에서부터 '건너서'를 의미함. 사회기대 또는 할당된 젠더 특징과 다른 특징을 소유한 어떤 사람에 대한 상위 용어
트랜스포비아 (Transphobia)	트랜스젠더, 퀴어, 또는 비규범적 젠더로 지각되거나 확인되는 사람들에 대한 공포, 증오, 또는 편협성

(1) 젠더 정체성

젠더 정체성과 관련하여 나타나는 질문 중 하나는 젠더와 정체성이 천성인지, 아니면 양육에 의해 발달하는지에 대한 해묵은 것이다. 천성을 기반으로 하는 젠더에 대한 설명은 유전인자, 성염색체, 해부학적 구조, 뇌의 성 유형 등에 초점을 둔다. 미국에서 젠더에 대한 구분은 이러한 천성을 중심으로 한 설명에 근원을 두고 있다. 언뜻 보기에 이 이론은 거의 사실인 것처럼 보인다. 예를 들면, 여성으로 인정되는 신체를 가진 사람들은 임신하여 출산을 하며 이러한 사실들이 해부학적 구조와 생리학적 면에서 생물학적 차이를 야기하므로, 결과적으로 천성에 근거한 젠더에 대한 설명의 분명한 지표인 것처럼 보인다. 그러나 천성에 근거한 젠더의 또 다른 영역에 대한 탐색을 통해 생물학적 차이에 대한 젠더의 규정들에서 결함이 제시되고 있다. 시스젠더 남성들은 보통, 시스젠더 여성보다 신체적으로 더 강하며, 이러한 신체적 차이는 신체의 근육량에 근거한다. 이는 남성들이 여성보다 신체적으로 더 크며, 더 많은 근육을 가지기 때문에 전형적으로 더 강하다는 것을 의미하지만, 가정된 것보다 신체적 강함에서 시스젠더 사이에는 여러 가지 아주 작은 미세한 차이들이 있다(Williams, 2014). National Strength and Conditioning Association에 따르면 비록 여성들이 남성들과 비교하여 남성들의 약 2/3에 해당되는 힘만을 가지고 있다 해도 여성들도 남성만큼이나 근육을 가질 수 있도록 신체적으로 창조되었다. 또한 남성들이 상체 근육 강도에서 여성을 능가한다 해도 여성들은 하체 강도에서는 남성들에 필적하는 경향이 있다(Williams, 2014).

천성에 근거한 젠더에 대한 설명과 비교하여 양육에 근거한 설명은 젠더에 대한 발달과 정체성을 설명하는 또 다른 방식이다. 양육에 근거한 설명에 대한 몇몇 이론들이 있다. 한 이론은 Albert Bandura의 사회학습 이론이다(Bandura, 1977, 1989; Bandura & Water, 1963). 이 이론은 자녀들이 사회화와 역할 모델링을 통해 젠더를 학습한다고 주장한다. 자녀들은 젠더를 모방하면서 젠더와 일치하는 행동 여부에 따라 칭찬이나 처벌을 받는다. 미국에서 사회적으로 인정된 시스젠더 행동은 칭찬을 받으며 그렇지 않은 다른 젠더 행동들에 대해서는 처벌을 받는다. 두 번째 이론은 Sandra Bem의 성 도식 이론이다(1981, 1983, 1993). 이 이론은 인지적 기제에 대해 설명하는데, 이런 기제를 통해 젠더 학습과 전형화가 일어난다고 주장한다. 이 이론에 따르면 인간은 아동기에서부터 성인기에 이르기까지 발달하면서 젠더 도식이나 젠더에 영향을 주는 정신적으로 조직화된 정보를 학습하고 이런 정보가 젠더에 주는 의미가 무엇인가를 학습한다. 이러한 학습된 젠더(성) 도식을 통해 개인은 자신의 젠더에 속한 문화와 일치하는 방식으로 행동하면서 시간에 따라 적응할 수 있게 된다. 개인은 이러한 젠더 도식을 주변 환경에 있는 역할 모델로부터 학습하며, 이것이 바로 종종 젠더 고정관념(gender stereotype)을 촉진시키는 도식이다. 양육에 근거한 젠더에 대한 세 번째 이론은 Lawrence Kohlberg의 인지-발달적 이론이다(Kohlberg, 1966). 이 이론에 따르면 젠더는 젠더 항상성에 의존하는데, 자녀는 연령이 증가해도 자신의 젠더는 계속 똑같이 유지될 것이라는 사실을 자각한다. 이런 항상성은 3단계—처음에 개인의 젠더 정체성에 대한 발달, 그다음으로 젠더 안정성에 대한 이해, 마지막으로 개인의 젠더 항상성이 발달—를 거쳐 일어난다.

개인의 젠더 발달이 단지 환경적 요인과 관련된다면 앞에서 주장된 이론에서 제기하는 것처럼 증가된 젠더 지식과 더불어 이후에 젠더 정체성은 시간이 갈수록 더욱 강력해질 것이다. 그러나 양육 중심의 이론이 팽대한 미국 문화권에서조차 이러한 견해가 전적으로 수용되지 않는다. 예를 들면, 시스젠더 남성들이 전통적인 여성적 특성을 더 빈번하게 취하기도 하고 시스젠더 여성들 또한, 전통적인 남성적 특성을 보이는 행동을 채택하고 있다(Kuther, 2015). 대다수의 많은 성인들은 중년기에 이르면서 남성성과 여성성을 통합하면서 더욱더 양성적으로 되어 간다(Hyde, Krajnik, & Skuldt-Niederberger, 1991; James & Lewkowicz, 1997). 결국 이런 과정들이 성인기 삶에서 젠더 정체성 확장에 기여하게 된다(Sheets, 2013)

따라서 두 가지 젠더에 대한 입장—양육 또는 유전—에 대한 설명 중, 어떤 것이 젠더 발달과 정체성을 설명하는 최고의 방식이 되겠는가? 이에 대한 답은 복잡하다. 이런 질문에 답하는 데 있어서 세 가지를 고려하는 것이 중요하다. ① 누구의 젠더에 대해 이야기하는가, ② 언제 젠더에 대해 이야기하는가. 그리고 ③ 어디에서 그런 이야기를 하는가다. 이러한 조건들을 고려하는 것은 매우 중요한데, 왜냐하면 이런 질문에 대한 답은 사회와 개인이 젠더를 어떻게 구성하는가의 문제가 되기 때문이다. 젠더와 젠더 정체성이 어떻게 구성되는가는 적어도 젠더에 대한 천성 대 양육의 설명 중에서 어느 쪽을 더 많이 선호하는가를 결정하는 문제가 될 것이다. 가령, 출생의 시작점에서, 그리고 자궁에 있는 동안 태아의 젠더와 젠더 정체성에 대한 이해는 천성에 근거한 설명과 이원론적 젠더 시스템에 비중을 더 많이 둔다. 정말로 의학 전문가들과 부모들은 전형적으로 출생 전과 후 태아의 외부 생식기를 확인하려 하며, 이러한 외부 생식기에 근거하여 시스젠더를 인정한다.

따라서 젠더와 젠더 정체성 발달을 천성과 양육 간 상호작용에 근거한 하나의 사회적 구성체로서 보는 것이 가장 적절한 견해일 수 있다. 젠더에 대한 천성 대 양육의 설명은 분리된 것이 아닌 것처럼 보인다(Carothers & Reis, 2012). 비록 남성과 여성, 그리고 시스젠더, 트랜스젠더 및 중성적(intersex) 사람들 간에 실질적으로 신체적 차이가 있으며, 다르게 젠더화된 사람들은 어느 정도는 다른 경향을 가진 것으로 보인다고 말할 수 있을지라도(천성에 근거한 젠더에 대한 설명), 이런 차이의 대부분은 환경에 의해 상당히 무시될 수 있다는 것이다(Halpern, 1996, 2012). 시스젠더 사람들—남성과 여성—간 차이점과 유사점을 고려할 때, 이런 젠더 간 절대적 차이점은 아마도 동등한 기회와 훈련이 주어진다면 비교적 작아지게 될 것이다(양육에 근거한 젠더에 대한 설명). 이런 후자의 입장은 젠더와 관련된 차이점과 유사점을 범주적으로서가 아니라, 오히려 연속성에 따라 존재하는 것으로 개념화할 수 있다는 사실을 강조한다(Carothers & Reis, 2012; Hyde, 2005). 이런 맥락에서는 젠더에 대한 어떠한 차이점이라도 각 개인의 성장, 발달, 그리고 경험의 영향을 반영하는 것이므로 개인의 젠더는 비교적 쉽게 변경될 수 있는 것으로 볼 수 있다(Carothers & Reis, 2012).

젠더 정체성에 대한 질문들

젠더 정체성에 관련된 질문들은 다음과 같다.

1. 언제 당신의 젠더를 처음으로 자각하게 되었습니까? 젠더에 대한 당신의 자각은 당신에게 부여된 젠더와 일치했습니까? 당신의 젠더는 젠더에 대한 전통적 · 문화적 이해, 또는 집안 내력에서 젠더에 대한 이해와 잘 부합했습니까?
2. 현재 당신의 젠더 정체성을 어떻게, 무엇으로 설명합니까? 당신의 젠더 정체성이 삶 속에서 선택권, 제한점, 또는 도전을 가지고 있다는 것을 어떻게 생각합니까?
3. 현재 당신의 젠더, 또는 젠더 정체성에 대해 불편함이나 충돌(불협화음)을 경험하고 있습니까? 만약 이런 경험에서 당신의 지지 원천은 무엇입니까? 만약 이런 지지 원천이 없다면 이런 지지를 받을 수 있는 곳을 찾아볼 수 있습니까?
4. 언제 처음으로 당신의 외부 생식기를 주목했습니까? 당신의 생식기가 달라지기를 소망했습니까? 당신의 생식기를 바꿀 계획을 가졌습니까? 당신의 젠더와 생식기를 연합시켰습니까? 또는 연합시키지 못했습니까?
5. 중성으로 태어난 경우, 이런 신체는 젠더 다양성의 한 자연스러운 형태로 인정받았습니까, 아니면 성적으로 장애가 있는 것으로 취급되었습니까? 그런 사람에게 젠더에 대한 자기 확인을 연습할 수 있는 공간이 제공되었습니까, 아니면 젠더가 외부적으로 부여되었습니까?
6. 내면의 젠더에 대해 당신이 느끼는 것이 다른 사람들이 당신의 젠더를 보는 것과 일치됩니까? 당신이 지각하는 있는 젠더에 대한 입장에서 헤어나지 못하고 있음을 느낍니까?

(2) 젠더와 애착에 대해 고려할 점들

영아기 성별 특징에서 고려할 점들은 애착 이론에서 찾아볼 수 있으나, 이러한 성적 특징 등은 개인, 부부(커플)/파트너 관계, 그리고 가족 내에서 존재할 수 있는 현 세대의 포괄적인 성적 특성의 반영을 충족시키지 못하고 있다. 따라서 다양한 연구를 통해 젠더가 안정 애착과 불안정 애착과 어떻게 상호작용하는가가 고려되기 시작하였다(Gentzler & Kerns, 2004; Kirkpatrick & Davis, 1994; Steiner-Pappalardo & Gurung, 2002). Velotti와 동료들(2015)의 연구에서는 정서조절장애가 젠더를 통해 불안과 회피 애착과 함수관계에 있는지 탐색되었다. 그러므로 우리는 애착 과정에 의해 정서가 어떻게 표현되고 조절되는가에 있어서 젠더가 역할을 한다고 가정하였다. 가령, Nolen-Hoeksema(2012)의 연구에서 여성들은 남성들과 비교했을 때, 파트너와의 관계적인 감정을 처리하는 데 있어서 정서 조절을 더 많이 하는 것으로 밝혀졌다. 이러한 연구들은 애착 과정에 의해 젠더가 정서 조절에 어떻게 기여하는지에 대해 배우게 되는 출발점을 제공하지만 이러한 연구들은 이원론적 젠더 동일시에 근거를 두기 때문에 이원화된 젠더 구성체 이외의 상황에는 적용될 수 없다는 것에 주목해야 한다.

젠더와 애착에 대해 고려할 점들에 관한 질문들

비록 애착 이론가들이 다양한 젠더를 가진 개인, 파트너, 가족에 대해 연구 기반을 특별하게 발달시키지 못했다고 해도 애착에 기반을 둔 질문들은 적절하게 수정되어 여전히 활용되고 있다. 젠더와 애착에 대해 고려할 점들에서 질문들은 다음과 같이 제시되는데, 이는 '성인 애착 면접'에 대한 이전 버전에 의해 영향을 받았다(George, Kaplan, & Main, 1985).

1. 아동기에서 당신의 부모와의 관계를 어떻게 서술할 것입니까? 당신의 젠더와 부모의 젠더가 이런 관계에 영향을 주었습니까?
2. 아동기 시절, 당신에게 친밀한 관계를 가진 어떤 성인—부모 또는 비혈연의 부모들—이 있었습니까? 당신의 젠더와 그들의 젠더가 이런 친밀한 관계에 영향을 주었습니까?
3. 현재 당신의 부모들 또는 비혈연의 부모들과의 관계를 어떻게 서술할 것입니까?
4. 아동기에 당신의 부모 중 누구와 가장 친근하다고 느꼈습니까? 그렇게 느낀 이유는 무엇입니까? 현재는 어떤 부모가 가장 친근하다고 느끼며 그 이유는 무엇입니까?
5. 아동기 시절, 어떤 때에 기분이 상했습니까? 그때 당신은 무엇을 하려 했습니까? 부모들은 어떠했습니까?
6. 부모와 떨어져 있게 된 사실을 언제 처음으로 떠올리게 되었습니까? 이런 경험이 당신에게 어떠했습니까? 당신의 부모에게는 어떠했습니까?

7. 당신이 생각하기에 당신의 개인적 발달을 후퇴하게 한 어떤 경험이 있습니까? 당신이 생각하기에 개인적 발달에 긍정적 영향을 준 어떠한 경험이 있습니까? 현재 이런 경험들이 당신에게 어떤 영향을 주고 있습니까?
8. 아동기 때 친근했던 부모나 또 다른 사람을 죽음으로 잃거나 상실하는 경험을 했습니까? 당신은 이런 경험을 어떻게 견뎠습니까? 당신의 부모는 이런 경험을 어떻게 견뎠습니까? 당신과 친근했던 다른 사람들은 어떠했습니까?

2) 젠더: 부부(커플)/파트너 영역

젠더에 대한 부부 및 파트너 영역 내에서 주요한 주제는 동반자가 되는 것, 애착과 관련하여 고려할 점, 젠더 역할, 그리고 힘(권력), 일, 교육 그리고 영향력 등이 포함된다.

(1) 젠더 역할

젠더와 연계된 문화적 규범은 거시적이고 협력적 수준에서 일상의 행동에 영향을 준다. 광범위한 문화적 경계 내에는 수많은 역할이 있으며, 많은 신념들이 표현될 수 있다. 미국의 문화적 맥락 내에서 젠더의 역할은 역사적으로 여성과 남성을 의미하는 이원론적 체계에 여전히 한정된다. 여성성은 양육적이고, 동정심 많고, 온정적 · 지지적이며 부드럽고 복종적이며, 협조적이고 표현적인 것과 연관된다. 대조적으로 남성성은 주장적 · 강압적 · 독립적이고 유능하면서 정서적인 것과는 거리가 멀고, 지배적이며 경쟁적, 그리고 거친 것과 연관된다(Galvin, Bylund, & Brommel, 2012). 이러한 젠더 역할은 본보기가 되어 사람들은 오랫동안 그러한 역할에 사회화되었으며, 커플이 된 관계에서 젠더화된 역동뿐만 아니라 권력에 의해 젠더 역할이 강화되었다. 이런 결과는 이성 간 사랑이나 시스젠더 부부, 게이 파트너 관계, 레즈비언 파트너 관계에서 찾아볼 수 있다.

정말로 이성 간 사랑이 지배적인 문화적 맥락 내에서 남성 동성애자가 된다는 것은 여성이 되는 것과 연합될 수 있다. 일부 이론가들에 따르면, 이런 것이 동성애 공포증의 핵심이 되며, 이것이 여성을 싫어하는 결과를 초래하게 된다는 것이다(Blumer, & Murphy, 2011; Connell, 1995). 동성애 남성(게이)에 대한 또 다른 시사점은 그들이 파트너 관계에서 남성성을 두 배로 경험할 수 있다는 것이다(Patterson, 2005). 그들은 경쟁심과 같은 전통적인 남성적 성역할에 강하게 내재화된 개념을 가지고 관계에 있어서도 융통적인 성역할을 덜 경험할 수 있으며, 정서표현 및 정서적 연결을 발달시킬 능력을 억제할 수 있다(Bepko & Johnson, 2000). 그런 부부(커플) 구성원들은 의견 불일치를 승패에 대한 권력 투쟁으로 생각할 수 있으며, 이것이 결국 패자 입장에서 분노뿐 아니라 구성원들 간 관계에서도 갈등과 불협화음을 초래할 수 있다(Patterson & Schwartz, 1994). 게다가 감정표현에 개방적이지 않은 남성적 성역할을 보이는 남성들은 갈등이 야기되는 동안에 감정표현보다는 움츠러드는 경향을 보이며, 이것이 결국 그들의 관계에서 혼란과 상처를 주고받는 경험을 야기할 수 있다(Bepko & Johnson, 2000). 이성 간 사랑이 지배적인 문화권 내에서 여성을 파트너로 선택하는 레즈비언의 경우, 종종 두 수동적인 개인들은 서로에 대해 의존적 관계가 된다(Long & Young, 2007). 레즈비언 부부(커플)들이 복종이나 정서성과 같은 전통적으로 여성적 역할에 강하게 내면화될 때, 서로의 관계 내에서 차별화되는 경험이 결여될 수 있다(Green & Mitchell, 2008).

전통적인 성역할의 입장에서 시스젠더 부부들에서도 시사되는 점들이 있다. 그중 하나의 시사점은 관계적 역동성에서 찾아볼 수 있다. 관계적 역동성에서 남성들은 여성들보다 더 높은 지위의 역할을 소유해 왔다(Eagly, 1983; Sagrestano, 1992). 이런 불평등적 역할에서 여성들은 남성들보다 더 쉽게 영향을 받는 경향이 있으며, 이것이 성역할 고정관념을 형성하는 데 부분적으로 작용했을 것이다. 그러나 이처럼 남성과 여성의 불평등한 지위에 대한 사회적 규범이 자기충족적 예언 효과를 초래하기도 하지만, 이후 점차 여성이 더 높은 지위를 얻게 되면서 성적 차별은 감소될 것이며 사라지기까지 할 것이다(Eagly, 1983). 즉, 여성이 더 높은 사회적 지위를 획득하는 사회적 상황이 된다면, 남성 파트너와 비교했을 때 여성들은 직접적으로 영향력 있는 전략을 사용하여 자신의 역할을 드러낼 수 있을 것이다. 이같이 권력(힘)의 차이가 균등해지는 만큼 젠더에서의 차이도 감소하게 되며, 실제적으로 성역할 유연성(융통성)은 증가하게 될 것이다. 그리고 다양한 젠더 정체성이 더욱더 가시화될 것이다.

젠더 역할에 대한 질문들

젠더 역할에 관련된 질문들은 다음과 같다.

1. 현재 중년기와 중년기보다 더 젊은 성인 세대에서 많은 사람들이 이전 세대에서 보다 젠더를 더 자유롭게 경험하고 표현합니다—여러분 각각은 젠더에 대해 어떻게 확인하고 느낍니까? 그리고 당신의 젠더를 서술하기 위해 어떤 단어를 사용합니까?
2. 후기 성인기 세대에서 당신이 더 어리거나 또는 좀 더 젠더가 자유로운 상황에서 양육 받았다면 당신의 젠더에 대해 어떻게 표현할 것입니까? 예전과 지금 상황에서 같은 표현을 할 것입니까, 아니면 다른 표현을 할 것입니까?
3. 전통적 관습과 비교하여 적절하지 않은 젠더 역할이나 정체성을 가진 당신을 다른 사람들이 차별할 때, 당신은 이런 차별에 대해 어떻게 저항했습니까? 아니면 어떻게 동조했습니까? 당신은 이러한 경험을 어떻게 처리했습니까?
4. 당신들 각자가 구분한 젠더는 역할에서 파트너로서 어떻게 작용합니까? 파트너로서 작용합니까? 성적으로, 로맨틱하게 작용합니까? 당신의 가족에서는 어떻게 작용합니까? 종교적/정신적/철학적 신념을 실행하는 데 있어서, 친구 사이에서, 또 일을 할 때는 어떻게 작용합니까?
5. 누가 당신의 우상으로 부각됩니까?(실제적 또는 가상적) 그들이 바람직한 젠더 특징으로 어떠한 모습을 보였습니까? 당신은 어떤 것을 모방하려고 노력했습니까? 그리고 이것이 당신의 삶에 어떤 영향을 주었습니까?
6. 마음속으로 생각해 둔 결혼이나 진지한 관계를 충족시키는 데 있어서 당신과 파트너는 어떤 식으로 접근합니까?
7. 파트너와의 관계에서 자신에 대한 가장 긍정적/부정적 이미지를 어떤 상황에서 보이게 되었습니까?
8. 대중매체가 당신의 젠더와 현재 관계에 어떤 영향을 미칩니까?

(2) 권력(힘)과 영향력

이성애적 사랑이 지배적인 남성 우월주의적 맥락 내에서 젠더가 논의될 때, 젠더와 관련된 권력의 역동이 일어난다는 것은 피할 수 없는 일이다(Prouty & Twist,

2015). Hare-Mustin과 Marecek(1990)은 젠더를 고려하지 않고 소홀히 여기는 사람들은 '베타 편견'에 참여하는 것이거나 또는 남성과 여성 간 차이를 최소화하거나 무시하는 것이고 시스젠더와 비시스젠더 사람들을 무시하는 것이라고 지적했다. 이러한 입장은 대다수 젠더의 사람들과 소수 젠더의 사람들 간에 생물학적 · 경제학적 · 사회적 자원에서 차이를 간과함으로써 단지 인간성에 대한 부분적 지각만을 제공할 뿐이다(Blumer et al., 2013; Hare-Mustin & Marecek, 1990; Prouty & Twist, 2015).

다양한 젠더를 포함하는 범위에서 젠더에 관한 많은 공공연한 편견들이 강조되고 있지 않다. 이런 편견은 '알파편견(alpha bias)', 즉 여성과 남성 간 그리고 시스젠더와 트랜스젠더 간 차이에 대한 과장에서 비롯된다(Hare-Mustin & Marecek, 1990). 예를 들면, 시스젠더 사람들에게 적용되는 것으로서 알파편견은 남성과 여성들이 상호 배타적인 특성들을 가지고 있으며, 이것이 그들을 다르게 할 뿐 아니라 서로 대척점에 서게 만든다고 주장한다. 이런 편견은 여성들은 집안 허드렛일에 책임이 있으며, 남성들은 일차적으로 생계의 책임이 있다는 남성지배적인 문화권 내 사람들에게 지지를 보낸다. 이런 편견은 여성과 남성 간 상호 의존을 부정하고 대신에 서로 반대되는 대칭적 관계를 고무시킴으로써, 현재의 남성-여성 이성 간 사랑, 일부일처제, 부부관계로 유지시키는 데 도움을 준다(Hare-Mustin & Marecek, 1990).

비시스젠더에게 적용되는 알파편견에 따르면 만약 외적 권위로부터 할당된 젠더와는 다른 자아정체성을 자신의 젠더로 가진다면 사회로부터 부여된 젠더와 동일시를 하는 사람보다 다른 종류의 뇌를 가지고 있는 것으로 취급 받는다. 이것을 소위 '뇌-성별 이론(brain-sex theory)'이라 한다(Zhou, Hofman, Gooren, & Swaab, 1995). 그리고 이런 사람들은 '정상적인' 것으로 간주되지 않으며, 다른 부류의 존재로 취급받아 자기가 다른 성(性)으로 잘못 태어났다고 느끼는 상태인 젠더 위화감(gender dysphoria) 또는 트랜스젠더로 분류된다(Blumer et al., 2013). 이런 뇌-성별 이론은 파트너로서 남성과 여성을 구분하는 사람들 간 차이를 과장시키는 방법으로 사용되어 왔다. 그러나 유전학, 생식기, 또는 젠더 식별과 상관없이 인간 뇌는 남성과 여성의 세부 특성들을 가진 모자이크로 이루어져 있으므로, 두 개의 다른 남성/여성 뇌 또는 시스젠더/비시스젠더 뇌로 분류될 수 없다는 사실이 현재 계속 밝혀지고 있는 중이다(Joel et al., 2015).

젠더를 어느 하나로 양극화시키는 편견적 입장으로부터 개념화되는 것을 피하기 위해서 두 인식 간 균형이 이루어지고 유지되어야 한다. 이를 위한 한 가지 가능한 방법은 이성애자가 지배적인 문화권과 시스젠더리즘으로부터 파생되는 권력이 젠더를 조직화시키는 데 영향을 준다는 사실을 인정하는 것이다. 가령, 남성-여성, 이성애자, 일부일처제 등의 부부관계에서 남성과 여성 간 조합이 권력의 변별이 아닌 등등한 개인 간 조합이라는 믿음을 이해하는 것이다(Hare-Mustin, 1994). 이런 믿음은 선천적으로 형성되어 있는 권력의 차이를 불분명하게 할 수 있다. 남성과 여성 모두가 이러한 권력의 차이를 재구성하는 데 협조한다면, 남성지배성과 가부장제, 그리고 여성의 종속성은 드러나지 않을 수 있다(Twist & Murphy, 2016). 그리고 결혼 제도에 있어서도 남성지배적, 여성복종적, 또는 전통적인 남성지배적인 가부장적인 정도가 가려질 수 있다(Hare-Mustin, 1994). 그러나 트랜스젠더-시스젠더 역동성에서 젠더와 권력에 대한 현시대의 지배적인 입장은 시스젠더로 구별되는 사람들은 병리적이지 않은 젠더를, 트랜스젠더로 구별되는 사람들은 병리적이고 하찮은 존재로서의 젠더를 가지고 있다고 생각하는 것이다(Ansara & Hegarty, 2012). 젠더에 대한 이런 입장은 시스젠더리즘을 형성하기 위한 일종의 자기민족중심주의와 같다(Ansara, 2010; Blumer et al., 2013). 이러한 입장은 외부 권위자(예를 들면, 의학적 제안자)에 의해 이원론적 젠더를 고정적으로 간주하고, 정신적 건강의 지표로 규정하며, 다수의 많은 젠더들을 비고정적인 상태의 정신적으로 건강하지 않은 비규범적으로서 간주한다. Gray-Little, Baucom, 그리고 Hamby(1996)는 두 명의 이성애자인 시스젠더들 간 행동을 관찰하고 코딩을 통해 측정될 수 있는 상호작용의 패턴으로서 권력을 개념화하는 연구를 실시하였다. 여기에서는 부부(커플)에 의해 완성된 표준화된 측정을 사용하여 부부들 간 네 가지 권력의 패턴을 확인했다(Gray-Little, Baucom, & Hamby, 1996). 즉, 평등주의적 패턴(예를 들면, 동등한 파트너들로 둘 모두가 의사결정 과정과 결과에 관여하며, 권력을 공유하고, 집안일도 함께 공유함), 여성지배적 패턴(예를 들면, 여성이 리드하여 일차적으로 결정하고 결론을 내며, 더 많은 권력을 가지며 집안일 분배가 불평등함), 남성지배적 패턴(예를 들면, 남성이 리드하여 결정하고 결론을 내리고, 남성이 더 많은 권력을 가지며 집안일 분배가 불평등함), 그리고 무정부적 패턴(예를 들면, 동등한 파트너로 둘 모두가 결정에 관여하지만 실질적인 결론을 내지 못하고,

권력의 분배가 명확하지 않으며 집안일 공유도 분명하지 않음)을 말한다. 연구 결과에 의하면 평등주의적 부부들이 가장 높은 만족을 보고하지만 여성보다 남성이 만족을 더 많이 보고하며, 무정부적 패턴 부부들이 만족을 가장 적게 보고하였다. 평등주의적 부부들은 가장 적은 수의 부정적 행동을 보였으며, 다음으로 위계적 패턴을 보인 부부들이, 그다음으로 무질서 패턴의 부부들이 가장 많은 부정적 행동을 보였다(Gray-Little et al., 1996).

이성애자, 시스젠더 부부들 간, 게이 부부들 간, 그리고 레즈비언 부부들 간의 권력의 패턴에 대한 비교연구에서, 후자의 두 부부 쌍들이 이성애자, 시스젠더 커플과 비교하여 더 평등주의적 관계를 경험했다(Landolt & Dutton, 1997; Means-Christensen, Snyder, & Negy, 2003). 정말로 같은 성을 파트너로 선택하는 부부(커플)들이 이성애자 커플들과 비교했을 때 더 용이하게 의사소통을 하는 경향이 있고, 권력의 공유와 공정성을 더 많이 나타내며, 덜 통제적이고 덜 적대적인 전략을 사용하고, 의견 불일치에서 덜 방어적으로 행동하며, 싸우는 동안에 감정을 더 효율적으로 감소시키며 갈등을 더욱 성공적으로 해결하는 경향이 있다(Kurdek, 1998; Patterson, 2005). 일부 이론가들은 두 파트너들의 공유된 사회화 과정에서 이런 관계적 역동성이 유래되고 있다고 설명한다.

Gray-Little 등(1996)의 연구에서 나온 결과를 참고하면, 고통스러운 파트너 관계와 행복한 파트너 관계를 구별하는 기준이 권력의 존재 여부인지 아니면 권력의 구조에서의 결여 여부인지를 해결하는 데 부분적으로 도움을 준다. 정말로 평등주의적 부부와 무정부적 부부 모두에 있어서 관계란 균형으로서 개념화될 수 있다. 그러나 평등주의적 부부들(전자 유형)에서 권력의 균형은 공유된 의사결정과 권력 분산을 고무시키는 반면, 무정부적 부부들(후자 유형)에서 권력은 의사결정 과정에서 교착 상태를 야기시킨다. 게다가 공유된 권력을 가진 부부(평등주의적 커플)들은 타협에 근거를 두고 더 나은 상호적인 결정을 도출할 수 있는 반면, 위계적 구조의 부부들은 서로의 관계에서 영향력이 상대적으로 약한 배우자의 생각을 부분적으로 변경시킴으로써 결정을 이끈다. 이에 비해 무질서 패턴의 부부들은 공동의 연합적 결정을 내리는 상황에 직면하면, 문제를 해결할 수 있는 방법을 실질적으로 생각해 내지 못하는 것처럼 보인다. 결과적으로 이런 부부들은 결국에 가서 싸움을 하게 되고, 그러한 갈등 속에서 각 파트너는 다른 파트너를 통제하려 드는 동시에 파트너의 영향력에 저항하곤 한다(Gray-Little et al., 1996).

권력과 영향력에 대한 질문들

권력과 영향력의 맥락에서 젠더에 관한 질문들이 다음과 같이 제시된다.

1. 시스젠더 남성과 여성으로 확인되는 사람들은 어떠한 면에서 비슷하다고 봅니까? 그들은 어떻게 서로 다르다고 봅니까? 이러한 입장이 관계적 역동성에 어떻게 영향을 줍니까?
2. 시스젠더와 트랜스젠더로 확인되는 사람들이 어떤 면에서 비슷하다고 봅니까? 그들이 서로 어떻게 다르다고 봅니까? 이런 견해가 관계적 역동성에 어떻게 영향을 줍니까?
3. 가족 중 누가 가장 많은 권한을 가집니까? 가족 간 관계에서 결정은 누가 내립니까? 결정이 내려질 때, 마지막 발언권을 누가 갖습니까?
4. 의견이 달라서 논쟁을 해결할 때 젠더가 어떻게 영향을 줍니까? 이러한 논쟁에서의 불일치와 권력은 어떤 역할을 합니까?
5. 집안일과 일에 대한 책임은 어떻게 분배됩니까? 이런 분배에서 권력은 부분적으로 어떤 역할을 합니까? 이런 분배에서 젠더는 부분적으로 어떤 역할을 합니까?
6. 젠더와 권력에 근거한 섹스(sex)에 관해 소위 규칙이라 부르는 것들은 무엇입니까?(가령, 좋아하고, 시작하고, 회피하고, 그리고 성과 관련된 것에 대해 말하고 하는 것 등)
7. 젠더 입장에서 볼 때, 누가 성생활에 대해 가장 긍정적으로 수용합니까? 누가 성생활에 대해 가장 부정적으로 판단합니까?

(3) 일과 교육

현재 미국 문화는 더욱더 평등주의를 향해 가고 있는데, 이런 경향은 젠더에 의해 영향을 받기도 하고 아울러 젠더에 영향을 주기도 하면서 다양한 기회뿐 아니라 혼란이 야기되고 있다. 아직도 대부분의 직업들이 여전히 이원론적 젠더 개념에 의해 차별화되고 있으므로, 직업 현장에는 주로 동성애자를 차별하는 사람들이 머물고 있다. 예를 들어, 게이, 레즈비언, 양성애자들이 개인적인 성적 행동에 대해 법으로 처벌을 받을 뿐 아니라 일터에서 차별을 당하는 것과 같이, 단지 개인의 성적 지향에 근거한 권리를 계속 침해당하는 현실에 직면하고 있다(Pizer, Sears, Mallory, & Hunter, 2012).

직장 내에서 이원론적 젠더 개념으로 차별화하는 미국 문화적 맥락에서, 즉 남성들이 여성들보다 더 돈을 많이 버는 그런 문화적 맥락에서, 아무리 평등주의를 추구하려는 사람들일지라도 남성적 가치지향의 핵심이 되는 돈과 권력(힘)에 관심을 가지도록 가르침을 받아 왔다. 그러나 이제는 여성들도 경력, 돈, 그리고 권력을 중요시한다. 그럼에도 여성들은 남성들보다 임금을 덜 받으며, 직장 일 이외에도 자녀 양육에 대한 일차적인 책임자로 여전히 존재한다. 게다가 여성들은 남성들보다 더 많이 미소를 짓도록 무언의 압력을 받고 있다. 여성들이 일을 할 때도 '늙은 말(nags)' 또는 '암컷(bitches)'으로 여겨지는 등으로 무시를 받기도 한다(Babcock, 2007; Wade, 2001). 연구가들에 따르면 인간관계에서 돈으로 주요 안건에 관한 결정뿐 아니라 권력(힘)을 살 수 있다는 것이다(Blumstein & Schwartz, 1991). 이같이 남성지배적인 현실에서 여성들은 더 많은 일을 계속하면서(또한 집에서도 더 많은 일을 계속한다)(Lachance-Grzela & Bouchard, 2010; Parker, 2015) 남성들보다 돈은 덜 받으며, 몇몇 예외를 제외하고는 직장의 리더 위치에 오르지 못하는 현실을 고려해 볼 때, 여성들은 특히 많은 어려움을 겪는다(DeSilver, 2015). 그러나 현재 변화의 움직임은 더욱 평등주의의 시대로 들어가고 있음을 의미하며, 이런 평등주의적 사회에서 남성이 아닌 여성들이 가정 내에서 최고의 이익을 창출하는 사람이 될 수 있을 것이다(Mundy, 2012). 실제로 현재 미국에서 결혼한 여성의 40% 정도가 남편들보다 더 많이 벌며, 경영이나 전문적 직업의 약 51%를 여성들이 차지하고 있다(Mundy, 2012).

인구통계학자는 2050년까지 남성 100명의 대학 교육을 받는다면 여성은 140명이 대학 교육을 받을 것으로 예언한다(Mundy, 2012). 여성들은 남성들보다 이미 더 나은 교육을 받은 젠더가 되고 있다. 왜 이런 현상이 나타났는가에 대한 이유는 다음과 같다. ① 여성들이 이제는 동등한 임금을 받기 위해서 더 많은 교육이 필요하다는 것을 인식하고 있다. ② 남성들은 일을 통해 돈을 벌어야만 하고 교육을 받는 것이 돈을 버는 데 직접적으로 관련되지 않는다고 믿는다. ③ 여성들은 이제 남성들을 의지하는 것을 원하고 있지 않으며, 그런 태도가 여성들에게 자기만족을 향한 더 많은 노력을 기울이도록 한다(Mundy, 2012). 이런 이유 중 첫 번째가 가장 분명한 증거를 갖는 것처럼 보인다.

그러면 젠더 역동성에 대해 교육과 직업 영역에서 이런 변화가 어떻게 진행되고 있는가? 이런 변화가 미래를 어떻게 만들어 가게 될 것인가? 세대 간에, 사회적으로 어떤 일이 일어나서 이런 변화에 기여하게 될 것인가? 이런 변화가 젠더 역동성과 이성애자 및 시스젠더 동반자에게 영향을 줄 수 있는 몇몇 제안들이 있다. 즉, 여성의 임금이 계속 상승하여 남성의 것을 능가함에 따라 일부 남성들은 더욱 경쟁적이 되는 반면, 일부 남성들은 위협을 느끼게 되면서 더 지배적 · 주장적 · 반항적으로 반응하는 경향을 보인다. 하지만 나머지 다른 남성들은 이런 변화에 굴복하고 수용하므로, 여성 배우자가 동의하는 직업을 갖거나 아니면 집에 거처하는 피부양자가 되기도 한다(Mundy, 2012). 그러나 대다수의 남성들은 여성들의 더 높은 임금에 의해 불안을 느끼는 경향이 있으며, 이런 불안은 남성들에게 일차적으로 죄의식이라는 감정을 느끼게 한다. 왜냐하면 일하고 돈을 벌어야 하는 것에 남성들이 느끼는 강한 부담감이 여전히 현 남성지배적인 사회에 깊이 뿌리 박혀 있기 때문이다(Mundy, 2012).

여성의 경우에는 매우 많은 변화들이 있게 될 것이다. 예를 들어, 여성들은 자신들이 번 돈과 그 돈의 사용에 대한 더 큰 권한을 부여받게 될 것이다. 여성들이 남성을 평가하는 기준은 가장으로서의 능력보다는 오히려 부모로서 그리고 집에서 기능하는 아버지로서의 능력에 초점을 둔다. 그리고 여성들은 아이를 돌보는 등의 어머니 역할과는 거리가 먼 일 등에 적응하게 될 것이다(Mundy, 2012). 이미 남편들은 과거에 해 왔던 집안일과는 다른 더 많은 일을 하고 있다. 이런 상황들이 이성애자 시스젠더 부부(커플)들에게 주는 영향은 다소 복합적이다. 일부 연구에 의하면 전통적으로 여성의 일로 간주되어 온 일에 더 많은 시간을 소비하는 남성(결혼한)들은 전통적으로 남성의 일로 여겨지는 일에 관여하는 남성들보다 빈번한 성관계를 덜 갖는다고 한다(Kornrich, Brines, & Leupp, 2012). 그러나 최근 다른 연구에 의하면 반대 결과가 나타났다. 남성들이 모든 집안일에 참여할 때, 배우자들은 더욱 빈번하고 만족스러운 성관계를 갖는다고 보고되었다(Johnson,

Galambos, & Anderson, 2015).

물론 일부에서는 자녀를 돌보는 등의 어머니 역할이 자녀들에게 주는 영향에 대해 염려하고 있다. 미국에서 41%의 성인들은 일하는 어머니들의 수가 증가하는 것이 자녀에게는 좋지 않을 수 있다고 말하는 반면, 단지 22%만 괜찮을 수 있다고 말한다(Taylor, Funk, & Clark, 2007). 그러나 일하는 어머니를 갖는 것이 자녀에게 긍정적인 영향을 줄 수 있다. 예를 들면, 20개국 이상에서 참여한 5만 명의 성인들을 대상으로 진행된 연구에서 일하는 어머니의 딸들은 일하지 않는 어머니의 딸들보다 더 많은 교육을 받았으며, 더 많은 관리직에 고용되는 경향이 있었고 더 많은 돈을 받는 경향이 있었다(McGinn, Castro, & Lingo, 2015). 한편, 일하는 어머니의 아들들은 일하지 않은 어머니에게서 양육된 아들들보다 자녀 양육과 집안일에 더 많은 시간을 소비했다(McGinn et al., 2015).

일과 교육에 대한 질문들

일과 교육에 대한 맥락에서 젠더 관련 질문들이 다음과 같이 제시된다.

1. 특정한 젠더가 된다는 것이 일을 해야만 하는 것을 의미합니까? 만약 그렇다면 젠더에 적절한 특정 종류의 일들에 대한 방안이 있습니까?
2. 당신이 전형적인 남성 직종에서 일하는 여성이라면, 함께 일하는 동료, 친구, 가족구성원, 대학 동기 등은 당신을 어떻게 생각합니까?
3. 당신이 전형적인 여성 직종에서 일하는 남성이라면 당신의 동료, 친구, 가족구성원, 대학 동기 등은 당신을 어떻게 생각하겠습니까?
4. 당신이 전형적인 시스젠더 직종에서 일하는 트랜스젠더★라면 당신의 동료, 친구, 가족구성원, 대학 동기 등은 당신을 어떻게 생각하겠습니까?
5. 돈에 대한 가족의 믿음은 무엇입니까? 가족 중, 돈을 벌고 돈을 통제하며 소비하고 저축하는 사람은 누구입니까?
6. 당신은 개인으로서 어떤 유형의 자원과 돈을 가지며, 또 다른 유형의 자원을 가집니까? 부부(커플)로서, 또는 파트너로서입니까? 보증을 포함하여 재정적 결정은 어떻게 내립니까?
7. 유산으로 부여받은 재산이 가족에게 있다면 특정 젠더의 사람들이 더 많은

유산을 부여받는 경향이 있습니까?

8. 세대 간 빈곤이 있습니까? 특정 젠더를 가진 사람들이 가난을 더 많이 경험하는 경향이 있습니까? 그 가난이 젠더와 연관되어 있습니까?
9. 특정 젠더가 된다는 것이 더욱더 많은 교육을 추구해야 하는 것을 의미합니까? 그런 종류의 교육에 대한 방안들이 있습니까?
10. 가족의 모든 구성원들의 교육 수준이 어떠하고 어떠한 직업들을 가지고 있습니까? 젠더 특정적인 직업 형태나 직장 선택의 여지가 있습니까?

(4) 파트너되기와 애착 관련 고려할 점

동반자 관계를 확립하기 위한 토대로서 사랑과 매력은 이 책의 영역 밖 주제다. 매력과 낭만적 사랑이 갖는 화학 반응은 애착 가계도 분석에서 서술되었으며, 이것은 애착과 관련하여 고려할 점들을 포함하고 있다. 다만, 여기서는 젠더 다양성 관계에서 애착 과정과 낭만적인 파트너되기에 대해 탐색할 것이다. 연구가들은 성적 매력과 성적 열망이 후각에 의해 야기될 수 있다는 사실을 보여 왔다(Garmmer, Fink, & Neave, 2005; Wedekind, Seebeck, Bettens, & Paepke, 1995). 다양한 젠더의 부부들에 대해 비교할 만한 연구들은 없지만 여기에서는 생물학적 시사점들이 제안될 것이다.

파트너되기와 애착 관련 고려할 점들에서 질문들

다음과 같이 질문들이 제시되었다.

1. 당신의 젠더가 파트너를 선택할 때 어떻게 영향을 줍니까?
2. 당신의 젠더는 배우자와의 관계에서 경험되는 친밀감과 유대감에 어떤 영향을 미칩니까?
3. 당신의 젠더는 배우자와의 관계에서 경험되는 거리감에 어떤 영향을 미칩니까?
4. 당신의 젠더는 배우자와의 관계에서 정서적 표현을 하는 데 있어서 어떤 영향을 미칩니까?
5. 당신의 젠더가 서로의 관계에 있어서 정서를 조절하고 처리할 수 있는 능력에 어떤 영향을 미칩니까?

6. 정서적으로 기분이 상할 때 당신은 무엇을 합니까? 당신의 파트너는 무엇을 합니까?
7. 정서적 표현과 젠더는 낭만적/성적 관계에 어떤 역할을 합니까?
8. 배우자와의 관계에서 낭만적/성적 관계가 정서적 표현과 젠더에 어떤 역할을 합니까?

3) 젠더: 세대 간 영역

젠더에 대한 세대 간 영역 내의 주요 주제는 파트너되기, 애착과 관련하여 고려할 점, 해부학적 구조와 생식, 그리고 젠더와 관련된 가족 형태들이 포함된다.

(1) 젠더 특징을 반영한 가족 형태

가족은 문화를 통합할 뿐 아니라 문화를 전달한다. 특정 가족 내에서 문화적 규범들은 광범위할 수 있으며, 이러한 경향은 가족 간 역동적 관계를 야기하므로, 가족 내에서는 서로 다른 젠더들의 다양한 메시지들이 제공되고 수용될 수 있다. 이런 맥락에서 자녀들은 첫 번째로 가족 내에서 특정 젠더 소유자들이 갖는 성격과 행동적 특성들을 학습한다. 이러한 학습은 상황과 사회적 계층에 의해 변한다. 예를 들면, 어떤 아버지는 전통적인 젠더 역할과 규범들이 성공적인 자녀 양육을 위해 필요하다고 생각할 수 있다. 따라서 이들은 자녀의 성공을 어린이 야구단에서 한방의 훌륭한 배팅을 하는 것으로 정의 내릴 수 있다. 그러나 어떤 것을 선택하든 그것이 아들을 강인하게 하는 방법으로, 그리고 미래에 가족을 돌볼 수 있는 방법으로 보는 경향이 있다. 이에 반해 딸인 경우 담대하게 말을 잘하거나 공격적이 되거나 또는 조용하거나 수동적이 되도록 고무될 수도 있지만, 대부분의 딸들은 거의 자신을 매력적으로 만들어서 결혼할 수 있도록 고무되는 경향이 있다. 가족과 가족구성원들이 젠더와 관련하여 신념과 행동에서 다르기 때문에 어떤 가족원들은 성차별주의자와 시스젠더주의자가 되기도 하고, 나머지 구성원들은 더욱 창조적인 젠더 개념을 가지고 평등주의자가 되는 경향이 있다. 따라서 시간에 따라 가족 패턴의 변화를 인식하는 것이 중요하다. 가족과 문화적인 젠더 메시지가 주는 의미를 잘 숙고함으로써 임상 장면에서 내담자들이 스스로와 가족구성원에 대해 더욱 융통성 있는 젠더를 형성할 수 있도록 해 주는 것이 중요하다.

가족이 젠더를 가르치면서 전달되는 메시지는 자녀에게 깊이 내재화되면서 심리적 발달의 일부분이 된다. 이것이 개인의 심리학적 구조의 가장 중추적 영역 중 하나를 형성한다. 즉, 개인의 자기 가치, 세상에서 일할 수 있는 능력, 그리고 사랑하는 관계의 모든 형태는 내재화된 젠더 메시지와 관련되며, 그러한 메시지가 제공하는 기준에 얼마나 부합된다고 믿고 있는가와 관련된다. 이런 믿음은 깊게 내재화되기 때문에 사람들은 그런 믿음을 마치 생물학적으로 주어진 것처럼 자연스럽게 수용하게 된다. 따라서 가족을 통해서 부모들은 젠더에 대한 지배적인 문화적 메시지를 알려 주거나 비지배적인 메시지는 저지시킨다. 이런 경향은 세대를 거치면서 반복된다. 예를 들면, 자녀들은 규정된 방식에서 행동을 평가하거나, 또는 부모와 같이 누군가를 배우자로 선택하여 동반자 관계를 이룬 후에는 부모가 했던 그런 행동들을 창출하는 식으로 행동한다. 즉, 각 가정에서 태어난 개인들은 가정에서 내재화된 기준에 따라 어떤 것은 회피하거나, 또는 내재화된 젠더 기준을 동일시하거나 아니면 부인함으로써 가족 내의 특정한 방식으로 반응해야만 하는데, 이것이 세대 간 유산이다. 현재 젠더에 대한 부모의 신념이 극적으로 변할 수 있게 되면 젠더에 대한 세대 간 유산은 변화될 것이며, 이것이 새로운 관계 내에서 갈등을 창출시키고 궁극적으로 미래 세대에서 변화를 야기시킬 것이다.

역사적으로 젠더와 관련하여 미국의 가장 공공연한 세대 간 가족 형태가 전통적 특징 중 하나가 되어 왔다. 이런 특징으로는 이성애자, 시스젠더 부부가 포함된다. 이런 문화적 특징에서 여성은 친밀한 관계 형성에, 남성들은 규칙을 정하는 일에 책임을 갖는다. 이러한 남성지배적인 문화권에서 남성들은 여러 면에서 특권을 가지며 재정적인, 그리고 또 다른 측면의 일에서 가족을 보호하는 대가로 존중을 받아야만 한다고 가정되어 왔다. 남성은 돈을 사용할 더 많은 권리를 갖고, 바깥세상에서 지도자적 위치를 가지며, 아내보다 더 많은 돈을 벌면서 상대적으로 부족한 권력을 가진 아내들에게 종종 왜곡된 감정과 행동을 보이기 때문에 아내가 남편을 떠나게 되는 현상이 야기된다. 여성들은 스스로 권력이 부족하다고 생각하므로 지도자적 역할을 하는 남편을 잘 보살피도록 가르침을 받아 왔고, 자율성이 부각되는 일을 중점적으로 하는 남성을 파트너로 삼거나 결혼을 하도록 가르침을 받아 왔다. 결과적으로 여성은 감정을 추구하거나, 더욱더 친근함과 감정에 대해 말하는 것을 더 선호하는 경향을 보이는 반면, 남성들은 더욱 홀로 시간을 보내거나 감정에 대해 말하기보다 해결적인 토론을 더 선호하는 경향을 보인다. 게다가 집안일과 자녀를 돌보는 일은 권력의 또 다른 문제와 깊이 관련된다. 진실한 평등주의자들의 삶은 돈을 버는 것에서 평등한가, 특히 부부가 함께 삶을 위해 일을 계속 유지하는가의 여부를 중시한다(Hochschild & Machung, 1989). 반면, 전통적인 결혼제도에서 아내들은 남편들만큼 권력적이지 못하다고 느끼는 경향이 있다. 따라서 이렇게 공공연히 성차별적인 권력의 역동성과 관련된 것들은 측정하여 그런 역동성의 패턴을 추적하는 일이 매우 필요하다.

원가족과 출산 가족(family of procreation, 결혼해서 이룬 가족)은 선택된 가족, 또는 가족의 선택이 어떤 식으로 영향을 주느냐에 따라 미래 세대의 젠더에 영향을 준다. 선택된 가족, 또는 가족의 선택은 전형적으로 개인, 부부(커플), 그리고 가족에 의해 선택된 친구나 또는 가족구성원들로 이루어진다(Ariel & McPherson, 2000; Bepko & Johnson, 2000; Blumer & Murphy, 2011). 가령, 아이만으로 구성된 가정 출신자, 이혼하고 파괴된 가정 출신자, 피부색이 다른 사람, 성(sex)과 젠더, 성적 지향 등에서 소수인 선택된 가족들로 구성된다(Blumer & Murphy, 2011; Campbell, Shirley, Heywood, & Crook, 2000).

젠더 특징을 반영한 가족 형태에 대한 질문들

젠더 특징을 반영한 가족 형태에 대한 질문들이 다음과 같이 제시된다.

1. 젠더와 관련하여 원가족, 선택된 가족, 출산 가족의 믿음은 무엇입니까? 가족구성원들이 젠더를 전 생애에 걸쳐 동일하게 유지되는 것, 또는 변화되는 것으로 봅니까? 한쪽의 젠더가 나머지 다른 쪽의 젠더보다 더 우월하다고 간주됩니까? 어떤 근거에서 우월합니까? 무엇이 남성성과 여성성과 같은 정체성을 정의합니까?
2. 누가 가족의 영웅이 됩니까? 가족의 영웅은 어떤 이유로 존경을 받습니까? 존경을 받는 사람이 하나의 젠더나 또 다른 젠더를 가진 여러 사람들입니까? 가족 중에 악당도 있습니까? 악당으로 비난 받는 사람이 하나의 젠더나 또 다른 젠더를 가진 여러 사람들입니까? 그들의 범행은 무엇입니까?

3. 당신의 젠더는 원가족, 선택된 가족, 그리고 가족의 출산 가족에 어떤 영향을 줍니까?
4. 당신의 젠더에 대해 가족이 기대하는 바를 어떻게 수행합니까? 이런 기대에 대해 순응하거나 반항을 하려고 어떤 시도를 해 왔습니까? 당신은 어떤 기대를 바람직한 것으로, 아니면 바람직하지 못한 것으로 여깁니까? 이런 기대가 당신의 삶에 어떤 긍정적/부정적 영향을 미칩니까?
5. 당신의 젠더가 무시되거나 처벌받은 경험이 있습니까? 당신은 내면에서 경험되는 젠더를 확실하게 표면적으로 표현하는 것이 두려웠습니까? 또는 주저하며 표현했습니까?
6. 가정에서 심리적 · 신체적 유형의 문제는 무엇입니까? 그리고 그런 문제들이 대부분, 또는 분명하게 젠더에 국한된 것입니까? 젠더-특정적인 유형의 신체적 질병들이 있습니까? 요절로 이어지는 젠더 특정적인 유형들이 있습니까? 삶을 위협하는 상황에서도 생존을 가능하게 하는 특정적인 젠더 유형들이 있습니까?
7. 접근이나 거리 두기, 정서 보이기, 주고받기, 또는 권력을 공유하기 등의 관점에서 당신의 가족관계 유형은 무엇입니까? 어떤 젠더(또는 모든 젠더)를 가진 사람들이 접근과 거리 두기에서 다른 욕구를 보입니까? 일반적으로 관계는 평등주의, 여성지배적, 남성지배적, 또는 무정부적 모델로 향하는 것 중 어떠한 경향을 보입니까?
8. 가족사에서 다른 도시나 나라로 이주하는 특정적인 젠더 유형들이 있습니까? 가정에게 떠날 것을 누가 허용하며 어떤 이유에서 허용합니까?
9. 불륜, 이혼, 파경, 유기, 충성, 희생의 가족 유형은 어떠합니까? 그런 유형은 젠더에 의해 어떻게 영향을 받습니까(또는 받지 않습니까)?

(2) 해부학과 생식

미국에서는 아기가 세상에 태어나기 전이라도 그 아기에 대해 젠더가 주는 메시지가 시작되는데, 가령 '당신은 지금 아들 또는 딸을 임신하고 있는 중입니까?'와 같은 질문이 그것이다. 한 개인의 젠더에 대한 외적 권위를 행사하기 위한 이런 압력이 현 문화권에서도 지배적이며 그런 압력으로 인해 자녀들은 자신의 젠더 확인을 연습하도록 도전받는다. 이런 연습을 통해 젠더와 관련된 천성적인 유전적 다양성이 무시될 수 있다. 실제로 미국 사회에서 더욱 많은 자녀나 청소년들이 이원론적 젠더 범위를 벗어난 젠더로 확인되고 있으며, 현재 창조적인 다양한 방식에서 젠더가 확인되고 있다(Gray, 2015). 이런 것에 개방적인 입장이 되는 것이 젠더의 관점에서 보다 전 세계적으로 규범적인 미래 세대를 양육하는 데 중요하다. 특히, 자녀의 삶을 젠더 이원론적 한계에서 바라보지 않음으로써 자녀들이 이후에 남성지배적인 사회에서 부여된 트랜스젠더라는 명칭을 극복하려고 애쓰기보다는, 오히려 자신의 모습을 있는 그대로 받아들이는 데 개방적이 될 수 있으며, 결국 이것이 우울과 불안을 경감시킴으로써 자녀의 정신건강을 유의미하게 향상시키는 결과를 얻게 될 것이다(de Vries et al., 2014).

해부학과 생식에 대한 질문들

해부학과 생식에 대한 질문들은 다음과 같다.

1. 사춘기를 경험하기 전과 사춘기 동안에 무슨 일들이 일어날 것인가에 대해 어떻게 느꼈습니까? 이미 부여된 젠더와 똑같은 젠더로 존재하는 것이 당신에게는 '자연스럽게' 기대되었습니까? 아니면 당신에게 부여된 젠더의 것과 다른 젠더로 변화될 것을 기대했습니까?
2. 몇 살 때 사춘기가 시작되었습니까? 당신의 또래보다 좀 더 이른 시기였습니까? 아니면 늦거나 같은 시기에 시작되었습니까? 사춘기에 대한 당신의 반응은 어떠했습니까? 사춘기 동안에 어떤 일이 일어날 것인가에 대해 정확한 정보를 가지고 있었습니까? 당신은 이런 정보를 누구로부터 학습했습니까?
3. 젠더 동일시가 개인에게 할당된 젠더와 부합되지 않는 상황에서 사춘기가 멈추어졌습니까? 아니면 지연되었습니까? 사춘기가 지연되거나 멈추는 데 있어서 어떤 일이 일어날 것인가에 대한 정확한 정보들이 있었습니까? 당신은 이런 정보들을 누구로부터 학습했습니까?
4. 당신은 생물학적으로, 아니면 다른 수단을 통해 부모가 되고 싶은 소망을 가졌습니까? 아니면 과거에 그런 소망을 가졌었습니까? 이런 결정을 내릴 때 당신의 젠더는 어떤 역할을 했습니까?

5. 임신한 적이 있습니까? 또는 누군가를 임신시킨 적이 있습니까? 이런 임신은 계획된 것입니까, 아니면 계획하지 않았던 것입니까? 임신의 결과는 어떠했습니까?
6. 임신했을 때 당신의 몸에서 어떤 안락함이 느껴졌습니까? 임신을 원했으나, 임신을 경험할 수 없었습니까? 그것이 당신에게는 어떠한 감정으로 다가왔습니까? 이런 감정들이 젠더에 대한 경험과 관련이 되었습니까?
7. 당신이 남성 또는 남자로 생각한다면 임신 경험에 대해 어떻게 느끼게 되겠습니까? 당신이 여성 또는 여자로 생각한다면 임신 경험에 대해 어떻게 느끼게 되겠습니까? 만약 당신이 시스젠더 이외의 젠더로 생각한다면 임신 경험에 대해 어떻게 느끼게 되겠습니까?
8. 생식과 생식 문제의 유형들을 가지고 있습니까?(예를 들면, 불임, 낙태, 자연 출산, 제왕절개 출산, 사산, 까다롭거나 위험한 임신들) 젠더가 이런 형태에 어떻게 기여하는 것으로 보입니까?
9. 당신은 어떤 시점에서 자녀의 젠더를 확인할 것입니까? 또는 확인합니까?(자궁 내에 있을 때, 의학적 확인에 의해, 아이가 스스로의 젠더를 확인할 때에 등)
10. 당신은 사춘기와 임신에 대해 자녀에게 어떻게 이야기해 줄 것입니까?

(3) 양육과 애착에 대해 고려할 점들

부모가 되는 방식은 문화적 맥락에 매우 큰 영향을 받는다. 즉, 부모들이 경험하는 젠더와 관련된 애착 과정, 그들의 성장 과정에서 젠더에 대해 받았던 메시지, 그리고 젠더에 대한 현시점에서의 인식 등에 의해 영향을 받는다. 자녀에게 있어서 부모와의 관계는 젠더를 가지고 행동해야 하는 방법과 문화적 맥락 내에서 젠더가 어떻게 조직되는가를 학습하는 첫 번째 경험이다. Bennett의 연구(2003)가 그중 결정적으로 중요하다. 레즈비언이 가장인 가정에 입양된 자녀가 이원론적 젠더를 가진 경우 자녀는 두 어머니에게 애착 유대감을 발달시키지만, 일부 자녀들은 파트너 간 노동의 분배와 공유된 양육을 받음에도 불구하고 두 어머니들 중 한 어머니에게 일차적인 유대감을 발달시킨다(Bennett, 2003). 이런 일차적 유대는 젠더 탓이 아닐 수 있으며, 부모의 지위 탓도 아닐 수 있다. 다만, 모성적인 양육 특성이 지배적인 기여 요인으로 보인다(Bennett, 2003). 돌봄의 특성에 의해서 어린 자녀들은 더 양육적이고 반응적인 애착 대상에게 다가간다.

일반적으로 같은 성을 가진 가정에서, 또는 다른 성을 가진 부모 밑에서 양육된 자녀들 간에 심리사회적 성장 및 발달과 같은 영역과 관련된 결과들에서 유의미한 차이는 보이지 않는다(Patterson, 2005). 그러나 다른 성을 가진 부모의 가정과 같은 성을 가진 부모의 가정에 대한 비교연구가 적다는 것을 주목하는 것이 중요하다(Marks, 2012; Patterson, 2005). 레즈비언 어머니의 자녀들도 이성애 부모의 자녀들과 같이 젠더 역할의 형태를 발달시키는 것으로 보인다(Patterson, 2005).

일부 가족에서(예를 들면, 위탁가정들, 다수의 파트너가 가장이 되는 가족), 가족 체계가 애착 과정에 대한 기반으로 작용하므로, 반드시 한 사람에 대한 애착 과정을 기반으로 하지 않는 경우들이 있다(Byng-Hall, 1995; Schofield, 2002; Schofield & Beek, 2009; Waters & Cummings, 2000). 그러나 아직도 미국에서 가장 지배적인 시스젠더 가정, 즉 남성과 여성을 파트너로 구분하는 가정에서 어린 자녀들은 한 명의 부모를 일차적인 애착 대상으로 선호한다. 결과적으로 아버지들도 만약 그들이 정말로 일차적인 양육 인물이 되면 일차적 애착 대상이 될 수 있다. 만약 두 부모들이 직업을 갖고 있다면 어린 자녀들은 전형적으로 같은 젠더로 구분되는 부모에게 동일시하는 경향이 있다.

애착 이론가들의 주장에 의하면 불안정 애착은 같은 성을 가진 부모에 의해 유의미하게 영향을 받는다(Mikulincer & Florian, 1998). Mikulincer과 Florian(1998)에 따르면 안정 애착의 시스젠더 남성은 시스젠더 부모들 중, 한 사람에게 안정 애착을 갖는 반면, 시스젠더 여성 자녀들은 같은 성의 부모인 어머니에게 안정 애착을 갖는다. 어머니는 딸을 견습생으로 여기며, 언젠가는 딸도 자신과 같은 삶의 경험을 공유하게 될 것으로 여긴다. 만약 어머니들이 아버지들에 의해 낮게 평가받거나, 스스로를 낮게 평가하거나, 다른 여성들에 의해 낮게 평가받는다면 이것이 딸들에게도 똑같이 전해지고, 그들의 아들들은 남성이 여성을 존경스러운 마음으로 대할 필요가 없음을 학습하게 된다. 따라서 어머니들에게 책임을 묻는 일은 여전히 학계와 의학계에서 매우 공공연한 일이다. 아버지의 행동과 상관없이, 또는 아버지의 존재 여부와 상관없이, 가족에서 어떤 문제가 발생하면 어머니들은 의사, 아버지, 자녀들(그리고 그들 스스로)에 의해 종종 비난을 받는다(Bograd, 1990).

비슷하게 아버지들도 아버지 역할을 맡는 것에 대해 고무되기도 하지만, 또는 미묘하게 고무되지 않기도 한다. 이런 경향이 아버지들도 자녀를 돌보고 안정 애착 형성을 이루기 위해 헌신할 수 있도록 시간을 충분히 할애하는 데 영향을 준다. 1970년대까지 남성지배적인 미국 문화권에서 아버지들의 역할은 일차적으로 가족의 생계 마련으로 여겨졌고, 어린 자녀와 직접적으로 많은 시간을 접촉하는 일은 무시되거나 가치가 낮게 평가되었다. 지금에 와서조차도 많은 남성들은 자신의 역할을 임금 노동자로서의 세대주로 여기고 있다. 결과적으로 많은 자녀들은 심리학적으로 부재인 아버지 밑에서 성장한다. 어떤 남아는 이러한 심리학적으로 불충분한 아버지 밑에서의 성장 경험으로 인해 잘못된 남성성을 발달시킬 수 있다(Pittman, 1993). 일반적으로 아버지는 아들에게 효율적인 역할 모델이 되며, 높은 자존감 발달을 촉진시킨다. 또한 아내와 딸들과의 긍정적인 관계를 통해 아버지들은 여성들은 중요하며 가치 있는 존재라는 것을 아들에게 가르쳐 준다. 연구자들은 이러한 아버지들이 자녀의 발달에 유의미하고 긍정적인 영향을 준다는 사실을 밝혀 왔다(Higgins, 2012). 실제로, 연구자들에 따르면 여성들이 중요하며 가치 있는 존재라는 것을 아들에게 가르쳐 주며 아내와 딸과의 긍정적인 관계를 갖는 아버지 밑에서 성장한 자녀들은 전통적인 정서지능 측정에서 더 나은 결과를 보였다(Higgins, 2012).

어떤 아버지들은 딸들에게 무관심하며, 사춘기에 시작되는 딸들의 성적 관심에 대해 염려하고, 딸들의 외모에 대해 지나친 간섭을 보이기도 한다. 이것이 많은 딸들에게 온정적이고 양육적인 남성 짝을 찾을 수 있도록 준비하는 데 부정적인 영향을 준다. 그러나 아버지로서의 기능을 적절히 수행하는 아버지들은 그녀들이 가치 있는 존재임을 딸들에게 가르치며 결혼생활에서 기능적으로 작용할 수 있는 남성-여성 관계를 형성시킨다(Scheffler & Naus, 1999). 소년들은 슬픔보다는 거칠고 비정서적이 되는 것에 더욱 칭찬을 받으며, '존재 의미'보다는 무언가를 '행하는' 사람으로서 특징된다. 소녀들은 종종 양육적이고 가족을 돌보며, 순종적이 되는 것, 그리고 분노를 드러내기보다는 우울해하는 것에 더욱 칭찬을 받는다. 또 소녀들은 가족과 대중매체에 의해 소년과는 다른 방식으로 외모를 의식하도록 훈련받는다. 따라서 섭식장애의 급속한 증가율이 지적하고 있듯이, 소녀들에게는 날씬하고 예뻐지는 것이 주요한 문화적인 집착이 되었다(Bromberg,

1997; Hesse-Biber, Leavy, Quinn, & Zoino, 2006; Keel & Klump, 2003).

지배적으로 존재하는 시스젠더 부모-자녀관계에서 보면, 자녀의 애착 형태는 같은 성을 가진 부모(특히 불안정 애착을 가진 동성의 부모들)와의 관계를 일차적으로 형성하는 경향이 있다. 실제로 연구자들은 애착 형태, 성인 애착 양식과 관련된 관계적 상호작용 형태, 그리고 가족의 애착 경험 등이 한 세대에서 다음 세대로 전해지고, 그런 다음 이것이 젠더 역동성의 전달을 포함하게 된다고 주장한다(Cowan & Cowan, 1997; Cowan & Cowan, 2006). 연구가들에 의하면 지지적인 아버지–자녀관계를 가지고 어머니–자녀 간 안정 애착을 발달시키는 것이 시스젠더 소년과 소녀들 모두에서 젠더 고정관념적인 행동을 덜 보이는 것과 관련된다(Grossmann et al., 2008). 현재 아동기 애착 형태 관계에 대한 더 많은 정보들이 출현하고 있는 중이다. 예를 들면, 유치원생 자녀가 있는 236개의 가족에 대한 연구에서 자녀의 정서적 고통에 대한 아버지와 어머니의 반응이 부모–자녀 애착 과정과 관련되었다(George, Cummings, & Davies, 2010). 연구자들에 의하면 덜 반응적인 양육은 어머니와 아버지 모두에게 있어서 자녀에 대한 불안정 애착 형태와 관련되었다. 더욱 특별하게도 낮은 부모 반응성은 불안정 회피 애착과 연계되는 반면, 낮은 어머니 반응은 불안정하고 양가적인 애착 형태와 관련되었다.

부모의 젠더와 그것이 자녀 애착 형태에 주는 영향들은 더 많은 연구에 기반을 두고 다양한 젠더 정체감과 가족 배경을 가진 부모, 그리고 아버지에 초점을 두고 진행될 필요가 있다. 애착에 대한 아버지와 아버지의 영향에 관한 문헌에서 보면 시스젠더 부모들에서 아버지는 어머니와 다른 식으로 자녀의 안정 애착을 지지하는 것처럼 보인다. 게다가 아버지–특정 애착에 따르면 자녀의 사회적 · 신체적 환경과의 상호작용과 탐색에서 자녀의 신뢰와 안전을 지지하는 데 어머니보다 아버지가 더 큰 역할을 한다(Freeman, Newland, & Coyl, 2010; Grossman et al., 2008).

양육과 애착 관련하여 고려할 질문들

부모 애착과 관련하여 고려할 질문들은 다음과 같다.

1. 당신의 젠더는 당신이 어떤 부모인지, 또는 어떤 부모가 될 것인지에 어떻게 영향을 줍니까?

2. 젠더의 입장에서 자녀를 어떻게 양육할 것입니까, 또는 자녀를 어떻게 이상적으로 양육하고 있습니까? 자녀를 양육하는 방식은 당신이 양육 받은 방식과는 다릅니까?
3. 당신의 젠더는 자녀와 친밀하게 상호작용하는 데 어떻게 영향을 줍니까? 당신의 젠더는 자녀와의 유대감이나 연결된 감정을 경험하는 데 어떻게 영향을 줍니까?
4. 친밀감과 젠더는 자녀와의 관계에 어떻게 영향을 줍니까?
5. 당신의 친근함과 젠더는 자녀가 자신의 젠더를 친근하게 느껴서 잘 연합될 수 있게 하는 데 어떻게 영향을 줍니까?
6. 자녀의 젠더는 자녀가 당신과 가까워지고 연결될 수 있게 하는 능력에 어떻게 영향을 줍니까?
7. 당신은 자녀와 분리된 첫 경험을 언제라고 기억합니까? 이 분리된 경험이 당신에게는 어떠했습니까? 이런 경험이 자녀에게는 어떠했습니까?
8. 당신은 자녀가 젠더와 젠더 정체성을 실험하도록 어떻게 도와주고 있습니까?
9. 당신에게 자녀가 있다면, 자녀는 언제 자신의 젠더를 동일시했습니까? 자녀의 젠더는 어떻게 규정되었습니까? 또는 당신에게 어떻게 전달되었습니까? 자녀의 젠더는 당신에 의해 어떻게 받아들여졌습니까? 그리고 당신의 가족 구성원들에게는 어떻게 받아들여졌습니까?

4) 젠더: 맥락적 영역

젠더와 관련하여 체계 간 애착(Intersystem Attachment: IA)에 대한 맥락 내에서 주요 주제는 젠더가 가장 빈번하게 경험되는 맥락에 대한 것이다. 즉, 이성애적인 남성지배적(heteropatriarchal) 문화권인 미국 사회에서 시스젠더가 되는 맥락에 대한 것이다.

(1) 젠더와 이성애적인 남성지배적 맥락

시스젠더로 확인되는 남성, 여성이든, 비시스젠더로 확인되는 사람이든 젠더는 한 개인의 삶을 구성하는 모든 것에 영향을 준다. 젠더는 낭만적인 파트너 관계, 일, 양육, 확장된 가족관계에 의해 영향을 받거나, 영향을 주기도 한다. 예를 들면, 거의 모든 문화권 집단과 미국을 포함한 모든 서양인들은 분명하게 이성애적인 남성지배적 문화에 뿌리를 두고 있다(Hart, 1994). 즉, 여성보다는 남성에 대해, 그리고 소수 성적 지향 개인들보다는 이성애적 성적 지향자들에 대해 체계적인 특권이 있다(Hart, 1994). 이같이 미국에서 젠더를 규정하는 방식은 일차적으로 이성애적 성적 취향의 남성지배적인 것에 초점을 두며, 우리 사회의 젠더 기대, 역할, 정체성 등도 그와 같은 것에 초점을 둔다.

이성애적 성적 지향의 남성지배적인 사회에서 정착된 젠더와 성적 취향에 대한 부산물로 인해 여성과 소수 성적 지향자들이 남성과 이성애자들보다 덜 중요하다는 생각이 지배적으로 나타난다. 이런 생각은 모든 사람의 가치감과 삶의 기회에 영향을 주며, 직면하는 삶의 문제들과도 관련된다. 예를 들어, 섭식장애는 거의 독단적으로 여성들, 특히 미적인 예술기능인, 스포츠 운동선수(발레, 체조, 피겨스케이팅, 치어리더 등)에게서 보인다. 이런 여성들에게서 섭식장애의 가장 높은 위험이 발견되기도 한다(Sundgot-Borgen & Torstveit, 2004). 그러나 이런 위험성이 양성애자와 남성 게이로 구분되는 사람들(Waldron, Semerjian, & Kauer, 2009)과 완벽주의, 경쟁심, 높은 자기기대, 과다 활동, 충동성, 추동, 우울 경향성, 왜곡된 신체 이미지, 다이어트와 몸무게 집착 등을 포함하는 심리학적 프로파일을 가진 남성 운동선수 등에게서는 나타나지 않는다(Bachner-Melman, Zohar, Ebstein, Elizur, & Constantini, 2006).

젠더와 이성애적인 남성지배적 맥락에 대한 질문들

젠더와 이성애적인 남성지배적 맥락과 관련된 질문들은 다음과 같다.

1. 당신은 가족으로부터 젠더에 대하여 어떤 메시지를 받았습니까? 당신이 선택한 가족은 어떻습니까?
2. 당신은 젠더와 관련하여 어떤 문화적 메시지를 받아들이고 어떤 메시지는 거부합니까? 그리고 종교, 영성, 민족성, 성적 특질 등과 같은 또 다른 문화적 영역과 젠더와의 관계에 대해 어떤 문화적 메시지를 수용 또는 거부합니까?
3. 당신은 젠더가 남성과 여성(가령, 여자와 남자, 트랜스젠더와 시스젠더 등)으로

분명하게 구분된다고 생각합니까? 당신에게 있어 젠더는 더욱 유동적이거나, 다양한 것으로 보입니까? 또는 다른 사람들에게는 젠더가 어떻게 평가됩니까?

4. 당신이 친근하게 생각하는 누군가가 자기 젠더에 순응하지 않거나, 또는 여성이나 남성의 범주에 적합하지 않다는 것을 학습했을 때 당신이 처음 느끼는 감정, 생각, 행동 등은 어땠습니까?
5. 성전환자(tranny), 여자 같은 남자(sissy), 말괄량이(tom boy), 게이(gay) 또는 양성애자(hermaphrodite) 같은 말을 사용하거나 들었을 때 당신의 생각과 감정은 어떠했습니까? 당신은 이러한 용어들과 어떤 가치를 연합시킵니까? 자신에게 이러한 용어들을 사용하는 개인과 그것을 다른 이들에게 사용하는 사람들 간 차이를 생각해 본 적이 있습니까?
6. 당신의 젠더를 올바르게 구분하지 못하는 사람들에게, 또는 젠더와 관련하여 염려되는 누군가에게 젠더에 대한 잘못된 생각을 지적하고 정정해 준 적이 있었습니까? 당신에게는 이러한 경험이 어떠했습니까? 당신은 종종 젠더가 올바르게 확인되지 않을 때 야기되는 매우 부정적인 정서와 실질적으로 초래되는 결과들을 자각하고 있습니까?
7. 당신은 여자 또는 남자가 아닌 젠더를 가진 사람들에 대해 여성 또는 남성이라는 특권을 줍니까? 당신은 남성 또는 여성으로 분명하게 구분되지 않는 사람들을 병리학적 · 비도덕적이라고 봅니까? 그리고 그런 사람들이 삶의 문제를 가득 떠안고 살고 있다고 생각합니까? 당신이나 다른 사람들은 당신의 답변이 왜 올바르다고 생각합니까?
8. 누군가를 처음 만날 때 우선적으로 그들의 젠더를 확인하지 않아도 젠더를 알아볼 수 있다고 생각합니까? 아니면 누군가의 젠더에 대해 가정하기 전에, 당신은 사람들이 그들의 젠더를 확인하도록 기다립니까?
9. 누군가가 자신을 엄격한 의미에서 남성 또는 여성으로 여기지 않는다는 사실을 알게 될 때 우선적으로 당신의 생각, 감정, 행동은 어떻습니까?
10. 당신이 생각하기에 이성애주의, 가부장제, 그리고 지배적인 시스젠더(신체적 성과 사회적 성이 일치하는 사람)주의가 당신의 젠더에 어떤 영향을 끼쳤습니까? 또는 일반적으로 젠더에 어떤 영향을 끼쳤습니까?
11. 당신의 활동 시기에 부분적으로 참여하고 있는 다른 공동체 안에서 젠더에

대한 기대는 다릅니까? 젠더에 대한 당신의 경험은 온라인/오프라인 상태 중, 어디에서 더 자유로운 감정을 느낍니까? 온라인이나/오프라인 상태 중, 어느 곳에서 젠더가 더 제한적이라고 느낍니까?

요약

젠더는 근본적이고 생득적이며 비교문화적으로 조직화된 모든 체계에 대한 원칙이다(Goldner, 1988). 이같이 개인의 임상적 실무에 있어서 일상적인 토대로 젠더를 강조하는 것이 절대적으로 중요하다. 이 장에서는 체계 간 애착(Intersystem Attachment: IA)의 각각에서 젠더가 강조되었고 다음의 주제와 관련된 질문들을 통해 강조되었다. 젠더 정체성, 젠더와 애착과 관련하여 고려할 점, 젠더 역할, 파트너되기, 그리고 애착 관련 고려할 점, 권력, 일, 교육 및 영향력, 해부학 및 생식과 관련된 젠더, 젠더로 특성화된 가족 유형, 양육과 애착 관련 고려할 점, 그리고 지배적인 시스젠더, 이성애주의 문화에서 경험되는 젠더 등이 그것이다.

이러한 주제들이 임상 장면에서 모두 탐색될 필요는 없다 해도, 젠더 문제가 지배적으로 팽배해지고 있기 때문에 젠더에 대한 심리학적 가계도로부터 제기되는 질문들의 일부는 통상적으로 탐색될 필요가 있다. 실제로 연구된 문헌과 임상적 경험에 따르면, 가장 공공연한 문제인 클라이언트 시스템의 대부분은, 적어도 어느 정도는 젠더와 관련되므로 개인의 문제를 포함하여 개인의 자아에 대한 지각과 다른 사람들과의 상호작용에 영향을 준다. 이같이 최소한이라도 젠더 정체성, 젠더 역할, 젠더와 관련하여 애착 관련 고려할 점, 그리고 문화의 역할에 초점을 둔 문제들을 강조하는 것이 모든 내담자와 내담자 체계와 작업하는 데 필수적이다.

주

1. 두 개의 영혼(Two-spirit)이라는 용어는 남성성과 여성성을 동시에 나타내는 개인을 뜻한다. 이것은 분리된, 또는 세 번째 젠더로 간주된다. 그리고 많은 혼합된 젠더 역할 중에 하나를 공공연히 실행하는 것을 의미한다.

참고문헌

Amadiume, I. (1998). *Re-inventing Africa: Matriarchy, religion, and culture*. London: Zed Books.

Ansara, Y. G. (2010). Beyond cisgenderism: Counselling people with non-assigned gender identities. In L. Moon (Ed.), *Counselling ideologies: Queer challenges to heteronormativity* (pp. 167–200). Aldershot: Ashgate.

Ansara, Y. G. (2013). *Inclusive language guide: Respecting people of intersex, trans, and gender diverse experience*. Newtown, NSW: National LGBTI Health Alliance.

Ansara, Y. G., & Hegarty, P. (2012). Cisgenderism in psychology: Pathologizing and misgendering children from 1999 to 2008. *Psychology & Sexuality*, *3*, 137–160.

Ariel, J., & McPherson, D. W. (2000). Therapy with lesbian and gay parents and their children. *Journal of Marital and Family Therapy*, *26*, 421–432.

Babcock, L. (2007). *Women don't ask: The high cost of avoiding negotiation—and positive strategies for change*. New York: Bantam Books.

Bachner-Melman, R., Zohar, A. H., Ebstein, R. P., Elizur, Y., & Constantini, N. (2006). How anorexic-like are the symptom and personality profiles of aesthetic athletes? *Medicine & Science in Sports & Exercise*, *38*(4), 628–636.

Bandura, A. (1977). *Social learning theory*. Englewood Cliffs, NJ: Prentice Hall.

Bandura, A. (1989). Social cognitive theory. In E. Barnouw (Ed.), *International encyclopedia of communications* (pp. 92-96). New York: Oxford University Press.

Bandura, A., & Walters, R. H. (1963). *Social learning and personality development*. New York: Holt, Rinehart & Winston.

Bartlett, N. H., & Vasey, P. L. (2006). A retrospective study of childhood gender-atypical behavior in Samoan Fa'afafine. *Archives of Sexual Behavior*, *35*(6), 659–666.

Belous, C. K., Timm, T. M., Chee, G., & Whitehead, M. R. (2012). Revisiting the sexual genogram. *The American Journal of Family Therapy*, *40*(4), 281–296.

Bem, S. L. (1981). Gender schema theory: A cognitive account of sex typing. *Psychological Review*, *88*, 354–364.

Bem, S. L. (1983). Gender schema theory and its implications for child development: Raising gender-aschematic children in a gender-schematic society. *Signs*, *8*, 598–

616.

Bem, S. L. (1993). *The lenses of gender: Transforming the debate on sexual inequality*. New Haven, CT: Yale University Press.

Bennett, S. (2003). Is there a primary mom? Parental perceptions of attachment bond hierarchies within lesbian adoptive families. *Child and Adolescent Social Work Journal, 20*, 159-173.

Bepko, C., & Johnson, T. (2000). Gay and lesbian couples in therapy: Perspectives for the contemporary family therapist. *Journal of Marital and Family Therapy, 26*(4), 409-419.

Blumer, M. L. C., & Hertlein, K. M. (2015). The technology focused genogram: A tool for exploring intergenerational communication patterns around technology use. In C. J. Bruess (Ed.), *Family communication in a digital age* (pp. 471-490). New York: Routledge.

Blumer, M. L. C., & Murphy, M. J. (2011). Alaskan gay male's couple experiences of societal non-support: Coping through families of choice and therapeutic means. *Contemporary Family Therapy: An International Forum, 33*(2), 1-18.

Blumer, M. L. C., Ansara, Y. G., & Watson, C. M. (2013). Cisgenderism in family therapy: How everyday practices can delegitimize people's gender self-designations. *Journal of Family Psychotherapy, 24*(4), 267-285.

Blumstein, P., & Schwartz, P. (1991). Money and ideology: Their impact on power and the division of household labor. In *Gender, family, and economy: The triple overlap* (pp. 261-288). Newbury Park, CA: Sage Press.

Bograd, M. (1990). Family knots: Essay on Arlie Hochschild's the second shirt: Working parents and the revolution at home. *A Journal of Reviews and Commentary in Mental Health, 5*, 4-8.

Bromberg, S. (1997). *The San Francisco journal of prostitution: Feminist issues in prostitution*. Berkeley, CA: Dianic Publications.

Byng-Hall, J. (1995). *Rewriting family scripts: Improvisation and systems change*. New York: Guilford Press.

Byng-Hall, J. (1999). Family therapy and couple therapy: Toward greater security. In J. Cassidy & P. R. Shaver (Eds.), *Handbook of attachment: Theory, research, and clinical applications* (pp. 625–645). New York: Guilford Press.

Campbell, A., Shirley, L., Heywood, C., & Crook, C. (2000). Infants'visual preferences for sex-congruent babies, children, toys and activities: A longitudinal study. *British Journal of Developmental Psychology, 18*(4), 479–498.

Carothers, B. J., & Reis, H. T. (2012). Men and women are from earth: Examining the latent structure of gender. *Journal of Personality and Social Psychology*, *104*(2), 385–407.

Connell, R. W. (1995). *Ruling class, ruling culture: Masculinities.* Cambridge, UK: Polity Press.

Cowan, C. P., & Cowan, P. A. (1997). Working with couples during stressful transitions. In S. Dreman (Ed.), *The family on the threshold of the 21st century* (pp. 17–48). Mahwah, NJ: Earlbaum.

Cowan, P. A., & Cowan, C. P. (2006). Developmental psychopathology from family systems and family risk factors perspectives: Implications for family research, practice, and policy. In D. Cicchetti & D. J. Cohen (Eds.), *Developmental psychopathology* (2nd ed.) (pp. 530–587). New York: Wiley.

DeSilver, D. (2015). Despite progress, US still lags many nations in women leaders. Pew research center. Retrieved from http://www.pewresearch.org/fact-tank/2015/01/26/despite-progress-u-s-still-lags-many-nations-in-women-leadership.

de Vries, A. L., McGuire, J. K., Steensma, T. D., Wagenaar, E. C., Doreleijers, T. A., & Cohen-Kettenis, P. T. (2014). Young adult psychological outcome after puberty suppression and gender reassignment. *Pediatrics*, *134*(4), 696–704.

Eagly, A. H. (1983). Gender and social influence: A social psychological analysis. *American Psychologist*, *38*, 971–981.

Freeman, H., Newland, L. A., & Coyl, D. D. (2010). New directions in father attachment. *Early Child Development and Care*, *180*(1), 1–8.

Galvin, K. M., Bylund, C. L., & Brommel, B. J. (2012). *Family communication: Cohesion and change*. Boston, MA: Pearson Allyn and Bacon.

Garfinkel, H. (1967). *Studies in ethnomethodology*. Englewood Cliffs, NJ: Prentice Hall.

Gates, G. (2011). *How many people are lesbian, gay, bisexual, and transgender?* Los Angeles, CA: The Williams Institute, UCLA School of Law.

Gentzler, A. L., & Kerns, K. A. (2004). Associations between insecure attachment and sexual experiences. *Personal Relationships, 11*(2), 249-265.

George, C., Kaplan, N., & Main, M. (1985). *The adult attachment interview.* Unpublished manuscript, University of California at Berkeley.

George, R. W., Cummings, E. M., & Davies, P. T. (2010). Positive aspects of fathering and mothering, and children's attachment in kindergarten. *Early Child Developmental Care, 180*(1-2), 107-119.

Giammattei, S. V., & Green, R-J. (2012). LGBTQ couple and family therapy: History and future directions. In J. J. Bigner & J. L. Wetchler (Eds.), *Handbook of LGBT-affirmative couple and family therapy.* New York: Routledge/Taylor & Francis Group.

Goldner, V. (1988). Generation and gender: Normative and covert hierarchies. *Family Process, 27*(1), 17-31.

Grammer, K., Fink, B., & Neave, N. (2005). Human pheromones and sexual attraction. *European Journal of Obstetrics & Gynecology and Reproductive Biology, 118*(2), 135-142.

Gray, E. (2015). *Meet the new generation of gender-creative kids.* Retrieved from http://www.endtime.com/prophecy-news/meet-the-new-generation-of-gender-creative-kids/.

Gray-Little, B., Baucom, D. H., & Hamby, S. (1996). Marital power, marital adjustment, and treatment outcome. *Journal of Family Psychology, 10,* 292-303.

Green, R.-J., & Mitchell, V. (2008). Gay and lesbian couples in therapy: Minority stress, relational ambiguity, and families of choice. In A. S. Gurman (Ed.), *Clinical handbook of couple therapy* (4th ed.) (pp. 662-680). New York: Guilford Press.

Grossmann, K., Grossmann, K. E., Kindler, H., Zimmermann, P., Cassidy, J., & Shaver, P. (2008). A wider view of attachment and exploration: The influence of mothers and fathers on the development of psychological security from infancy to young adulthood. In J. Cassidy & P. R. Shaver (Eds.), *Handbook of attachment: Theory, research, and clinical applications* (pp. 857-879). New York: Guilford.

Halpern, D. F. (1996). *Thinking critically about critical thinking: An exercise book to accompany thought and knowledge: An introduction to critical thinking* (3rd ed.). Mahwah, NJ: Erlbaum.

Halpern, D. F. (2012). *Sex differences in cognitive abilities* (4th ed.). New York: Psychology Press.

Hare-Mustin, R. (1994). Uncovering clues, discovering change. In D. John Lee (Ed.), *Life and story: Autobiographies for a narrative psychology* (pp. 143-160). Westport, CT: Praeger.

Hare-Mustin, R. T., & Marecek, J. (1990). *Making a difference: Psychology and the construction of gender*. New Haven, CT: Yale University Press.

Hart, P. M. (1994). Teacher quality of work life: Integrating work experiences, psychological distress and morale. *Journal of Occupational and Organizational Psychology, 67*, 109-132.

Hesse-Biber, S., Leavy, P., Quinn, C. E., & Zoino, J. (2006). The mass marketing of disordered eating and eating disorders: The social psychology of women, thinness and culture. *Women's Studies International Forum, 29*(2), 208-224.

Higgins, E. T. (2012). *Beyond pleasure and pain: How motivation works*. Oxford, England: Oxford University Press.

Hochschild, A. R., & Machung, A. (1989). *The second shift: Working parents and the revolution at home*. New York: Viking.

Honigmann, J. J. (1964). *The Kaska Indians: An ethnographic reconstruction*. New Haven, CT: Human Relations Area Files Press.

Hyde, J. S. (2005). The gender similarities hypothesis. *American Psychologist, 60*, 581-592.

Hyde, J. S., Krajnik, M., Skuldt-Niederberger, K. (1991). Androgyny across the lifespan: A replication and longitudinal follow-up. *Developmental Psychology, 27*(3), 516-519.

James J. B., & Lewkowicz C. J. (1997). Themes of power and affiliation across time. In M. E. Lachman, & J. B. James (Eds.), *Multiple paths of midlife development* (pp. 109-143). Chicago, IL: University of Chicago.

Joel, D., Berman, Z., Tavor, I., Wexler, N., Gaber, O., Stein, Y., ··· Assaf, Y. (2015).

Sex beyond the genitalia: The human brain mosaic. *Proceedings of the National Academy of Sciences, 112*(50), 15468-15473.

Johnson, M. D., Galambos, N. L., & Anderson, J. R. (2015). Skip the dishes? Not so fast! Sex and housework revisited. *Journal of Family Psychology, 30*, 203-213.

Keel, P. K., & Klump, K. L. (2003). Are eating disorders culture-bound syndromes? Implications for conceptualizing their etiology. *Psychological Bulletin, 129*(5), 747-769.

Kirkpatrick, L. A., & Davis, K. E. (1994). Attachment style, gender, and relationship stability: A longitudinal analysis. *Journal of Personality and Social Psychology, 66*(3), 502-512.

Kohlberg, L. (1966). A cognitive-developmental analysis of children's sex-role concepts and attitudes. In E. E. Maccoby (Ed.), *The development of sex differences* (pp. 82-173). Stanford, CA: Stanford University Press.

Kornrich, S., Brines, J., & Leupp, K. (2012). Egalitarianism, housework, and sexual frequency in marriage. *American Sociological Review, 78*(1), 26-50.

Kristof, N. D. (2009). *Half the sky: Turning oppression into opportunity for women worldwide*. New York: Alfred A. Knopf.

Kurdek, L. A. (1998). The nature and predictors of the trajectory of change in marital quality over the first 4 years of marriage for first-married husbands and wives. *Journal of Family Psychology, 12*, 494-510.

Kuther, T. L. (2015). *The psychology major's handbook*. Australia: Thomson/Wadsworth.

Lachance-Grzela, M., & Bouchard, G. (2010). Why do women do the lion's share of housework? A decade of research. *Sex Roles, 63*, 767.

Landolt, M. A., & Dutton, D. G. (1997). Power and personality: An analysis of gay male intimate abuse. *Sex Roles, 37*, 335-339.

Laqueur, T. (1992). *Making sex—body and gender from the Greeks to Freud*. Cambridge, MA: Harvard University Press.

Long, L. L., & Young, M. E. (2007). *Counselling and therapy for couples* (2nd ed.). Belmont, CA: Thompson.

Marks, L. (2012). Same-sex parenting and children's outcomes: A closer examination of the American psychological association's brief on lesbian and gay parenting. *Social Science Research*, *41*(4), 735-751.

McGinn, K., Castro, M. R., & Lingo, E. L. (2015). 'Mums the word! Cross-national effects of maternal employment on gender inequalities at work and at home', working paper, no. 15-094, Harvard Business School.

Means-Christensen, A., Snyder, A., & Negy, C. (2003). Assessing nontraditional couples: validity of the marital satisfaction inventory—revised with gay, lesbian, and cohabiting heterosexual couples. *Journal of Marital & Family Therapy*, *29*(1), 69-83.

Mikulincer, M., & Florian, V. (1998). The relationship between adult attachment styles and emotional and cognitive reactions to stressful events. In J. Simpson & S. Rholes (Eds.), *Attachment theory and close relationships* (pp. 143-165). New York: Guilford.

Mundy, P. (2012). Joint attention deficits: Initiating and responding to joint attention. In F. Volkmar's (Ed.), *The encyclopedia of autism* (pp. 1697-1698). New Delhi: Spring Reference Live.

Nolen-Hoeksema, S. (2012). Emotion regulation and psychopathology: The role of gender. *Annual Review of Clinical Psychology*, *8*, 161-187.

Parker, K. (2015). Despite progress, women still bear heavier load than men in balancing work and family. Retrieved from http://www.pewresearch.org/fact-tank/2015/03/10/women-still-bear-heavier-load-than-men-balancing-work-family/.

Patterson, C. J. (2005). Lesbian and gay parents and their children: Summary of research findings. *Lesbian and Gay Parenting: Current Directions in Psychological Science*, *15*(5), 241-244.

Patterson, D. G., & Schwartz, P. (1994). The social construction of conflict in intimate same sex couples. In D. D. Cahn (Ed.), *Conflict in personal relationships* (pp. 3-26) Hillsdale, NJ: Erlbaum.

Peletz, M. G. (2009). *Gender pluralism: Southeast Asia since early modern times*. New York: Routledge.

Pittman, F. (1993). *Beyond betrayal: Life after infidelity*. Retrieved from https://www.psychologytoday.com/articles/199305/beyond-betrayal-life-after-infidelity.

Pizer, J., Sears, B., Mallory, C., & Hunter, N. (2012). Evidence of persistent and pervasive workplace discrimination against LGBT people: The need for federal legislation prohibiting discrimination and providing for equal employment benefits. *Loyola of Los Angeles Law Review*, *45*, 715-780.

Prouty, A. M., & Twist, M. L. C. (2015). Training feminist therapists. In K. Jordan (Ed.), *Couple, marriage and family therapy supervision* (pp. 345-368). New York: Springer Publishing.

Sagrestano, L. M. (1992). Power strategies in interpersonal relationships: The effects of expertise and gender. *Psychology of Women Quarterly*, *16*, 481-495.

Scheffler, T. S., & Naus, P. J. (1999). The relationship between fatherly affirmation and a women's self-esteem, fear of intimacy, comfort with womanhood, and comfort with sexuality. *The Canadian Journal of Human Sexuality*, *8*(1), 39-45.

Schofield, G. (2002). The significance of a secure base: A psychosocial model of longterm foster care. *Child & Family Social Work*, *7*, 259-272.

Schofield, G., & Beek, M. (2009). Growing up in foster care: Providing a secure base through adolescence. *Child & Family Social Work*, *14*, 255-266.

Sheets, V. L. (2013). Passion for life: Self-expansion and passionate love across the life span. *Journal of Social and Personal Relationships*, *31*(7), 958-974.

Steiner-Pappalardo, N. L., & Gurung, R. A. R. (2002). The femininity effect: Relationship quality, sex, gender, attachment, and significant-other concepts. *Personal Relationships*, *9*, 313-325.

Sundgot-Borgen, J., & Torstveit, M. K. (2004). Prevalence of eating disorders in elite athletes is higher than in the general population. *Clinical Journal of Sport Medicine*, *14*(1), 25-32.

Taylor, P., Funk, C., & Clark, A. (2007). Generation gap in values, behaviors: As marriage and parenthood drift apart, public is concerned about social impact. Pew Research Center. Retrieved from http://www.pewsocialtrends.org/files/2007/07/Pew-Marriage-report-6-28-for-web-display.pdf.

Twist, M. L. C., & Murphy, M. J. (in press). Power in family systems theory. In J. Lebow, A. Cambers, & D. Breunlin (Eds.), *Encyclopedia of couple and family therapy*. New York: Springer Publishing Company.

Velotti, P., D'Aguanno, M., de Campora, G., Di Francescantonio, S., Garofalo, C. Giromini, L., Petrocchi, C., Terrasi, M., & Zavattini, G. C. (2015). Gender moderates the relationship between attachment insecurities and emotion dysregulation. *South African Journal of Psychology, 46*(2), 191-202.

Wade, M. E. (2001). Women and salary negotiation: The costs of self-advocacy. *Psychology of Women Quarterly*, *25*(1), 65-76.

Waldron, J. J., Semerjian, T. Z., & Kauer, K. (2009). Doing 'drag': Applying queer-feminist theory to the body image and eating disorders across sexual orientation and gender identity. In *The hidden faces of eating disorders*. Retrieved from https://gsanetwork.org/files/aboutus/NEDA%20LGBTQ%20Article.pdf.

Waters, E., & Cummings, E. M. (2000). A secure base from which to explore close relationships. *Child Development*, *71*, 164-172.

Wedekind, C., Seebeck, T., Bettens, F., & Paepke, A. J. (1995). MHC-dependent mate preferences in humans. *Proceedings of the Royal Society: Biological Sciences*, *260*(1359), 245-249.

Williams, T. (2014). *Muscular strength in women compared to men*. Retrieved from http://www.livestrong.com/article/509536-muscular-strength-in-women-compared-to-men/.

Zhou, J., Hofman, M. A., Gooren, L. J., & Swaab, D. F. (1995). A sex difference in the human brain and its relation to transsexuality. *Nature*, *378*(6552), 68-70.

성에 초점화된 가계도

Michele Marsh

'좋은' 성생활을 위한 필수불가결한 특성
중 하나는 자신을 쾌락을 주고받을 만한
가치가 있는 성적 인간으로 보는 것이다.
– L'Abate & Talmadge(1987, p. 28)

1. 개요

이 장에서는 애착 이론과의 연계성을 가지고 성적 가계도(Sexual Genogram)에 대한 진일보된 발달 내용이 전개된다. 이 장은 아마도 체계 간 접근(Intersystem Approach: IA)과 애착 이론에 의해 알려졌듯이, 성적 신념, 각본(scripts), 그리고 성적 가계도를 사용하여 개인 · 부부(커플) · 가족 경험들에 대한 포괄적인 평가를 수행하는 임상가들에게 도움이 될 것이다. 성적 가계도는 Hof(1987)와 Berman(1986)에 의해 처음으로 개발되었고, 『초점화된 가계도(Focused Genograms: FG)』에 대한 첫 출판으로 Berman에 의해 확장되었다(1999). 이 장은 성치료와 섹스 연구에서 동시대적 문제들을 강조하면서 그리고 초점화된 가계도 지도를 그리는 것과 시기별로 측정하는 도구를 협응시키면서 성적 가계도와 관련된 내용을 업데이트한 결과다. 성적 가계도는 임상적 실무에서 중요한데, 특히 성적 문제들이 현시점에서 초점이 될 때, 또는 그런 문제들이 현시점에서의 스트레스와 갈등을 촉진시킬 때 더욱 중요하다. 많은 임상가들은 임상적 업무와 자신의 삶에서 성(sex)에 관련된 것들이 두려움이나 불안을 야기시킨다는 사실을 인식하고 있다. 성과 관련된 주제는 종종 사적인 것으로 간주되며 당혹감, 수치심, 죄의식 등의 감정을 야기시킬 수 있다. 이런 이유로 내담자의 성적 관심에 주의 깊게 접근하는 것이 특히 중요하다. 그리고 부부, 가족의 다른 구성원들 또는 관계적 체계들이 극단적으로 다른 신념과 소망, 그리고 성에 대해 편안함을 느끼는 수준에서 다를 수 있음을 인식하는 것이 중요하다.

이 장에서는 임상적 평가에서의 성적 가계도 발달을 추적할 것이다. Dailey (1981)가 쓴 『성의 주기(Circle of Sexuality)』에서는 '새로운' 성적 가계도에 대한 주제를 확장하고 확인하기 위한 틀을 제공하고 있다. 다섯 가지 주제는 다음과 같다.

- 관능성: 개인의 그리고 다른 사람의 신체에 대한 자각과 감정
- 성적 친밀감: 정서적으로 친근해질 수 있는 능력과 친밀성을 수용할 수 있는 능력
- 성적 정체성: 자신이 성적으로 누구인지에 대한 이해. 예를 들면, 젠더 정체성, 젠더 역할, 성적 지향 등에 대한 개인의 이해
- 생식과 성적 건강: 성적 욕구를 건강하게 즐길 수 있는 행동과 태도, 즉 생식할 수 있는 능력
- 성애화: 사람들이 성적인 행동을 통해 다른 사람들에게 영향을 주면서 조정할 수 있는 성적 측면, 즉 희롱하는 것, 유혹하는 것, 직장 내 성희롱, 성폭력, 그리고 근친상간

이 장에서는 성(sexuality)에 대한 역사와 성적 가계도에 초점을 둘 것이다. 성적 가치에 대한 세대 간 전달, 태도, 행동들, 즉 다양한 성적 주제와 관련된 애착 양식, 그리고 내담자의 원가족 내에서 핵심적 주제와 문제들을 설명하기 위해 성적 가계도를 구성하는 것이 그것이다. 또한 이 장에서는 임상가들이 성 평가(sexuality assessment)에 대한 민감하고 중요한 업무를 숙달하는 데 도움을 줄 수 있는 성의 연대표와 일부 중요한 임상 지침서 및 사례들을 제시한다.

이 장의 내용들은 1999년 출판 이후, 많은 변화를 보였다. 대부분의 성 연구자들과 치료자들은 성적 지향에 대한 문화적 배경에서 극적인 변화가 긍정적이라는 사실에 동의한다. 이런 동의된 내용은 ① 많은 사람들에게 있어 여전히 어려운 일은 성에 대해 개방적으로 말하는 것, ② 다양한 성적 지향과 정체성을 수용하는 경향성의 증가, 그리고 ③ 성소수자들이 결혼할 권리를 갖는 것에 대한 합

법적인 승인과 같다.

이 장에서는 문화적 변화를 반영하는 사례들을 통해 이러한 문화적 변화들이 고려된다. 또한 트라우마와 성적 학대에 대한 문제들이 치료 과정의 검사 측면에서 나타날 때 특별한 보살핌이 필요하다는 것을 강조한다. 따라서 먼저 성적 가계도 역사에 대한 고찰을 간략히 전개할 것이다.

2. 성 평가에 대한 역사

임상 현장에서의 한 분야인 성치료는 Masters와 Johnson(1970)에 의해 시작되었다. 그 이전에는 성문제를 측정하고 취급하는 방법에 대한 비과학적인 견해가 난무한 상태였다. 인간의 성적 욕구를 측정하려는 이런 개척자적인 노력이 임상적 정보에서보다는 연구를 통해 시도되었다. 과학적으로 지향된 첫 번째 성 연구자는 Alfred Kinsey(1948, 1953)다. Kinsey는 면접자들을 실제적으로, 즉 어떤 사람이라도 자신의 성생활에 대한 질문에 정확하게 반응할 수 있도록 도와주기 위해 필요한 비심판적 태도를 훈련시켰다. 따라서 이런 태도에 대한 훈련을 통해 인간의 성적 경험에서 변화와 다양성을 수용할 수 있는 생각의 토대가 제공되었다(Parker, 2009; Popovic, 2006; Yarber & Sayad, 2013).

Masters와 Johnson(1966)은 실험실 상황에서 부부들의 성적 행위를 연구함으로써 현대 성과학의 토대를 확립했다. 생리학적 측정과 관찰을 통해 '인간의 성적 반응 주기'(성적 흥분, 유지, 절정 그리고 해소기를 포함하는)를 설명하기 위한 자료가 제공되었다. 이러한 연구를 통해 대부분 성적 문제들은 생리학적인 것이 아니라 심리학적으로 부과된 것들, 예를 들면 성적 무지, 불안, 공포, 죄의식, 그리고 수치심 등의 결과라는 사실이 밝혀졌다. 따라서 이러한 연구들은 성적 행동 또는 실행, 생리적 반응, 그리고 인구통계학적 정보들을 측정하도록 설계되었다.

Masters와 Johnson(1970)은 많은 부부들이 성적 문제를 가지고 있음을 알게 되었고 부부들과 같이 참여하는 성치료에 대한 행동적으로 지향된 접근법을 개발하게 되었다. 즉, 연구에서 제기된 문제들은 성적 문제를 가진 배우자의 행동에 대해 더욱 초점을 두었다. Weeks와 Hof(1987)는 첫 번째로 성치료와 부부치료를 통합하여 책을 출간하였다. 여기에서 보면 일반적으로 배우자 간 관계와 성생활이 상당히 뒤엉켜 있어서 성생활을 측정할 때는 성적 문제와 부부관계의 어려움 등을 모두 탐색할 필요가 있다. 또 다른 성치료자들은 성에 대한 이상적인 생각과 특별히 질문하고 싶은 문제들을 제안했지만 그것이 성적 문제와 부부들의 문제를 다루는 총체적 스펙트럼을 망라하지는 못했다. 예를 들면, LoPiccolo와 Heiman(1978)은 성생활 측정에서 임상가들에게 도움을 줄 수 있는 포괄적인 질문지를 만들었다. Winner(2008)는 비록 출판되지는 않았지만, LGBTQ(레즈비언, 게이, 양성애자, 트랜스젠더, 퀴어를 합쳐서 부르는 용어) 멤버들과 함께 질문지에 대한 유용성을 개선시키기 위해 부분적으로 질문지를 개작하였다. 이러한 Winner의 노력은 성심리에 대한 측정은 매우 민감하다는 것과 클라이언트들의 다양한 성적 지향과 젠더 양식을 표현하는 데 변화가 필요함을 보여 주었다.

Hertlein, Weeks, 그리고 Gambescia의 두 번째 출간물인 『체계적 성치료(Systemic Sex Therapy)』(2015)와 Weeks, Gambescia, 그리고 Hertlein의 두 번째 출간물인 『체계적 성치료에 대한 임상가들의 지침서(A Clinician's Guide to Systemic Sex Therapy)』(2016)는 지금까지 성치료와 부부치료 분야를 통합한 가장 포괄적인 내용들을 제공하였다. 『체계적 성치료에 대한 임상가들의 지침서』(2016)는 체계적 접근으로부터 성심리 측정에 대한 내용들을 포함하고 있으며, 치료자들이 부부관계에 대해 질문할 수 있는 문제들뿐 아니라 주요한 성적 역기능에 대한 질문들을 포함하고 있다. Weeks와 동료들(2016)은 질문의 양과 문구가 적절한 정보를 이끌어 낼 수 있고, 내담자들의 방어를 감소시키는 데 중요하다고 믿는다. 또한 성적 가계도는 내담자 체계의 성과 관련된 측면을 측정하는 중요한 도구다. 이 책에서는 성치료 분야에서 제시된 가장 포괄적인 일련의 평가도구를 제공한다.

1) 성적 태도 및 신념에 대한 세대 간 전이

애착과 친밀한 관계에 대한 문헌에서는 자녀들이 부모나 돌보는 사람과의 맺는 관계와 자녀의 작동 모델이 연애관계를 포함한, 그들의 친밀한 관계를 선택하고 행동하는 데 영향을 준다는 사실을 제안한다(Feeney, 1999; Feeney & Noller,

2004; Shaver, Hazan, & Bradshaw, 1988; Simons, Simons, Landor, Bryant, & Beach, 2014; Villegas, 2005; Zaikman, Vogel, Vicary, & Marks, 2016). 즉, 한 개인의 부모/양육자와의 관계가 이후 낭만적인 동반자에 대한 성적 태도와 반응에 매우 큰 영향을 준다는 증거들이 있다. 여기에서는 Stayton(1992)이 「성적 쾌락의 기술」이라는 논문에서 강조했듯이 성적 가치, 태도, 신념들이 세대를 통해 어떻게 전이될 수 있는가에 대한 일부 내용들이 간략히 탐색될 것이다.

Berman(1999)은 성에 대한 가족의 태도와 신념들을 정의하고 분석하는 데 있어서 성적 가계도 분석의 유용성을 논의한 결과, 아동기에 경험한 특별한 사랑에 대한 각본(scripts)이 발달된다고(p. 151) 주장하였다. Meana, Maykut, 그리고 Fertel(2015)에 의하면 성적 고통의 원인들을 탐색하는 과정에서 부부들은 성 문제에 대한 신념이나 도식들을 보이게 되는데, 이러한 것들이 가정 양육에서 비롯된다는 것이다. 즉, 자녀들이 돌보는 사람들로부터 애정과 성에 대한 신념과 도식을 학습한다는 것은 가능한 일이며, 이러한 사실은 임상적 경험에서도 입증된다. 최근 연구에서는 젊은 성인들이 미래의 친밀한 관계에 대해 어떻게 기대하는가와 관련하여 부모와의 친밀한 관계 및 파트너와의 특성에 대해 어떻게 지각하고 있는가가 탐색되었다(Einav, 2014). Bowlby(1982) 이론에 동의하는 Einav에 따르면 자녀들이 부모의 모습을 관찰함으로써 자신의 첫 번째 연애관계를 관찰하고 부모들이 하는 것을 그대로 흡수한다는 것이다. 즉, 이러한 것이 자녀들이 관계를 형성하거나, 관계를 손상시키는 데 영향을 주며 궁극적으로 이후 미래에 대한 기대에 영향을 준다. 자녀들은 신념, 소망 등을 관찰할 뿐 아니라 해석하고 그들이 보는 외현적 행동에 의미를 부여한다는 것이다(p. 415). 이와 같이 세대 간 전이되는 성적 가치와 태도를 인식함으로써 성적인 가계도 과정에 대한 강력한 통찰이 제공될 수 있다. 즉, 내담자는 자신이 행하고 있는 행동과 가족의 가치를 학습할 수 있으며, 그런 것들이 성인기의 성적 목적과 관계적 동기에 유익이나 방해가 될 수 있는지를 결정한다.

3. 성적 가계도의 개발

Berman과 Hof는 『성적 가계도(The Sexual Genogram)』(1986)에서 부부와 가족 간 성(sexuality)과 관련된 쟁점들을 체계적으로 측정하는 것에 대해 언급하였다. 그 이후 Weeks와 Hof(1987)는 『성과 부부치료의 통합(Intergrating Sex and Marital Therapy)』이라는 책을 출간하였는데, 이는 다양한 부부들과 성적 관심들을 포괄적으로 다루고 있다. 즉, 이 획기적인 책은 개념적으로, 그리고 실제적 행위 접근으로 부부들의 성관계치료와 가족치료를 통합하기 위한 첫 번째 시도였다. 책에서는 성적 가계도 사용에 대한 토론이 전개되었다. Berman과 Hof는 가족 체계 치료가 성에 대한 중립적 입장과 심지어는 회피적 태도까지도 취하고 있음을 언급하면서, 성생활은 부부의 삶을 유지시키고 조직화하는 중추적인 힘이며, 부부간 관계를 형성하기 위해 원가족으로부터 벗어날 수 있게 해 주는 힘이라고 주장했다. 게다가 젠더에 근거한 성역할 행동은 새로운 부부들의 삶을 구성하는 데 크게 기여한다(Berman & Hof, 1987, p. 37). Berman과 Hof(1987)는 성과 가족치료의 문제를 어떻게 연결시킬 것인가를 설명하였다. 성과 가족 구조, 성과 가족 삶의 주기, 충실한 성의 전달, 그리고 관심이 그것이다. 『초점화된 가계도(Focused Genogram)』(1999) 제1판에서는 시기별로 성생활의 역할이 논의되었고, 젠더, 연애, 그리고 성생활에 대해 겹쳐지는 문제들을 포함시키기 위해 성적 가계도를 확장시켰다. 이 책에서는 젠더, 로맨틱한 사랑, 성에 대한 주제들이 각각 영역별로 젠더, 애착, 그리고 성에서 언급되었다.

Belous, Timm, Chee, 그리고 Whitehead(2012)는 성과 젠더 정체성 소수자들의 경험들을 존중하기 위해 Berman과 Hof의 성적 가계도가 바뀌어야 한다고 제안하였다. 특별히 전통적인 이원론적 젠더 양식의 가계도에서 암시된 이성애적 규범에 대한 부담을 제거하기 위해 상징적으로 표시할 수 있는 변화를 주장하였다. Belous 등은 이런 변화를 통해 기존의 전통적인 부부들과 함께하는 성치료를 넘어서 개인들과 함께 하는 성치료로 확장해야 함을 논평하였다(2012, p. 282). 또한 시기별 성생활에 대한 역사가 추가되어야 한다고 주장하였다(p. 288). 그러나 DeMaria, Weeks, 그리고 Hof(1999)는 개인과 내담자 체계 내에서 성 평가에서의 시기별 중요성을 특별히 언급하였다. 이 장에서 Berman(DeMaria et al., 1999)은 성생활 연대표를 만드는 것이 가장 유익할 수 있으며, 젠더 발달, 사랑, 그리고 성생활의 관계성을 보기 위해 시기별로 함께 도표로 작성해야 함을 제안하였다(p. 158).

4. 성적 가계도의 구성

1) 평가: 치료적 동맹에 대한 신뢰를 확립하기

체계 간 접근 내에서 성적 가계도 과정은 관계적 체계와 문화적 맥락 내에서 삶의 과정을 거치면서 내담자들의 성적 발달을 이해하기 위한 최고의 수단으로 간주된다. 상세한 연대표에 따른 문제들을 질문하는 접근보다는 순환적으로 접근하는 것이 유용하다. 왜냐하면 현재 내담자가 존재하는 시점에서 성적인 문제에 대한 질문을 시작하는 것이 임상가에게 융통성을 줄 수 있기 때문이다. 그리고 많은 내담자들은 자녀가 아동 초기에 머물러 있는 시기를 능동적인 성적 발달의 시기로 생각하지 않으며, 성인기의 성적 문제들이 일어나고 논의되고 나서야 비로소 자녀에게 어떻게 가르쳤는가를 탐색하게 된다. 성적인 문제에 대해 불평하는 내담자들은 자신들의 배경을 탐색하기 전에, 현재 제기되는 질문들에 대해 단지 반응하는 것일 수 있다. 따라서 시작에서부터 개방식 질문들을 함으로써 내담자들이 자유롭게 느끼면서 마음속에 떠오르는 것이 어떤 것이라도 표현할 수 있도록 도와주어야 한다. 목표는 내담자들이 말로 표현하는 것이 치료자가 관심을 갖는 주제에 대한 것이기보다는 내담자들의 흥미나 좋아하는 것에 의해 표현되어야 한다는 것이다. 예를 들어, 내담자들이 원가족을 말할 때 무언가를 억압하는 것으로 느껴진다면 치료자는 그들이 청소년기, 고등학교 시기, 또는 대학 시기 동안에 부모 훈육에 대해 반항했는지의 여부를 질문할 수 있다. 치료자는 내담자들이 끝까지 상담 과정에 잘 참여할 수 없을 것 같은 예감이 들면 이것을 전달해 주어야 한다. 좀 더 개방적인 질문 형태는 다음과 같은 질문들이다. 예를 들면, “당신이 10대가 되었을 때, 부모님들의 태도가 당신에게 어떻게 영향을 주었다고 생각하는가? 또는 성적인 관심사에 있어서 당신의 청소년기는 어떠했는가?”

등이다. 이런 질문 형태는 내담자에게 가장 적절한 용어로 자신들의 이야기를 할 수 있게 해 준다.

요약하면 치료적 동맹의 발달은 임상가의 민감성, 솔직성, 그리고 개방식 질문들을 통해 촉진되며, 이런 것들은 내담자에게 자신의 이야기를 진솔하게 말할 수 있게 해 준다. 현재 내담자가 존재하는 시점에서 시작하여 점차로 개인, 가족 그리고 문화적 경험을 조사해 가는 것이 성적 가계도 분석 과정을 겪으면서 내담자들이 안정감을 느낄 수 있게 도와줄 것이다.

2) 확장된 성에 초점화된 가계도 소개: 성의 주기

성에 초점화된 가계도 분석은 다섯 가지 차원을 제공한다. 관능성(sensuality), 성적 친밀감(intimacy), 성적 정체성, 생식과 성적 건강, 그리고 성애화(sexualization)가 그것이다. 이런 차원들은 성적 가계도에 대한 Berman과 Hof(1986, 1987)의 원본과 개정본(Berman, 1999)의 모든 측면을 통합하고 있다. 성적 가계도 과정에서 제안된 이런 주제들은 '성의 주기'로 부르는 다양한 성 생활 차원들을 서술하기 위해 Dailey(1981)에 의해 정의된 범주에 따라 조직되었다. 이런 범주들은 성적 가계도에 대한 기본적인 주제들을 제공해 준다.

(1) 관능성

관능성(sensuality)은 당신 자신과 다른 사람의 신체, 특히 성적 파트너의 신체에 대한 의식이다. 그것은 우리의 신체가 다른 사람들과 우리 자신들에게 줄 수 있는 육체적 쾌락을 포함하여 신체가 어떻게 보이고, 어떻게 느껴지는가에 따라 기분 좋은 감정을 느끼도록 해 준다.

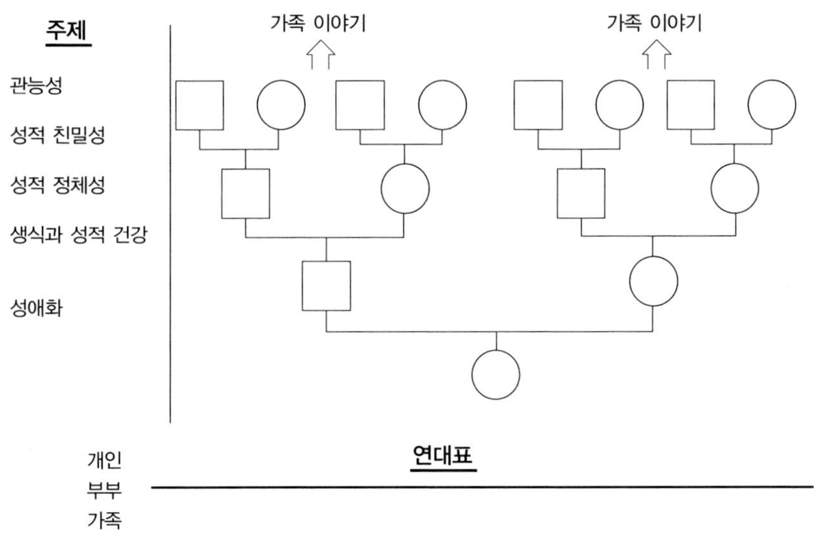

[그림 8-1] 성에 초점화된 가계도

이 그림은 이 장에 대한 지침서로서 성에 초점화된 가계도에 대한 원형을 제공한다.

1. 당신의 가정에서 접촉 및 애정과 같은 분위기는 어떠했습니까? 당신이 보고 경험한 것은 무엇입니까?
2. 성장하면서 가족 중, 가장 애정적인(다정한) 사람은 누구였습니까? 누가 가장 애정이 적은 사람입니까?
3. 어떤 누구라도 당신의 신체에 대해 말을 해 주었습니까? 당신의 신체 또는 다른 사람의 신체에 대해 어떤 언급을 하였습니까? 이런 말들이 긍정적이었습니까, 아니면 부정적이었습니까?
4. 누가 이런 말들을 했습니까? 그리고 당신은 그들로부터 무엇을 학습했습니까? 이런 말들 중, 어떤 것이 부적절한/중요한 것처럼 보였습니까?
5. 다른 아이나 10대들과 함께 당신의 신체를 탐색하거나 실험해 보았습니까? 이런 일들은 어디에서, 어떻게 일어났습니까? 어떤 누구라도 그런 일에 대해 긍정적/부정적으로 언급한 적이 있습니까?
6. 당신 신체에 대해 수치심을 느끼도록 한 어떤 일이 일어난 적이 있습니까?
7. 당신은 관능적인 행위—끌어안기, 접촉하기, 손을 잡기 등 애정의 공공연한 표현—에 참여했습니까? 이런 행위는 시간에 따라 변화되었습니까? 어떻게 변화

되었습니까?

8. 친밀한 관계에서 당신은 성적인 행위 없이 관능적이 될 수 있습니까? 당신은 성 행동을 하지 않으면서 애정과 접촉만을 즐길 수 있습니까?

(2) 성적 친밀감

성적 친밀감은 성적 대상과의 만남 동안에 상대에게 정서적으로 친근해질 수 있는 능력이며, 상대의 친밀감을 수용할 수 있는 능력이다. 친밀감은 공유하기, 보살펴 주기, 좋아하기와 사랑하기를 포함하며 아울러 정서적으로 상처를 받을 수 있는 위험을 감수한다는 것을 의미하기도 한다. 성적 친밀감은 생각, 감정, 공상, 생식기 접촉 등의 성 행동을 공유하는 것을 말한다.

1. 가족 중에서 누가 성적 친밀감에 대해 가장 개방적입니까?
2. 당신은 장기적으로 낭만적인 파트너 관계를 가졌습니까? 또는 서로 의무적으로 약속된 관계를 가졌습니까? 당신은 합의하여 여러 사람과 관계를 가졌습니까?
3. 당신은 결과적으로 성관계를 경험했습니까? 이름을 잘 모르는 익명의 사람과 성관계를 경험했습니까? 또는 성적으로 서로에게 유익을 주는 친구들과 관계를 경험했습니까?
4. 당신은 어떤 유형의 성적 관계를 선호합니까? 성관계에서 사랑의 감정이 포함되어야 합니까? 또는 어떤 특별한 유형의 연결관계를 선호합니까?
5. 당신은 성적 행위에 대해 어떤 가치를 두고 서술할 수 있습니까? 정서적 친밀감이 포함된 성행위입니까? 또는 단순히 즐거움만을 위한 성행위입니까? 스트레스를 완화시키기 위한 성행위입니까? 다른 사람을 즐겁게 해 주기 위해서나 아니면 관계를 유지 · 보호하기 위한 성행위입니까?
6. 사람들이 성행위를 하는 많은 이유들이 있습니다. 당신에게 해당되는 이유는 어떤 것입니까?
7. 당신은 자위행위 또는 파트너와의 성행위 중, 어떤 것을 선호합니까?
8. 당신은 사이버상의 섹스를 합니까? 어떤 유형을 선호합니까? 얼마나 자주 합니까?

(3) 성적 정체성

성적 정체성(sexual identity)은 성적으로 누구인가에 대한 개인의 이해를 말한다. 그것은 다음과 같은 세 가지 차원으로 구성된다.

- 젠더 정체성—한 개인이 여성/남성 동성애자, 남성 또는 다른 정체성으로 정의되는지를 아는 것이다.
- 젠더 역할—특정 젠더에 속하는 행동들을 확인하는 것이다. 젠더 역할은 문화적으로 결정된다(예를 들면, 요리하고 논리적으로 생각하고, 집을 짓고, 신발을 좋아하는 사람 등).
- 성적 지향—한 개인에 대한 일차적인 매력이 같은 젠더를 가진 사람에게인지(동성애자), 다른 젠더를 가진 사람에게인지(이성애자), 같은 젠더 사람과 다른 젠더를 가진 사람 모두에게인지(양성애자)에 상관없이 개인들의 성적 지향을 정의한다.

이런 차원들을 탐색하는 질문들은 다음과 같다.

1. 당신은 몇 살 때 누군가에 대해 로맨틱하게, 또는 성적으로 매력을 느꼈습니까? 이것이 흥분적인 즐거운 경험이었습니까? 아니면 좌절적인 슬픈 경험이 되었습니까? 아니면 또 다른 정서를 느꼈습니까?
2. 다른 사람이 당신을 매력적으로 느끼는 것을 언제부터 알게 되었습니까?
3. 누가 당신에게 매력적으로 보였습니까? 당신이 느끼는 매력은 가족구성원이나 또는 친구들이 느끼는 로맨틱한 매력과 비슷합니까, 아니면 다릅니까?
4. 당신 자신의 젠더를 어떻게 확인합니까? 젠더와 관련된 문제들이 당신을 공황 상태, 고통 상태, 또는 혼란 상태에 빠뜨린 적이 있습니까?
5. 다른 사람들은 당신의 매력이나 젠더 동일시에 대해 질문하거나, 또는 비난한 적이 있습니까?

(4) 생식과 성적 건강

다음에 제시된 질문들은 생물학적으로 생식할 수 있는 개인의 능력과 성적 관계를 건강하고 즐겁게 맺을 수 있는 가치, 태도, 그리고 행동을 언급하는 것이다.

1. 아동기와 10대 때 성에 대해 무엇을 학습하였습니까? 성적 욕구와 친밀감에 대해 당신의 가족들은 어떠한 공공연한 메시지와 은밀한 메시지를 말하였습니까?
2. 부모, 조부모, 친족, 친구, 다른 사람들[1] 또는 교사들이 성에 대해 가르쳐 주었습니까? 어디서, 언제 가르쳐 주었습니까? 신체와 성에 대해 질문을 할 수 있다고 생각했습니까? 왜 질문을 할 수 있다고 생각했습니까? 아니면 왜 질문을 할 수 없다고 생각했습니까?
3. 언제 자위행위를 배웠습니까? 당신의 신체가 쾌락을 느낄 수 있다는 것을 알게 되었습니까? 다른 누군가가 이런 행위를 보여 주었습니까?
4. 당신의 친족 중에 누가 가장 성에 대해 개방적이었습니까? 가장 덜 개방적인 사람은 누구였습니까? 성이라는 주제에 대해 폐쇄적이거나 부정적이었던 누군가가 있었습니까?
5. 당신의 첫 번째 성 경험은 만족스러웠습니까, 아니면 불만족스러웠습니까? 어떻게 만족스러웠습니까?
6. 만약 당신이 어떠한 종교적인, 정신적인, 또는 철학적인 훈련을 받는다면 그런 훈련은 성에 대해 그리고 성행위에 대해 긍정적/부정적 메시지를 포함하고 있습니까? 당신의 부모/조부모/정신적 지도자들은 당신이 특별한 메시지나 가르침을 따라야 한다고 주장합니까?
7. 당신은 가족들의 성적 비밀에 대해 어떠한 것이라도 알고 있습니까? 그것이 불륜입니까? 낙태의 경험입니까? 자녀들이 혼외관계를 통해 태어났습니까? STI, 즉 새로운 성병이나 HIV 양성 반응 상태에서 출산되었습니까? 여러 명의 사람과 동시에 갖는 성관계였습니까? 근친상간 성관계나 성적 학대였습니까? 성폭력 또는 강간이었습니까? 당신은 이런 것들에 대해 누구와 이야기합니까?
8. 어쩔 수 없이 가족구성원들에게 질문을 하게 될 때 당신은 성욕과 친밀감에 대해 어떤 질문들을 해 왔습니까? 누가 질문에 답을 해 줄 수 있습니까? 질문에 대한 답을 어떻게 들을 수 있습니까?
9. 당신은 로맨틱한 파트너를 언제 처음 갖게 되었습니까? 첫 번째 키스는 언제

였습니까? 당신은 그런 관계를 이끌어 갔습니까, 아니면 이끌림을 당했습니까? 당신은 그 당시 성적으로 시도했었습니까? 어느 정도 시도했습니까? 그 경험이 당신에게는 어떤 기분이었습니까?

10. 당신은 데이트를 하였습니까? 성적 행위 없이, 아니면 성적 행위를 하며 데이트를 즐겼습니까?
11. 어떤 것이 현재 성행위와 성적 관계에 대해 당신을 만족시켰습니까? 또는 만족시키지 못했습니까?
12. 성적 욕망에 대한 경험을 어떻게 서술할 수 있습니까? 성적 흥분에 대해서? 오르가슴에 대해서?
13. 당신의 성적 행위 중 어떤 것을 감춥니까? 예를 들면, 자위행위, 포르노물이나 대화방 등 당신이나 다른 사람이 수치스럽거나 일탈적이거나 변태스러운 것으로 여길 수 있는 행동들을 숨기려고 시도합니까?

(5) 성애화

성애화(sexualization)란 성(sexuality)의 한 측면으로 사람들이 다른 사람들에게 성적으로 자극을 주면서 성적 욕구를 조절하고 통제하는 성적 방식으로 행동하는 측면을 말한다. 그것은 부드럽게 유혹하는 비교적 해가 없는 행동에서부터 다른 사람에게 해를 줄 수 있는 성적 행동(친밀한 파트너를 체벌하거나 어떤 특별한 것을 얻기 위한 성행동, 즉 성희롱, 성적 학대, 그리고 성적 폭력)에 이르는 행동 등을 망라한다.

1. 당신은 장난삼아 추파를 던지는 것에 대해 어떻게 생각합니까? 노골적인 사진과 동영상을 휴대전화로 주고받는 섹스팅에 대해서는? 유혹하는 것, 또는 유혹을 받는 것은?
2. 당신의 신체나 성에 대해 학습할 때 어떠한 불편함이나 고통스러운 경험을 한 적이 있습니까?
3. 당신은 섹스에 대해 죄의식이나 수치심의 감정을 경험한 적이 있습니까? 당신은 그런 경험에 대해 흔쾌히 말할 수 있습니까?
4. 성적 행위에 대해 힘들거나 혼란스러운 어떤 것이라도 경험한 적이 있습니까?

심리적으로/육체적으로 압박을 받거나 강요에 의한 어떠한 경험을 했었습니까?
5. 당신의 가족들은 어떠한 성적 외상이나 학대의 역사를 가지고 있습니까? 근친상간, 강간, 성적 학대나 성적 폭력?

5. 성생활 연대표, 지침서, 그리고 임상적 사례들

임상가들은 편안함과 수용적 분위기를 만들고 유지하기 위해서 사실적으로 문제들을 질문해야 한다. 어떠한 대답이라도 수용될 수 있다는 메시지를 전달하기 위해서 광범위하고 다양한 선택들이 제시되어야 한다. 내담자들이 자위행위를 어떻게 발견하게 되었는지, 또는 누군가가 자신의 행위를 보았는지에 대해 질문하는 것은 더욱더 복잡한 일이며, 가능한 다양한 범위의 반응들이 유발될 수 있다. 내담자들이 기억하는 성적 경험이 어떠했는가를 질문하는 것은 상담 과정 이후에 나타날 중요한 '망각되었던' 정보들에 대한 여지를 제공하게 한다. 임상가들은 공감과 수용적 태도를 통해 내담자들이 어떠한 불쾌함으로 상처를 받았던 경험들을 견디어 냈는지를 회상할 수 있게 해 준다.

1) 아동기와 청소년기에서의 이슈들

(1) 성교육에 대한 초기 비공식적 탐색

가계도 분석이 원만하게 진행되기 위해서는 내담자 원가족에서 성적 태도에 대한 일반적인 관찰이 유도되어야 한다. 내담자들이 일반적으로 감추고 있는 영역들은 애정(언어적 · 비언어적, 또는 둘 다), 신체 접촉, 성과 성적 발달에 대한 학습, 그리고 성적 경험이다. 내담자들은 성적인 내용들에 대해 부끄러움이나 어색함을, 아니면 편안함을 느끼거나, 수다스러워지는 등의 다양한 행동들이 분명하게 나타나게 된다. 치료자들은 최선의 판단에 따라 더욱 탐색적인 질문이나 더 상세한 질문들을 계속하면서 과정을 진행한다.

몇몇 내담자들은 많은 것을 기억하지는 않으나, 성적 호기심에 대해 가족이 보인 관용에 대해 회상적으로 감동을 느끼거나 또는 단 하나의 사건만을 기억할 수 있다. 임상가들은 형제자매나 부모와 함께 목욕하기, 키스하기, 자위행동하기(특히 대상에 대해 비비기 등의 행동), 의사놀이하기, 세 명 이상 사이의 자위행위(circle jerks), 그리고 또 다른 경험 등과 같은 초기 성적 경험에 대해 질문해야만 한다. 옷을 바꾸어 입기, 잠자리 배정 문제(sleeping arrangement), 그리고 침실 문의 부재 등과 같은 성적 프라이버시를 둘러싼 쟁점들이 내담자들의 양육에 대한 또 다른 측면의 단서를 줄 수 있다. 이런 질문들에 대한 답이 양육과 정서적 안정성에 대한 지표로 작용할 수 있다. 이런 정서적 안정성은 초기 애착과 이후 애착 형태에 주요한 영향을 준다. 또한 초기 경험에 대한 내담자의 상세한 언급은 죄책감이나 수치심과 같은 현 문제에 대한 단서를 제공해 줄 수도 있다. 따라서 임상가들은 초점화된 가계도 분석을 사용하여 가족 체계가 가지고 있는 신념의 힘과 어린 자녀들이 그것에 흡수될 수 있는 취약성을 평가할 수 있다.

(2) 부지불식간에 받는 상처(해)에 대한 임상적 사례

가계도 분석 과정으로부터 출현하는 정보들의 유용성을 설명하기 위해서 이 장에서는 성적 문제들이 어떻게 야기될 수 있는가에 대한 몇몇 사례를 제시한다. 일부 내담자들은 부모들과 다른 가족구성원들 간 모욕적인 발언이나 대립을 목격함으로써 정신적 충격을 받았다고 언급한다.

- 한 여성은 어머니가 친절한 분이었음을 기억하면서 그녀가 어렸을 때 속옷을 입고 어머니 주위를 돌며 춤을 추는 것을 어머니가 수용해 주었다고 한다. 그러나 빈번히 그녀의 집을 방문하는 할머니는 종종 그녀에게 "옷을 완전히 입으라."고 강하게 말하였다. 이것이 그녀의 어머니와의 갈등으로 이어지면서 정신적 혼란, 불쾌함, 그리고 죄책감을 초래하면서 그녀의 초기 관능적이고 성적인 탐색 과정 내내 이런 정서들이 뒤따르게 되었다.
- 신체 이미지와 몸무게에 대해 계속 고군분투하고 있는 30세 남성은 바닷가에서 휴가를 보내는 동안에 '뚱뚱한 사람'에 대한 아버지의 계속된 경멸적인 언급을 기억하였다. 이것이 지워지지 않는 인상을 형성하여 아버지와의 불만족스러운 관계와 연합되었고, 자신의 몸무게를 낮추기 위해 고군분투하면서 분노와 수치심을 느꼈다.

이런 사례에서 설명하듯이, 좋은 부모가 되려고 노력하는 부모일지라도 자녀들이 초기 성적으로 잘못된 정보를 가지거나 성에 대한 문제의 소지가 있는 감정들을 가지게 하는 것에 부분적인 책임이 있다. 즉, 부모들은 좋은 의도로 자녀에게 말할 수 있으나, 이것이 해를 주기도 한다. 초점화된 가계도 분석 과정들은 이런 문제들을 끄집어내서 치료 작업을 위해 그것들을 의식적으로 유용하게 해 준다.

(3) 공식적인 성교육 또는 성교육의 부족

임상가들은 내담자들의 공식적인 성교육이 매우 광범위하게 경험된다는 사실을 자각해야 할 필요가 있다. 임상가들은 내담자 가족, 교육, 그리고 문화적 맥락을 학습하면서 내담자의 지식 수준에 따라 가계도 분석을 위한 질문들을 확장시키거나 수정시킬 수 있다. 성적 관심, 매력, 그리고 초기 경험은 광범위하게 변화한다. 예를 들면, 보수적인 종교학교에 다니는 자녀들과 같은 하위집단에서 학년 초기의 자녀들은 어떠한 성적 관심도 없는 것처럼 보인다. 그럼에도 불구하고 면밀히 조사해 보면 성적 호기심, 금지된 탐색(예를 들면, 부모의 서랍이나 컴퓨터), 그리고 최초로 성에 대한 자각 등에 대한 기억들을 탐지해 낼 수 있다. 일부 자녀들은 '우연히' 부모의 벽장 뒤에서, 또는 부모의 포르노 웹 사이트를 보면서 포르노 영상을 발견했다고 기억한다. 이런 발견이 자녀의 연령, 성격, 그리고 가족 역동성에 따라 성적 관심, 호기심, 성적 자각을 촉진하거나 성적 혐오감을 야기할 수도 있다. 내담자는 가계도 분석이 계속 진행되는 동안에 공포나 은밀한 행위를 드러낼 수 있다. 오히려 공식적/비공식적인 성교육 경험에 대해 내담자들이 무엇을 학습했는지 또는 어떻게 반응했는지를 질문하는 것이 더 현명할 수 있다.

(4) 성적 성숙과 초기 도전의 시기

사춘기 초기나 후기 발달과 2차 성징의 출현은 한 개인이 또래와 관련하여 자신을 어떻게 보는가에 영향을 준다. 어떠한 공공연한 성적 행위가 없다 할지라도 사춘기가 시작되면서 발달되는 개인의 성적 자아에 대한 비웃음, 괴롭힘, 또는 헛소문 등을 통해 초기의 성적 도전이 시작된다. 소녀의 경우, 가슴의 초기 발달은 첫 번째 사춘기 시작 증표다. 소년의 경우, 근육 형성, 몽정, 그리고 더 굵은 목소리 등은 또래들 사이의 사춘기 시작을 알리는 축하 행사의 원인이 될 수 있다. 자녀는 타인에 대해 성적 매력을 느끼면서 자기를 '멋진 것으로' 또는 그렇지 않은 것으로 인식하게 되며, 이것이 결국 긍정적/부정적 자존감 형성에 영향을 주게 된다. 이 시기에 부모/부모와 같은 사람, 형제자매, 그리고 다른 사람들의 지지 여부가 성적 자아 발달에 영향을 줄 수 있으므로, 성적 가계도 분석 동안에 탐색되어야 한다.

(5) 젠더 정체성과 성적 지향

정체성 발달은 생의 초기에서도 자기와 타인에 대한 중요한 이슈들을 포함한다. 나는 누구인가에 대한 질문은 젠더 경험을 포함하는데, 예를 들어 여성과 남성의 동일성과 차이를 통해 개인은 타인에 대한 최초의 성적 매력을 느끼게 된다. 포괄적으로 시스젠더와 이성애자로 대표되는 문화권 내의 가족, 학교, 이웃, 그리고 종교단체의 배경 속에서 성장하는 내담자는 여러 측면에서 다른 사람과 '다른' 것을 느끼면서 고통을 겪을 수 있다. 또래들보다 더욱더 자신을 '남성적' 또는 '여성적'으로 보거나, 또는 그렇게 느낄 수 있다. 그리고 비슷한 젠더를 가진 또래에게 매력을 느낄 수 있거나 아니면 비슷한 젠더와 다른 젠더 둘 다에게 매력을 느낄 수 있다.

성생활 연대표를 작성하는 동안, 21세 된 남성은 그를 게이라고 생각했던 또래 소년들에 의해 언어적 · 신체적 학대를 빈번하게 겪으면서, 중학교 시절이 고통스러웠다고 보고하였다. 이런 성적 지향에 대한 수치심과 그의 부모들이 못마땅해하실 것이라는 두려움이 나타나면서 이 어린 남성은 자신의 이런 경험이나 계속되는 집단 괴롭힘에 대해 성인기 초기까지 결코 어떤 언급도 하지 않았다. 그는 사회적 불안과 우울 증세가 나타나서 치료를 시작하기 전 수년 동안 고통과 혼란, 사회적 고립을 겪었다.

몇몇 LGBTQ(레즈비언, 게이, 트랜스젠더, 양성애자, 퀴어 등의 성소수자) 사람들은 그들이 시스젠더, 이성애자적 규범 문화권에 있을지라도 매우 이른 시기에서부터 지배적인 정체성을 가진 다수의 사람들과는 자신들이 매우 다르다는 것을 자각하고 있음을 보고한다. 다른 사람들에게 있어서 자신의 젠더가 불편하거나 또는 비슷한 젠더에게 매력을 느낀다는 것에 대한 자각은 중 · 고등학교나 대학 시기를 거치면서 또는 이후 성인 후기에 가서도 출현될 수 있다. 따라서 삶의 시기 동안에 많은 사람들이 비슷한 젠더를 가진 개인, 다른 젠더를 가진 개인, 또는 둘 다에 대해 매력을 발달시킨다는 사실을 언급하는 일은 여러 사람들에게 도움을 줄 수 있을 것이다. 노련한 임상가들은 내담자의 반응을 관찰하여 질문 과정이 언제 생산적이 될 수 있는지를 측정하면서 내담자의 욕구를 기본적으로 중요하게 다루어야 한다.

(6) 가계도 평가 동안에 나타나는 성적 외상

성적 가계도 과정 동안에 내담자의 정서적 안전을 유지하기 위해서 임상가는 많은 내담자들이 성적 외상을 과거에 경험했다는 것과 그런 경험을 즉시 인정할 수 없다는 사실을 기억해야만 한다. 인터뷰 동안에 외상의 징후가 청소년기에 나타나든 혹은 성인기에 나타나든 내담자들은 자신에게 나타나는 어떠한 민감성이나 불편감에 대해 특별히 고려해야만 한다. 아울러 임상가들도 성적 외상을 조사하면서 주의 깊게 살펴보아야 한다. Courtois(2010)와 Courtois와 Ford(2009)는 성적 외상을 측정하고 치료할 수 있는 책을 출판하였다.

내담자의 역사에서 두렵거나 불쾌한 어떠한 사건들에 대해서 질문을 할 때, 주의 깊은 탐색이 필요할 수 있다. 왜냐하면 질문에 대한 답은 광범위하게 다르기 때문이다. 때로 분명한 "아니요"는 "그러나"를 수반한다. 온화하고 부드러운 후속 조치는 종종 정서적이거나 신체적으로 폭력적인 상황을 드러내기도 한다. 한 여성 내담자는 "그것은 중요하지 않았어."라고 말했으나, 그녀의 15세 된 베이비시터는 그녀가 열 살 때 그녀에게 구강성교를 가르쳐 주었다고 말했다. 그녀는 유혹적이고 요구가 많은 베이비시터에 의해 함정에 빠진 느낌이 들었고, 결국 그녀가 요구하는 모든 성적 관계를 계속 진행하면서 총체적인 무기력에 빠졌다. 대조적으로 어떤 내담자들은 긍정적인 성적 자기도식을 발달시켜서 성적 탐색과 관계에 대한 유쾌한 경험을 촉진시킨다. 따라서 가족구성원들로부터 받는 지지를 포함하여 성에 대한 긍정적인 수용과 건전한 태도를 인식하는 것이 중요하며, 이것이 결국 이후 삶에서 성적 딜레마를 직면하는 내담자들에게 중요한 자원이 될 수 있다.

2) 성인기에서의 이슈들

(1) 유의미한 관계에서 성적 태도와 행동

성적 태도와 행동의 패턴들은 오르가슴을 포함하여 성적 욕망, 성적 각성, 그리고 쾌락 등의 영역에서 특별한 질문을 통해 설명되어야 한다. 즉, 내담자들의 이전 문제에 대해 질문하는 것이 도움이 될 수 있다. 시간에 따라 내담자의 욕구와 요구들은 변하는데, 그들은 실제이거나 아니면 상상될 수 있는 관계들을 비교하는 경향이 있다. 종종 사람들은 다른 사람들이 해야만 하는 것에 대한 모든 가정을 한 다음, 그것이 실제인 것처럼 이런 상상된 행동들과 자신들의 행동을 비교한다. 내담자들에게 성적 만족을 방해시킨 것에 대해 질문할 때, 그들이 보이는 반응에서 이후 치료에 대한 중요한 단서를 발견하게 된다. 만약 임상가들이 내담자들의 반응에 즉시 공감적이 되고, 비판단적이 되면서 해박한 지식을 가지고 직접적으로 정보를 제공해 주면, 치료 증진에 도움이 될 수 있는 매우 상세한 내용들이 치료 과정에서 드러날 수 있다.

한편 성적 관계에서 내담자들의 관계가 시간에 따라 어떤 의미 있는 방식으로 변했는지의 여부를 조사하는 것이 중요하다. 일반적으로 직장생활이나 자녀 양육 등의 일과 가족이 함께 겪는 시간 등의 장기적 관계에서 변화가 경험될 수 있다. 그럼에도 불구하고 무엇이 변화되었는가 그리고 왜 변화가 일어나는가에 대해 어떤 가정도, 그리고 질문도 하지 않는 것이 최선이다. 왜냐하면 장기적 관계에서의 변화는 상황에 따라 다양하게 나타날 수 있기 때문이다. 예를 들어, 불안정하게 애착된 개인이 만약 안정 애착을 가진 누군가와 관계를 맺는다면 그의 애착관계는 개선될 수 있다. 그러나 불안정-몰두 유형의 애착을 가진 파트너가 또 다른 불안정 애착을 가진 파트너를 만난다면 그는 파트너를 속박하기 위한 방식으로 섹스를 사용할 수 있다. 불안정-거부 유형의 애착을 가진 개인은 꽤나 다르게 반응할 수 있다. 즉, 이들은 더욱더 부자연스러운 감정을 보이므로, 성적 관계에서 거리감을 야기하고, 결국 이런 것들이 불행이나 갈등을 창출시킬 수 있게 된다. 또한 다른 삶의 사건들도 분명하게 영향을 줄 수 있다. 질병, 재정적 불행, 열등감 문제와 정신건강상 문제들은 장기적 관계에서 긍정적 성생활을 방해하는 가능한 문제 중 단지 몇 가지일 뿐이다.

(2) 주의 집중할 특별한 영역: 포르노물과 변태

내담자들은 불확실하고, 당황스러우며 심지어 수치심으로 가득 찬, 그들만의 숨겨진 관심거리나 행동들을 가질 수 있다. 또 다른 사람들은 포르노물 사용이나 변태스럽거나 예외적인 성적 관계에 대한 관심을 드러내면서 매우 편안함을 느낀다. 신뢰적인 치료관계에서의 정보를 제외하고 이런 자료를 이끌어 낼 수 있는 확실한 방법은 없다. 내담자들이 제시하는 단서에 대해 온정적이고 감정이입적인 민감한 임상가들은 내담자들이 편안함을 느끼고 신뢰를 형성하는 데 도움을 줄 것이다. 이것이 종종 풍부한 정보를 얻게 해 준다. 만약 임상가가 내담자들의 주저하거나 당황하는 모습을 주목한다면, 가계도 분석 과정에서 제시된 질문에 대해 정답이 없다는 것을 내담자에게 알려 주면서 그러한 주저하거나 당황하는 순간을 활용할 수 있다. 일부 임상가들은 이러한 내담자의 관심들에 친숙하거나 편안함을 느끼지 않을 수 있다. 그러나 이러한 영역에서 내담자들을 성공적으로 도울 수 있는 이용 가능한 특별한 자원들이 있다(Nichols, 2014; Pillai-Friedman, Pollitt, & Castaldo, 2015).

6. 애착과 성생활

섹스는 여러 수준 — 육체적 · 정신적 · 정서적 · 정신적 — 에서 경험될 수 있으며 그런 성적 활동은 사람과의 관계에 영향을 주기도 하지만, 다른 사람에 의해 영향을 받을 수 있다. Feeney와 Noller(2004)에 의하면 애착 이론은 성적 관계를 연구하는 데 적절하다. 왜냐하면 애착 이론은 애정적 유대를 발달시키고 유지시키는 데 관여되는 규범적인 과정을 언급하기 때문이다.

아울러 애착 이론은 파트너들이 성적 관계와 태도, 행동에 부여하는 의미에 영향을 주는 애착 방식에서의 개인차의 근원을 다루고 있기 때문이다.

여기에서는 애착 지향, 성적 행동, 그리고 성적 만족 간 관계에 초점을 두고 애착에 대한 문헌 중의 일부를 제시하고자 한다. 특히 부부 연구와 부부들 내에서 개인 간 애착 유형이 그들의 성적 상호작용에 영향을 주고 성, 성적 만족, 그리고 관계 만족에 대한 의사전달에 영향을 줄 수 있는 방식에 초점을 둔 연구를 중심으로 살펴보았다.

1) 성생활-애착 연계성: 이론과 연구에서 고려할 점들[2]

여기에서는 애착과 성생활 문헌들에 대한 간략한 비평과 성생활-애착 연계성이란 특별한 주제로 더 많은 연구가 진행되어야 할 필요성을 제시한다. 간략한 비평은 그동안 연구에서 확립된 것과 앞으로 더 조사되어야 할 것을 측정하는 데 도움이 될 수 있다(Dewitte, 2012; Gillath & Schachner, 2006; Stefanou & McCabe, 2012; Toates, 2009). 몇몇 연구가들은 애착, 친밀한 관계, 그리고 성생활에 대한 다양한 연구 방향이 통합되어야 할 필요성을 지적한다(Dewitte, 2012; Impett, Muise, & Peragine, 2014; Toates, 2009). 이런 분야들을 통합하려는 시도는 성-애착 연계성이 생물학적 · 진화론적 · 발달적 · 인지적 · 사회심리적인 것을 포함하여 매우 다른 조망으로부터 접근되어야 하기 때문에 매우 복잡한 일이다(Dewitte, 2012; Toates, 2009). Toates(2009)와 Dewitte(2012)는 이론적 통합의 분열과 결여에 대해, 그리고 광범위하게 형성된 연구들이 성-애착 연계성을 중재할 과정과 방법들을 명시하지 못한 것에 대해 언급하였다(Dewitte, 2012).

일반적으로 애착 연구는 개인 피험자들에게만 독점적으로 초점을 둠으로써 제한적 연구가 되었다. 그리고 그런 피험자 중 대다수는 나이든 청소년이나 어린 성인들로 제한되었다. 이런 피험자들은 일상적으로 오래 지속적인 관계와 성적 역사(sex history)를 갖지 못하므로, 장기적 관계에 대한 연구 결과를 일반화시킬 수 있는 가능성은 매우 심각할 정도로 제한적이다. 아울러 개인의 애착 패턴에 대해서만 주의를 집중하는 것은 파트너 둘의 애착 유형 간 상호작용과 그것이 부부관계에 줄 수 있는 영향들을 무시하는 것이다.

(1) 성인 애착 스타일과 성생활의 상호 간 영향

연구들을 통해서 보면 성인 애착 지향과 성적 태도, 동기, 몽상 및 행동들 간에 어느 정도의 연계성이 있다는 사실이 제시되고 있다. 그러나 여기에서는 이러한 애착-성생활 연계성에 대해 철저하게 고찰하지 않고(Birnbaum, 2010; 2015; Feeney & Noller, 2004; Li & Chan, 2012; Stefanou & Mccabe, 2012 참조), 다만 성적 가계도 분석에 적절한 내용들에 주로 초점을 둘 것이다.

인간의 성적 체계는 출산뿐 아니라 애착 유대의 발달을 촉진시키는 방식으로 진화되어 왔다. Shaver와 Mikulincer(2006)는 부부들의 관계에서 세 가지 행동 측면을 강조하였는데 그것은 바로 애착, 돌봄, 그리고 성생활이다. 성적 만족은 애정관계와 장기적인 부부 유대의 본질과 안정성에 긍정적으로 영향을 주는 경향이 있다(Acevedo, Aron, Fisher, & Brown, 2011; Sprecher & Cate, 2004). 이에 반해 성적 역기능은 관계 만족에 부정적으로 영향을 주는 경향이 있다(Birnbaum, 2010). Birnbaum(2010)의 가정에 의하면, 성교 과정에서 선호되고 있는 정상 체위의 진화는 하나의 적응으로 볼 수 있는데, 왜냐하면 이러한 체위가 서로를 친밀하게 달라붙도록 상대 파트너를 도와주고, 이런 과정들을 통해 어린 자녀를 보호하고 양육하기 위해 함께 남아 있게 될 가능성을 증가시킨다는 것이다(Birnbaum, 2010). 애착은 호르몬으로도 설명될 수 있다. 남성과 여성 둘 다 성교 과정에서 옥시토신 수준이 증가되는데, 옥시토신은 정서적 연합과 친밀감이라는 정서를 촉진하는 것으로 알려졌다(Birnbaum, 2010; Magon & Kalra, 2011).

또한 애착 그 자체가 성생활에 영향을 줄 수 있다. 애착 체계가 영아기 동안 발달되기 때문에 어린 자녀들은 자기와 타인에 대한 정신적 모델을 형성하는 데 기여하는 경험들을 즉각적으로 축적하기 시작한다(Bowlby, 1982). 이런 정신적 모델들은 친밀한 관계를 안내해 주기 위해 사용되는 전략과 기대에 영향을 줄 수 있으므로, 이후 성적 체계의 발달에 분명히 영향을 줄 수 있다(Shaver et al., 1988). 예를 들어, 연구가들에 의하면 대인관계에서 애착과 관련되어 나타나는 차이점들은 사람들이 성적 상호작용을 어떻게 해석하고 경험하는가에 있어서 나타나는 차이점의 일부를 설명해 준다(Mikulincer & Shaver, 2007).

안정 애착을 가진 사람들은 서로 친근하고 헌신적인 관계 내에서의 성적 활동을 선호한다고 보고한다(Brennan & Shaver, 1995; Stephan & Bachman, 1999). 긍정적 입장에서 자신과 타인을 바라보는 것이 파트너와의 친밀하고 성적으로 만족한 상호작용을 이끄는 데 도움을 주며, 이것이 이후 지속적이고 성적으로 만족스러운 관계를 이끄는 데 기여한다(Birnbaum, Reis, Mikulincer, Gillath, & Orpaz, 2006; Mikulincer & Shaver, 2007).

불안-양가적 애착을 가진 사람들은 사랑받고 싶고 안정을 느끼고자 하는 소망과 같은 성적이고 애착과 관련된 다양한 욕구들을 위해 성적 연결에 의존하는 경향이 있다(Davis, Shaver, & Vernon, 2004). 이러한 불안한 동기는 파트너로부터 친밀성, 호감, 안도감을 이루기 위해서, 또는 돌봄의 행위를 이끌어 내기 위해서 성 관계를 갖는 등의 다양한 행동들로 변형될 수 있다(Cooper et al., 2006; Davis et al., 2004; Impett, Gordon, & Strachman, 2008; Schachner & Shaver, 2004). 불안정 애착 사람들은 자신이 위협받는다고 지각할 때에 느끼는 욕구들이 애착관계에서 야기될 때, 강한 성적 동기를 경험하는 경향이 있다(Davis, Shaver, & Vernon, 2003, 2004). 그들은 애착에 대해서 성적 공상을 빈번하게 가지며(Birnbaum, 2007b), 성 행위 자체보다는 성에 대한 애정적인 측면을 더 선호하는 경향을 보인다(Hazan, Ziefman, & Middleton, 1994). 불안하게 애착된 개인들은 애정관계에 있는 배우자에 의해 사랑받지 못하거나 버림받을 수 있다는 공포로 걱정, 불신, 친밀감에 대한 요구, 심지어 강한 분노로 이루어진 감정의 순환을 반복적으로 느끼는 경향을 보인다. 불행하게도 불안정 애착에 의해 야기되는 이러한 행동들은 배우자와의 거리감이나 배우자의 거부를 유발할 수 있다(Birnbaum, 2007a; Birnbaum et al., 2006).

회피 애착 개인들은 성적 상호작용에서 기대되는 정서적 친밀감에서 편안함을 잘 느끼지 못하므로, 성과 심리적 친밀감을 분리시키는 경향을 보인다(Mikulincer & Shaver, 2007; Shaver & Mikulincer, 2006). 그러나 회피 애착 개인들은 육체적 관계로부터 애착 정서를 촉진시키는 것처럼 보인다. Birnbaum(2007b)에 의하면 회피 애착 개인들은 서로에게 거리감을 느끼며 심지어는 소외된 관계임에도 불구하고 그런 개인에 대해 성적인 상상이나 공상을 한다는 것이다. 또한 회피 애착 사람들은 성적 상호작용을 빈번히 하지 않는 것처럼 보이기도 하며(Brassard, Shaver, & Lussier, 2007), 주로 자위행위에 의존하며 애정이 없는 자연스러운 하룻밤의 정사를 빈번히 즐긴다. 그들은 자기의 가치를 높이기 위해 성관계를 하는데, 결국 이런 행위가 본질적으로 관계, 그 자체에는 적절하지 않은 것이다(Cooper et al., 2006; Mikulincer & Shaver, 2007). 마지막으로, 이들은 상대적으로 파트너에 대한 강한 반목과 소외감을 경험하며 애정적인 파트너 관계에서조차도 낮은 수준의 육체적 애정을 공유한다(Birnbaum, 2007; Birnbaum & Reis, 2006; Birnbaum et al., 2006). 요약하면 회피 애착 개인들의 성생활은 애정적인 관계 내에서조차 정서적으로 친밀감을 덜 갖는 것처럼 보이며, 안정 애착이나 불안정 애착 개인들이 종종 추구하는 애착의 강도에 대해서 불편함을 드러내 보이는 것 같다.

(2) 애착, 성, 그리고 애정적 파트너 관계

여기에서는 부부들의 애착과 성생활에 대한 연구들을 요약하여 제시할 것이다. 이러한 연구들은 자연스러운 상황인 부부관계에서 애착 양식과 성생활을 검토하는 경향을 확고히 했다. 대부분의 이전 연구들은 1회에 걸친 조사, 횡단적인 자료, 회상적인 자기보고 측정, 그리고 개인에만 초점을 두었기 때문에 일반화의 문제가 제기될 수 있었다. 〈표 8-1〉에서 제시된 것과 같이 많은 대부분의 연구들은 이런 한계점들을 서술하였다. 제시된 각각의 연구들은 애착 양식을 탐색하는 것 이외에도 성관계나 만족스러운 성관계 형태들의 일부분을 포함시켰다. 이러한 기준을 충족시킨 연구들은 다음과 같다. Birnbaum et al. (2006), Butzer & Campbell (2008), Brassard, Lussier, & Shaver (2009), Brassard, Péloquin, Dupuy, Wright, & Shaver (2012), Heresi-Milad, Rivera-Ottenberger, & Huepe-Artigas (2014), Péloquin, Brassard, LaFontaine, & Shaver (2014), Starks & Parsons (2014), Leclerc et al. (2015), 그리고 Mizrahi, Hirschberger, Mikulincer, Szepsenwol, & Birnbaum (2016).

〈표 8-1〉에 제시했듯이, 성적 관계에서 두 배우자로부터 자료가 수집되었고, 연구에 참여한 대상자들, 측정된 방법, 그리고 애착 관련 결과들이 확인되었다. 표에서 보면 불안정 애착(불안-양가적 그리고/또는 불안-회피적)은 남성과 여성들 모두에게 있어서 관계 만족 및 성적 만족과 상관이 있는 것으로 밝혀졌다. 즉, 높은 수준의 불안정 애착은 낮은 수준의 관계 만족 및 성적 만족을 나타내는 경향이 있다. 예를 들면, Birnbaum과 동료들(2006)은 매일 부부들이 느끼는 감정과 상호작용을 조사하였다. 결과에 따르면 불안정 애착은 긍정적/부정적인 성적 경험 모두에서 다음날 상호작용 관계에 미치는 영향력을 증가시켰다. 회피 애착은 성관계의 긍정적인 영향력을 억제시켰고, 아울러 부정적인 성적 상호작용의 해로운 영향력도 억제시켰다. 이러한 연구는 여러 가지 방법을 통해 부부들을 연구하고 상호작용적 영향력을 조사하기 위한 초기 시도다. 최근 들어 연구자들은 친밀감과 욕망, 또는 성적 고통과 같은 상세한 성적 문제들과 애착 간 관계에 관심을 집중시키고 있으며, 이성애적 사랑과 동성 간 관계 모두에 초점을 두고 있다. 전반적으로 현재 문헌들을 통해 보면 부부 모두, 또는 부부 중 한 사람에게서 높은 수준의 불안정 애착이 있을 때, 성적 만족과 관계 만족의 높은 수준이 덜 나타나

〈표 8-1〉 부부관계에서 애착과 성적 만족에 대한 연구들

연구자/날짜	측정	애착 관련 결과
Birnbaum 등 (2006) 41쌍의 동거 중인 이스라엘 부부(커플) 여성들 나이: 21~34세 (평균 25.97) 남성들 나이: 20~30세 (평균 26.58)	애착 유형; 관계 행동과 특성 및 성교 과정 동안에 감정에 대한 질적인 일지 작성 두 배우자 간의 상호작용 효과 검증	불안정 애착 여성과 파트너는 성교 과정 동안에 느꼈던 긍정적인 감정과 다음날 관계적 특성 간 더욱 강한 연계성을 보였다. 여성의 경우, 성교 동안의 부정적 감정은 부정적인 행동과 관계 특성을 야기시켰다.
Butzer와 Campbel (2008) 21~75세의 결혼한 이성애 부부 116쌍 결혼한 지 두 달부터 53년 된 부부들로 평균 결혼 기간이 10.02년이다.	애착 스타일, 성적 만족, 관계 만족	불안과 회피 애착의 개인은 더 낮은 수준의 결혼 및 성적 만족을 보였다. 불안과 회피 수준은 부부 구성원들 간에 정적인 상관을 보였다.
Brassard, Lussier, 그리고 Shaver (2009) 18~35세의 결혼한 이성애 부부(프랑스계 캐나다인) 299쌍	갈등과 관계 불만족의 지각과 애착 불안정 간의 관련성	불안과 회피는 파트너들 자신과 파트너들 간 적절한 상관을 보인다. 여성의 회피와 불안은 남성의 관계 만족에 직접적으로 영향을 준다.
Brassard, Péloquin, Dupuy, Wright, 그리고 Shaver (2012) 치료에 온 동거하는 부부(커플)들(48.5%)과 결혼한 부부(51.5%)를 포함한 242쌍	낭만적인 애착 불안정과 성적 불만족 간의 관련성	남성의 불안정 애착은 파트너 모두의 성적 불만족을 예측했다. 여성의 불안정 애착은 여성 자신의 성적 불만족에 영향을 주었다. 여성의 회피는 파트너 모두의 불만족을 예측했다. 남성의 회피는 단지 자신만의 성적 불만족을 예측했다.
Heresi-Mild, E., Rivera-Ottenberger, D., 그리고 Huepe-Artigas, D. (2014) 20~70세의 294쌍은 자기 보고식 질문지에 답했다.	안정된 관계에서 성인 부부들에서 애착 체계 양식, 성적 만족, 그리고 결혼 만족 간의 관련성	불안과 회피, 성적 만족, 그리고 결혼 만족은 서로 밀접하게 관련되어 있다. 회피만이 더 낮은 수준의 성적 만족과 결혼 만족과 부합되었다.

Péloquin, Brassard, Lafontaine, 그리고 Shaver (2014) 두 공동체 부부: 한쪽은 고통을 받고 있지 않는 커플과 다른 한쪽은 고통을 받고 있는 커플	애착 방식, 돌봄과 성적 만족	불안정 애착의 두 유형은 돌봄에서 더 큰 통제를 그리고 파트너의 더 낮은 만족을 예측했다.
Starks, T. J., Parsons, J. T. (2014) 344쌍의 게이 부부. 성인 애착 목록의 축약형, 부부들의 성적 의사소통 척도, 성관계의 빈도	애착 방식과 '① 일시적인 파트너와의 무방비의 항문 성교(UAI) 및 ② 주 파트너와의 성적 관계 특성의 차원(성적 의사소통 및 성적 빈도수)' 간의 관련성	안정: 가장 높은 수준의 성적 의사소통. 안정 애착 파트너를 가진 남성: 적어도 일주일에 한 번 성관계를 갖는 경향을 보였다.
Leclerc, B., Bergeron, S., Brassard, A., Bélanger, C., Steben, M., 그리고 Lambert, B. (2015) 101쌍의 부부(커플)로, 여기에서 여성들은 PVD(말초혈관 질병)를 가졌다.	애착, 고통, 성적 기능, 그리고 성적 만족 간 연결, 이런 연결의 중재인으로서 성적 자기주장성의 역할	애착 차원은 고통 강도를 예측하지 못했다. 불안과 회피 애착은 더 낮은 성적 기능과 관련이 있었다. 애착 회피는 여성의 경우, 더 낮은 성적 기능을 예측했다. 여성의 성적 자기주장성은 애착 차원 및 성적 기능과 만족 간 관계를 유의미하게 중재하였다.
Mizrahi, M., Hirschberger, G., Mikulincer, M., Szepsenwol, O., 그리고 Birnbaum, G. E. (2016). 새롭게 모집된 62쌍의 이스라엘 부부, 첫 시기에 3번 측정하고 8개월 이후 측정	남성과 여성들의 성적 열망과 정서적 친밀감이 시간에 따른 관계에서 애착 형성에 어떻게 영향을 주는가	성적 열망과 친밀감은 여성과 남성의 애착 형성에 다른 역할을 한다. 여성의 높은 친밀감은 파트너의 관계에서 불안정의 감소를 예측하였다. 여성의 높은 수준의 열망은 남성의 애착 불안정을 감소시키지 못했다. 남성의 성적 열망은 여성의 애착 불안정성과 자신의 회피 불안정성을 감소시키지 못했다.

는 경향이 있다. 많은 연구자들은 부부들 사이에서 이러한 과정을 연구하면서 일시적인 상황에서보다는 종단적으로 애착 양식과 관계를 측정하는 연구들이 계속 진행되어야 한다고 주장한다.

2) 문제가 되는 성적 행동에 대한 불안정 애착의 영향

불안과 회피로 특징되는 불안정 애착 유형은 대인 간 관련 양식뿐 아니라 경험된 정서, 성적 태도와 믿음을 포함하는 관계 내 많은 요인들에 영향을 줄 수 있는 잠재력을 갖는다. 여기에서는 부부간 외도와 강압적인 성적 행동을 간략히 논의할 것이다. 이 두 측면에서 연구에 참여한 사람들과 배우자들에게 문제를 야기시킨 행동적 결과가 애착과 관련을 보인다는 사실이 언급될 것이다.

(1) 외도와 애착

정절은 파트너들이 서로에게 이행해야 할 공동의 헌신임에도 공공연하게 붕괴되기도 한다(Fife, Weeks, & Gambescia, 2007, 2008; Russell, Baker, & McNulty, 2013; Weeks, Gambescia, & Jenkins, 2003). 외도의 지표에 대해 밝혀진 것은 없지만, Russell과 동료들(2013)은 결혼한 남성의 25%, 여성의 20% 이상이 결혼 기간 동안에 가끔 바람을 피운 적이 있음을 지적하였다. 열 개 연구를 요약한 두 개의 논문에 따르면 애착 이론과 외도에 대한 연구 간 관련을 보인다. 첫 번째 논문(DeWall et al., 2011)에서는 회피 애착, 대안적인 연애 대상자에 대한 흥미, 그리고 부부간 외도 사이의 관계성이 조사되었다. ① 회피 애착이 외도에 대해 더 긍정적인 태도를 가지고 대안적인 애정관계에 대해 더 많은 관심을 보이며 실제적으로 외도를 더 많이 하는지, ② 서로에 대한 헌신이 이런 요소들 간 관계를 중재하는지의 그 관련 여부를 탐색하기 위해 여덟 개 연구들이 진행되었다. 헌신은 의존성과 관련되는데 이러한 의존성은 연애관계 내에서 독립과 자율성을 추구하기 위해 회피 애착을 보이는 개인들의 욕구를 위협할 것으로 설명되었다. 최종적인 결과들은 다음과 같다.

> 네 개의 연구들에 의하면 회피 애착은 현 배우자를 속이는 것에 대해 더 긍정적 태도와 관련을 보였으며, 아울러 대안적인 애정 대상자에 대해 더 주의를 기울이는 편향적 태도를 보이는 것과 더 많은 외도를 하는 것과 관계가 있었다. …… 나머지 네 개 연구에서는 낮은 수준의 헌신이 회피 애착과 애정을 갖는 대안적인 대상자에 대한 관심 및 외도 간 관계를 중재하였다. …… 대조적으로 불안 애착은 이런 결과의 어떠한 것과도 관련을 보이지 않았

다(p. 1313).

Mizrahi와 동료들(2016)이 주목했듯이 부부들의 초기 관계에서는 특정 관계에서 애착 불안정성이 종종 높게 나타난다. 이런 관계가 시작되는 초기는 회피 애착을 가진 사람들이 외도 경향을 더 많이 보이는 시기가 될 수 있으며, 종종 다른 방법으로 관계를 파괴하기 쉽다.

두 번째로 Russell과 동료들(2013)에 의해 두 개의 종단연구가 진행되었다. 여기에서는 결혼관계에서 불안정 애착과 부부간 외도가 탐색되었다. 연구자들은 애착과 외도를 관련시키는 열 개 연구들을 분석한 결과, DeWall과 동료들(2011)의 결과와 대조적인 결과를 보였으나, Fish, Pavkov, Wetchler, 그리고 Bercik(2012) 연구 결과와는 비슷하였다. 즉, 불안정 애착은 외도와 정적으로 관련을 보였는데 이런 결과는 부부간 차이를 보이지 않았다. 회피 애착은 외도와 어떤 관련이 없었으며, 이 또한 부부간 차이가 없었다. 불안정 애착을 가진 파트너와 결혼한 사람들은 남편이나 아내 모두가 외도를 더 많이 보이는 경향이 있었다. 그러나 배우자의 회피 애착은 자신의 외도와 부적으로 연관되었는데 이는 회피 애착을 가진 파트너와 결혼한 사람들이 바람을 덜 피운다는 것을 나타낸다. 파트너의 영향을 분석한 연구를 통해 외도를 행할 가능성이 감소된 유일한 부부들을 살펴보면, 비교적 덜 불안한 애착을 가진 배우자가 상대적으로 덜 불안한 파트너와 결혼한 경우다. "부부들 중 어떤 한 사람이 불안정 애착을 가지면 이는 배우자의 외도를 범할 가능성을 증가시킨다"(p. 249).

요약하면 언급된 연구들을 통해 불안정 애착과 외도 간 관계가 확인되었다. 그러나 외도와 관련된 불안정 애착 유형은 사회적 지위와 결혼생활 기간에 따라 차이를 보일 수 있다. 관계가 시작되는 초기 단계에서 강렬한 정서적 연결과 친밀감을 회피하는 경향을 보이는 파트너들은 첫 번째 배우자 이외의 다른 사람과 성적 관계를 추구하는 경향을 더 많이 보일 수 있다. 그러나 결혼관계에서 만약 한 파트너가 불안정 애착을 가지면, 외도의 가능성은 증가된다. 결혼생활을 하면서 개인이 갖는 욕구의 어느 정도는 파트너에 의해 충족되지 않는다는 것을 깨닫게 되면서, 충족되지 않는 욕구에 대해 걱정하거나 배우자의 욕구를 적절히 충족시키지 못하는 것에 대해 걱정하며 염려하는 배우자들은 욕구 충족을 위해 또 다른 파트너를 찾는 경향을 더 많이 보이는 것 같다.

(2) 강압적인 성적 행동과 애착

강제적인 성적 행동은 애착 이론과 성생활을 연결시키는 문헌들의 탐색에서 매우 두드러지게 대두되는 주제다. 성적 불쾌감을 주는 범죄 행동과 강압적인 성적 행동을 연구하는 데 있어서 애착 지향이 유의미한 변인이 되는 것으로 밝혀졌다. 고찰된 연구들에 의하면 애착 유형이 강압적인 성적 행동을 일으키게 할 수 있는 선행 요인으로 제안되었다. 강압적인 성적 행동으로는, 예를 들면 원치 않는 파트너로부터 성적 만족을 얻기 위한 언어적 조종, 위협, 또는 실제적인 신체적 힘 등이 포함된다. Karantzas와 동료들(2016)은 불안정 애착과 덜 강압적인 성적 행동 유형 간의 관련성에 대한 연구들을 메타 분석을 통해 고찰하였다. 이러한 강압적인 성행동의 문제들은 약 50%의 부부들에게 부정적인 영향을 주었는데, 이런 문제가 범죄행위는 아닐지라도 우울, 외상 후 스트레스 장애, 그리고 다소 질적으로 낮아진 관계 등과 같은 매우 심각한 결과를 야기시켰다(Brousseau, Bergeron, Hebert, & McDuff, 2011; O'Leary & Williams, 2006). 11개의 연구 결과들을 통해 보면 불안정 애착은 강압적인 성적 행동의 희생양과 더욱 일관되게 관련이 있었으며 회피 애착은 성적 강압행위를 범하는 것과 더욱 일관되게 관련이 있었다. 그러나 애착은 단지 성 문제의 일부분임을 주목하는 것이 중요하다. 애착 이외에 특히 권력과 관련된 다른 동기들과 역동성, 강압적인 성적 행위의 발생을 포함하여 관계에서 강제적인 행위의 발생에 중요한 영향을 준다.

Karantzas와 동료들(2016)에 의하면 불안정 애착 유형의 사람들은 불안정한 감정을 감소시키고 친밀감을 확립시키는 것에 초점을 두기 때문에 결국 이것이 성적 욕구를 충족하기보다는 애착 욕구를 충족하기 위해 성행동에 전념하게 한다. 일부 연구에서는 불안하게 애착된 개인의 반응들이 또한 성적으로 강압적인 동기(예를 들면, 파트너에 대한 통제를 증가시키려는 바람, 또는 자신의 힘을 느끼려는 바람 등)를 반영하고 있음을 제시하였다. 불안정 애착 유형을 가진 사람들은 종종 서로 합의하에 성적인 상호작용을 효과적으로 하는 것을 실패하기 때문에 강제적으로 성적 행동을 하기보다는(강제적으로 하려는 동기를 경험했음에도 불구하고) 오히려 성적으로 피해자가 되는 행동 경향을 보인다. 한편, 회피 애착 개인들은 친밀감에 대해 불편함을 느끼고 독립성과 자율성을 필요로 하기 때문에, 애정적인 파트너의 욕구와 요구에 초점을 두기보다는 성적 욕구의 충족을 위해 상대를 조정하고 압력을 가하는 행동을 할 수 있다. 또 다른 연구에서는 회피와 피해자가 되는 것 간의 관련성이 발견되었는데, 일부 회피 애착 유형의 개인들은 관계와 친밀감에 대한 사적 감정을 언급하기보다는 성관계를 하려는 파트너의 요구에 순응하는 것을 더 선호하는 경향을 보이는 것 같다. 한편, 젠더 또한 성관계에서 조절 요인으로서 작용한다. 회피 애착 남성들은 종종 성적인 강압행위를 저지르며, 불안정 애착 여성들은 일반적으로 그들의 희생양이 된다.

강제적인 성적 행동을 일으킬 수 있게 하는 선행 요인에 대한 연구를 통해 그러한 성적 행동을 미연에 방지할 필요성이 강조되었다. Ménard, Shoss, 그리고 Pincus(2010)는 남녀 대학생들의 성희롱을 탐색하면서 성격의 5요인 모델에 초점을 두었다. 결과에 의하면 불안정 애착 유형은 모든 유형의 성희롱과 연합되었다. 즉, 5요인 성격 중, 낮은 친화성(agreeableness)과 낮은 성실성(conscientiousness)은 애착과 성희롱 간 관계를 중재하였다. 따라서 두 개의 불안정한 성인 애착 유형은 이후 성희롱이나 강압적인 행동에 기여하기는 하지만 전적으로 영향을 주는 것은 아니다. 한편, 남자 대학생들을 대상으로 낮은 수준의 성적 기능, 애착 유형, 그리고 역기능적인 성적 신념이 성적인 강압행동을 일으킬 가능성에 주는 영향이 조사되었다(Dang, & Gorzalka, 2015). 결과에 의하면 성적인 강압행동과의 관련성은 발견되지 않았으나, 역기능적인 성적 신념과 성적 강압성에 대한 경향성과는 유의미한 관련성이 발견되었다. "역기능적인 성적 신념들은 강간 통념 수용(rape myth acceptance), 여성을 향한 적개심, 강간에 대한 관심, 그리고 성적으로 강제적인 행동 등과 유의미하게 관련을 보였다"(Dang & Gorzalka, 2015, p. 103). 이러한 연구에서 불안정 애착 유형은 강압적인 성적 행동 지향성과 유의미한 관련성을 나타냈다. 요약하면, 애착 유형은 성적으로 강압적인 행동을 하거나 성적 희생양이 될 수 있는 가능성에 대한 잠재적 예측 요인이다. 그러나 역기능적인 성적 신념과 특정 유형의 성격 특성이 이러한 파괴적인 문제 발생 가능성에 유의미하게 기여한다.

(3) 부부관계, 애착과 강압행동

성적 강압행동을 포함한 친밀한 파트너의 폭력의 범위를 고려할 때 친밀한 관계에서 강압적인 성적 행동과 공격성의 가능성을 증가시킬 수 있는 특별한 부부 역동성을 결정하는 것이 중요하다. 불안정 애착 유형과 공격적 행동, 특히 남성 가해자의 공격 행동의 증가와 관련이 있다고 주장되었다(Lawson, 2008; Péloquin, LaFontaine, & Brassard, 2011; Holtzworth-Mnroe, Stuart, & Hutchinson, 1997; Rapoza & Baker, 2008; He & Tsang, 2014, p. 773 참조).

'잘못된 만남'은 친밀한 관계 내에서 위법 발생 가능성을 증가시킬 수 있다. 예를 들어, 불안정 애착의 여성 배우자와 회피 애착 유형의 남성 배우자 간 '잘못된 만남'은 남성과 여성 모두의 범죄행동과 관련을 보였다(Doumas, Pearson, Elgin, & McKinley, 2008). Bond와 Bond(2004)에 의하면 불안하게 애착된 여성과 거부적인 남성 간 만남은 이후 범죄행동의 잠재적 예측 요인이 되었다. 즉, 회피 애착 유형의 사람들은 갈등의 골이 더욱 깊어 가는 상황에서 성관계를 요구하는 불안 애착 유형의 배우자와의 관계에서 범죄행동을 하였다(Bartholomew & Allison, 2006; He & Tsang, 2014).

지금까지 가장 주목할 만한 연구는 아동기 성적 학대, 성적인 강압행동에 대한 이전 경험, 특별한 성적 동기들, 그리고 현 관계에서 성적인 강압행동들 간의 관계를 탐색하였다(Brousseau, Hebert, & Bergeron, 2012). 209명의 혼성 부부들을 대상으로 연구한 결과, 아동기 성적 학대는 여성들이 범하는 성적 강압행동의 유일하고 중요한 예측 요인이 되었지만 여성의 성적 피해와 남성의 성적 피해의 예측 요인은 아니었다. 남성에게 있어서 성적 강압행동의 피해와 성적 강압행동은 이전 관계에서 겪었던 비슷한 경험에 의해서만 예측되었다. 여성과 남성 모두에게 있어서 힘에 대한 동기가 성적 강압행동의 영속적인 행위의 중요한 예측 요인이었으며, 의무에 대한 부담이 성적 피해의 유의한 예측 요인이었다. 적어도 이러한 연구에서 나타난 놀랄 만한 결과는 성적 강압행동이 부부 사이에 호혜적이 되는 경향이 있으며, 결국 이런 관계는 이후 악순환에 빠진다는 것이다. 그러나 부부관계 내에서 성적 강압행동의 선행 요인과 역동성을 한층 더 잘 이해하기 위해서는 개인적 특성과 파트너 특성을 연결시키는 연구가 진행되어야 한다.

7. 성적 가계도 수행의 어려움: 내담자와 치료자 쟁점

평가 과정 동안 치료자의 참석과 인식은 치료가 성공적으로 시작되는지의 여부를 결정하는 데 중요할 수 있다. 이것은 내담자의 성적 개인사와 관심을 평가할 때 특히 중요하다. 왜냐하면 치료자들은 성에 대한 불안과 맹점(약점)을 가질 수 있기 때문이다. Lief와 Berman(1975)은 치료실에서 치료자들의 존재에 대한 중요성을 확실하게 언급하였다. 즉, 내담자들이 편하게 느끼도록 도와주는 것이 치료자가 가져야 할 태도임을 언급하였다(Hertlein, Weeks, & Sendak, 2009).

> 내담자와 성에 대해 이야기할 때 가장 중요한 측면은 치료자가 성에 대해 편안하게 되는 것이다. 치료자들은 내담자들의 자위행위, 비규범적 성적 행위(kink: 변태), 동성과 성행동, 여러 사람과의 성관계, 그리고 인간의 성적 표현에 대한 놀랄 만한 전체적 레퍼토리를 언급하는 데 있어서도 관대하면서 개방적이 되어야 한다(p. 26).

해박한 지식과 인자한 성품을 가진 치료자는 내담자들의 어떠한 불편함이나 어색함이라도 이해할 수 있는 표정, 몸짓 언어, 그리고 목소리 톤으로 의사소통할 수 있다. 내담자가 주저함이나 당혹감, 정서적 고통을 보일 때 노련한 치료자는 그러한 반응들이 정상적으로 나타나는 것으로 이야기해 주면서 계속되는 면접의 과정에서 최선을 다해 참여할 수 있도록 내담자들을 지지하며 격려해 준다. 평가 과정에서 치료자가 성적인 문제에 대해 중립적이거나 객관적 태도를 보여야 한다. 그래야만 내담자가 안정감을 느껴서 생각, 태도, 정서 그리고 행동 등을 자유롭게 표현하게 된다. 많은 내담자들은 이전에 성적 문제에 대해 판단을 받거나 비평을 받아 왔기 때문에 분노나 불안감이 즉시 나타날 수 있다. 통찰력 있는 치료자는 치료 과정을 방해할 수 있는 위험들을 최소화하기 위해 공감적이고 전문적이며 수용적인 태도를 주의 깊게 연마해야 할 것이다.

1) 시기와 속도

성적 가계도를 구성하기 위한 시작 과정에서 주목해야 할 점은 각각의 내담자 체계에 대해 다르게 바라보아야 한다는 것이다. 처음 인터뷰 과정에서부터 내담자들이 자신의 성적인 문제를 언급한다면 치료자는 실질적으로 성적 가계도를 구상하지 못한다 해도 그러한 성적 가계도에 대한 정보에 즉각적으로 주목해야 할 것이다. 그러나 자신의 성에 대해 서서히 초점을 맞추는 내담자들은 치료 과정이 어느 정도 진행되고서야 비로소 성적 가계도를 구성하기 시작할 수 있다. 따라서 기본적인 가계도 분석이 우선적으로 진행되면, 더 초점화된 성적 가계도 분석을 위한 단서들이 제공된다. 특히, 치료자의 진행 속도에 대한 민감성은 치료적 관계, 즉 내담자와의 신뢰 형성에 직접적인 영향을 줄 수 있다.

2) 유사점과 차이점 다루기

치료자는 필수적으로 자신들이 내담자와 비슷하거나, 다르다는 것을 깨달아야 한다(Lief & Berman, 1975; Nichols, 2014; Nichols & Shernoff, 2009; Parker, 2009). 사회가 점차 다원적인 사회로 변화하며 많은 사람들은 자신들의 성적 지향과 젠더 정체성에 대해 자기-정의적이 되어 간다는 점을 고려할 때 이러한 원칙은 더욱 중요하다. 매우 단순하게는 가정들이 종종 틀리다는 사실을 명심하는 것도 중요하다. 자신과 비슷하거나 또, 비슷한 것처럼 보이는 내담자들이 사실상 꼭 비슷한 것은 아니라는 것이다. 내담자가 실제적으로 어떤 사람인가를 알아내기 위해 개방적인 태도를 취하는 것이 치료자에게 크게 도움이 되며, 이후 나타나는 치료적 관계에도 유익하게 될 것이다.

현재 인구에서 계속 많은 비중을 차지하며 증가하고 있는 노인들의 성생활에 대해 더욱 큰 공공연한 관심이 모아지고 있다(Binik & Hall, 2014; Blank, 2000; Price, 2011; Weeks, Gambescia, & Hertlein, 2016). 그러나 많은 치료자들이 직접적으로 노인들의 성적인 쟁점들에 대해 교육을 받거나, 연구할 수 있는 기회를 갖지 못했다. 그런 치료자들은 자신들의 부모와 비슷하거나 어떤 경우에는 조부모와 비슷한 연배의 내담자들에게 명백하게 성적인 질문들을 하는 일이 난감할 수 있다. 이런 맥락에서 노인들에 대한 성적인 딜레마를 경험하고 있는 '더 젊은 치료자들은' 노인들의 성적인 문제를 무시하거나 축소화할 수도 있으며, 이런 것이 노인들에게 종종 당혹감이나 수치심을 유발시키기도 한다. 주로 나이 든 내담자들을 담당했던 치료자들은 이런 상황에 대한 대안으로 내담자들에게 '더 젊은' 내담자들의 변화된 욕구와 관심들을 의도적으로 알려 주려고 하는 경향이 있다. 다음에 제시된 몇몇 사례들이 빠르게 변화하는 시대적 흐름에 잘 부합하지 못하는 '나이 든 치료자들'에게 도전이 될 수 있을 것이다.

- 가족의 생활과 직업에 대해 극도의 고통을 느끼는 것처럼 보이며 자녀를 키우는 젊은 부부들도 여러 사람과의 연애, 성적인 상황에서 역할놀이, 변태적 행위들을 탐색하고 싶어 할 수 있다.
- 갑자기 남편을 잃고 비통해하는 할머니는 그녀의 열 살 된 손자가 여성의 정체성을 자신의 성정체성으로 수용하는 사회적 변화 속에 살고 있다는 것을 알게 되었다. 그녀는 그런 어린 연령에서 성정체성의 변화를 겪은 사람에 대해서 전혀 들어 본 적이 없었다.
- 열여섯 살 소녀는 자신이 양성애자이며, 한 사람의 성적 파트너를 갖는 것에 흥미를 느끼지 못한다는 사실을 이혼한 자신의 부모에게 말했다. 그녀는 부모들의 의견이나 데이트에 대한 충고 등에 분명하게 관심을 보이지 않았다.

요약

이 장에서는 성적 가계도에 대한 최신 정보들을 제시하였다. 이러한 성적 가계도는 애착 이론과 성생활에 대한 Dailey's Circles(1981)로부터 나온 주제들을 통합하여 설명하였다. 성 평가의 역사와 성적인 가치의 세대 간 전이, 그리고 성적 가계도에 대한 역사를 간단히 요약하여 제시한 후, 성생활 주기와 성적 가계도를 구성하는 데 유용한 질문들과 내담자들의 성생활에 대한 연대표를 제시했다. 내담자의 성적 발달에 결정적인 정보들을 수집하는 과정을 설명하기 위해 지침과 임상적 사례도 제시하였다. 아동기, 청소년기, 장기적인 관계 동안에 출현될 수 있는 도전들을 설명하는 것 이외에도 성 소수자들, 외상을 경험할 수 있는 내담자들, 포르노, 다수자와의 연애관계, 또는 변태 등에 관심을 보이는 내담자들의 욕구에 대해 언급하였다.

다음으로 문헌 고찰을 통해 성생활과 애착을 연계하는 이론적 관심과 연구를 살펴보았다. 우선 애착과 성생활에 대한 기본적인 발견을 요약하였다. 부부간 상호작용과 역동성에 더욱 초점을 둔 연구들에서는 성인들과 애착 유형에 영향을 주는 과정 및 연애 관계 내에서 성적인 행동에 영향을 주는 과정을 설명하였다. 또 애착 유형과 특별히 부부관계에 초점을 두고, 바람피우는 행위와 강압적인 성 행동 등을 포함하는 성적인 문제행동 사이의 관련성을 간단하게 언급하였다.

마지막으로, 성적 가계도 분석 과정에서 치료자들이 직면할 수 있는 어려운 점들을 간략히 언급하였다. 예를 들어, 성적 가계도 분석 과정의 속도와 시기의 문제, 그리고 내담자와 치료자 간 차이점을 다루는 문제를 살펴보았다. 특히, 급격한 사회적 변화로 다양화되면서 성생활에 대한 관심이 뚜렷하게 집중되는 서구의 다원화된 사회에서 성적 가계도 분석 과정은 가치, 태도, 그리고 원가족과 문화적 집단으로부터 내재화된 각본(scripts) 등을 포함하여 성적 생활을 탐색하는데 도움을 줄 수 있는 효과적인 도구가 된다. 비록 성적 가계도 과정이 종종 개인을 대상으로 진행된다 해도, 그런 과정이 부부들을 위한 공동 회기를 활용하는데 도움이 될 수 있다. 이러한 과정은 심각한 갈등이 성적 관계에 깊이 박혀 있는 부부들의 공감 발달을 돕는 데 특히 유용하다.

주

1. 친족은 가족과 가상적/선택된 가족원(형제자매, 조부모, 의붓 부모, 이모, 삼촌, 사촌 등)을 포함한다.
2. 이 장에서 애착 용어의 사용은 연구자들이 사용한 용어에 근거하였다. 불안정 애착은 '불안'과 '회피'로 구분해 사용하였다. 결과적으로 '불안'을 '양가적'으로 바꿔 사용하지 않았다. 제2장에서 언급했듯이 우리들은 아동기 애착 패턴과 성인기 애착 스타일에 대해 변별적인 애착 용어 사용을 권장한다. 우리는 이 책 전반에 걸쳐 이러한 변별적인 용어를 사용하여 개인, 부부 그리고 가족에 대해 애착 패턴, 애착 스타일, 애착 각본을 기술하였다. 자세한 내용은 제2장과 제3장을 참고하기 바란다.

참고문헌

Acevedo, B. P., Aron, A., Fisher, H., & Brown, L. L. (2011). Neural correlates of long-term intense romantic love. *Social Cognitive and Affective Neuroscience Journal*, *7*,

145–159.

Bartholomew, K., & Allison, C. (2006). An attachment perspective on abusive dynamics in intimate relationships. In M. Mikulincer & G. S. Goodman (Eds.), *Dynamics of romantic love: Attachment, caregiving, and sex* (pp. 102–127). New York: Guilford.

Belous, C. K., Timm, T. M., Chee, G., & Whitehead, M. R. (2012). Revisiting the sexual genogram. *The American Journal of Family Therapy*, *40*(4), 281–296.

Berman, E. (1999). Gender, sexuality and romantic love genograms. In R. DeMaria. G. R. Weeks, & L. Hof (Eds.), *Focused genograms: Intergenerational assessment of individuals, couples and families* (pp. 145–176). New York: Brunner/Mazel.

Berman, E. M., & Hof, L. (1987). The sexual genogram: Assessing family of origin factors in the treatment of sex dysfunction. In G. Weeks & L. Hof (Eds.), *Integrating sex and marital therapy: A clinical guide* (pp. 37–56). New York: Brunner/Mazel.

Binik, Y. M., & Hall, K. S. (2014). *Principles and practice of sex therapy* (5th ed.). New York: Guilford.

Birnbaum, G. E. (2007a). Attachment orientations, sexual functioning, and relationship satisfaction in a community sample of women. *Journal of Social and Personal Relationships*, *24*, 21–35.

Birnbaum, G. E. (2007b). Beyond the borders of reality: Attachment orientations and sexual fantasies. *Personal Relationships*, *14*(2), 321–342.

Birnbaum, G. E. (2010). Bound to interact: The divergent goals and complex interplay of attachment and sex within romantic relationships. *Journal of Social and Personal Relationships*, *27*, 245–252.

Birnbaum, G. E. (2015). On the convergence of sexual urges and emotional bonds: The interplay of the sexual and attachment systems during relationship development. In J. A. Simpson & W. S. Rholes (Eds.), *Attachment theory and research: New directions and emerging themes* (pp. 170–194). New York: Guilford Press.

Birnbaum, G. E., & Reis, H. T. (2006). Women's sexual working models: An evolutionary-attachment perspective. *The Journal of Sex Research*, *43*, 328–342.

Birnbaum, G. E., Reis, H. T., Mikulincer, M., Gillath, O., & Orpaz, A. (2006). When sex is more than just sex: Attachment orientations, sexual experience, and relationship quality. *Journal of Personality and Social Psychology, 91*(5), 929-943.

Blank, J. (2000). *Still doing it: Women and men over 60 write about their sexuality.* San Francisco, CA: Down There Press.

Bond, S. B., & Bond, M. (2004). Attachment styles and violence within couples. *The Journal of Nervous and Mental Disease, 192*(12), 857-863.

Bowlby, J. (1982). *Attachment* (2nd ed.). New York: Basic Books.

Brassard, A., Lussier, Y., & Shaver, P. R. (2009). Attachment, perceived conflict, and couple satisfaction: Test of a mediational dyadic model. *Family Relations, 58*(5), 634-646.

Brassard, A., Péloquin, K., Dupuy, E., Wright, J., & Shaver, P. R. (2012). Romantic attachment insecurity predicts sexual dissatisfaction in couples seeking marital therapy. *Journal of Sex & Marital Therapy, 38*(3), 245-262.

Brassard, A., Shaver, P. R., & Lussier, Y. (2007). Attachment, sexual experience, and sexual pressure in romantic relationships: A dyadic approach. *Personal Relationships, 14*(3), 475-493.

Brennan, K. A., & Shaver, P. R. (1995). Dimensions of adult attachment, affect regulation, and romantic relationship functioning. *Personality and Social Psychology Bulletin, 21*, 267-283.

Brousseau, M. M., Bergeron, S., Hébert, M., & Mcduff, P. (2011). Sexual coercion victimization and perpetration in heterosexual couples: A dyadic investigation. *Archives of Sexual Behavior, 40*(2), 363-372.

Brousseau, M. M., Hébert, M., & Bergeron, S. (2012). Sexual coercion within mixedsex couples: The roles of sexual motives, revictimization, and re-perpetration. *Journal of Sex Research, 49*(6), 533-546.

Butzer, B., & Campbell, L. (2008). Adult attachment, sexual satisfaction, and relationship satisfaction: A study of married couples. *Personal Relationships, 15*(1), 141-154.

Cooper, M. L., Pioli, M., Levitt, A., Talley, A., Micheas, L., & Collins, N. L. (2006). Attachment styles, sex motives, and sexual behavior: Evidence for gender specific expressions of attachment dynamics. In M. Mikulincer & G. S. Goodman (Eds.), *Dynamics of love: Attachment, caregiving, and sex* (pp. 243-274). New York: Guilford Press.

Courtois, C. A. (2010). *Healing the incest wound.* New York: W. W. Norton.

Courtois, C. A., & Ford, J. D. (2009). *Treating complex traumatic stress disorders: Anevidence-based guide*. New York: Guilford Press.

Dailey, D. (1981). Sexual expression and aging. In F. Berghorn & D. Schafer (Eds.), *The dynamics of aging* (pp. 311–333). Boulder, CO: Westview Press.

Dang, S. S., & Gorzalka, B. B. (2015). Insecure attachment style and dysfunctional sexual beliefs predict sexual coercion proclivity in university men. *Sexual Medicine*, *3*(2), 99–108.

Davis, D., Shaver, P. R., & Vernon, M. L. (2003). Physical, emotional, and behavioral reactions to breaking up: The roles of gender, age, emotional involvement, and attachment style. *Personality and Social Psychology Bulletin*, *29*, 871–884.

Davis, D., Shaver, P. R., & Vernon, M. L. (2004). Attachment style and subjective motivations for sex. *Personality and Social Psychology Bulletin*, *30*(8), 1076–1090.

DeMaria, R., Weeks, G., & Hof, L. (1999). *Focused genograms: Intergenerational assessment of individuals, couples, and families*. New York: Brunner-Routledge.

DeWall, C. N., Lambert, N. M., Slotter, E. B., Deckman, T., Pond, R. S., Finkel, E. J., Luchies, L., & Fincham, F. D. (2011). So far away from one's partner, yet so close to alternatives: Avoidant attachment, interest in alternatives, and infidelity. *Journal of Personality and Social Psychology*, *101*, 1302–1316.

Dewitte, M. (2012). Different perspectives on the sex-attachment link: Towards an emotional-motivational account. *Journal of Sex Research*, *49*(2–3), 105–124.

Doumas, D. M., Pearson, C. L., Elgin, J. E., & Mckinley, L. L. (2008). Adult attachment as a risk factor for intimate partner violence: The "mispairing" of partners' attachment styles. *Journal of Interpersonal Violence*, *23*(5), 616–634.

Einav, M. (2014). Perceptions about parents'relationship and parenting quality, attachment styles, and young adults'intimate expectations: A cluster analytic approach. *The Journal of Psychology: Interdisciplinary and Applied*, *148*(4), 413–434.

Feeney, J. A. (1999). Adult attachment, emotional control, and marital satisfaction. *Personal Relationships, 6*(2), 169–185.

Feeney, J. A., & Noller, P. (2004). Attachment and sexuality in close relationships. In J. H. Harvey, A. Wenzel, & S. Sprecher (Eds.), *Handbook of sexuality in close relationships* (pp. 183–201). Mahwah, NJ: Erlbaum.

Fife, S. T., Weeks, G. R., & Gambescia, N. (2007). The intersystems approach to treating infidelity. In P. Peluso (Ed.), *Infidelity: A practitioner's guide to working with couples in crisis* (pp. 71–97). Philadelphia, PA: Routledge.

Fife, S. T., Weeks, G. R., & Gambescia, N. (2008). Treating infidelity: An integrative approach. *The Family Journal, 16*, 316–323.

Fish, J. N., Pavkov, T. W., Wetchler, J. L., & Bercik, J. (2012). Characteristics of those who participate in infidelity: The role of adult attachment and differentiation in extradyadic experiences. *The American Journal of Family Therapy, 40*(3), 214–229.

Gillath, O., & Schachner, D. A. (2006). How do sexuality and attachment interrelate? Goals, motives and strategies. In M. Mikulincer & G. Goodman (Eds.), *The dynamics of romantic love: Attachment, caregiving and sex* (pp. 337–355). New York: Guilford.

Hazan, C., Zeifman, D., & Middleton, K. (1994). *Adult romantic attachment, affection, and sex*. Paper presented at the 7th International Conference on Personal Relationships, Groningen, the Netherlands.

He, S., & Tsang, S. (2014). Male partners'attachment styles as predictors of women's coerced first sexual intercourse in Chinese college students'dating relationships. *Violence and Victims of Violence, 29*(5), 771–783.

Heresi-Milad, E., Rivera-Ottenberger, D., & Huepe-Artigas, D. (2014). Associations among attachment, sexuality, and marital satisfaction in adult Chilean couples: A linear hierarchical models analysis. *Journal of Sex & Marital Therapy, 40*(4), 259–274.

Hertlein, K. M., & Weeks, G. R. (2009). Toward a new paradigm in sex therapy. In K. Hertlein, G. R. Weeks, & N. Gambescia (Eds.), *Systemic sex therapy* (pp. 44–61). New York: Routledge.

Hertlein, K. M., Weeks, G. R., & Gambescia, N. (Eds.) (2015). *Systemic sex therapy* (2nd ed.). New York: Routledge.

Hertlein, K. M., Weeks, G. R., & Sendak, S. K. (2009). *A clinician's guide to systemic sex therapy*. New York: Routledge.

Hof, L., & Berman, E. (1986). The sexual genogram. *Journal of Marital and Family Therapy, 12*(1), 39-47.

Holtzworth-Munroe, A., Stuart, G. L., & Hutchinson, G. (1997). Violent versus nonviolent husbands: Differences in attachment patterns, dependency, and jealousy. *Journal of Family Psychology, 11*, 314-331.

Impett, E. A., Gordon, A. M., & Strachman, A. (2008). Attachment and daily sexual goals: A study of dating couples. *Personal Relationships, 15*, 375-390.

Impett, E. A., Muise, A., & Peragine, D. (2014). Sexuality in the context of relationships. In D. L. Tolman, L. M. Diamond, J. A. Bauermeister, W. H. George, J. G. Pfaus, & L. M. Ward (Eds.), *APA handbook of sexuality and psychology*, Vol. 1. (pp. 269-315). Washington, DC: American Psychological Association.

Karantzas, G. C., McCabe, M. P., Karantzas, K. M., Pizzirani, B., Campbell, H., & Mullins, E. R. (2016). Attachment style and less severe forms of sexual coercion: A systematic review. *Archives of Sexual Behavior, 45*(5), 1053-1068.

Kinsey, A. C. (1948). *Sexual behavior in the human male*. Philadelphia, PA: Saunders.

Kinsey, A. C. (1953). *Sexual behavior in the human female*. Philadelphia, PA: Saunders.

Kleinplatz, P. J. (2009). The profession of sex therapy. In K. Hertlein, G. R. Weeks, & N. Gambescia (Eds.), *Systemic sex therapy* (pp. 21-41). New York: Routledge.

L'Abate, L., & Talmadge, W. C. (1987). Love, intimacy and sex. In G. R. Weeks & L. Hof (Eds.), *Integrating sex & marital therapy: A clinical guide* (pp. 23-34). New York: Brunner/Mazel.

Lawson, D. M. (2008). Attachment, interpersonal problems, and family of origin functioning: Differences between partner violent and nonpartner violent men. *Psychology of Men & Masculinity, 9*(2), 90-105.

Leclerc, B., Bergeron, S., Brassard, A., Bélanger, C., Steben, M., & Lambert, B. (2015). Attachment, sexual assertiveness, and sexual outcomes in women with provoked vestibulodynia and their partners: A mediation model. *Archives of Sexual Behavior, 44*(6), 1561-1572.

Li, T., & Chan, D. K. (2012). How anxious and avoidant attachment affect romantic relationship quality differently: A meta-analytic review. *European Journal of Social Psychology, 42*(4), 406-419.

Lief, H. I., & Berman, E. (1975). Marital therapy from a psychiatric perspective: An overview. *American Journal of Psychiatry, 132*, 583-592.

LoPiccolo, L., & Heiman, J. R. (1978). Sexual assessment and history interview. In J. LoPiccolo & L. LoPiccolo (Eds.), *Handbook of sex therapy* (pp. 103-112). New York: Plenum Press.

Magon, N., & Kalra, S. (2011). The orgasmic history of oxytocin: Love, lust, and labor. *Indian Journal of Endocrinology and Metabolism, 15*(7), 156.

Masters, W. H., & Johnson, V. E. (1966). *Human sexual response*. Boston, MA: Little, Brown and Company.

Masters, W. H., & Johnson, V. E. (1970). *Human sexual inadequacy*. Boston, MA: Little, Brown and Company.

Meana, M., Maykut, C., & Fertel, E. (2015). Painful intercourse: Genito-pelvic pain/penetration disorder. In K. Hertlein, G. R. Weeks, & N. Gambescia (Eds.), *Systemic sex therapy* (2nd ed.) (pp. 191-210). New York: Routledge.

Ménard, K. S., Shoss, N. E., & Pincus, A. L. (2010). Attachment and personality predicts engagement in sexual harassment by male and female college students. *Violence and Victims Violence, 25*(6), 770-786.

Mikulincer, M., & Shaver, P. R. (2007). A behavioral systems perspective on the psychodynamics of attachment and sexuality. In D. Diamond, S. J. Blatt, & J. D. Lichtenberg (Eds.), *Attachment and sexuality* (pp. 51-78). New York: Analytic Press.

Mizrahi, M., Hirschberger, G., Mikulincer, M., Szepsenwol, O., & Birnbaum, G. E. (2016). Reassuring sex: Can sexual desire and intimacy reduce relationship-specific attachment insecurities? *European Journal of Social Psychology, 46*(4), 467-480.

Nichols, M. (2014). Couples and Kinky sexuality: The need for a new therapeutic approach. In T. Nelson, & H. Winawer (Eds.), *Critical topics in family therapy* (pp. 139–149). New York: Springer Briefs International Publishing.

Nichols, M. P., & Shernoff, M. (2009). Therapy with sexual minorities. In S. Leiblum (Ed.), *Principles and practice of sex therapy* (4th ed.). New York: Guilford.

O'Leary, K. D., & Williams, M. C. (2006). Agreement about acts of aggression in marriage. *Journal of Family Psychology, 20*, 656–662.

Parker, R. (2009). Sexuality, culture and society: Shifting paradigms in sexuality research. *Culture, Health & Sexuality, 11*(3), 251–266.

Péloquin, K., Brassard, A., Lafontaine, M., & Shaver, P. R. (2014). Sexuality examined through the lens of attachment theory: Attachment, caregiving, and sexual satisfaction. *The Journal of Sex Research, 51*(5), 561–576.

Péloquin, K., Lafontaine, M. F., & Brassard, A. (2011). A dyadic approach to the study of romantic attachment, dyadic empathy, and psychological partner aggression. *Journal of Social and Personal Relationships, 28*(7), 915–942.

Pillai-Friedman, S., Pollitt, J., & Castaldo, A. (2015). Becoming kink-aware—A necessity for sexuality professionals. *Sexual and Relationship Therapy, 30*(2), 196–210.

Popovic, M. (2006). Psychosexual diversity as the best representation of human normality across cultures. *Sexual and Relationship Therapy, 21*(2), 171–186.

Price, J. (2011). *Naked at our age: Talking out loud about senior sex*. Berkeley, CA: Seal Press.

Rapoza, K. A., & Baker, A. T. (2008). Attachment styles, alcohol, and childhood experiences of abuse: An analysis of physical violence in dating couples. *Violence and Victims of Violence, 23*(1), 52–65.

Russell, V. M., Baker, L. R., & McNulty, J. K. (2013). Attachment insecurity and infidelity in marriage: Do studies of dating relationships really inform us about marriage? *Journal of Family Psychology, 27*(2), 242–251.

Schachner, D. A., & Shaver, P. R. (2004). Attachment dimensions and motives for sex. *Personal Relationships, 11*, 179–195.

Shaver, P. R., Hazan, C., & Bradshaw, D. (1988). Love as attachment: The integration of three behavioral systems. In R. J. Sternberg & M. Barnes (Eds.), *The psychology of love* (pp. 68–99). New Haven, CT: Yale University Press.

Shaver, P. R., & Mikulincer, M. (2006). Attachment theory, individual psychodynamics, and relationship functioning. In D. Perlman & A. Vangelisti (Eds.), *The cambridge handbook of personal relationships* (pp. 251-271). New York: Cambridge University Press.

Simons, L. G., Simons, R. L., Landor, A. M., Bryant, C. M., & Beach, S. R. (2014). Factors linking childhood experiences to adult romantic relationships among African Americans. *Journal of Family Psychology, 28*(3), 368–379.

Sprecher, S., & Cate, R. M. (2004). Sexual satisfaction and sexual expression as predictors of relationship satisfaction and stability. In J. H. Harvey, A. Wenzel, & S. Sprecher (Eds.), *The handbook of sexuality in close relationships* (pp. 235–256). Mahwah, NJ: Erlbaum.

Starks, T. J., & Parsons, J. T. (2014). Adult attachment among partnered gay men: Patterns and associations with sexual relationship quality. *Archives of sexual behavior*, *43*(1), 107–117.

Stayton, W. (1992). Theology of sexual pleasure. *SEICUS Report*, April/May.

Stefanou, C., & McCabe, M. P. (2012). Adult attachment and sexual functioning: A review of past research. *The Journal of Sexual Medicine*, *9*(10), 2499–2507.

Stephan, C. W., & Bachman, G. F. (1999). Attachment, love schemas, and sexuality. *Personal Relationships*, *6*(1), 111–123.

Toates, F. (2009). An integrative theoretical framework for understanding sexual motivation, arousal, and behavior. *Journal of Sex Research*, *46*(2–3), 168–193.

Villegas, R. (2005). *The relationship between quality of paternal relationship and paternal physical proximity and women's romantic attachments and sexuality* (Unpublished doctoral dissertation). Alliant International University, California School of Professional Psychology, Fresno.

Weeks, G., Gambescia, N., & Hertlein, K. (2016). *A clinician's guide to systemic sex therapy* (2nd ed.). New York: Routledge.

Weeks, G., Gambescia, N., & Jenkins, R. (2003). Treating infidelity: Therapeutic dilemmas and effective strategies. *Journal of Family Therapy*, *28*(1), 105–106.

Weeks, G. R., & Hof, L. (Eds.). (1987). *Integrating sex and marital therapy: A clinical guide*. New York: Routledge.

Winner, T. (2008). "Revised Sexual Assessment and History Interview." Unpublished revision of Sexual Assessment and History Interview. Document presented at Thomas Jefferson University, Introduction to Sex Therapy. Original by L. LoPiccolo & J. Heiman from J. LoPiccolo & L. LoPiccolo (Eds.). (1978). *Handbook of sex therapy*. New York: Plenum Press.

Yarber, W., & Sayad, B. W. (2008). *Human sexuality: Diversity in contemporary America* (8th ed.). New York: McGraw Hill.

Zaikman, Y., Vogel, E. A., Vicary, A. M., & Marks, M. J. (2016). The influence of early experiences and adult attachment on the exhibition of the sexual double standard. *Sexuality & Culture*, *20*(3), 425-445.

학대, 폭력, 그리고 트라우마(외상)에 초점화된 가계도

> 가치라는 감정은 개인차가 인정되고 실수를 너그럽게 봐 주며
> 의사소통이 개방적이고 규칙이 융통적인 분위기, 즉
> 양육적인 가정에서 발견되는 분위기에서만 꽃피울 수 있다.
> – Virginia Satir(1972, p. 26)

1. 개요

학대, 폭력, 그리고 트라우마(외상)는 인간의 삶에서 공공연하게 존재한다. 여러 형태로 자행되는 아동기 학대와 친밀한 가족원의 폭력은 가족 체계 내의 모든 구성원들에게 트라우마(정신적 충격)가 된다. 또한 이러한 충격적 경험들은 가정과 공동체 삶의 일부분이 되기도 한다. 예를 들면, 전형적으로 전쟁, 빈곤, 무작위로 행해지는 폭력, 그리고 재난과 같은 대규모의 사건들은 가정이나 공동체 모두에게 정신적 트라우마(외상)가 된다. 이런 트라우마는 행동 건강 분야에서 광범위하게 주목을 받고 있다. 약물남용치료센터(2014)는 트라우마를 신체적으로나 정서적으로 해가 되거나 위협적으로 경험되고, 개인의 기능과 신체적 · 사회적 · 정서적 · 정신적 안녕에 지속적인 악영향을 주는 일련의 사건들, 또는 환경으로부터 야기되는 것으로 정의하고 있다. 개인, 부부, 가족에 의해 경험되는 학대, 폭력, 그리고 트라우마(외상)는 안전을 파괴하고 안정 애착 경험을 방해하여 결과적으로 불안정하고 와해된 애착을 초래시킨다. 이 장에서는 우선 학대, 폭력, 그리고 트라우마(외상)가 애착 과정 전달에 미치는 개인, 부부, 세대 간 그리고 맥락적 영향을 탐색한 후 학대, 폭력, 그리고 트라우마(Abuse, Violence, Trauma: AVT)에 초점화된 가계도를 제시할 것이다. 학대, 폭력, 그리고 트라우마를 애착 구조 내에서 네 개 영역으로 설명할 것이다. 애착을 초점으로 측정하여 학대와 트라우마에 대한 유형들을 서술하고 연구자와 치료자 모두에게 서술적이고 설명적인 틀을 제공할 것이다.

이 장에서는 트라우마로부터 야기되는 불안정 애착 유형과 각본들(scripts)이 체계 간 애착(Intersystem Attachment: IA)을 통해 어떻게 명백히 나타나는지와 와해된 애착의 세대 간 전이가 어떻게 촉진되는지 설명할 것이다. 게다가 친밀한 파트너 관계 내에서 와해된 애착 유형을 보이는 성인들은 의존성에 대한 상반된 감정과 관계 내에서 친밀감에 대한 두려움을 증진시킨다는 사실을 언급할 것이다. 그리고 부부들 내에서 와해된 애착 유형이 아동기와 성인기 애착의 단일 차원이 아니라는 사실을 제안할 것이다. 가족 연결 지도(Family Connection Map: FCM)에서는 네 가지 와해된 가족 유형이 확인되었다. 학대, 폭력, 그리고 트라우마에 대한 초점화된 가계도는 내담자들의 외상을 측정하는 데 결정적으로 중요한 기능을 한다. 첫 번째 기능으로 가계도 분석은 치료자들에게 트라우마 연구에 대한 이론적 근거를 교육시킨다. 다음으로 치료자들이 상담 과정에서 사용할 수 있는 정서-초점화된 측정을 위한 질문들을 제시해 준다. 이처럼 학대, 폭력, 그리고 트라우마에 대한 초점화된 가계도 분석을 하는 궁극적인 목적은 이전에 잘못 형성된 정서적 경험을 치료 과정에서 재교정해 줌으로써, 내담자들의 외상적 유대를 초월할 수 있도록 도와주면서 그들을 지지해 주는 것이다. 비록 이 장에서는 평가에 대한 것을 설명하고 있지만 학대, 폭력, 그리고 트라우마에 대한 초점화된 가계도는 평가 과정에 더 많은 차원과 응집력을 증가시켜 줌으로써 치료를 향한 기초적 단계가 될 것이다.

2. 학대, 폭력, 그리고 트라우마: 와해된 애착

친밀한 가족의 폭력은 가족구성원 각 개인 및 가족 전체에 정신적 충격을 준다. 이런 정신적 충격은 한 세대에서 다음 세대로 전해지며 트라우마로 얼룩진 뿌리 깊은 상태로 존재하게 된다. 이러한 외상적 경험과 후유증의 다양한 영역들을 개념화하는 데 있어서 두 가지 차이를 살펴보아야 한다. 첫 번째는 Big-T 트라우마와 Little-T 트라우마 간 차이다. 둘째는 외상 후 스트레스 장애(PTSD)와 복합적인 외상 후 스트레스 장애(C-PTSD) 간 차이다. 이런 차이들을 서술한 후, 친밀한 가족들이 자행하는 폭력의 유형들을 서술할 것이며 그것이 성격 발달에 주는 영향을 논의할 것이다. 그리고 마지막으로 친밀한 가족들이 자행하는 만성적인 폭력이 성격의 구조적 분열로 특징되는 와해된 애착 유형을 초래하게 된다는 사실을 제안할 것이다.

우선 학대, 폭력, 그리고 트라우마에 초점화된 가계도 분석에서 주제적 내용을 확인하기 위해 Big-T 트라우마와 Little-T 트라우마를 탐색할 것이다. Little-T 트라우마는 공감을 손상시키는 것(예를 들면, 어머니에게 향하는 자녀의 정당한 분노 표현을 어머니가 야단치는 것)과 같은 정서적 기능을 붕괴시키는 원인이 되며, 결국 이것은 반복적으로 일어나서 정서 기능에 손상을 주게 된다. 대조적으로 Big-T 트라우마는 정서적 당황 상태 및 신체적 또는 환경적 통제력의 손실에 원인이 된다. Big-T 트라우마는 개인이 환경(종종 자신의 안전)에 대해 아무것도 할 수 없다는 무능함을 느낄 때 일어난다(예를 들면, 성폭력이나 자연재해). 이와 같이 Big-T 트라우마와 Little-T 트라우마는 모두 무력함이나 심지어 절망감을 느끼게 한다. 게다가 Big-T 트라우마와 반복적인 Little-T 트라우마는 스트레스 반응을 유발시키는 경향이 있으며, 이러한 스트레스는 싸움, 도피, 또는 동결 반응(마비 반응: freeze reaction)을 일으키므로, 종종 정서적 폐쇄나 분열이 야기되어 와해된 애착을 초래시킬 수 있다.

Herman(1992)는 외상 후 스트레스 장애(PTSD)의 진단적 범주는 종종 내담자들이 치료가 개시될 때 존재할 수 있는 다양한 외상적 경험들을 충분히 파악하지 못한다는 것을 주장했다. PTSD는 종종 단일한 외상적 사건에 반응하여 나타나기도 하지만, 복합적인 외상 후 스트레스 장애(C-PTSD)는 특히 아동기에서 반복되거나 지속적인 다양한 외상들에 노출된 결과에서 야기된다. 즉, 복합적인 외상 후 스트레스 장애는 외상적 스트레스 증후뿐 아니라 감정 및 대인관계상 자기조절 능력에서 현저하게 장애를 보이는 또 다른 증후들을 포함하는 복합적인 증후군을 야기시키는 것으로 알려졌다(Cloitre et al., 2009, p. 2). 만성적인 외상을 경험하는 사람들은 종종 외상 후 스트레스 장애의 공식적인 증후들과 더불어 다양한 신체적 · 정서적 · 행동적 증후를 보고하며, 이런 증후들은 자기개념 및 스트레스적 사건들에 적응하는 방식들을 변화시킨다.

가족 내에서 또는 밖에서부터 경험되는 다양하게 많은 복합적인 외상들에 대한 가족 체계의 반응들이 Little-T 트라우마를 불러일으켜서 만성적인 정서적 스트레스를 유발시키며, 결국 이런 것들이 와해된 애착을 초래한다. 이처럼 와해된 애착은 정서적 · 신체적 안전, 믿음, 그리고 관계에서의 불균형으로부터 야기되며, 애착 유대가 위협을 받고 약해질 때 가족 내에서 더욱더 현저하게 나타나게 된다. 특히, 친밀한 가족구성원들이 범하는 폭력은 가족 성원들의 정체성을 파괴하고 정서적 · 신체적 불안정을 조성하며 행동적 기능을 손상시켜서, 결국 장기적으로 세대 간 영향을 주는 와해된 애착 유형 및 각본(scripts)을 초래하는 불행하지만 아직까지도 여전히 공공연히 존재한다.

3. 학대, 폭력, 그리고 트라우마에 초점화된 가계도의 개발

아동 학대, 아동 방임, 신체적 체벌, 아동기 성적 학대 그리고 근친상간을 포함하여 가족 상황 안팎에서 존재하는 심각한 트라우마를 평가하는 것이 학대, 폭력, 그리고 트라우마에 초점화된 가계도(AVT FG) 분석에 중요하다. 치료자들은 잠재적이고 예견된 외상 후 스트레스 반응 때문에 가족의 폭력, 아동기 성적 학대(CSA) 또는 방임에 대한 기억의 세부 내용과 과정들을 철저하게 조사하기 전에 우선 안전하고 신뢰할 수 있는 환경을 확립해야 한다. 종종 억압된 기억들이 다양한 형태로 치료 과정에서 임의적으로 드러날 수 있다. 학대, 폭력, 그리고 트라우마에 초점화된 가계도 분석은 정보와 단서를 모으는 첫 번째 단계로, 치료자들은 치료적 자세를 확립하기 위해 필요한 것들에 초점을 두고 내담자의 독특한 애착 유형에 주목해야 한다. 트라우마란 내담자 체계에 스며 있는 부적응적인 정서적 · 관계적 도식들을 포함하여 체계 간 애착 영역 내부와 영역 사이에 야기된 결과들을 가진 복합적인 생물심리사회적(biopsychosocial) 현상이다. 학대, 폭력, 그리고 트라우마가 해결되지 않는 애착 파열과 애착 학대로 계속해서 괴로워하는 아이들에게 미치는 영향에 대한 현존의 연구들을 고려할 때, 우리는 학대, 폭력, 그리고 트라우마의 한 가지 특별한 시사점인 아동과 성인들에게 발견되는 와해된 애착에 초점을 둔다. 아동기 와해된 애착 유형은 성인기 불안정 및 와해된 형태가 그대로 드러나는 양육 방식으로부터 비롯된다. 종종 성인들은 와해된 애착 유형을 부부관계에서도 드러내는데, 이것이 전형적으로 부부들의 안전한 연대감 확립에 매우 중요한 도전이 되며, 결국 관계에서의 불안정 및 와해된 애착 유형을 초래시킨다. Byng-Hall(1995)에 의해 주장된 가족 각본(scripts)도 위협적인 정서적 · 신체적 경험들로 얽혀 있는 애착 이야기에서 잘 드러나고 있다.

학대, 폭력, 그리고 트라우마는 초점화된 가계도의 새롭고 중요한 부분으로, 이를 통해 치료자들이 개인, 부부, 그리고 가족 영역 내의 와해된 애착을 상세하게 추적할 수 있다. 생태학적 접근에서 보면, 와해된 애착 각본들도 크거나 작게 공동체에 영향을 줄 수 있다. 각 영역에 대한 질문들은 치료자들이 학대, 폭력, 그리고 트라우마에 초점화된 가계도 평가를 수행하는 데 구체적인 도구로 작용한다.

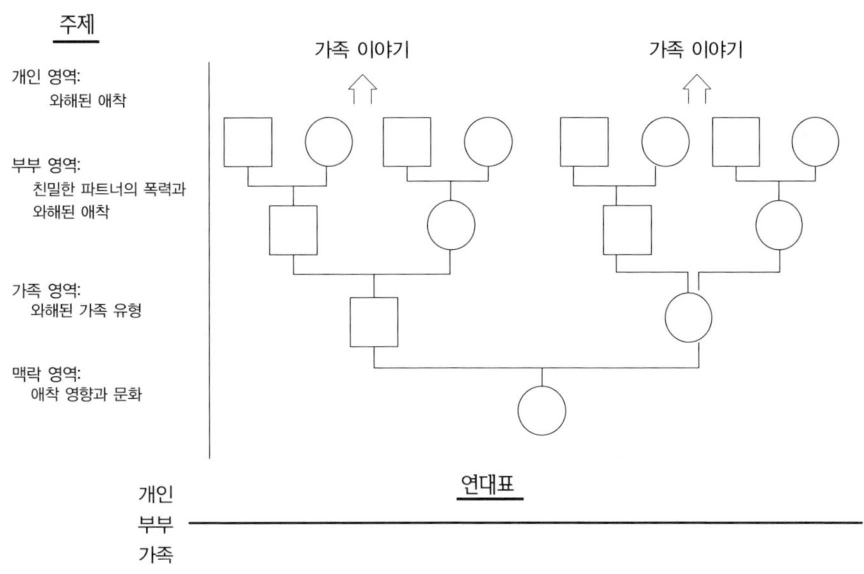

[그림 9-1] 학대, 폭력, 그리고 트라우마에 초점화된 가계도

이 그림은 이장을 통해 학대, 폭력, 그리고 트라우마 초점화된 가계도에 대한 원형을 제공한다.

1) 가족 학대, 폭력, 그리고 트라우마의 유형들

가족 내에는 다양한 형태의 학대와 폭력이 있다. Herman(1992)은 가족 트라우마가 충성 유대를 둘러싼 강렬한 정서와 사랑과 두려움이라는 갈등적인 정서의 특징을 갖는다고 주장한다. 가정 폭력이 있을 때 여러 다양한 형태로 모든 행동 영역에서 폭력이 주는 영향들이 발견된다. 학대, 폭력, 그리고 트라우마로 인해 지배적으로 나타나는 결과들은 세대 간 전이되는 불안정한 애착 각본을 초래한다. 여기에서는 학대, 폭력, 그리고 트라우마에 초점화된 가계도가 내담자 체계를 통해서 트라우마의 전이를 추적하기 위해 어떻게 사용될 수 있는가를 밝힐 것이다. 우선 아동 학대와 친밀한 파트너의 폭력, 이 두 가지 유형의 가정 폭력에 대해 초점을 둘 것이다.

(1) 아동 학대

미국의 「아동 학대 예방법(CAPTA)」은 (42 U.S.C.§5101), 아동 학대를 다음과 같이 정의한다. "아동의 사망이나 심각한 신체적 혹은 정서적 위해, 성적 학대나 착취를 초래하는 부모나 보호자의 최근 행위나 행위를 하지 않는 것과 아동에게 심각한 위해를 가해 임박한 위험을 처하게 하는 행위나 행위를 하지 않는 것" (NCTSN, 2013). 우선 아동 학대의 네 가지 범주로서 신체적 체벌, 신체적 학대, 방임, 그리고 성적 학대에 대해 서술할 것이다.

(2) 신체적 체벌과 신체적 학대

신체적 체벌은 여전히 공공연하게 사용되는 훈육의 한 형태이지만 현재의 연구에서는 이런 유형의 체벌이 부정적인 발달적 결과를 예측한다고 주장한다(Smith, 2007). 신체적 체벌과 신체적 학대 간 차이는 모호하고 복잡하다. 미국에서 현재 신체적 체벌과 신체적 학대 간 구분은 부상 여부로 정해진다. Straus(1994)에 의하면 신체적 체벌은 자녀의 행동을 바로잡거나 통제할 목적으로 의도적으로 고통을 경험하게 하지만 부상을 주지 않는 신체적 힘의 사용으로 정의된다. 이에 반해 신체적 학대는 비록 부상이 의도되지 않았다 하더라도 멍든 자국, 베인 상처, 부은 자국, 타박상 또는 골절 등과 같이 아동이나 청소년에게 신체적 해를 야기하는 어떠한 행위로 정의된다(NCTSN, 2013).

UNICEF(2016)는 신체적인 체벌과 심리적 공격성을 아동들의 권리에 대한 침해로 서술한다. Aucoin, Frick, 그리고 Bodin(2006)에 의하면 자녀들의 행동적 · 정서적 적응은 부모들이 얼마나 많이 신체적 체벌을 사용하는가와 연관된다. 즉,

자녀의 적응은 자녀의 민족성, 지지적 가족 역동성 또는 자녀의 충동성 수준과는 아무런 관련이 없었다(Aucoin et al., 2006). 문헌을 메타 분석한 결과, 신체적 체벌은 자녀에게 부정적 결과를 초래했다(Gershoff, 2002; Smith, 2007). 한편, 신체적 훈육을 통해 자녀들은 부모의 요구에 즉각적으로 복종하기는 하지만, 신체적 훈육은 자녀의 공격성, 일탈행동, 반사회적 행동과 정적 상관을 보였고 부모와의 강력한 유대 및 부모들이 제시하는 규칙에 대한 성공적인 내재화와는 부적 상관을 보였다. 또한 신체적 훈육을 경험한 자녀들은 더 낮은 자아존중감, 더 낮은 수준의 정서적 적응, 그리고 충동성을 보였다(Aucoin et al., 2006).

(3) 정서적 학대

아동 학대에 대한 여러 정의에서는 어떠한 종류의 신체적 훈육으로부터 야기될 수 있는 정서적 · 심리적 손상을 고려하지 않는다. 그러나 혐오스러운 아동기 경험 연구(The Adverse Childhood Experiences Study: ACES)(Felitti et al., 1998)에서는 정서적 학대나 가족구성원에 의한 협박 등을 포함시킨다. Kent와 Waller(1998)에 의하면 정서적 학대는 아동 학대와 외상척도(Child Abuse and Trauma Scale: CATS)에 포함된 어떤 혐오적인 다른 경험들보다 이후 삶에서의 불안과 우울 발달에 중추적인 역할을 할 수 있다는 것이다(CATS; Sanders & Becker-Lausen, 1995). 아동 학대와 외상척도는 내적으로 타당성과 일관성이 있는 척도로, 아동기와 청소년기 혐오스러운 경험의 수와 정도에 대해 자기보고식 측정을 한다.

Kent와 Waller(1998)는 정서적 학대에 대한 아동 학대와 외상 척도에서 부가적인 하위 척도를 만들었다.

(4) 아동 방임

Polansky(1981)는 아동 방임으로 인한 결과를 첫 번째로 탐색한 연구자다. 아동 방임은 돌보는 사람이 의도적으로, 또는 보기 드문 정도로 놀랄 만하게 신경을 쓰지 않고 자녀에게 신체적 · 지적 · 정서적 능력을 발달시키기 위해 필수적인 요인들을 하나나 그 이상 제공하지 않거나 또는 피할 수 있는 고통을 경험하게 하는 상황을 말한다. Briere(2002)는 심리적 방임을 생략의 행위로 개념화시켰는데, 즉 성인이 자녀들에게 심리적 또는 신체적으로 이용 가능하지 않아서 필수적인 자극과 안락함을 제공하지 않은 상태를 말한다. 이런 상황은 자녀에게 자기 자각과 대인 간 기술을 발달시킬 수 있는 상황과 기회를 박탈한다(Briere, 2002). Harlow의 원숭이 실험에서 볼 수 있듯(Harlow, Dodsworth, & Harlow, 1965), 방임된 아동들은 애착 대상의 결여로 심리적 고통을 경험한다(Bowlby, 1988). 이러한 고통은 종종 와해된 애착을 야기시키며, 이후에 서술할 공허감과 버려짐에 대한 두려움에서 많은 증후군으로 전이될 수 있다(Briere, 2002).

(5) 아동기 성적 학대

Ratican(1992)은 아동기 성적 학대를 아동과 성인(또는 나이가 더 많은 아동) 사이의 어떠한 공공연한, 또는 은밀한 성적 행동이 나이가 더 어린 아동을 유인하거나 강압을 통해 마지못해 행위에 참여시키는 것(p. 33)으로 정의한다. 아동기 성적 학대(CSA)는 접촉의 다양한 형태를 포함하지만 단순한 신체적인 접촉은 성적 학대로 인정되지 않는다(Hall, M., & Hall, J., 2011). 그러나 일부 연구에서는 비접촉 성적 행위를 성적 학대로 간주하기도 한다(Townsend & Rheingold, 2013). Maltz(2002)는 강압, 교묘한 조종, 그리고 지배하기 등을 성적 학대의 주요 요인으로 확인하였다. 근친상간의 경우 가해자들은 가족원이 될 수 있으며, 일반적으로 친구, 이웃, 친지나 낯선 이방인 등이 될 수 있다(Hall, M. & Hall, J., 2011; London, Bruck, Ceci, & Shuman, 2003).

대규모 조사 연구(Briere & Elliott, 2003)에 의하면 여성의 32.3%와 남성의 14.2%가 아동기 성적 학대를 경험했다. 이런 결과는 여성의 28~33%, 남성의 12~18%가 아동기 성적 학대를 경험했다는 Roland(2002)의 결과와 일치한다. Briere와 Elliot(2003)의 연구에 의하면 아동기 성적 학대를 경험한 사람의 21%가 신체적 학대도 경험하였다. 그러나 London 등(2003)에 의하면 성인의 67%가 아동기 동안에 당한 성적 학대를 어떤 사람에게도 말하지 않았다고 보고하였다. 따라서 이러한 통계치는 수치심, 공포, 그리고 고립될지도 모른다는 감정으로 인해 좀 더 낮게 나온 수치일 수 있다. 연구자와 치료자들은 이구동성으로 아동기 성적 학대로부터 초래될 수 있는 장단기적인 부정적 영향을 분명하게 제시하고 있다(Briere & Elliot, 2003; Hall, M., & Hall, J., 2011; Paolucci, Genuis, & Violato, 2001).

(6) 친밀한 파트너의 폭력

미국 질병통제예방센터(CDC, 2014)는 1년에 약 10,000명 이상의 미국 남성과 여성들에게 해를 끼치는 친밀한 파트너의 폭력(Intimate Partner Violence: IPV)을 심각한, 그리고 방지할 수 있는 공중보건의 쟁점으로 선언하였다. 일반적으로 친밀한 파트너의 폭력은 친밀한 관계를 맺어 왔거나 친밀한 관계를 맺고 있는 누군가에 의해 범해지는 폭력으로 정의한다. 전형적인 친밀한 파트너의 폭력은 폭력자가 신체적 학대, 심리적 학대, 성적인 공격성, 사회적 고립, 위협, 그리고 다른 방법 등을 통해 힘과 통제력을 유지하는 상황에서 강압적인 행동의 형태로 일어난다(Park, 2016). 그러나 이러한 정의에서는 거의 극단적인 형태의 친밀한 파트너의 폭력을 제시한다. Johnson(2000)은 폭력적인 파트너와의 관계를 네 가지 형태로 서술한다.

1. 일상적인 부부(커플) 폭력은(또한 상황적인 커플 폭력으로 언급되기도 하는) 종종 상호적으로, 일반적인 통제의 형태와 관련되지 않는다. 이것은 파트너의 한 사람, 또는 서로 신체적으로 서로 비난하고 공격적이 되는 특별한 논쟁 상황에서 일어난다(p. 949). 다른 유형과 비교하였을 때, 부부 폭력은 시간에 따라 점점 더 확대되지 않지만 심한 폭력이 나타나거나 상습적이 되어 간다.
2. 친밀한 테러리즘(또는 가정 내 폭력이나 구타로 언급되는)은 파트너를 통제하기 위한 수단으로 범해지는 폭력으로 정의되며, 파트너의 행동을 통제하는 여러 다른 방법 중 하나의 전략으로 사용된다. 친밀한 테러리즘은 종종 반복되며 일방적이고, 시간이 지남에 따라 심각한 손상을 초래하며 더 확대되는 경향이 있다. 이런 유형의 폭력은 종종 희생당한 파트너가 관계 내에서 함정에 빠져 헤어날 수 없다는 무력감을 느끼도록 하는 교묘한 조종과 정서적 학대를 포함한다.
3. 폭력적인 저항은 폭력을 당한 희생자에 의해 행해지는 일종의 자기방어 형태나 행동으로 서술되며, 이는 종종 파트너 간 한 사람이나 두 사람 모두에게 상처를 초래한다.
4. 상호적인 폭력적 통제는 남편과 아내 모두가 서로를 통제하기 위해 싸움을 하는, 그래서 통제력을 얻기 위한 두 명의 친밀한 테러리스트의 싸움이 되는 상황에서 통제적 · 폭력적이 되는 부부 형태로 정의된다(p. 950).

부부관계에서 폭력과 폭력을 암시하는 것들을 측정할 때, 언급한 네 가지 유형은 폭력이 관계의 역동성에서 작용하는 특별한 기능에 대한 통찰을 제공해 준다. 따라서 치료자들은 친밀한 파트너의 폭력의 다양한 형태를 설명해 주는 훈련 과정에 참여할 필요가 있다.

2) 가정 폭력이 자녀에게 미치는 영향

다양한 형태의 가정 폭력은 모든 가족구성원들에게 정서적 · 신체적 · 지적 · 정신적으로 해를 주는데, 특히 자녀들에게 더욱 그러하다. 폭력을 목격하고 경험한 자녀들에게 가해지는 가장 심각한 손상 중 하나는 자연스러운 공감 능력이 왜곡된다는 것이다(Gloeman, 1995). 이러한 공감능력은 사랑하는 사람과의 성숙한 관계를 형성하는 데 결정적이다. 아동 학대와 방임은 기분장애, 불안장애, 그리고 다른 정신의학적인 복합 문제에 대한 위험의 증가와 관련된다(Nemeroff, 2016). 학대를 경험한 자녀들은 타인과 관계를 맺는 것에 많은 어려움을 느낄 수 있고(Siegel & Hartzell, 2003), 친구를 사귀는 데 있어서 문제를 보이며, 다른 아이들에게 공격적이 되며 학교 적응에서도 문제를 보인다(Gelles & Strauss, 1988). 아동 학대와 방임에 대한 신경생물학적 결과에 대한 광범위한 고찰(Nemeroff, 2016)에서도 정신의학적 장애 이외에도 아동기 부적응과 연계된 많은 의학적인 복합적 결과 등이 언급되었다. 학대와 방임에 대한 초기 경험은 신경내분비 체계와 신경전달물질 체계에 막대한 영향을 주어서 결국 미래 건강에 대한 복합적인 위험을 증가시키게 된다는 사실이 입증되어 왔다.

이러한 경험들은 또한 정서조절, 실행 기능 그리고 충동통제와 관련된 뇌의 특정한 영역을 변경시키는 것으로 알려져 왔다(Nemeroff, 2016). Briere(2002)는 아동 학대와 방임에 의해 손상을 받는 심리적 기능의 여섯 가지 측면을 지적하였다. "① 언어능력 습득 전의 부정적 전제와 관계 도식, ② 학대와 관련된 자극들에 대한 조건화된 정서적 반응(CERs), ③ 학대에 대한 암묵적/감각적 기억, ④ 학대에 대한 서술적(이야기적)/자서전적 기억, ⑤ 학대와 관련된 자료들에 대한 억압되거나 '깊은' 인지적 구조, 그리고 부적절하게 발달된 정서조절기술"(p. 2). Riggs(2010)에 의하면 아동기 정서적 학대는 정상적인 애착을 방해하며 정서 발달, 자기인식, 대처 전략, 대인관계에 부정적인 영향을 준다.

트라우마(정신적 충격, 외상)와 건강의 부정적인 결과와의 연계성은 Kaiser Permanente's 아동기의 부정적 경험(Adverse Childhood Experiences: ACEs)에서 명백하게 입증되었다(Felitti et al., 1998). 여기에서는 13,000명 이상의 성인을 조사하여 아동기 경험과 담배, 심장병, 자살 시도와 같은 건강의 부정적인 결과 간 연계성을 제시하였다. 또한 이러한 아동기의 부정적 경험(ACEs; Felitti, 2009)에 직면하는 것이 약물 남용 및 과식과 같은 부정적인 건강 형태를 어떻게 야기시키는가에 대해서도 언급하였다. 이러한 연구는 '독성 스트레스'로 알려진 것이 뇌와 신체 발달에 주는 영향을 탐색하도록 연구의 영역을 확장시켰다. 독성 스트레스는 신체의 스트레스 반응계가 과활성화되도록 이끄는 '강력하고 빈번한, 또는 계속된 역경'을 자녀가 경험할 때 일어난다. 이러한 연구에 따르면 건강의 부정적인 결과는 트라우마에 반응하여 발달하는 건강의 부정적인 형태와 행동의 단일한 결과가 아니라, 트라우마에 대한 심리적 반응이 본질적으로 신경계를 변형시키고 방해함으로써, 그리고 유해한 호르몬 분비를 촉진함으로써 건강에 부정적으로 해를 준다는 것이다(Siegel, 2012).

아동기의 부정적 경험에 대한 연구는 친밀한 파트너의 폭력을 목격한 아동들이 부정적인 신체적 · 심리적 건강을 야기하는 위험에 놓인다는 사실이 주장되면서, 가정 폭력에 대한 목격을 부정적 경험에 포함시켰다(Felitti et al., 1998). 또 다른 연구(Ehrensaft et al., 2003)에서는 아동기 폭력과 트라우마 노출 간 상관을 조사하고 성인기 관계에서 폭력을 범하거나 폭력을 경험할 가능성에 대해 조사하였다. 연구 결과에 따르면 부모의 친밀한 파트너의 폭력이 이후 성인기 희생양(피해자)이 되는 가장 큰 예측 요인이 되는 반면, 아동기 신체적 학대는 폭력을 범할 강력한 예측 요인이 되었다.

가족 학대와 폭력의 순환적 특징은 분명하고 강력하게 지지되어 왔다(Berthelot et al., 2015; Nermeroff, 2016). 아동들이 폭력을 경험할 때, 그리고 그 영향이 보호요인들에 의해 완화되지 않을 때, 정신적 · 신체적 질병에 처할 위험에 놓이게 된다. 또한 성인기로 들어서면서 폭력을 범할 위험 가능성이 높은 상태로 가정생활을 시작하고 부모가 되기도 한다. 희생을 당하거나, 학대를 목격한 아동들은 결국 이후 가정생활을 더욱 폭력적 관계로 이끌어 가는 경향을 보인다(O'Keefe,

1997; Van der Kolk, 2009). 친밀한 파트너의 폭력을 목격한 소년들은 이후 그것을 범하는 경향을 더 많이 보인다(Roberts, Gilman, Fitzmaurice, Decker, & Koenen, 2010).

이와 같은 순환은 독성 스트레스의 관점으로 설명될 수 있는데, 트라우마는 독성 스트레스를 통해 뇌와 신체에 지속적으로 영향을 준다. 또한 와해된 애착의 세대 간 전이를 평가하기 위해 애착 이론이 활용될 수 있다. Bartholomew와 Horowitz(1991)는 아동기 애착 경험이 이후 성인기 관계에서 어떻게 나타나고 있는가를 설명하기 위해 **성인기 애착 면접**(AAI)을 활용하여 아동기 내적 작동 모델(IWM)이 자신과 타인/세계에 대한 지각에 어떻게 영향을 주는가를 살펴보았다. 즉, 그들은 이러한 지각을 사회적 행동과 연결시켜서 자신과 타인 모델에 근거한 우정과 배우자 선택에 대해 설명하였다. 그리고 성인기 와해된 애착을 '두려워하는 유형(fearful style)'으로 언급하였다.

와해된/두려워하는 애착을 보이는 성인들은 의미 있는 타인에게 의존하고 친밀성을 갖는 것에 두려움을 가지고 관계에 접근한다. 와해된 애착의 세대 간 전이는 부모(애착 인물)에 의해 해결되지 않은 학대, 폭력, 그리고 트라우마 경험에 영향을 받는다. 성인들의 해결되지 않은, 그리고 와해된 애착은 자녀들을 위한 안전하고 안정된 기반을 제공할 수 있는 부모의 능력을 방해할 수 있다(Main & Hesse, 1990). 와해된 애착을 가진 아동과 성인에 대한 이해를 통해 역기능적인 가족 상호작용과 트라우마가 어떻게 아동의 내적 작동 모델을 형성시키는가를 알 수 있다. 이러한 연계성이 자녀가 성인기에 불안정한 애착을 형성하도록 하게 해 준다.

3) 구조적 분열과 와해된 애착

만성적인 가족 내 트라우마는 성격 구조의 발달과 애착 도식 형성에 해를 줄 수 있다(Masterson, 2015). 즉, 가족 내 학대, 폭력, 그리고 트라우마는 여러 가족구성원들에게 와해된 애착을 형성시킬 수 있다. 와해된 애착이라는 용어는 Ainsworth에 의한 낯선 상황 연구에서 '분류될 수 없는'으로 범주화된 영아 집단의 행동을 서술하기 위해 Main과 Solomon(1986)에 의해 처음으로 사용되었다(Holmes, 2004). 애착 인물에 의해 소스라치게 놀랄 때, 영아는 '해결 없는 두려운 공포'를 경험한다. 즉, 영아는 위험으로부터 멀어지더라도 또한 안락함의 원천에 접근하더라도 두려움에서 벗어날 수 없기 때문이다. 결과적으로 영아는 접근과 포기라는 두 가지 상반된 감정으로부터 공포를 발달시키고 내재화한다(Liotti, 2013). 와해된 애착은 일차적인 애착 인물이 "고통과 공포를 해결해 주는 동시에 고통과 공포의 원천이 될 때 발생된다"(John, Makinen, & Millikin, 2001, p. 150).

한편, 복합적인 트라우마와 관련된 장애를 가진 내담자들의 성격은 심리생물적 토대를 각기 달리 하는 여러 다른 부분으로 분열되는 특징을 보인다(Van der Hart, Nijenhuis, & Steele, 2005). 그러한 구조적 분열(해리)은 ① 방어 체계와 ② 삶의 운영 체계인 두 개의 성격 구조 사이에서 일어난다. 방어 체계는 정신적으로 무감각, 회피, 심지어는 기억상실도 초래하지만 '정상적인 성격'이 일상에서 기능을 발휘하게 한다. 정서적으로 분열된 성격은 트라우마와 연합된 외상 후 스트레스 장애(PTSD)에서 보이는 감각적, 정서적 증세 등을 보인다.

트라우마에 대한 대처기제로서 이러한 구조적 분열의 기원을 이해하기 위해서 Liotti(2004, 2013)의 연구를 간략히 살펴볼 것이다. Liotti(2004)은 생의 초기에 와해된 애착을 가진 아동들은 자기와 돌보는 사람에 대한 여러 가지 통합되지 않은(분열된), 매우 극적인 표상을 구성한다고 하면서 와해된 애착, 트라우마, 그리고 성격 분열을 한 줄에 있는 세 개의 가닥들로 설명하였다(Liotti, 2013, p. 1136). 이러한 서로 양립될 수 없는 표상들은 서로 구분된다. 아동의 인지적 · 정서적 뇌 과정은 돌보는 사람과 애착 대상들이 보여 주는 광범위하고 예측할 수 없으며 수시로 변하는 정서적 경험들을 잘 이해할 수 없다. 이와 같이 아동이 겪는 경험들은 서로 양립할 수 없고 같이 공존할 수 없는 단편적인 조각난 정서적 경험들이다(Liotti, 2004). 이러한 정신적 분리 과정으로 인해 아동들은 가족 내 학대를 받으면서 희생양이 된다. 아동은 애착관계에서 신뢰와 안전을 보존하기 위한 본능적인 성향을 갖고 있다(Liotti, 2004). 즉, 아동은 분리적인 기능으로 인해 학대에도 불구하고 돌보는 사람에 대한 이미지를 보호자로서 유지시키게 된다(Herman, 1992; Liotti, 2004). 비슷하게 또 다른 연구(George & West, 1999)에 의하면 붕괴되고 와해된 애착을 가진 영아는 돌보는 사람의 주의를 끌기 위해 돌보는 사람들이 번갈아 시도하는 다음과 같은 두 가지의 주요 전략에 오로지 의존하게 된다. 즉, 돌보는 사람들은 영아에게 체벌(공격적 · 적대적 행동)을 가하거나 아니면 지나친 애정을 표현하는 양육 행동을 할 수 있다. 여기에서 그러한 전략들과 전략들이 번갈아 나타나는 과정들은 통제행동으로 간주된다(George & West, 1999). 자녀는 돌보는 사람에게서 떠나고 싶은 감정을, 또 다른 한편으로는 계속 머무르고 싶은 감정을 느끼면서 자신과 타인에 대한 통제감을 확립하기 위해 할 수 있는 모든 것을 하게 된다.

일차적인 애착 대상에 대한 상반되고 양립할 수 없는 반복적인 경험들을 통해 정신적 충격을 겪은 영아들은 구조적 분열에 대한 발달적 통로를 창출시킨다(Putnam, 1995). 즉, 서로 양립할 수 없는 반응들은 동시에 존재할 수 없다. 왜냐하면 그런 것들의 공존이 아동에게는 애매모호하게 여겨져 정서적으로 견딜 수 없게 되기 때문이다. 예를 들어, 양립할 수 없는 반응의 예는 돌보는 사람에 대한 두려움으로 움츠러드는 것과 기쁨의 원천으로서 위안을 받기 위해 돌보는 사람에게 매달리기다. 정신적 충격(상처)을 받을 수 있는 환경에 살고 있는 아동들은 만성적인 정서적 애매모호성을 참아내려고 무던히 애를 쓴다. 무질서한 환경을 통제하기 위해 아동들은 자연스럽게 예측 가능한 패턴을 탐색하게 된다. 이러한 패턴들이 결국 돌보는 사람과 타인에 대한 정서적 분리(단절)와 예측 불가능한 정서 반응을 유발한다.

Liotti(2004)는 와해되고 분열된 아동들의 내적 작동 모델을 '드라마 삼각형(drama triangle)'과 비슷한 것으로 서술하였는데, 이 드라마에서는 주인공 역할을 하는 돌보는 사람과 자신이 구조자, 가해자, 희생자의 역할을 끊임없이 오간다. 종종 아동은 가해자인 돌보는 사람에 의해 희생을 당한다고 느낀다. 그러나 아동은 돌보는 사람을 지지의 원천으로 인식하므로 가끔은 구조자로 인식하는 경향을 보인다. 돌보는 사람의 보호적인 이미지를 유지하기 위해 아동은 돌보는 사람을 희생자로서 개념화시키는 경향을 보이기도 하고, 스스로를 돌보는 사람의 가해자/구조자로 인식하기도 한다. 결국 외상적 충격을 받은 아동은 자신들의 본성 속의 악이 학대를 받아서 생긴 것으로 반드시 결론짓는다(Herman, 1992). 그러한 아동은 어릴 때부터 이러한 변명에 사로잡혀 끈질기게 이를 고수하는 경향을 보인다. 즉, 그러한 행동이 의미와 희망, 그리고 자신을 지키려는 힘을 보존할 수 있게 해 주기 때문이다. 만일 아동 자신이 나쁘다면 그런 경우, 부모는 선하다. 아동 자신이 나쁘다면 그때는 착해지기 위해 노력할 수 있다. 그러면 어떻게 해서든 그것을 바꾸기 위한 힘을 갖는다. 요약하면, 와해된 애착을 가진 아동은 자신을 보호해 줄 심리사회적 환경들이 학대, 폭력, 그리고 트라우마의 원천이 될 때, 거기에서 야기되는 복합적인 양립할 수 없는 정서 상태를 이해하고 견디어 내기 위해서 분리적인 내적 작동 모델을 생득적으로 만들어 낸다.

4. 개인 영역

애착 이론에서 보면 친밀한 가족원들이 가하는 다양한 형태의 폭력이 주는 영향은 개인의 내적 작동 모델에 반영되어서 **내적 모델 지도**(Internal Models Map: IMM)로 나타날 수 있다. 가족 간 만성적인 학대에서 살아남은 대다수 사람들은 와해된 애착 스타일을 발달시킨다(Pearlman & Courtois, 2005). 즉, 트라우마가 주는 영향으로 사람들은 종종 와해된 개인들에게 공공연히 나타나는 자아감 상실, 현실감 상실, 그리고 복합적인 외상 후 증상 등을 경험한다(Herman, 1992; Van der Kolk, 2015; Van der Hart et al., 2005). 학대, 폭력, 그리고 트라우마에 대한 개인의 경험에 따라 내담자 체계들 간에서 이러한 트라우마에 대한 반응을 포함하여 스트레스 반응의 여러 다른 집합체가 출현될 수 있다. 따라서 우리는 트라우마적이고 학대적인 경험으로부터 출현하는 와해된 애착의 네 가지 구별되는 양식이 있다고 생각한다. 이러한 애착 유형들과 증상들은 가족 애착의 역사, 해결되지 않은 아동기 애착 경험의 영향을 받는다. 또 그러한 유형과 증상은 확인될 수 있는 와해된 가족의 애착 역사와 성인기 해결되지 않는(와해된) 애착 스타일로 드러나게 된다.

1) 와해된 애착에 대한 프로파일

와해된 애착은 일차원적인 것이 아니며 극도의 애착 불안 및 회피의 조합으로부터 유래될 수 있다(Main & Solomon, 1990). 아동기 불안-양가적인 애착 유형 및 불안-회피적 애착 유형과 비교하여 와해된 애착 유형은 더욱더 복합적이다. 와해된 애착은 행동의 개시와 억제가 동시에 존재하는 상황을 영아가 경험할 때 관찰된다. 근접과 연결에 대한 욕구의 억제는 일차적인 애착 대상에 대한 두려움에서 시작되며, 이것이 영아에게 높은 수준의 스트레스를 야기시킨다. 이와 같이 이러한 요인들의 조합이 애착 대상에게 근접하려는 영아의 노력을 감소시키게 되며, 결국 영아는 행동적 · 정서적 조절장애를 보이게 된다. 한편으로 영아는 안전, 양육, 사랑을 받기 위해 돌보는 사람에게 의존적이 되기도 한다. 결과적으로 영아는 돌보는 사람에 대한 두려움에도 불구하고 계속 그들에게 근접하여 연결되려고 노력한다.

와해된 애착의 복합성을 고려해 볼 때, 와해된 아동기 애착 유형은 부모, 형제자매, 그리고 다른 가족구성원들에 의해 영향을 받는 복합적인 가족 체계 내에서 출현된다. 결과적으로 와해된 애착은 높은 수준의 불안 및 회피의 단순한 반영이 아니다. 즉, 애착 대상에 대한 두려움(Main & Hesse, 1990)은 싸움, 도피, 얼어붙는 행동적 반응을 유발하고(Hesse & Main, 2006a), 결국 이러한 행동들은 와해적인 싸움/도피/접근 역설을 만든다. 해결되지 않는 애착을 가진 부모는 단편적으로 싸움 · 도피 · 분리의 행동을 보이는 경향이 있으며, 이것들이 자녀들에게서 보이는 와해된 애착을 예측할 수 있게 해 준다(Hesse & Main, 2000, 2006b). Hesse와 Main(2006b)은 싸움/도피의 애착 유형에서 여섯 가지 하위 유형을 확인하였는데 그것은 위협적 애착, 겁먹은 애착, 분리된 애착, 소심하고 공손한 애착, 낭만적 애착, 그리고 와해된 애착이다.

와해된 애착 가족 유형에 대해서도 네 가지로 살펴볼 수 있다. 이런 하위 유형들은 Olson의 Family Circumplex 모델과 FACES IV(2011)에서뿐 아니라 Hess와 Main의 연구(2006a, 2006b)들을 통합한 것이다. **가족 연결 지도**는 연결과 융통성의 두 가지 차원에 근거한다. 제3장에서 상세하게 살펴본 가족 연결 지도는 잠재적으로 구별되는 네 가지 가족의 와해된 애착 각본을 탐색하기 위한 방법을 제공해 준다. 임의의 가족 체계 내에서 와해된 애착 각본은 부부들로부터, 그리고 부모의 자녀와의 상호작용에서 나온다. 가족 연결 지도를 사용하여 융통성과 연결의 차원으로 네 가지 유형을 제안한다.

〈표 9-1〉 와해된 애착의 네 가지 유형: 예측할 수 없고 와해된, 지나치게 관여하고 와해된, 무관심하고 와해된, 그리고 통제적이고 와해된

	낮음	연결	높음(반응적)
높음		분리된	밀착된
융통성(유용한)	혼란	예측 불가	지나친 관여
낮음	경직	무관심	통제

- 유형 1: 분리적이며 혼란스러운(예측할 수 없는) 가족 유형은 매우 분리적이며 융통적이다. 이러한 가족들은 규칙, 역할, 그리고 구조를 끊임없이 바꾸는 경향을 보인다. 그런 가정에서 양육된 아동들은 쉽게 포기하는 경향을 보이고 타인에게 접근하는 것을 어려워하며, 정서를 조절하는 데에 어려움을 보인다. 여기에서 보이는 전형적인 학대의 유형은 방임 또는 부모의 약물 남용이 될 수 있다. 가족 간 연결성은 보이지 않는다.
- 유형 2: 분리적이며 경직된(무관심인) 가족 유형은 매우 분리적이며, 융통적이지 않다. 이러한 가정에서 아동들이 의지할 수 있는 유일한 것은 그들 자신이 세상에 혼자라는 사실과 가족을 의지할 수 없다는 사실이다. 이런 가족 유형은 위계를 유지하기 위해서 신체적 체벌이나 학대를 가할 수 있으며, 자녀들에게 공포와 수치심을 유발하면서 가족구성원들을 통제할 수 있다.
- 유형 3: 밀착되고 혼란스러운 가족 유형은 극도로 밀착되어 있으면서 매우 융통적이다. 가족 간 접근 강도, 정서조절의 어려움, 그리고 규칙 등의 변경으로 자녀들은 분노, 놀람, 혼동을 느끼게 된다. 이러한 역동성은 근친상간(암암리에, 또는 드러나는)을 포함하여 약물남용과 학대를 보이는 가족들에게서 나타날 수 있다. 극도로 밀착된 가족들이 가질 수 있는 배타적인 역동성 때문에 그러한 가정들은 외부에서 도움을 구하는 것을 꺼릴 수도 있다.
- 유형 4: 밀착되고 경직된(통제적) 가족 유형은 극도로 밀착적이고, 융통적이지 않다. 이러한 가정에서 양육자들은 신체적 · 정서적 수단으로 통제한다. 정서적으로 불안정한 부모들과는 대조적으로 이러한 부모들은 정서적 표현을 최소화하고 전형적으로 책임을 요구한다. 이러한 가정에서 양육된 자녀들은 정서를 조절하는 데에 어려움을 보이므로, 이들은 주기적으로 분노폭발이나 심각한 불안을 표출한다. 부모들은 종종 비현실적으로 높은 기대 수준을 유지한다. 또한 가족들은 질서를 유지하기 위해 신체 체벌이나 학대를 가한다. 이러한 가족 유형의 구성원들은 자율성과 자기신뢰에 어려움을 보이는 경향이 있어 지나친 의존성을 보이게 된다.

가족 연결 지도에서 확인된 이러한 와해된 애착 각본의 네 가지 유형은 임상가들에게 내적 모델 지도를 개발하는 데 도움을 준다. 가족 체계 내에서 부모와 자녀들 사이의 여러 다양한 기질을 고려한다면 자녀들은 두 가지 차원인 융통성과 연결 정도에 따라 애착 인물과의 경험에 근거하여 아동기 애착 패턴에서 다양성을 나타낼 것이다.

언급된 와해된 유형의 각각을 대표하는 특징을 기호화하여 [그림 9-2]에서 제시하였다.

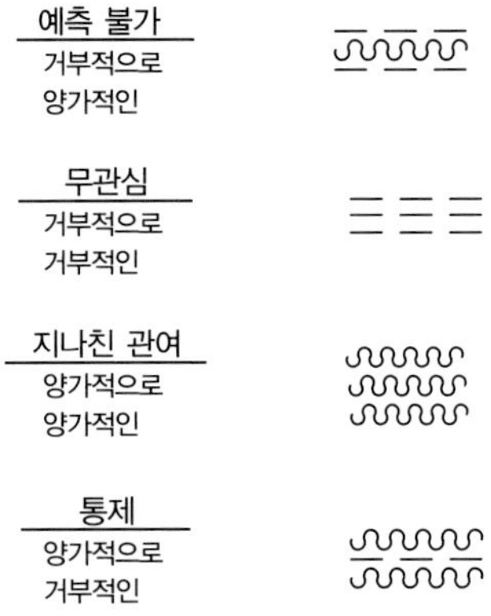

예측 불가
거부적으로
양가적인

무관심
거부적으로
거부적인

지나친 관여
양가적으로
양가적인

통제
양가적으로
거부적인

[그림 9-2] 와해된/혼란된 애착 유형들

이 그림은 내적 모델 지도에서 사용하기 위한 와해된 애착 상징들을 보여 준다.

2) 개인 영역에서의 와해된 애착 평가

안전 기지를 제공하는 부모와 자녀 간 정서적 · 신체적 연결에서의 붕괴는 와해된 애착을 이해하는 하나의 주요 요인이다. 즉, 분리적이고 위협적이며 겁을 주고, 소심하고, 부적절하게 친근하거나 혼란시키는 부모들이 와해된 아동기 애착 발달에 기여한다(Hesse & Main, 2006b). 현행 연구들이 자주 어머니-유아 유대에 주의를 기울인다는 점을 고려한다면 개인 영역에 초점화된 애착 내에서 와해된 애착에 대한 학대, 폭력, 그리고 트라우마 측정은 모든 애착 대상, 전형적으로 어머니, 아버지, 조부모 등을 포함한다는 점에서 매우 독특하다. 시간이 지남에 따라 아동이나 성인은 일차적인 애착 대상과 유대감을 형성하고, 그런 다음 이차적 애착 대상과 유대감을 형성한다. 대부분의 사람들에게 있어 이차적인 애착 대상들은 궁극적으로 친밀한 파트너 관계를 형성하고, 이것이 마침내 성인기 일차적인 애착 유대감을 초래할 수 있다.

내적 모델 지도는 임상가들이 와해된 애착을 확인하는 데 사용할 수 있는 중요한 도구다. 내적 모델 지도가 여러 다양한 양육적 애착 인물들을 포함하기 때문에 치료자들은 내적 모델 지도 내에서 각각의 애착 패턴을 확인할 수 있다. 한 예로, Ernesto라는 젊은이는 두 번째로 아버지가 되었다. 그의 첫째 자녀는 아들(3세)로 온순하고 원만한 자녀였다. 두 번째 자녀는 딸로 까다로운 기질을 가졌고, 종종 안절부절못하고 과민한 아이였다. Ernesto는 그의 아들과 새롭게 맞이한 딸을 자신이 점점 회피하고 있다는 것을 자각하였다. 그는 밤마다 한두 번씩 깨면서 수면에 방해를 받았고 가족과 직장으로부터 점점 분리된다고 느끼게 되었다. 가족 주치의는 그가 우울증이 있지만 개인치료에서 도움을 얻을 수 있을 것으로 생각하여 상담을 의뢰했다. 그의 아내는 지지적이었으나, 너무 부담스러워했다. 그녀는 개인적으로나 부부가 같이 치료에 참여하는 것을 원치 않았다. 초기 면접을 통해 Ernesto가 그의 어머니 및 형제자매들과 불편한 관계를 맺고 있었다는 사실이 밝혀졌다. Ernesto의 보고에 의하면 자신은 아버지에 대해 '어느 정도' 친근했지만 동시에 아버지와의 유대에서 어려움이 있었고, 네 살 많은 누나가 그가 아홉 살이 될 때까지 그를 모든 곳에 질질 끌고 다녔다. 그 후 갑자기 누나는 혼자 있기 시작했고 학교에서도 문제를 보이면서 모든 사람을 멀리했다. 그의 어머니는 어린 시기에서부터 그에게 가혹했다. 그는 어머니가 인생에서 두 가지를 강조했는데, 하나는 '빠르게'이고, 다른 하나는 '더 빠르게'라고 했다. 만약 재빨리 반응하지 않으면 '큰 문제'가 되었다. 또한 그는 아버지와 그의 누나에 대한 것은 '비밀'에 부쳐졌다고 주장하였다.

치료자는 다음의 가정에 근거하여 Ernesto의 내적 모델 지도를 스케치하기 시작하였다. ① Ernesto의 어머니는 위협적이고 무서운 사람이고, ② Ernesto의 아버지는 그의 아내에게 위협적이고 때때로 분리적이며, ③ Ernesto의 누나도 위협적이었다.

Ernesto의 문제는 딸의 출생으로부터 시작되었다. 분명한 정서적 붕괴를 통해 그의 아동기 애착 패턴이 어머니와 그리고 잠재적으로 누나와의 관계와 관련된, 해결되지 않은 와해 애착에서 비롯되었음이 드러났다. 또한 누나의 퇴학과 가족 비밀에 대한 암시는 딸에 대한 아버지의 성적 학대의 결과였을 것이다. 이러한 가족의 와해된 애착 각본은 '예측할 수 없는 것(unpredictable)'으로 이런 유형은 융통성의 차원은 높았고(혼란스러움) 연결성의 차원에서는 낮았다. Ernesto의 해결되지 않은 애착은 어머니의 위협적이고 협박적인 행동, 누나의 지나친 개입 및 밀착 관계, 그리고 아버지의 잠재적으로 분열된 해결되지 않은 성인기 애착에 대한 아동기 경험에서 비롯되었다.

Ernesto의 치료를 위해 포괄적인 측정과 내적 모델 지도를 가지고 치료자는 개입 계획을 고안하기 시작하였다. 첫 번째로, 치료자는 초점화된 치료적 애착 유대를 발달시켰다. 이것을 **치료적 자세**라고 부르며, 특히 성인기 와해된 애착을 가진 사람들에게 더욱더 결정적으로 중요하다. 제4장에서 상세히 언급된 네 가지 **치료적 자세** 양식이 있다. 처음에 치료자는 회피적이거나 양가적인 애착 행동을 관찰할 수 있을 것이다. 때때로 해결되지 않은 애착에 대한 분명한 지표들이 있다. 학대, 폭력, 그리고 트라우마에 초점화된 가계도(AVT FG)에 대한 기초적인 정보를 모으는 과정에서 종종 와해된 가족 각본이 드러난다. 이런 가족 각본은 내담자의 설명에 대한 지표가 되기도 한다. 성인기의 와해된 애착은 전형적으로 아동기에 해결되지 않은 와해된 애착의 반영이다. 치료자가 내담자 체계의 개인적 역사, 욕구, 그리고 관심사에 대해 더 많은 것을 알기 시작한 다음부터는 내담자들이 정서적 · 신체적 신호를 통해 치료자에게나, 또는 파트너 및 다른 가족구성원들에게 와해된 애착 행동을 직접적으로 드러내기 시작한다.

다음 단계는 아동기 때 내담자의 일차적 애착 인물이 누구인가를 확인하는 것이다. 전형적으로 이러한 일차적 애착 인물은 어머니와 아버지다. 그러나 만약 가족 체계 자체가 분리적이고 양육적인 돌보는 사람 자체가 부실하다면 이런 가정에서 양육적인 돌보는 사람은 일차적 애착 인물이 아닐 수 있다. 가령, Ernesto의 가족에서 누나는 어머니의 관계에서 느끼는 공포를 상쇄시킬 이차적 애착 인물로 작용할 수도 있다. 제안된 네 가지 와해된 애착 유형은 내담자의 와해된 내적 작동 모델에 대한 구체적인 특성을 이해하는 데 도움을 준다. 왜냐하면 이러한 내적 작동 모델은 내담자의 일차적인 아동기 관계 경험에 대한 학습에 근거하기 때문이다.

애착 연대표(Attachment timeline)는 내담자 삶의 경험을 초기에 평가하는 데 중요한 부분이다. 그러나 어떤 내담자들에게는 치료의 초기 단계에서 개인사를 탐색하는 것이 최소화될 수 있는데, 이는 내담자가 보다 경직되고 통제적인 가족 경험을 이야기하기를 고통스러워한다는 사실을 나타낸다. 최초의 면접이 진행되는 동안에 일부 내담자들이 가족 경험에 대해 말하는 것을 불편해해도 가족 구조와 역동성에 대한 정보는 중요한 초점이 된다. 특히, 내담자들이 학대, 가정 폭력, 또는 트라우마에 대해 치료자들과 공유할 준비가 되지 않았을 때 내담자들은 더욱더 민감해진다. 따라서 내담자들이 관심을 보이는 주제에 대해 면접을 시작하는 것이 매우 중요하다. 와해된 애착의 징조가 나타났을 때, 치료자는 처음 면접 동안에 네 가지 유형의 치료적 자세 모두를 통합하여 시작할 수 있다. 불안이나 회피 등을 일으키는 것처럼 보이는 부정적인 아동기 경험에 대한 질문들은 외상 후 스트레스 장애나 복합적 외상 후 스트레스 장애의 근원적인 증후를 나타나게 할 수 있다. 치료적 동맹이 적절한 치료적 자세로 확립될 때까지 치료 목표와 과제는 여전히 간단하지 않다. 결과적으로 와해된 애착을 가진 내담자들에게 있어서 치료적 유대를 발달시키는 것이 근본적으로 해야 할 일차적 과제다.

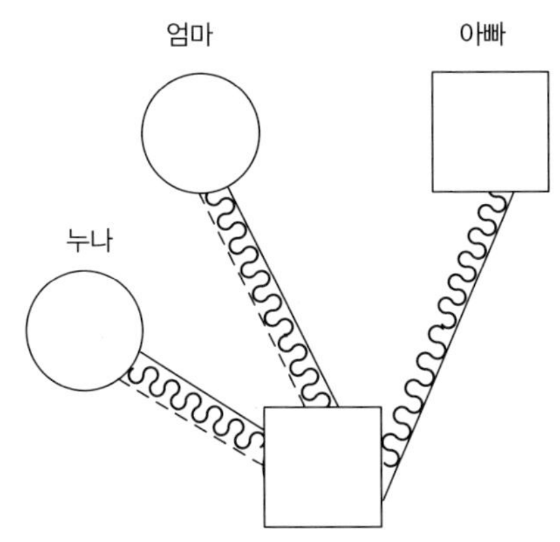

[그림 9-3] Ernesto의 내적 모델 지도

3) 아동기의 와해된 애착을 선별하는 질문들

애착에 대한 질문들은 개인들이 사용할 수 있는 대처기제와 자신의 삶에서 학대, 폭력, 그리고 트라우마의 존재를 자각하게 하는 데 도움을 줄 수 있다. 물론 이러한 질문들이 포괄적인 것은 아니고, 트라우마를 철저하게 측정하는 것도 아니다. 치료 과정을 진행하는 데 있어서 만약 내담자들이 감정을 언급하거나 확인하는 데 어려움을 보이면, 일반적으로 그들이 무엇을 자각하고 있는지를 질문하는 것이 도움이 될 수 있다. 치료자는 내담자가 질문 과정에서 더 힘들어하면 할수록 감정을 표현하고 마음을 진정시키는 문제가 쉽지 않다는 것을 명심해야 한다.

가정에서 받은 위협과 협박

1. 당신의 가정에서 경험한 분노 폭발에 대한 기억은 무엇입니까?
2. 부모/다른 가족구성원들이 당신에게 어떻게 말했습니까? 당신은 가족구성원에 의해 모욕감과 수치심을 느끼거나, 비난, 괴롭힘을 받은 적이 있습니까? 또는 빈번하게 악담을 들었습니까?
3. 가족 중 누군가가 화가 났을 때 다른 누군가가 신체적 상처를 받은 적이 있습니까?
4. 당신은 가정에서 폭력을 목격했었습니까? 어떤 가족구성원 간에 일어난 폭력이었습니까? 당신이 몸담고 있는 공동체 집단에서 폭력을 목격하거나 또는 폭력에 같이 가담했었습니까?
5. 정서적 · 신체적, 또는 성적 학대를 받았던 당신의 인생 초기의 모든 경험과 어떠한 경험이라도 서술해 보십시오.

가정에서 느낀 공포(통제 방법으로써 부모가 사용한 신체적 체벌)

1. 당신의 가정에서 신체적 체벌이 사용되었습니까? 어느 정도로, 그리고 얼마나 자주 사용되었습니까?
2. 가정에서 아들과 딸에게 사용되는 체벌 방식에 차이가 있었습니까?
3. 어린 자녀들과 비교했을 때 나이 든 자녀들이 체벌을 받는 방식에 차이가 있었습니까?
4. 신체적 체벌이 사촌, 다른 친척, 또는 친구들의 가정에서도 사용되었습니까?
5. 학교에서나 가정 밖의 다른 상황에서 신체적 체벌을 받은 적이 있습니까?

가정에서 겪은 해리(정서와 행동의 불일치, 목소리 변화, 얼어붙은 자세, 사건에 대한 기억 상실)

1. 부모님이 때때로 평소 모습처럼 보이지 않았던 적이 있습니까?

2. 부모님이 자신의 삶의 폭력적인 가족 경험을 부정하거나, 회피하거나, 또는 축소화했습니까?
3. 가정에서 때때로 신체적 또는 정서적으로 방치된 적이 있었습니까?

가정에서 느낀 두려움(자녀들에 의한 공격성과 억압을 포함)

1. 가정에서 누가 정서적 분위기를 이끌어 갑니까? 어머니, 아버지, 자녀, 또는 다른 돌보는 사람 중 누구입니까?
2. 당신은 형제자매와의 경쟁을 어떻게 겪었습니까? 경쟁 대상자는 신체적으로 어떠했습니까?
3. 가족 중 누가 누구를 괴롭혔습니까?

부적절한 친밀한 접촉(성적 접촉 포함)

1. 누군가가 당신이 불편하게 느낀 방식으로 접촉한 적이 있습니까?
2. 당신은 괴롭거나 위협적인 어떠한 성적 경험을 한 적이 있습니까? 당신이 잘못되었다고 생각하거나 당신을 속상하게 한 어떠한 성적 경험을 아동기나 청소년기에 한 적이 있습니까?
3. 가족 중 누군가가 성적으로 학대받은 적이 있습니까? 당신은 그런 상황에 대해 무엇을 알고 있습니까?

외해(일관된 형태나 모순적이거나, 또는 비현실적인 행동과 정서들을 포함)

1. 당신은 폭력이나 아동 학대를 목격한 적이 있습니까? 그때 분위기는 어떠했고, 좀 더 상세하게 설명해 보면 어떠했습니까?
2. 당신의 가정이나 확대가족에서 아동 학대가 일어났었습니까? 그런 사실이 관계 당국에 보고되었습니까, 아니면 거부되었습니까? 어떤 일이 일어났습니까?
3. 당신은 누군가와 함께 고통스러운 기억이나 경험을 공유한 적이 있습니까? 당신은 과거에 대해 느끼는 감정과 기억을 어떻게 처리해 왔습니까?

5. 부부 영역

부부 영역 내에서 부부 상호작용 지도는 부부 상호작용 형태 내에서 파트너의 내적 작동 모델과의 상호작용을 나타낸다. 만약 한 배우자나 두 배우자가 그들의 원가족에서 트라우마를 경험했다면, 성인 애착관계 내에서 와해된 아동기 애착의 잠재적 영향들이 추적될 수 있다. 와해된 아동기 애착은 건강하고 친밀한 관계를 만들고 유지시킬 수 있는 성인의 능력을 방해한다. 버림받음, 거부, 그리고 고통에 대한 끊임없는 공포로 괴로워하는(Beatty, 2013) 와해된 애착 소유자는 신뢰와 친밀감 발달을 어렵게 하는 식으로 행동하는 경향이 있다. 배우자들은 서로에 대해 모순되고 상충된 욕구와 접근(친밀해짐)에 대한 공포 때문에 서로에 대해 강렬한 집착이나 거부를 보이는 경향이 있다. 이런 밀고 끌어당기는 역동성이 여러 다른 방식으로 나타날 수 있으며, 종종 신체적 폭력으로 확대되어 간다. 애착 와해는 친밀한 파트너의 폭력을 야기하는 경향이 있다. 많은 학자들은 애착 와해가 친밀한 파트너의 폭력에 대한 하나의 선행 요인이 된다고 주장한다(Alexander, 2009; Dutton & White, 2012; Levendosky, 2013).

학대를 목격했거나 학대의 희생양이 된 아동들이 성인이 되어서 친밀한 관계를 시작하게 되면 그들이 경험한 버림받는 데 대한 공포, 상처, 고통, 상실, 그리고 분노로 인해 그들은 어떠한 수단을 통해서라도 통제적이 되거나 자기 뜻대로 조정하는 행동을 할 수 있다. 이러한 행동들은 애착 유대에 대한 공포로 나타날 수 있지만, 여전히 관계 손실에 대한 공포에 의해서도 출현된다. 이러한 공포는 애착에 대한 위협이 지각될 때 파트너에 대한 분노와 공격적인 통제 형태로 나타날 수 있다. 와해된 애착의 특징은 정서조절의 부족으로 나타나고, 이로 인해 와해된 애착 개인들은 분노를 통제하지 못하는 위험 상황으로까지 내몰리게 된다.

Babcock, Jacobson, Gottman, 그리고 Yerington(2000)은 고통스러워하는 비폭력적인 남편들과 폭력적인 남편들에 대한 애착 스타일을 조사한 결과, 폭력적인 남편들(74%)은 비폭력적인 남편들(38%)보다 더 고통스러워하며, 더 많이 불안정 애착 스타일로 분류되었다. 즉, 폭력적인 남편들의 공격성은 그들의 아내를 괴롭히고 통제함으로써 불안정 애착을 완화시키려는 노력에서 비롯되는 것처럼 보인다. Allison, Bartholomew, Mayseless, 그리고 Dutton(2008)에 따르면 폭력은 (나에게 관심을 기울여 달라는) 추구 또는 (당신이 너무 가까이 있어서 내가 자기보호를 해야만 하는) 거리에 대한 애착 전략으로써 보일 수 있다. 흥미롭게도, 이런 맥락에서 친밀한 파트너의 폭력이 파트너의 애착 전략과 자기조절 둘 간의 상호작용이라는 것이다(Allison et al., 2008).

또한 와해된 애착을 유발시킨 아동기 애착 경험들은 성인기에서 학대적 관계를 시작하여 그런 관계에 계속 머무르게 할 가능성을 증가시키는 것으로 보인다. Dutton과 Painter(1993)에 의하면 폭력적인 파트너가 통제적인 행동과 애정 어린 행동을 바꿔어 가며 행하는 것은 개인 영역에서 언급된 트라우마 유대에 대한 주기적 강화를 제공하는 것이다. 친밀한 파트너의 폭력에서 폭력을 당하는 사람이 그들의 파트너를 사랑과 위로의 원천이자 공포와 고통의 원천으로 경험할 때, 그들은 일차적 애착 인물에 대한 아동기 와해된 애착 경험을 반영하는 역동성 속으로 끌려 들어가는 것이다(Allison et al., 2008). Henderson, Bartholomew, 그리고 Dutton(1997)은 폭력관계에서 희생양이 되었다고 보고한 여성 대부분이 애착 불안이 높았음을 발견하였다(53%: 집착, 35%: 공포). 그들의 주장에 의하면 상실에 대한 강렬한 공포를 나타낸 개인들은 폭력적 관계에서 벗어나는 데 어려움을 보일 수 있다(Henderson et al., 1997). 또 다른 연구자들(Doumas, Pearson, Elgin, & Mckinley, 2008)에 의하면 여성들에서 높은 수준의 불안정 애착은 남성에 의해 자행되는 친밀한 파트너의 폭력을 예측했는데, 이는 버림받음과 거부에 대한 공포로 인해 이러한 폭력적 관계를 벗어나지 못함을 시사하는 것이다.

와해된 애착은 외상 후 스트레스 장애와 복합적 외상 후 스트레스 장애 증세가 폭력 이외의 다양한 방식으로 부부관계에 영향을 주는 것과 같이 전형적으로 성인기까지 영향을 미친다. 또 드라마 삼각형(Drama Triangle; Karpman, 1968)도 친밀한 파트너 폭력의 존재 여부와 상관없이 부부관계에서 트라우마 과정을 이해하기 위해 사용될 수 있다. L'Abate(2009)도 역기능적인 부부관계 과정에서 피해자, 가해자, 구조자 역할을 이해하는 데 있어서 드라마 삼각형 사용을 지지한다. 언급된 세 가지 역할은 아동기 와해된 애착 형성에 영향을 주는 일차 정서의 측면에서 개념화될 수 있다. 와해된 애착을 가진 배우자들이 사랑, 공포, 분노의 감정을 순환적으로 경험하면서 어쩔 수 없이 구조자, 피해자, 가해자의 역할을 반복적으로 겪을 수 있다.

Olson의 Circumplex 모델(2011)에 근거한 관계역동성에 대한 또 다른 모델도 부부/관계 유형들을 사용하고 있다(DeMaria & Haggerty, 2010). 이러한 가족 연결 지도 및 가족 유형에 근거하여 다음과 같은 파트너로 각각 구분될 수 있는 네 가지 부정적인 관계 유형들이 있다. 즉, 주자(runner), 거절자(rejector), 부상자(wounded), 그리고 전사(warrior)다. 주자의 경험에서 보면 사람들은 예측할 수 없으므로 관계를 맺는 것이 두려울 수 있다. 거절자 유형의 역할에서 보면 일관되게 관계에 관여하지 않으므로, 자신이나 파트너에 대해 취약할 수 있어서 비난을 받는다. 부상자 유형은 관계에서 혼란스러운 연결에 의해 두려워하며 혼란스러워할 수 있다. 마지막으로, 전사 유형은 그들이 성장해 온 통제적인 환경 때문에 오직 복종에 초점을 둘 것이다. 이러한 유형들은 건강한 애착 유대와 주장적인 의사소통을 갖는 연결된 건강한 관계 유형과는 대조적이다. 더욱이 과거 경험이나 현재 관점에서 받은 트라우마가 이러한 유형들에 더해지면 감정과 행동이 부정적인 패턴으로 고조되어 부부가 치료를 받아야 한다.

1) 부부 영역에서의 학대, 폭력, 그리고 트라우마 평가

부부 영역에서의 학대, 폭력, 그리고 트라우마 평가는 부부의 애착 상호작용 형태를 관찰하는 것으로 시작된다. 부부의 반응 형태와 배우자의 반응에 있어서 '누가 누구를 위해 대답하며', '누가 누구를 위해 정서를 표현하며', 부부들이 '최선을 다해 행동하는지'의 여부, 또는 '어떤 소리도 내지 않는 무언의 동요'를 보이는지의 여부 등에 주의를 기울인다. 만약 한 배우자가 서로 간 관계 이외에서 학대나 트라우마의 어떠한 형태를 경험했다면, 이런 정보는 효과적인 치료 가능성을 증진시킨다. 만약 친밀한 파트너의 폭력이 의심된다면 법과 정책 기관/정책 집행 기관에서 진술을 해야만 한다. 이에 비해 개인 영역에서 학대와 트라우마의 요소는 경고와 안전을 위한 윤리적 의무 수준으로 취급된다.

와해된 애착과 친밀한 파트너의 폭력을 평가하는 것 이외에도 이전 경험을 평가하기 위해서 두 배우자 관계에 대한 경험 연대표를 발달시키는 것이 중요하다. 깊이 있는 논의를 위한 출발점으로서 제공하는 질문 이외에도 더욱 초점화된 평가를 위한 지침으로서 갈등 전략 척도(Conflict Tactics Scale)(Straus, Hamby, Boney-McCoy, & Sugarman, 1996)나 분노 양식 질문(Anger Styles quiz)(Potter-Efron, 1995)

을 사용하는 것도 유용할 수 있다.

성인들과 그들의 친밀한 관계에 대한 와해된 애착에 관한 질문들

1. 학대와 트라우마에 대한 경험들이 당신의 현재 관계에서 어떻게 작용합니까? 학대와 트라우마가 포함된 또 다른 관계를 경험한 적이 있습니까?
2. 당신의 현재 관계에서 협박적이고 위협적인 행동을 경험한 적이 있습니까?
3. 관계에서 갈등이 고조될 때 두려움을 느꼈습니까?
4. 당신은 파트너를 위로하거나, 혼자서 문제를 '해결하려고' 노력하는 편입니까?
5. 파트너와의 관계 갈등이 결국 성적인 공격이나 성적인 위협, 또는 성적 거부로 끝나게 됩니까?
6. 당신이나 당신의 파트너는 관계로부터 단절되었음을 느끼고 공포, 분노, 또는 고뇌에 사로잡힌 시간들이 있습니까?

6. 세대 간 영역

개인이 해결되지 않은 트라우마의 무게에 짓눌릴 때 그것은 분명하게 대인관계에 스며들게 된다. 학대와 트라우마 경험은 개인의 정서적 · 관계적 도식들을 변화시켜 결국 와해된 애착을 초래할 수 있다. 부부 영역 내에서 와해된 애착 각본의 발달은 배우자의 과거나 현재 관계 내에서 오는 학대와 트라우마의 상호작용에서 비롯된다. 이러한 와해된 애착 각본은 부모의 양육적 토대가 되어 불안정 애착과 파괴적 특전의식의 세대 간 유산을 반복하게 된다.[2] 여기에서는 두 영역을 통해 학대, 친밀한 파트너의 폭력, 그리고 동반되는 트라우마에 대한 세대 간 전이를 탐색할 것이다. 두 영역은 ① 부모-자녀 간 해결되지 않은 와해된 애착을 통한 트라우마에 대한 간접적인 노출, ② 와해된 가족 애착 각본이다.

양육 대상, 형제자매, 그리고 또 다른 친족들이나 비혈연의 친족들을 포함하는 가족구성원들로부터 경험된 학대, 폭력, 그리고 트라우마는 트라우마의 영향을 받은 가족 각본뿐 아니라 가족구성원들 사이에 트라우마 유대를 야기할 수 있으며, 이런 것들을 실질적으로 가족 연결 지도를 사용하여 범주화할 수 있다.

1) 간접적인 노출과 부모-자녀 유대

자녀들이 신체적 폭력을 직접적으로 경험하지 않았다 해도 그들은 트라우마를 겪은 가족 체계에 의해 여전히 트라우마에 노출될 수 있다. 혼란스럽고 무관심하고 통제적이며 분리된 양육행동들은 종종 부모들 자신이 겪은 학대, 상실, 그리고 트라우마로 인해 나타나는 결과로, 이것은 해결되지 않은 와해된 애착에 대하여 부모 자신의 내적 작동 모델을 나타내는 표지판들이다. 가정 폭력, 아동 학대, 중독, 그리고 부모의 다른 정서적 · 행동적 장애들은 가족 내에서 자녀의 와해된 애착 발달을 초래시킬 수 있다.

특히, Liotti(2004, 2013)의 연구는 세대 간 트라우마 전이에 대한 강조를 뒷받침해 준다. Liotti(2004)는 Yehuda, Halligan, 그리고 Grossman(2001)을 인용하면서 "부모들의 외상 후 스트레스 장애(PTSD)는 자녀들의 PTSD 취약성과 연계되며 이는 '해결되지 않은' 부모에 대한 자녀의 애착 와해를 중재 변인으로 고려함으로써 설명될 수 있다"(p. 11). 이는 애착의 세대 간 전이에서 핵심 관계로서 부부/부모-자녀관계를 강조하는 것이다. 또 Liotti(2004)에 의하면 "과거 학대나 상실감에 대한 부모들의 해결되지 않은 정신적인 트라우마에 대한 기억들 사이에 강력한 통계학적인 관련성이 있다. 와해된 애착은 애착이 갖는 대인 간 역동성의 선천적인 특성을 고려함으로써 이해될 수 있다"(p. 11).

또한 양육 방식도 부모-자녀 유대의 안정 수준을 결정한다. 애착과 양육 문헌에 대한 체계적 고찰에 의하면 양육 결과는 부모 애착 유형과 상관된다(Jones, Cassidy, & Shaver, 2014). 예를 들면, 부모-자녀 상호작용 동안에 애착에 대한 자기보고와 정서적인 가용성을 관찰한 결과, 회피 수준이 높은 부모들은 스트레스적인 사건에서 더 힘들어했으며 정서적 가용성이 적었다. 그러나 높은 수준의 불안을 보인 부모들의 경우는 이와 반대적 현상을 보였다. 즉, 불안이 높은 부모들은 상황에서 자녀를 달래기보다는 자녀들에게 더욱 강박적이고 세상이 끝난 것처럼 호들갑을 떤다. 여기에서 부모 애착 및 행동과 자녀의 스트레스 간의 관계는 자녀의 기질이나 부모의 성격과는 아무런 관련을 보이지 않는다는 사실에 주목할 필요가 있다(Edelstein et al., 2004).

많은 사람에게 있어서 자녀의 출생은 매우 큰 기쁨의 순간이다. 그러나 상실,

학대, 또는 친밀한 가족원의 학대로 혼란, 공포, 슬픔, 비통, 분노 등을 겪은 어머니들의 아동기 경험은 자녀와의 건강하고 안전한 유대를 방해한다. 학대적이거나 트라우마를 겪은 삶의 영역이나 강도와 상관없이 그것이 해결되지 않는다면 공포, 슬픔, 분노, 분리는 정서적으로 존재하고 가용적이며 반응적이 되는 부모의 능력을 방해하여 결국은 자녀에 대한 불안정 애착을 초래한다. 자녀들은 사랑받고 보호받고 있음을 느껴야만 한다. 그런데 정서적 안정성이 해결되지 않은 와해된 애착을 가진 어머니 경우, 자녀에게 이러한 안정성을 주는 것이 어려울 수 있다. 어머니, 아버지, 그리고 자녀 간 더욱 안정된 정서적인 유대가 트라우마에 대한 세대 간 전이의 중개자가 되기 때문에 아버지의 역할과 애착 유형도 중요하다. 또한 아버지들이 학대, 가정 폭력, 또는 트라우마를 경험할 때 그들도 어떤 식으로도 해결되지 않은 와해된 애착을 갖기 쉽다.

생의 초기에 트라우마를 경험한 부모에 의해 양육된 자녀들은 부모로부터 받은 정서적 반응을 통해 와해된 애착을 발달시킬 가능성이 높다. Van Ijzendoorn (1995)과 Van Ijzendoorn, Schuengel, 그리고 Bakermans-Kranenburg(1999)는 성인기 애착 면접과 영아기 와해된 애착에 대한 메타분석을 수행한 결과, 부모 자신의 트라우마 때문에 일어나는 위협적인 양육행동이 영아들의 와해된 애착 형성에 부분적인 원인이 된다고 결론 내렸다. 그 연구에는 해결되지 않은 트라우마를 갖는 상실을 겪은 '정상적으로' 애착된 부모들이 포함되었는데, 이러한 부모들은 이전에 가지고 있던 상실을 재경험하여 자녀들에게 위협을 가할 수 있다는 것이다(Main & Hesse, 1990). 일부 연구는 특히 부모들이 외상을 경험했고 자녀는 경험하지 않을 때의 부모-자녀 유대를 다루었는데 Whiffen, Kerr, & Kallos-Lilly(2005)는 어머니의 애착은 자녀들의 내재화 증상을 예측한다는 것을 입증했다. 그들의 연구에서 우울한 어머니의 친밀함 회피는 자녀들의 내면화 증상과 관련이 있었다.

이러한 결과들은 광범위한 양적 연구로 홀로코스트 생존자 가족에게서 트라우마의 전이를 조사한(Hollander-Goldfein, Isserman, & Goldenberg, 2012) 트라우마 초월 프로젝트(Transcending Trauma Project: TTP)에 의해 지지되었다. 3세대에 걸친 약 300명 이상의 인터뷰를 통해 홀로코스트 경험의 결과 생긴 외상 후 스트레스 장애로 고통을 받는 부모들의 자녀들은 비록 자녀들이 홀로코스트에 대한 이야기를 전혀 듣지 않았음에도 낮은 수준의 정신건강을 가졌다는 사실을 알 수 있었다. 자녀들은 정신적 충격을 경험한 부모들의 예측할 수 없는 애착 유형을 통해 트라우마에 간접적으로 노출되었다. 따라서 이러한 애착 행동과 관련된 가족 요인들이 위험 요인으로 열거되었다.

트라우마 초월 프로젝트에서 논의된 현상을 트라우마에 대한 '간접적인 노출'이라고 부른다(Danieli, 1998, 2007; Danieli & Norris, 2016). Danieli(1998)는 트라우마에 대한 여러 문화의 세대 간 결과를 이해하기 위해 핸드북을 개발하였다. 그는 트라우마 노출에 대한 여러 세대 간의 철저한 측정을 통해 가족들이 트라우마에 노출된 정도가 이해될 수 있다고 제안하였다. 또한 과거 세대의 트라우마가 현세대의 '외상 후 상태'에 영향을 준다고 하였다(Danieli, 2007). 특히, 그는 홀로코스트를 언급하면서 트라우마는 역사를 거치면서 모든 문화권의 어떤 시점에서 보편적이 된다고 주장한다. 홀로코스트 생존자들의 경험은 자녀들에게 영향을 줄 뿐 아니라 그들의 특별한 '피해자(victim), 무감각(numb), 투사(fighter) 스타일'도 자녀들에게 분명하게 영향을 준다(Danieli & Norris, 2016).

그러나 이러한 간접적인 노출과 세대 간 전이에 대한 연구 모두가 부정적인 것은 아니다. 트라우마 초월 프로젝트는 트라우마 전이를 방지하는 보호적 요인들을 설명하였으며, 이는 가족들이 트라우마를 초월하는 데 도움을 줄 수 있다. 아마도 가장 강력한 보호적 요인은 '중재적인 부모'로서, 그들은 자녀들에 대한 안정 애착을 유지시킴으로써 또 다른 부모의 트라우마 반응이 자녀들에게 주는 영향을 중재할 수 있다. 이후에 Giladi과 Bell(2012)에 의하면 보호적 요인을 발견했는데 자아 분화가 더 많이 되고 가족 의사소통이 잘되는 것이 홀로코스트 생존자들의 3세대 가족이 받는 이차적인 트라우마 스트레스의 수준을 낮추는 식으로 관련이 있었다.

2) 가족 연결 지도의 재탐색

앞에서 와해된 가족 애착 각본을 확인하는 데 도움을 주는 측정을 개발하기 위해서 Olson(2011)의 FACES IV 질문들을 사용하였다. Olson(2011)의 FACES IV 측정은 다양한 가족과 개인적 쟁점들을 탐색한다. FACES IV를 사용한 연구(Warner, Mufson, & Weissman, 1995)에 의하면 혼란스럽고 지나치게 융통적인 가족들에게서는 기분변조(dysthymia)가 예측되며, 부모 우울은 자녀들의 불안과 관련된다. 또 다른 연구(Kashani, Allan, Dahlmeier, Rezvani, & Reid, 1995)에 의하면 우울을 가진 자녀들은 가족 응집력 차원에서 분리를 지각했으므로, 우울한 자녀들을 다루는 데 있어서 가족 연결성이 중요하다고 강조하였다. 이외에도 가족구성원의 정서적 과정, 갈등 양식, 그리고 애착 간 연계성이 언급되었다(Baptist, Thompson, Norton, Hardy, & Link, 2012). Baptist 등(2012)은 성인기 출현하는 갈등 양식과 애착 유형을 측정함으로써 가족구성원들 간의 정서 전달 과정을 측정한 결과, 분리적인 가족 분위기가 더욱 적대적이고 변덕스러운 갈등 양식을 야기한다는 사실을 발견하였다. 이러한 결과들은 가족 과정과 애착이 상호작용하며 가족 밖에서의 가족구성원들의 행동에 영향을 준다는 사실을 시사한다.

비슷한 개념인 가족 이야기(family narrative)는 가족 내의 상호작용 패턴에서 나온 의미다(Atwood, 1996). Dallos(2004)에 의하면 애착은 가족 이야기의 내용과 유형뿐 아니라 가족 성원들 간 정서적 상호작용을 형성시킨다. 심각한 문제로 꽉 채워진 가족 이야기들은 가족들을 위한 새로운 변화와 희망 가능성을 훼손시키는 경향이 있다(White & Epston, 1990). 트라우마는 생존자들에게서 희망을 앗아갈 수 있으며, 그들 자신이 '나쁘다'라고 생각하도록 만든다(Herman, 1992). Vetere와 Dallos(2008)는 이러한 가정을 가족 애착 이야기치료에 참여시켰는데 이러한 치료는 부모가 회복적인 이야기를 말하게 하여 애착 붕괴와 트라우마를 경험한 자녀들의 안전 기지로서 부모를 재확립시키기 위한 것이다(May, 2005; Vetere & Dallos, 2008).

3) 가족 렌즈를 통한 와해된 애착에 대한 질문들

가족 연결 지도는 학대, 폭력, 그리고 트라우마의 존재에 대한 가족의 표현과 측정을 위해 특별히 사용될 수 있다(가족 연결 지도 질문에 대한 〈부록〉 참조). 다른 질문들은 가족사에서 일어나는 사건들과 학대, 폭력, 그리고 트라우마의 경험 등에 관련된 것이다. 이러한 질문들은 원가족, 선택한 가족, 또 다른 양육자, 입양가족, 그리고 현재 자신의 가족들에 대한 것들이다. 만약 내담자가 부모라면 어떻게 애착과 트라우마 패턴이 부모(내담자 당사자)와 그 배우자를 통해 자신이 결혼해서 이룬 가족에게 전이될 수 있는지를 잘 이해하기 위해서 원가족 및 자신의 출산 가족 혹은 입양 가족에 대해 다음과 같은 질문을 하기를 권한다.

1. 부모/양육자들이 당신에게 관심을 보이고 당신의 존재에 대해 기뻐한다고 느꼈습니까? 그들은 그러한 것을 어떻게 보여 주었습니까?
2. 가족들에게서 두려움을 느낀 적이 있었습니까? 특히, 누구에 대해서 또는 무엇에 대해서입니까?
3. 또 다른 가족구성원들에 의해 두려움이나 위협을 느낀 적이 있었습니까?
4. 가족이나 이웃 중 어떤 사람이라도 당신을 불편하거나 잘못된 방식으로 접촉한 사람이 있었습니까?
5. 당신 가족의 규칙에 대해 어떻게 생각했습니까? 당신은 그런 규칙에 대해 실수할 여지가 있다고 느꼈습니까?
6. 당신의 가족은 변화를 어떻게 처리했습니까?
7. 만약 당신이 가족에서 개인적인 트라우마나 학대를 경험했다면 이러한 사건을 가족 중 누구에게라도 말했습니까? 가족들은 또 다른 방법을 찾아냈습니까? 그들은 이 사건에 대해 어떻게 반응했습니까?
8. 만약 당신에게 상처를 주었거나 현재 주고 있는 사람이 가족 중에 있다면 그런 상처를 준 사건 후에 가족구성원들에게 어떤 상황 변화가 있었습니까? 가족이 그렇게 했다는 것을 사람들이 알고 난 후에 상황은 어떻게 변했습니까?
9. 만약 가족 중 또 다른 누군가가 트라우마를 경험했었다면 가족구성원으로서 당신은 어떻게 반응했었습니까? 그런 경험이 가족들을 어떻게 변화시켰습니까? 지금도 여전히 그것이 가족에게 영향을 주고 있습니까?
10. 가족과 단절된 가족구성원이 있습니까? 왜 그런지 그 이유나 상황을 알고 있습니까? 이것이 가계상(family tree)의 한 패턴입니까?

7. 맥락적 영역

체계 간 접근에 대해 언급한 맥락적 영역은 체계 간 접근의 다른 세 가지 영역에서 학대, 폭력, 그리고 트라우마에 의해 영향을 받는다. 문화, 인종, 민족성, 사회경제적 지위, 인구통계 그리고 한 개인의 정신적(spiritual) 전통, 젠더 다양성, 그리고 정체성 및 성적 정체성과 같이 소속될 수 있는 공동체 등을 의미하기 위해 맥락이라는 용어가 사용된다. 폭력과 트라우마는 대규모의 지리적 · 문화적 영향을 받으면서 맥락적 수준에서 일어날 수 있다. 비슷하게 공동체 내에서 폭력과 트라우마에 대한 개인적 경험이나 대인관계 경험도 흔히 트라우마를 직접적으로 경험하지 않은 공동체의 또 다른 사람에게 영향을 끼친다. 그러한 트라우마는 트라우마화된 체계나 혹은 트라우마를 둘러싼 침묵의 문화를 창출할 수 있다.

1) 맥락적 수준에서 일어나는 트라우마

대규모의 트라우마 사건에 대한 사례들은 매우 많이 있다. 허리케인 · 지진 · 쓰나미 · 토네이도, 태풍과 같은 자연재해는 공동체를 붕괴시키고 가정을 파괴하며 수많은 사람들을 강제 퇴거시킨다. 예를 들어, Hollander-Goldfein 등(2012)은 홀로코스트 생존자와 그들의 가족들에 대한 심층적인 인터뷰를 질적으로 분석하여 2세대 생존자들에게 홀로코스트가 주는 영향을 탐색하였다. 마지막으로 공동체 폭력, 만성적인 빈곤, 그리고 민족주의/편견 등을 통한 소수집단에 가해진 체계적인 탄압 등이 맥락적 영역에서 일어나는 트라우마 경험들이다. 가슴 아픈 한 가지 사례가 『세상과 나 사이(Between the world and me)』라는 저서에서 Ta-Nehisi Coates에 의해 제공되었다. 그는 미국에서 아프리카계 미국인 남성으로 성장하는 것과 연관된 공포, 즉 특권을 가진 억압자의 수하에서 신체적으로 받은 상처와 죽음의 공포, 그리고 거리에서 생존을 위해 무시무시한 싸움에 가담한 동료들에 대한 공포를 묘사하는 편지를 아들에게 썼다(Coates, 2015).

2012년, 안전한 가족을 위한 연구소는 도시 빈민 지역에서 발견되는 맥락적 트라우마를 포함하여 아동기의 부정적 경험에 대한 정보를 업그레이드하기 위해 아동기의 부정적 경험 연구에 대한 추적 연구를 실행하였다(Institute for Safe Families, 2014). 도시 빈곤이 트라우마 경험에 대한 노출 위험성을 증가시킬 뿐 아니라 이러한 경험들이 종종 사회적 · 제도적 지지 부족으로 좀 더 복합적으로 되면서 위기 지향적 대처를 발생시킨다. 즉, “대처자원이 고갈될 때 가족관계는 고통을 겪을 수 있으며, 피해로부터 보호하고 기본적 욕구를 위해 대비하며 적응하고 발달할 수 있는 능력과 같은 필수적인 기능들이 위협받으며, 종종 영속적인 위기 주기를 초래한다"(Collins, Logan, & Neighbors, 2010, p. 7).

트라우마 및 문화적 요인의 원인과 결과를 살펴보면서 연구자들은 빈곤, 약물중독, 그리고 폭력에 대한 노출과 같은 맥락적 요인들이 사람들로 하여금 트라우마를 경험하게 할 위험을 더 가중시키는지에 대해 질문했다. Kiss 등(2012)에 의하면 사회경제적 지위가 브라질 여성들이 친밀한 파트너의 폭력을 경험할 위험을 가중시키지 않았다. 그러나 더 빈곤한 이웃이 있는 곳에 살고 있는 사람들은 약물남용, 위협하고 협박하기, 그리고 다수의 성적 파트너 갖기와 같은 위험 요인들에 더 잘 노출될 수 있다. 이런 위험 요인들 모두가 친밀한 파트너의 폭력 위험성을 증가시킨다. 연구자들은 친밀한 파트너의 폭력을 경감시키기 위한 노력들이 빈곤 그 자체의 재정적 측면에 초점을 두기보다는 이러한 가난한 지역에 살고 있는 남성들에 의해 자행되는 폭력의 문화를 변화시키는 것에 집중해야 한다고 강조한다(Kiss et al., 2012). 이것은 맥락적 요인들이 트라우마와 관련될 수 있지만 어떤 집단에서는 트라우마의 원인이 되지 않을 수 있다는 한 사례다. 따라서 학대, 폭력, 그리고 트라우마에 대한 초점화된 가계도를 구성할 때 내담자 체계에서 이러한 맥락적 요인들을 측정하는 것이 중요하다.

2) 트라우마에 대한 맥락적 반응

아마도 학대, 폭력, 그리고 트라우마에 대한 가장 해롭다고 인정된 맥락적 반응은 정신적 충격을 겪은 트라우마화된 사회적 · 정치적 기관들일 것이다. 이런 체계의 대부분은 재정적 자원과 공감적 자원이 고갈되어 있다. 한 예로, 빈민지역에서는 노숙하는 사람들이 먹고 잘 수 있는 침대와 한 끼 식사의 량이 실제 존재하는 노숙자들의 필요량보다 훨씬 부족하다. 또한 정신건강 임상가와 사회복지사들을 고용하고 유지할 재정이 충분하지 않다. 이런 체계에서 희망과 공감이라는 심리적 자원은 매우 결여되어 있지만, 이런 것들은 트라우마 회복에 절대적으로 필수적인 요소다(Herman, 1992). 그래서 재정적 자원의 부족으로 이러한 것들이 결여될 때, 맥락적 체계는 안전과 검증 및 보호의 결핍으로 다시 트라우마를 겪게 될 위험에 처한다.

트라우마 초월 프로젝트(Hollander-Goldfein et al., 2012)는 어떤 가족들이 소위 '침묵의 음모'하에 움직인다는 것을 발견했다. 침묵의 문화는 최근 정체성과 관련된 정치적 활동을 살펴볼 때 분명하게 맥락적 수준에서 일어난다. 소셜미디어 시대에서 행동주의 공동체들은 정신질환, 여성 권리, LGBTQ+ 권리, 자살 인식, 그리고 흑인의 목숨도 중요하다(Black Lives Matter) 등의 인종 인권 운동과 같은 주변적 집단에 가해지는 체계상의 학대, 폭력, 그리고 트라우마에 대한 인정을 요구하고 있는 중이다.

체계의 불평등에 대한 균형을 맞추기 위해 맥락적 수준에서 진행되어야 할 일이 있다. 이와 대조적으로 임상가들은 내담자 체계가 갖는 트라우마의 순환을 깨뜨리기 위해 트라우마 치료를 전달하는 데 초점을 둘 수 있다. 트라우마에 대한 인정은 가정과 공동체 내에서 치유와 유대의 경험이 될 수 있다(Mueller, Moergeli, & Maercker, 2008). 치료는 트라우마를 치유하는 데 강력한 도구다. 왜냐하면 그것은 생존자가 인정받고 이야기를 할 수 있는 공간을 만들기 때문이다. Goodman(2013)은 이러한 가정을 치료로 통합하는 방식으로서 초세대적 트라우마와 탄력성 가계도(Transgenerational Trauma and Resilience Genogram)를 개발하여 트라우마나 관계상의 스트레스를 다루는 개인치료에서 가족의 생태계적 관점을 통합하였다. 한 사례에서 Goodman(2013)은 여성들이 가족 내 문제의 맥락에서 문화적 정체성을 이해할 수 있도록 하기 위해서 아메리카 원주민들이 당한 박해의 근원을 확인할 수 있도록 도와주었다. 비슷한 맥락에서 Jordan(2004)은 맥락적 트라우마를 치유 과정으로 통합하기 위해 색깔로 암호화한 트라우마 가계도와 각본 트라우마 가계도(Scripto-Trauma Genogram)를 개발하였다. 우리는 이와 비슷하지만 더욱 포괄적인 학대, 폭력, 그리고 트라우마 초점화된 가계도를 사용한 애착 초점화된 접근을 지지한다.

3) 공동체에서의 애착 영향을 탐색하기 위한 질문들

다음에 제시되는 질문들은 내담자가 가질 수 있는 맥락적 · 문화적 정체성과 연합된 트라우마를 이해하기 위한 것이다. 이러한 질문들은 역사뿐 아니라 문화 및 역사 속의 특정 트라우마와 연관된 정서에 초점을 둔다. 여기에서 문화라는 단어는 이웃, 종교, 국가 등으로 바뀔 수 있다.

1. 학대, 폭력, 그리고 트라우마에 기여하는 공동체에서의 문화적 규범은 무엇입니까? 문화로 인식되지 않거나 인정받지 못한 학대나 트라우마를 경험한 적이 있습니까?(예를 들면, 종교적 이유로 성적 지향에 대한 차별).
2. 트라우마는 문화권에서 어떻게 다루어집니까? 문화는 생존자들을 어떻게 지지합니까, 아니면 어떻게 그들로부터 힘을 빼앗습니까?
3. 성장하면서 문화권에 있는 다른 사람들과 잘 어울렸습니까? 만약 어울리지 못했다면 본인의 어떤 점들이 두드러지게 나타났습니까?
4. 가족 이외에서 어떤 종류의 트라우마를 경험했습니까?
5. 당신에게 영향을 준 가족의 문화적 · 맥락적 역사에서 트라우마가 있었습니까?
6. 질병이나 장애를 가진 것 또는 소수집단의 구성원이 되는 것과 같이 다른 사람과 다르다는 결과로 인해 트라우마를 경험한 적이 있습니까?
7. 전쟁, 가난, 차별, 탄압, 자연재해나 그 밖에 당신에게 트라우마가 된 그 밖의 어떤 것들을 경험한 적이 있습니까?

8. 학대, 폭력, 그리고 트라우마 연대표

모든 초점화된 가계도는 네 영역 각각의 연대표를 가지고 있다. 일어난 사건에 대해 질문하는 것이 중요하지만 개인, 부부, 가족, 그리고 공동체에 대한 결정적 갈등을 중단시키는 시간적 사건을 확인하는 것도 의미 있는 중요한 일이다. 학대, 폭력, 그리고 트라우마 연대표는 개인적 관계, 가족, 그리고 트라우마에 대한 맥락적 경험 등을 추적한다. 때때로 여러 연대표가 다양한 가족구성원들에게 필요하다. 학대, 폭력, 그리고 트라우마 연대표는 종합적인 평가를 이루는 초점화된 가계도들과 지도들 그리고 연대표들의 총체적 집합의 일부가 된다. 이러한 평가는 개인, 부부, 가족, 그리고 공동체에게 학대, 폭력, 그리고 트라우마와 관련된 비극적 일들과 트라우마의 범위를 시각적으로 분명하게 볼 수 있게 해 준다.

요약

이 장에서는 학대, 친밀한 가족의 폭력, 그리고 트라우마가 체계 간 접근 영역에 걸쳐 어떻게 퍼져 가는지를 서술하였다. 애착 형태, 유형, 그리고 각본은 학대, 폭력, 그리고 트라우마에 대한 역사적 경험을 세대 간에 전달시킨다. 학대, 폭력, 그리고 트라우마에 대한 만성적인 경험들은 내담자 체계를 거치면서 와해된 애착을 야기시킨다. 여기에서는 가족 역동성 내에서 와해된 애착의 네 가지 유형을 임상적 설명으로 제안하였다. 개인 영역에서 해결되지 않은 학대, 폭력, 그리고 트라우마에 대한 부모의 경험은 종종 가족 체계 내에서 와해된 애착 발달에 원인을 제공하면서, 안정 애착에 대한 자녀의 내적 작동 모델에 유의미하게 영향을 준다. 혼란스럽고 와해된 성인 애착 유형이 개인의 친밀한 관계에 영향을 주면서 결국에는 불안정한 애착이 다음 세대로까지 전이된다. 마지막으로, 맥락적 요인들이 다른 영역의 트라우마와 어떻게 혼합될 수 있는지, 그러나 어떻게 강한 공동체의식과 같은 안전하고 지지적인 맥락적 요인들이 치유를 촉진시킬 수 있는지를 언급하였다.

끝으로 이 장에서는 애착 역동성 측정에 초점을 두면서 네 가지 영역에 걸쳐 학대, 폭력, 그리고 트라우마 사례에 대한 철저한 측정을 실시하기 위해 학대, 폭력, 그리고 트라우마 초점화된 가계도 도구 사용을 탐색하였다. 임상가들은 트라우마를 겪은 내담자들과의 신뢰와 치유 촉진을 위한 치료적 자세를 형성하기 위해 이러한 정보들을 사용할 수 있다. 비록 트라우마가 개인의 자의식과 세계관 그리고 가족에 심오한 영향을 줄 수 있어도 트라우마 치유는 가능하다. 내담자가 자신들의 욕구에 맞추기 위해 한결같이 조율하는 치료자의 능력을 자각할 때, 정서적으로 변화되는 교정적인 경험이 일어난다. 이러한 치료적 관계가 치유를 위한 강력한 기반이 될 수 있다.

참고문헌

Alexander, P. (2009). Childhood trauma, attachment, and abuse by multiple partners. *Psychological Trauma: Theory, Research, Practice, and Policy*, *1*(1), 78-88.

Allison, C. J., Bartholomew, K. M., Mayseless, O., & Dutton, D. G. (2008). Love as a battlefield: Attachment and relationship dynamics in couples identified for male partner violence. *Journal of Family Issues, 29*(1), 125-150.

Atwood, J. D. (1996). *Family scripts*. Washington, DC: Accelerated Development.

Aucoin, K. J., Frick, P. J., & Bodin, S. D. (2006). Corporal punishment and child adjustment. *Journal of Applied Developmental Psychology, 27*, 527-541.

Babcock, J. C., Jacobson, N. S., Gottman, J. M., & Yerington, T. P. (2000). Attachment, emotional regulation, and the function of marital violence: Differences between secure, preoccupied, and dismissing violent and nonviolent husbands. *Journal of Family Violence, 15*(4), 391-409.

Baptist, J. A., Thompson, D. E., Norton, A. M., Hardy, N. R., & Link, C. D. (2012). The effects of the intergenerational transmission of family emotional processes on conflict styles: The moderating role of attachment. *The American Journal of Family Therapy, 40*(1), 56-73.

Bartholomew, K., & Horowitz, L. M. (1991). Attachment styles among young adults: A test of a four-category model. *Journal of Personality and Social Psychology, 61*, 226-244.

Beatty, D. M. (2013). Effects of exposure to abuse and violence in childhood on adult attachment and domestic violence in women's same-sex relationships. (Doctoral dissertation, Thesis/Dissertation ETD). Seton Hall University.

Berthelot, N., Ensink, K., Bernazzani, O., Normandin, L., Luyten, P., & Fonagy, P. (2015). Intergenerational transmission of attachment in abused and neglected mothers: The role of trauma-specific reflective functioning. *Infant Mental Health Journal, 36*(2), 200-212.

Bowlby, J. (1988). *A secure base: Parent-child attachment and healthy human development*. New York: Basic Books.

Briere, J. (2002). Treating adult survivors of severe childhood. In J. E. B. Myers, L. Berliner, J. Briere, C. T. Hendrix, T. Reid, & C. Jenny (Eds.), *The APSAC handbook on child maltreatment* (2nd ed.) (pp. 175-186). Newbury Park, CA: Sage Publications.

Briere, J., & Elliott, D. M. (2003). Prevalence and psychological sequelae of self-reported childhood physical and sexual abuse in a general population sample of men and women. *Child Abuse & Neglect*, *27*(10), 1205-1222.

Byng-Hall, J. (1995). Creating a secure family base: Some implications of attachment theory for family therapy. *Family Process*, *34*, 45-58.

Center for Substance Abuse Treatment (US). (2014). Trauma-informed care in behavioral health services (Treatment Improvement Protocol (TIP) Series, Report Number 57). Rockville, MD: Substance Abuse and Mental Health Services Administration (US).

Coates, T. (2015). *Between the world and me.* New York: Spiegel & Grau.

Collins, S. E., Logan, D. E., & Neighbors, C. (2010). Which came first: The readiness or the change? Longitudinal relationships between readiness to change and drinking among college drinkers. *Addiction*, *105*, 1899-1909.

Cloitre, M., Stolbach, B. C., Herman, J. L., Van der Kolk, B., Pynoos, R., Wang, J., & Petkova, E. (2009). A developmental approach to complex PTSD: Childhood and adult cumulative trauma as predictors of symptom complexity. *Journal of Traumatic Stress*, 1-10. doi:10.1002/jts.20444.

Dallos, R. (2004). Attachment narrative therapy: Integrating ideas from narrative and attachment theory in systemic family therapy with eating disorders. *Journal of Family Therapy*, *26*(1), 40-65.

Danieli, Y. (1998). *International handbook of multigenerational legacies of trauma.* New York: Plenum Press.

Danieli, Y. (2007). Assessing trauma across cultures from a multigenerational perspective. In J. P. Wilson & C. So-Kum Tang (Eds.), *Cross cultural assessment of psychological trauma and PTSD* (pp. 65-87). New York: Springer.

Danieli, Y., & Norris, F. (2016). A multidimensional exploration of the effects of identity ruptures in Israeli and North American holocaust survivors: Clinical, policy and programmatic implications. *Kavod*, (6), 7-16.

DeMaria, R., & Haggerty, V. (2010). *Reversing the ripple effect—Healthy relationships, healthy children: A curriculum for fathers.* Philadelphia, PA: Council for Relationships.

Doumas, D. M., Pearson, C. L., Elgin, J. E., & Mckinley, L. L. (2008). Adult attachment as a risk factor for intimate partner violence: The "mispairing" of partners'attachment styles. *Journal of Interpersonal Violence, 23*(5), 616-634.

Dutton, D. G., & Painter, S. (1993). Emotional attachments in abusive relationships: A test of traumatic bonding theory. *Violence and Victims Journal, 8*(2), 105-120.

Dutton, D. G., & White, K. R. (2012). Attachment insecurity and intimate partner violence. *Aggression and Violent Behavior, 17*(5), 475-481.

Edelstein, R. S., Alexander, K. W., Shaver, P. R., Schaaf, J. M., Quas, J. A., Lovas, G. S., & Goodman, G. S. (2004). Adult attachment style and parental responsiveness during a stressful event. *Attachment and Human Development, 6*, 31-52.

Ehrensaft, M. K., Cohen, P., Brown, J., Smailes, E., Chen, H., & Johnson, J. G. (2003). Intergenerational transmission of partner violence: A 20-year prospective study. *Journal of Consulting and Clinical Psychology, 71*(4), 741-753.

Felitti, V. J. (2009). Adverse childhood experiences and adult health. *Academic Pediatrics, 9*(3), 131-132.

Felitti, V. J., Anda, R. F., Nordenberg, D., Williamson, D. F., Spitz, A. M., Edwards, V., & Marks, J. S. (1998). Relationship of childhood abuse and household dysfunction to many of the leading causes of death in adults: The adverse childhood experiences (ACE) study. *American Journal of Preventive Medicine, 14*(4), 245-258.

Gelles, R. J., & Straus, M. A. (1988). *Intimate violence: The definitive study of the causes and consequences of abuse in the American family.* New York: Simon & Schuster.

George, C., & West, M. (1999). Developmental vs. social personality models of adult attachment and mental ill health. *British Journal of Medical Psychology, 72*, 285-303.

Gershoff, E. T. (2002). Corporal punishment by parents and associated child behaviors and experiences: A meta-analytic and theoretical review. *Psychological Bulletin, 128*, 539-579.

Giladi, L., & Bell, T. S. (2012). Protective factors for intergenerational transmission of trauma among second and third generation Holocaust survivors. *Psychological Trauma: Theory, Research, Practice, and Policy, 5*(4), 384-391.

Goleman, D. (1995). *Emotional intelligence: Why it can matter more than IQ*. New York: Bantam.

Goodman, R. D. (2013). The transgenerational trauma and resilience genogram. *Counselling Psychology Quarterly*, *26*(3-4), 386-405.

Hall, M., & Hall, J. (2011). *The long-term effects of childhood sexual abuse: Counseling implications*. Retrieved from http://counselingoutfitters.com/vistas/vistas11/Article_19.pdf.

Harlow, H. F., Dodsworth, R. O., & Harlow, M. K. (1965). Total social isolation in monkeys. *Proceedings of the National Academy of Sciences*, *54*(1), 90-97.

Henderson, A. J. Z., Bartholomew, K., & Dutton, D. G. (1997). He loves me; he loves me not: Attachment and separation resolution of abused women. *Journal of Family Violence*, *12*(2), 169-191.

Hesse, E., & Main, M. (2000). Disorganized infant, child, and adult attachment: Collapse in behavioral and attentional strategies. *Journal of the American Psychoanalytic Association*, *48*, 1097-1127.

Hesse, E., & Main, M. (2006a). Frightened, threatening, and dissociative parental behavior in low-risk samples: Description, discussion, and interpretations. *Development and Psychopathology*, *18*, 309-343.

Hesse, E., & Main, M. (2006b). Examining the role of parental frightened/frightening sub-types in predicting disorganized attachment within a brief observational procedure. *Development and Psychopathology*, *18*, 345-361.

Hollander-Goldfein, B., Isserman, N., & Goldberg, J. (2012). *Transcending trauma: Survival, resilience, and clinical implications in survivor families*. New York: Routledge.

Holmes, J. (2004). Disorganized attachment and borderline personality disorder: A clinical perspective. *Attachment and Human Development*, *6*(2), 181-190.

Institute for Safe Families. (2014). *Findings from the Philadelphia urban ACE survey*. Retrieved from http://www.instituteforsafefamilies.org/philadelphia-urban-ace-study.

Johnson, S. M. (2000). Emotionally focused couples therapy: Creating a secure bond. In F. M. Dattilio (Ed.), *Comparative treatments in relationship dysfunction* (pp.

163–185). New York: Springer.

Johnson, S. M., Makinen, J. A., & Millikin, J. W. (2001). Attachment injuries in couple relationships: A new perspective on impasses in couples therapy. *Journal of Marital and Family Therapy*, *27*(2), 145–155.

Jones, J. D., Cassidy, J., & Shaver, P. R. (2014). Parents'self-reported attachment styles: A review of links with parenting behaviors, emotions, and cognitions. *Personality and Social Psychology Review*, *19*(1), 44–76.

Jordan, K. (2004). The color-coded timeline trauma genogram. *Brief Treatment and Crisis Intervention*, *4*(1), 57–70.

Herman, J. L. (1992). *Trauma and recovery: The aftermath of violence, from domestic abuse to political terror.* New York: Basic Books.

Karpman, S. (1968). Fairy tales and script drama analysis. *Transactional Analysis Bulletin*, *26*(7), 39–43.

Kashani, J. H., Allan, W. D., Dahlmeier, J. M., Rezvani, M., & Reid, J. C. (1995). An examination of family functioning utilizing the circumplex model in psychiatrically hospitalized children with depression. *Journal of Affective Disorders*, *35*(1–2), 65–73.

Kent, A., & Waller, G. (1998). The impact of childhood emotional abuse: An extension of the child abuse and trauma scale. *Child Abuse & Neglect*, *22*(5), 393–399.

Kiss, L., Blima-Schraiber, L., Heise, L., Zimmerman, C., Gouveiab, N., & Watts, C. (2012). Gender-based violence and socioeconomic inequalities: Does living in more deprived neighbourhoods increase women's risk of intimate partner violence? *Social Science Medicine*, *74*(8), 1172–1179.

L'Abate, L. (2009). The drama triangle: An attempt to resurrect a neglected pathogenic model in family therapy theory and practice. *The American Journal of Family Therapy*, *37*(1), 1–11.

Levendosky, A. A. (2013). Drawing conclusions: An intergenerational transmission of violence perspective. *Psychodynamic Psychiatry*, *41*, 351–360.

Liotti, G. (2004). Trauma, dissociation, and disorganized attachment: Three strands of a single braid. *Psychotherapy: Theory, Research, Practice, Training*, *41*(4), 472.

Liotti, G. (2013). Phobias of attachment-related inner states in the psychotherapy of adult survivors of childhood complex trauma. *Journal of Clinical Psychology, 69*, 1136–1147.

London, K., Bruck, M., Ceci, S., & Shuman, D. (2003). Disclosure of child sexual abuse: What does the research tell us about the ways that children tell? *Psychology, Public Policy, and Law, 11*(1), 194–226.

Main, M., & Hesse, E. (1990). Parents'unresolved traumatic experiences are related to infant disorganized attachment status: Is frightened and/or frightening parental behavior the linking mechanism? In M. T. Greenberg, D. Cicchetti, & E. M. Cummings (Eds.), *Attachment in the preschool years: Theory, research and intervention* (pp. 161–182). Chicago, IL: University of Chicago Press.

Main, M., & Solomon, J. (1986). Discovery of an insecure disorganized/disoriented attachment pattern: Procedures, findings and implications for classification of behaviour. In M. Yogman & T. B. Brazelton (Eds.), *Affective development in infancy* (pp. 95–124). Norwood, NJ: Ablex.

Main, M., & Solomon, J. (1990). Procedures for identifying infants as disorganized/disoriented during the Ainsworth strange situation. *Attachment in the Preschool Years: Theory, Research, and Intervention, 1*, 121–160.

Maltz, W. (2002). Treating the sexual intimacy concerns of sexual abuse survivors. *Sexual and Relationship Therapy, 17*(4), 321–327.

Masterson, J. F. (2005). *The personality disorders through the lens of attachment theory and the neurobiologic development of the self: A clinical integration*. Phoenix, AZ: Zeig, Tucker & Theisen.

May, J. C. (2005). Family attachment narrative therapy: Healing the experience of early childhood maltreatment. *Journal of Marital and Family therapy, 31*(3), 221–237.

Mueller, J., Moergeli, H., & Maercker, A. (2008). Disclosure and social acknowledgement as predictors of recovery from posttraumatic stress: A longitudinal study in crime victims. *The Canadian Journal of Psychiatry, 53*(3), 160–168.

Nemeroff, C. (2016). Paradise lost: The neurobiological and clinical consequences of child abuse and neglect. *Neuron, 89*(5), 892–909.

O'Keefe, M. (1997). Predictors of dating violence among high school students. *Journal of interpersonal violence, 12*(4), 546–568.

Olson, D. (2011). FACES IV and the circumplex model: Validation study. *Journal of Marital & Family Therapy, 37*(1), 64–80.

Paolucci, E. O., Genuis, M. L., & Violato, C. (2001). A meta-analysis of the published research on the effects of child sexual abuse. *The Journal of Psychology, 135*(1), 17–36.

Park, C. J. (2016). Intimate partner violence: An application of attachment theory. *Journal of Human Behavior in the Social Environment, 26*(5), 488–497.

Pearlman, L. A., & Courtois, C. A. (2005). Clinical applications of the attachment framework: Relational treatment of complex trauma. *Journal of Trauma and Stress, 18*(5), 449–459.

Polansky, N. (1981). Research in social work: Social treatment. In L. Davis (Ed.), *Social work encyclopedia* (17th ed.) (pp. 1206–1213). Washington, DC: National Association of Social Workers.

Potter-Efron, R. T. (1995). *Letting go of anger: The 10 most common anger styles and what to do about them.* Oakland, CA: New Harbinger Publications Inc.

Putnam, F. W. (1995). Development of dissociative disorders. In D. Cicchetti & J. D. Coatsworth (Eds.), *Developmental psychopathology: Risk, disorder, and adaptation* (Vol. 2) (pp. 581–608). New York: Wiley-Interscience.

Ratican, K. (1992). Sexual abuse survivors: Identifying symptoms and special treatment considerations. *Journal of Counseling & Development, 71*(1), 33–38.

Results from the 2014 National Survey on Drug Use and Health (SAMSHA). (2014). Retrieved from http://www.samhsa.gov/data/sites/default/files/NSDUH-FRR1-2014/NSDUH-FRR1-2014.pdf.

Riggs, S. A. (2010). Childhood emotional abuse and the attachment system across the life cycle: What theory and research tell us. *Journal of Aggression, Maltreatment & Trauma, 19*(1), 5–51.

Roberts, A. L., Gilman, S. E., Fitzmaurice, G., Decker, M. R., & Koenen, K. C. (2010). Witness of intimate partner violence in childhood and perpetration of intimate partner violence in adulthood. *Epidemiology, 21*(6), 809.

Roland, E. (2002). Aggression, depression, and bullying others. *Aggressive Behavior, 28*, 198–206.

Sanders, B., & Becker-Lausen, E. (1995). The measurement of psychological maltreatment: Early data on the child abuse and trauma scale. *Child Abuse & Neglect, 19*(3), 315–323.

Satir, V. (1972). *Peoplemaking*. Palo Alto, CA: Science and Behavior Books.

Siegel, D. J. (2012). *Pocket guide to interpersonal neurobiology: An integrative handbook of the mind.* New York: W. W. Norton.

Siegel, D. J., & Hartzell, M. (2003). *Parenting from the inside out: How a deeper self-understanding can help you raise children who thrive*. New York: J.P. Tarcher/ Putnam.

Smith, A. M. (2007). Multivariate models of mothers'and fathers'aggression toward their children. *Journal of Consulting and Clinical Psychology, 75*(5), 739–751.

Straus, M. A. (1994). *Beating the devil out of them: Corporal punishment in American families*. New York: Lexington Books.

Straus, M. A., Hamby, S. L., Boney-McCoy, S., & Sugarman, D. B. (1996). The revised conflict tactics scales (CTS2) development and preliminary psychometric data. *Journal of Family Issues, 17*(3), 283–316.

The National Child Traumatic Stress Network (NCTSN). (2013). Child physical abuse. [Fact Sheet]. Retrieved from http://www.nctsnet.org/sites/default/files/assets/pdfs/ ChildPhysicalAbuse_Factsheet.pdf.

Townsend, C., & Rheingold, A. A. (2013). Estimating a child sexual abuse prevalence rate for practitioners: Studies. Charleston, SC: Darkness to Light. Retrieved from www.D2L.org.

UNICEF. (2016). Child protection. Retrieved from https://data.unicef.org/topic/child-protection/violence/violent-discipline/.

Van der Hart, O., Nijenhuis, E., & Steele, K. (2005). Dissociation: An insufficiently recognized major feature of complex PTSD. *Journal of Traumatic Stress, 18*(5), 413–423.

Van der Kolk, B. A. (2009). Proposal to include a developmental trauma disorder diagnosis for children and adolescents in DSM-V. Unpublished manuscript, the National Child Traumatic Stress Network Developmental Trauma Disorder Taskforce, University of California Los Angeles, Los Angeles, CA.

Van der Kolk, B. A. (2015). *The body keeps the score*. New York: Viking.

Van Ijzendoorn, M. H. (1995). Adult attachment representations, parental responsiveness, and infant attachment: A meta-analysis on the predictive validity of the adult attachment interview. *Psychological Bulletin, 117*(3), 387–403.

Van Ijzendoorn, M. H., Schuengel, C., & Bakermans-Kranenburg, M. J. (1999). Disorganized attachment in early childhood: Meta-analysis of precursors, concomitants, and sequelae. *Development and Psychopathology, 11*(2), 225–250.

Vetere, A., & Dallos, R. (2008). Systemic therapy and attachment narratives. *Journal of Family Therapy, 30*(4), 374–385.

Warner, V., Mufson L., & Weissman, M. M. (1995). Offspring at high and low risk for depression and anxiety: Mechanisms of psychiatric disorder. *Journal of the American Academy of Child and Adolescent Psychiatry, 34*, 786–797.

Whiffen, V. E., Kerr, M. A., & Kallos-Lilly, V. (2005). Maternal depression, adult attachment, and children's emotional distress. *Family Process, 44*, 93–103.

White, M., & Epston, D. (1990). *Narrative means to therapeutic ends*. New York: W. W. Norton.

Yehuda, R., Halligan, S. L., & Grossman, R. (2001). Childhood trauma and risk for PTSD: Relationship to intergenerational effects of trauma, parental PTSD, and cortisol excretion. *Developmental Psychopathology Development and Psychopathology, 13*(3), 733–753.

찾아보기

〈인명〉

W

Y

Z

〈내용〉

ㄱ

ㄴ

ㄷ

ㅅ

ㅊ

저자 소개

Rita DeMaria 박사는 전문가 면허증을 가진 결혼과 가족치료사이자, 미국 성 교육 · 상담 · 치료협회 회원이며 자격증을 가진 성치료사다. DeMaria 박사는 미국의 결혼과 가족치료협회(American Association for Marriage and Family Therapy)에서 인정한 슈퍼바이저로 30년간 일해 왔으며, 필라델피아의 비영리단체인 Council for Relationships의 대학 졸업생 대상의 부부 가족치료 프로그램의 자격 프로그램의 교수요원이며, 필라델피아 토머스 제퍼슨 대학교의 부부 가족치료 프로그램의 교수다. 그녀는 또한 성치료와 연구협회(Society for Sex Therapy and Research) 회원이다. DeMaria 박사는 40년 이상의 경험을 갖고 있으며 부부 교육을 포함하여 성 · 부부치료 전문가다. 그녀는 수많은 전문 학회에서 발표했으며, 『부부와 관계치료학회지(the Journal of Couple and Relationship Therapy)』의 편집위원이다.

Gerald R. Weeks 박사는 라스베이거스에 있는 네바다 대학교의 결혼과 가족치료 프로그램의 퇴직 교수다. 그는 치료의 체계 간 접근과 성치료의 체계 간 접근의 창시자로 개인 · 성 · 부부치료와 가족치료 분야의 전문 교재를 포함한 광범위한 주제를 다룬 25권의 저서를 출간하였다. Weeks 박사는 북미, 호주 그리고 유럽 도처에서 성, 부부, 그리고 심리치료에 대해 광범위하게 강연했다. Weeks 박사는 부부, 성, 그리고 가족치료의 실무와 자문에서 35년 이상의 경험을 가지고 있다. 그는 면허증이 있는 심리학자이며 부부 · 성치료 전문가로서 계속해서 임상 실무를 하고 있다.

Markie Louise Christianson Twist 박사는 스타우트 소재 위스콘신 대학교의 인간 발달과 가족학과와 결혼과 가족치료 프로그램의 부교수이며 성치료 프로그램 수료 프로그램 조정자다. Twist 박사는 또한 매디슨 소재 위스콘신 대학교의 위스콘신 HOPE(Harvesting Opportunities for Postsecondary Education) 연구실과 제휴하고 있다. Twist 박사는 『The Couple and Family Technology Framework: Intimate Relationships in a Digital Age』의 공동저자이고 50여 편의 논문과 도서 10권을 저술했으며, 다양한 곳에서 150여 차례 발표한 바 있다. Twist 박사는 결혼과 가족치료학회지 『Journal of Marital and Family Therapy』의 온라인 발행본의 편집자다.

• 공헌한 저자들

B. Janet Hibbs 박사는 심리학자와 가족치료사의 두 가지 자격을 가지고 있다. 그녀는 미국의 결혼과 가족치료협회의 공인된 슈퍼바이저다. 그녀는 25년간 개인적인 임상을 해 왔고, 개인, 부부, 그리고 가족을 치료하며 대중과 전문가들을 위한 워크숍을 열고 있다. Hibbs 박사는 심리학자와 결혼: 가족치료자들을 위한 대학원 프로그램에서 15년 이상 교수로 재직했다. 그녀는 『Try to See It My Way Being Fair in Love and Marriage』(Avery, 2009)의 저자다. 책 내용

의 발췌를 포함해서 출판물의 인용. 전문적인 훈련과 가입에 대한 목록은 그녀의 임상 웹 사이트 www.drbhibbs.com에서 이용 가능하다. 그녀는 자신이 개인적으로 운영하는 필라델피아의 맥락치료 필라델피아 연합회(Contextual Therapy Associates of Philadelphia)의 공동 창시자다.

Michele Marsh 박사는 미국의 결혼과 가족치료협회(American Association for Marriage and Family Therapy) 자격증을 가진 성치료자이자 성치료 슈퍼바이저이며 필라델피아의 토머스 제퍼슨 대학교의 부부 가족치료 프로그램의 성치료 전공의 주임이다. 그녀는 비영리단체인 Council for Relationships에서 부부 · 가족 · 개인치료와 성치료를 하고 있으며 필라델피아의 아드모어에서 개인 상담소를 운영하고 있다. Marsh 박사는 필라델피아 아동 지도 클리닉(Philadelphia Child Guidance Clinic)과 청소년을 위한 거주 치료와 같은 몇몇 학제적인 환경에서 임상을 보았으며, 개인적인 상담 업무도 해 오고 있다. 그녀는 성치료와 성적 트라우마의 해소에 관한 전문성을 포함하여 모든 사람들의 존엄성과 그들과의 관계를 위해 헌신하고 있다. 그녀는 체계적이고 정서 중심적인 접근을 통해 개인들이 효과적이고 기쁨을 느끼는 관계 속에서 새로운 기술을 배우고 건강한 개인 발달을 통합하도록 돕기 위해 애쓴다.

• 공헌자들

Briana Bogue는 트라우마를 겪은 애착에 초점화된 부부 · 가족치료자다. 그녀는 필라델피아에 있는 Council for Relationships와 아동위기치료센터(Children's Crisis Treatment Center)와 제휴하고 있다. 그녀의 체계 간 접근에 대한 초기 훈련은 그녀가 경력을 시작한 이후 임상적 치료에 대한 증가하는 열정의 발판으로 작용했다. 임상적 치료에 더하여 그녀는 학회에서 발표했고 프로그램 평가에서 일했으며 미국 보건복지부(HHS) 내 아동가족부(ACF)의 가족지원국(ACF-Office of Family Assistance, DC)이 지원한 '건강한 결혼과 책임 있는 아버지(Healthy Marriage and Responsible Fatherhood)' 프로그램 관련 과정에서 훈련을 받았다.

Maisy Hughes는 정신적 외상치료와 문화적으로 유능한 치료를 알리는 데 전념하는 부부 · 가족치료자다. 그녀는 Council for Relationships와 아동위기치료센터(Children's Crisis Treatment Center)에서 정서 중심과 애착 기반 접근을 사용하여 임상치료를 하고 있다. 그녀는 2016년에 외상 후 스트레스 장애에 대한 연구로 Carolyn Erdmann Phenager 상을 받았으며, 이러한 작업을 세부화한 석사논문으로 학부우등상을 받았다. 그녀는 자신의 학문적 · 임상적 작업을 통해 계속해서 외상치료 분야에 매진하고 외상치료 공동체를 지지한다.

역자 소개

임춘희(Lim, Choon Hee)

고려대학교 박사(가족학)

현 군산대학교 아동가족학과 교수

〈주요 저서 및 역서〉

새로운 건강가정론(공저, 학지사, 2017)

발달심리학(공역, 교육과학사, 2016)

가족희생양이 된 자녀의 심리와 상담(공역, 학지사, 2008)

김수정(Kim, Sucheung)

중앙대학교 박사(발달심리)

현 가톨릭대학교 학술연구교수

〈주요 저서 및 역서〉

발달심리학(공역, 교육과학사, 2016)

한국영아발달연구(공저, 학지사, 2005)

성인발달과 노화(공역, 시그마프레스, 2001)

김향은(Kim, Hyang Eun)

고려대학교 박사(가족학)

현 고신대학교 사회복지학과 교수

〈주요 저서 및 역서〉

청소년복지론(공저, 정민사, 2016)

인간발달의 이해(공저, 학지사, 2012)

가족희생양이 된 자녀의 심리와 상담(공역, 학지사, 2008)

초점화된 가계도

상담 현장에서의 적용

FOCUSED GENOGRAMS

Intergenerational Assessment of Individuals, Couples, and Families (2nd Edition)

2019년 5월 20일 1판 1쇄 인쇄
2019년 5월 30일 1판 1쇄 발행

지은이 • Rita DeMaria · Gerald R. Weeks · Markie L. C. Twist
옮긴이 • 임춘희 · 김수정 · 김향은
펴낸이 • 김진환
펴낸곳 • (주) 학지사
04031 서울특별시 마포구 양화로 15길 20 마인드월드빌딩
대표전화 • 02)330-5114 팩스 • 02)324-2345
등록번호 • 제313-2006-000265호

홈페이지 • http://www.hakjisa.co.kr
페이스북 • https://www.facebook.com/hakjisabook

ISBN 978-89-997-1913-4 93180

정가 24,000원

역자와의 협약으로 인지는 생략합니다.
파본은 구입처에서 교환해 드립니다.

이 도서의 국립중앙도서관 출판시도서목록(CIP)은 서지정보유통지원시스템 홈페이지(http://seoji.nl.go.kr)와 국가자료공동목록시스템(http://www.nl.go.kr/kolisnet)에서 이용하실 수 있습니다.
(CIP 제어번호: CIP2019015152)